U0133946

南社人物吟評

趙樸初題

下册

邵盈午 著

團結出版社
UNITY PRESS

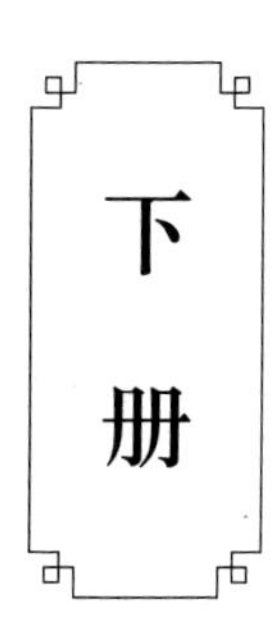
下册

陈　柱

手裁黄绢[1]成孤诣，名耀唐门才可惊[2]。

所学悬知关运化[3]，看教缇帙作光明[4]。

简传

陈柱（1890—1944），本名绳孔、郁瑞，号守玄，字尊、柱尊，号守玄，室名守玄阁、十万卷楼、萝村、变风变雅楼等。广西北流人。自幼“聪慧颇异于常儿”。少时在一家著名私塾就读。1907 年，随族兄东渡日本，入成城学校求学，期间仍未废弃诗文与书法。4 年后回到上海，考入交通大学前身南洋大学电机系，课余仍兼修古文。辛亥革命前夕，加入南社。1916 年出任广西省立梧州第二中学校长，着力整顿。其教育之法，以孔孟荀卿为师法，诵读群经、诸子说、《文选》诸书，又以纪律、军法为训导。1922 年，遭谗被梧州镇守使韦荣昌拘捕，得释而志气益厉，孤行己志益切。此后居梧州六年，不与官吏士绅交

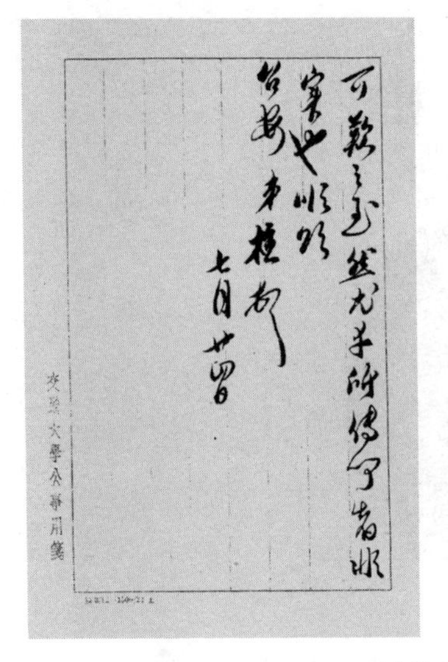

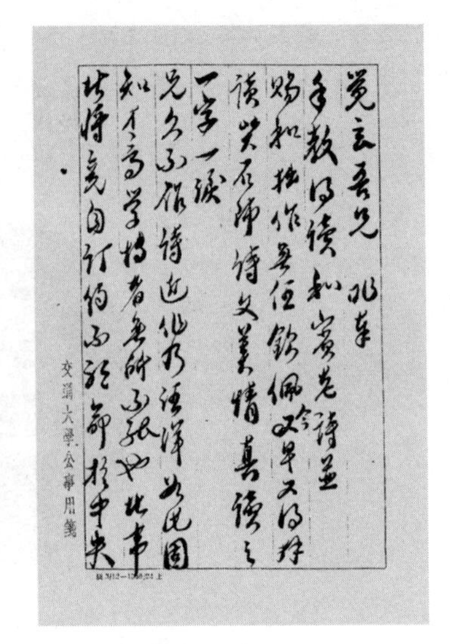

陈柱书信手迹

接，不宴客，不赴宴。故益有狂名。1924 年受聘大夏大学教授、国文系主任。后兼暨南大学、光华大学中文系主任。除致力于国学研究以外，亦倾心于国文教学的理论探讨和改革实践，曾著有专著《国学教学论》及论文《中学生研究国文之方法》和《中学校国文教授之方法》，分别对中学国文科的“学法”和“教法”作系统论述。另有《大学生研究国文之方法》《大学校国文教授之方法》《大学生研究国学重要书目及其导言》《读书之方法及其目的》《古今论学粹言按语》和《读书作文谈》等篇，影响甚著。1928 年，受聘为交通大学教授。七七事变后，蒿目时艰，郁闷痛苦，“人咸讶以为狂，然卒伤于酒”。1940 年，南京伪政权委任他“文物委员兼博物委员会主任”，遭峻拒，只在中央大学担任中文系主任教授。1944 年春称病辞职，同年秋因中风病逝于上海。擅书法，又嗜饮。生平著述等身，1929 年，《陈柱尊丛书》由上海中华书局出版，洋洋洒洒竟达 43 种，主要有《守玄阁易学》《守玄阁尚书学》《守玄阁诗学》《诗经正葩》《周礼要义通论》《大学通义》《中庸通义》《春秋公羊集解》《说文解字释要》《小学平议》《老子古义今解》《庄子通》《墨学新论》《史记义例》《文选札记》《诗学大义》《先秦文学概要》《国学新论》《古代哲学名诠》《国学教学论》《文学平议》《守玄阁读书小札》《守玄阁文集》《守玄阁词集》《粤西十四家诗钞》《粤西拾闻》等。1938年，《守玄阁文稿选》由中国学术讨论社出版，亦可谓洋洋大观，全书分六部分，一辞赋铭颂之属，二传记述志之属，三论说之属，四序跋之属，五书启之属，六赠序之属。据统计，陈氏撰有各类著作，共计92部，亦博亦深，颇受学术界所推崇。其主要代表作有《守玄阁文字学》《公羊家哲学》《墨子间诂补正》《小学评议》《三书堂丛书》《文心雕龙校注》《墨子十论》《子二十六论》《小学考据》《诸子概论》《中国散文史》等。又主编《学艺杂志》《国学杂志》《学术世界》等杂志。（入社号196）

注释

❶ 黄绢：语见《世说新语·捷悟》：魏武尝过曹娥碑下。杨修从碑上见题作“黄绢幼妇外孙齑臼”八字，魏武谓修曰：“解否？”答曰：“解。”魏武曰：“卿未可言，待我思之。”行三十里，魏武乃曰：“吾已得。”令修别记所知。修曰：“黄绢，色丝也，于字为绝。幼妇，少女也，于字为妙。外孙，女子也，于字为好。齑臼，受辛也，于字为辤（引注：“辭”是“辞”的繁体字，“辤”“辭”是异体字），所谓‘绝妙好辞’也。”魏武亦记之，与修同。乃叹曰：“我才不及卿，乃觉三十里。”陈氏又擅书法，从《史晨碑》《石门颂》入，后专攻散氏盘，民国二十一年后学章草，临松江本《急就篇》，参以《流沙坠简》和张芝《八月帖》、右军《豹奴帖》，间涉赵子昂、宋仲温书。

❷“名耀”句：唐门指唐文治。按，陈柱在南洋大学就读期间，一次，在全校作文竞赛中，判卷老师给他100分，或认为过高，著名国学大师唐文治校长亲自审卷，大为叹赏，得加20分，评为第一，授予金质奖章。此后，唐文治对陈柱十分器重，认为陈乃一奇才，遂鼓励其弃机电专业而改攻文学。陈氏于是遵从师训，广观博览，颇露圭角，在同侪中声誉极著。陈柱尝谓：“文受知于锡山唐蔚芝师，一幸也；

得以诗文受知于侯官陈石遗师，二幸也。”(《守玄阁文稿选》)又，陈氏《庄子内篇学自序》云:“回忆毕业南洋时，以文学受之于锡山唐蔚之先生。于经独好《易》《诗》《书》，于史独好马班，于子独好老庄荀韩，于文独好楚词汉赋，又好《说文》之学。同学闻风兴起，尝请柱讲论群书。听者恒二三十人，忘其班级之高下。校长知其然也，亦以极广之寝室置柱，每下午四时下课，而室未尝不为之满，且莫不正襟危坐以听，听时俨如师生。虽今之上庠讲坛，其肃穆不能及也。凡所论谈，以老庄及辞赋为多。”在《自然室诗稿叙》中，陈氏又谓：“余幼之时，好斗鸡走狗，习弓矢驰射，以气凌人。年十一二，尽读“四书”“五经”、《尔雅》之书，即视乡邑中无识字人。年十四五，读《昭明文选》《唐宋八家》之书。下笔千言不能自休，即痛诋科举无通人，高自期许，不可一世。与人论事，一语不中，则怒发上指，虽死不顾也。”由此可见其才气之发皇以及个人喜好和狂狷性格，亦可觇其渊博学识的端倪。才可惊：按，陈氏治学勤笃，著作等身。在诸多民国学者中，以五十余年，著述竟达九十余种，议论遍及经、史、子、集四部之人。仅在陈氏30岁之前，已造述惊人，诚如其本人所云：“盖自二十二三以至三十之年，其治经子亦莫非以为文者。然纳兰氏《通志堂》、阮氏《学海堂》之书，已博览无遗，于是并好佛典，既而弃去，专治考证。十余年间，成《易学》《尚书学》《公羊家哲学》《周礼通论》《中庸通义》《字论》《老子合训》《老学八篇》《墨子间诂补正》《墨学十论》等，都数百万言。合以诗文杂著等共百余种，盖千余万言。”(《守玄阁文稿选》)精辟通透，博大精深。如斯成就，不仅当时广西全境，实唯先生一人；衡之域中，亦乏其俦。国学大师唐文治对其盛赞道：“入著述之林，是为吾道光”，“横空而来，足使千古学人才人一起俯首。”惜乎自先生卒后，迄今六十余年，其人几为世人所忘，思之慨然！故陈氏去世后，唐文治《广西北流陈君柱尊墓志铭》

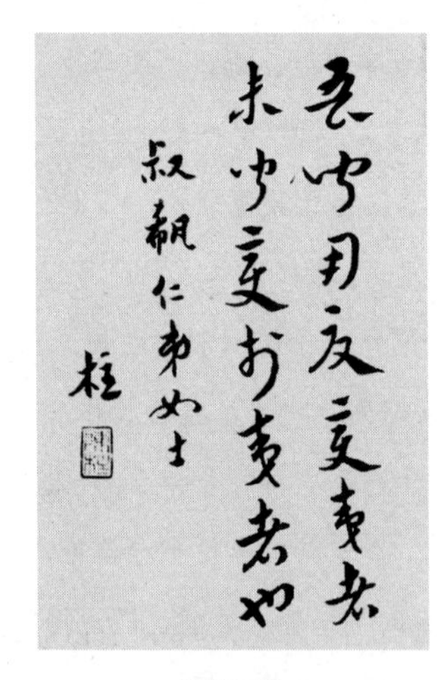

陈柱手迹

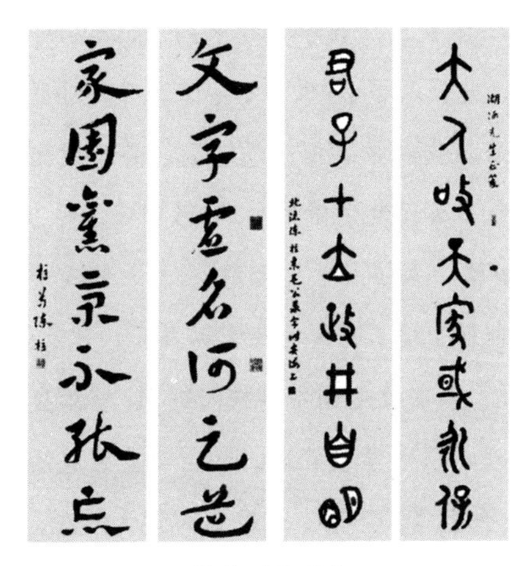

陈柱对联手迹

云:“柱尊性至孝，侍奉庭闱，恪体亲意。……举凡群经诸子，靡不心维口诵。……好饮酒，能引数巨觥，与余同席，辄歌诗诵文，余戏以陈惊座呼之。……体貌魁梧，志气闳远，余以为必能大展其用，乃卒至于此，岂造物之忌才耶，抑中有不自得者耶？”(唐文治《茹经堂文集》六编卷六) 按，陈氏酒量颇宏，尝于家中备一簿册，封面为“酒国春秋”四字，内中皆为他与一班酒友排日饮酒的记录，按照饮酒多寡，分别以“酒帝”“酒相”，或者“酒王”“酒霸”称之。

❸ 运化：化用苏轼《潮州韩文公庙碑》：“参天地之化，关兴衰之运。”按，陈氏早岁即有揽辔澄清之志，其治学一本阐发宏深、切中时弊、针砭末俗、激动人心之旨，殊非一般陋儒所能望其项背。他尝以“不能以孔孟之志行商韩之法，以匡时弊”为一大不幸 (《守玄阁文稿选》)。1929 年，他在《庄子内篇学跋》云:“此书之作，盖袁世凯经营帝制之时，文网密布，作者既深疾之，故于讲《庄》之中，时时有项庄舞剑之意。”“自民国五年，讲学于苍梧之郡，闵人情之暴戾，痛风俗之浇薄，爰于明年，著诗经正葩。”(《守玄阁诗学叙》) 又云:予观其抗战前夕注解《孝经》，谓“夫民德归厚，则何患不仁爱？何患不爱国？反是，而教民薄于其亲，则民德焉得不薄？民德既薄，又何能仁爱？何能爱国？故今之提倡非孝者，其意殆欲使

国亡种灭，而后快于心者哉！”（《孝经要义》）借此足见陈氏是以治学示人以亡国之警。抗战军兴后，陈氏又谓：“近六七年来，政府亦既有尊孔之令矣，亦既欲张四维之教矣，故今日虽失地数省而士气不衰，异日倘能挽狂澜之既倒，脱百六之劫运，或亦此数年来不远而复之微效矣。”（《唐茹经师万言封事手迹跋》）

❹“看教”句：语本陈寅恪“吾侪所学关天意”。按，陈氏平时致力访求古书，藏书丰富，故其书斋取名十万卷楼，斋匾由康有为题写，落款处有“春秋点勘朝夕读”之语。又，陈氏在出任广西省立梧州中学校长期间，曾亲自任教国文、数学和英语，他将国外先进的教育理念引进学校管理，学生毕业因成绩优异而著称广西。其时社会动荡，人心惶惶，陈柱着力整顿，以孔孟荀卿为师法，诵读群经、诸子说、《文选》诸书，又以纪律、军法为训导。他在《待焚文稿自序》中，对此叙之甚详：余“年二十五，长广西省立梧州中学校，锐志整饬，始则革去学生八九十人，全省哗然，省议会且将弹劾，已而学生说服，德学卓越，兀然冠一省，而文学尤彬彬日成。凡群经、诸子说、《文选》诸书，诸生皆能诵之。以军法部勒学生，整齐划一，自衣履以至头发长短，无敢有异状，而食饮谈笑则视如父兄子弟。禁早婚，兴图书馆，造学校林，岁植树数十万株。令学生课余为竹木藤器，凡校中器具，次第以学生制品代之，皆先试于一校，而后白于省府，冀次第推行于一省。故当时虽为一校之长，而隐隐欲转移全省教育矣。凡入训于校，出昭于众，皆谆谆以孔孟荀卿为师法，相与讲学之士，若湖南陈天倪、谭戒甫、刘柏云，安徽程演生，江苏朱东润及同邑冯振心，皆卓然积学能文之士，今皆为上庠教授主任者也。志气既行，声应益盛，以故省中大吏，多敬重之”。（陈柱《守玄阁文稿选》，中国学术讨论社 1938 年版）——此可视为陈氏在教学领域对“学以致用”“学关运化”的一次近乎悲壮的实践。缇帙：红布书套。南朝梁王僧孺《〈临海伏府君集〉序》：“金版玉箱，锦文缇帙。”后借指书籍。清人黄宗羲《传是楼藏书记》：“先生之门生故吏徧於天下。随其所至，莫不网罗坠简，搜抉缇帙。”

陈英士

踪迹神龙擘画多[1]，敢教四海起沉疴[2]。

厥功未葳[3]英魂在，呵护[4]群雄奋鲁戈！

简传

陈英士（1878—1916），名其美，字英士，以字行。浙江吴兴人。早年为当铺学徒。1903 年春赴上海同康泰丝栈任助理会计。1906 年东渡日本入警监学校，兼习政法；同年冬加入中国同盟会。次年改入东斌学校学军事。1908 年回国，创办精武学校，往来于浙、京、沪、津之间，成为青帮首领，并联络会党密谋起义未遂。1909 年至 1910 年在上海创办《中国公报》《民声丛报》，并协助宋教仁办《民立报》，鼓吹革命。1911 年 7 月加入宋教仁、谭人凤等在沪成立的中部同盟总会，任庶务部长。武昌起义后，与江浙党人立即响应，联络上海商团，于 11 月 3 日在上海发动起义，并力劝上海制造局主持人反正归降，结

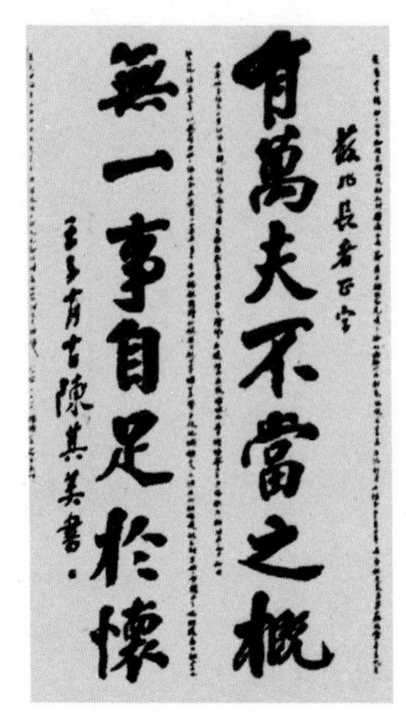

陈英士对联手迹

果被缚，至援军攻下制造局后始脱险，被举为沪军都督，旋与苏浙新军领袖组织联军会攻南京。次年1月为派系权力之争，派人刺杀光复会领袖陶成章于上海广慈医院，同年3月，委为唐绍仪内阁工商总长，迟未就任，旋被解沪军都督之职。“二次革命”时，被推为上海讨袁军总司令。1913年11月，应孙中山电召赴日本东京，支持孙中山另组中华革命党，被推为总务部部长。1915年10月被孙中山委为淞沪司令长官，准备反袁；12月与杨虎等发动肇和舰起义未果，为袁世凯所忌恨。1916年5月18日被张宗昌派人刺死于上海寓所。著有《陈英士纪念全集》。（入社号125）

注释

❶ 首句：神龙：喻陈英士机警过人，行踪如“见首不见尾”的“神龙”一样飘忽不定。柳亚子《更生斋随笔·陈英士之纸匣》一文，对此有所记载，兹录如下：“沪军起义前数夕，余偕朱少屏坐铁笔报馆，夜深矣，英士忽施施然来，值座多杂宾，即伪为商人口吻，谓：‘鄂乱已深，大局堪虞，吾辈虱虮细氓，贸迁有无，以博升斗，恐遂折阅，则糊口无地矣。’且言且喟，竟悄然别去。来时携一纸匣，颇坚硬，帽肆之名赫然，遗置火炉架上，若无意中忘却者，明晨始遣人来取去。不数日，制造局战事作。嗣晤他友，谓：‘匣中所贮非他，盖累累者赫然爆裂弹耳。’”擘画：计划；布置。

❷ 沉疴：久治不愈的病。语出《晋书·乐广传》：“客豁然意解，沉疴顿愈。”

❸ 蒇：完成。《左传·文公十七年》：“寡君又朝，以蒇陈事。”

❹ 呵护：呵禁守护。《晋书·石季龙载记（上）》："（石）斌行意自若，仪持法呵禁，斌怒杀之。"李商隐《骊山有感》："骊岫飞泉泛暖香，九龙呵护玉莲房。"鲁戈：《淮南子·览冥训》："鲁阳公与韩构难，战酣，日暮，援戈而撝之，日为之反三舍。"按，陈氏被刺后，南社同人纷纷撰联作诗以痛挽之。陈去病挽曰："数十年忧患余生，卷土重来，毕竟斯人真健者；新大党中华革命，拼身一掷，不堪遗恨满尘寰。"（《民国日报》1916年5月31日）柳亚子挽曰："结客如郑当时，任侠如郭翁伯，犯难如翟义公，昔年怀酒论交，送抱推襟，十载风云革命史；黄岗哭赵丹徒，石庄哭吴云梦，歇浦哭宋桃源，今日将星又殒，人亡国瘁，万家滋泪自由神。"（《民国日报》1916年6月22日）高天梅挽曰："我公虽死，目其瞑乎？郁怒总难平，阴相共和，当作鬼雄歼丑虏；世道如斯，心滋痛矣！生灵究何罪？遽摧砥柱，欲持杯酒问青天。"（《民国日报》1916年6月25日）费公直挽曰："大星遽落汉家营，救国原拼作国牲。指日黄龙期痛饮，横江白马怒秋声。英雄尽许妖魔算，民贼终当狗彘烹。战局东南事方急，哭公多半为苍生。"（《南社》第20集）

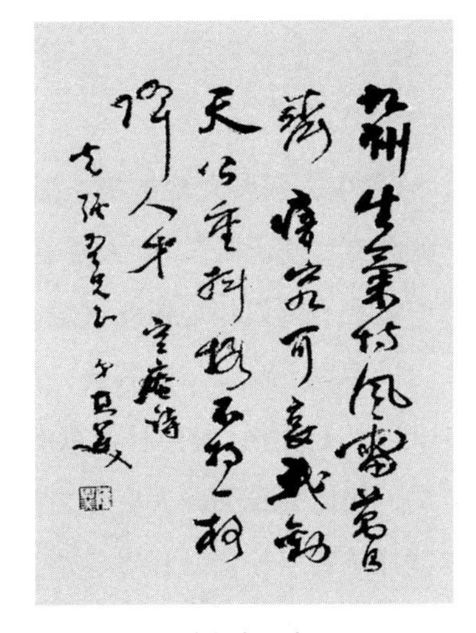

陈英士手迹

陈子范

英气眉棱迥不群，解悬❶拯溺志凌云。

此身合向沙场死，瞋目黄垆一虎贲❷！

简传

陈子范（？—1913），号勒生，别署大楚击筑。福建侯官人。早年习海军，既投身芜湖税关为佣书。芜湖有“李氏园”，禁人游览，不知者误入则遭鞭打，甚则缚送狱吏治罪，闻知李鸿章子弟奴仆之嚣张气焰，勒生大怒，闯入园中历数其罪并拳殴奴仆数十人。后奉调上海，与陈其美、章梓相结睥睨天下事。广州黄花岗之难，他设位追悼，为文致祭。是年秋，东南兵起，林森略地定九江，他奔走不辞劳瘁，既成定局，仍佣书税关，大有介之推不言禄之风概，及至北庭正棊东南合纵之局，亟欲捕杀彭寿松，乃起岑春煊为镇抚使，率师入闽，捕治同盟会会员，将构大狱，闽士骚然。勒生驰电力争，以大义相诘责，并欲辑前后事实为《岑镇抚入闽记》一书，以昭天下。1913年，宋教仁被刺，讨袁军四起，他颇有所谋划，义师既败，更义愤填膺，乃制爆烈弹，不幸失慎自炸死。陈勒生逝世后，柳亚子曾将烈士生前发表之文字编排成古近体诗一卷、杂文一卷、时论一卷、短歌一卷、小说一卷，言之为《陈烈士勒生遗集》。（入社号111）

《陈烈士勒生遗集》书影

注释

❶ 解悬：喻解救辄下群黎于痛苦危急的绝境。《孟子·公孙丑上》："民之悦也，犹解倒悬也。"拯溺：援救溺水之人。《孟子·梁惠王上》："民以为将拯己于水火之中也。"

❷ "瞋目"句：谓陈勒生大功未成，死不瞑目。《史记·吴太伯世家》："吴王夫差不听子胥忠言，反信谗而赐之死。子胥将死，曰：'树吾墓上以梓，令可为器。抉吾眼置之吴东门，以观越之灭吴也。'"虎贲：犹言勇士。《书·雇命》："俾爰齐侯，吕伋以二干戈、虎贲百人，逆子钊于南门之外。"《战国策·楚一》："秦地半天下，兵敌四国，被山带河，四塞以为固，虎贲之士百余万。"

陈仲权

冰雪崚嶒[1]走五湖，几番风雨几荣枯[2]。

诗魂幸返鸳湖畔[3]，万树梅花德不孤[4]。

简传

陈仲权（1880—1915），名以义。浙江嘉兴人。早年就读于峡石东山之麓，研究经世之学，负有揽辔澄清之志。1906年游学日本早稻田大学，加入同盟会，向青年宣传种族革命思想，被举为嘉属同乡会会长。1911年3月，黄花岗之役失败，与陶成章、陈英士等谋浙甚亟。武昌起义时，与陈英士、王文庆等共谋沪杭起义大计。浙省光复前，又与张元成密运军需品至杭。浙军北伐时，随征金陵。未几，南北议和，归故乡任参事，致力于振兴地方事业。1913年春，宋教仁被袁世凯密谋暗杀，仲权卸却职务，赴上海联络各地同志力图再举。赣宁事败后，任宗孟学校教习，旋被通缉，遂亡命日本，编辑《西洋革命史》，借以

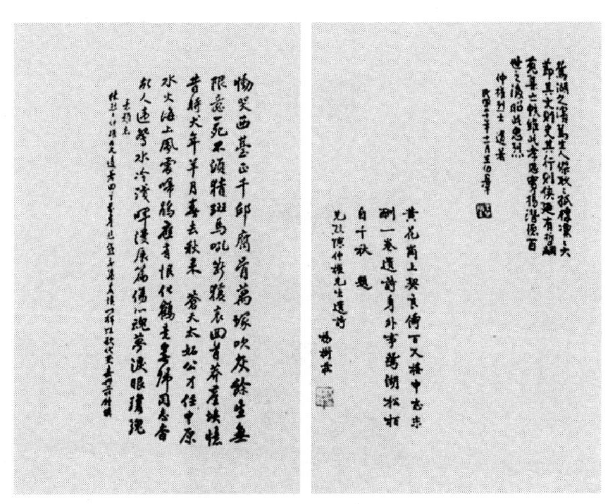

同人为《陈仲权烈士遗集》题词手迹

鼓吹三次革命。旋归国，设革命机关部于上海法租界。此时，袁世凯爪牙郑汝成被刺，仲权拟趁机而动，树独立旗帜，未遂，于 1915 年 10 月 7 日被袁世凯杀害。著有《倚云楼唱和集》。（入社号 376）

注释

❶ 崚嶒：形容积雪如山。

❷“几番”句：喻革命浪潮骤起骤落，政治风云瞬息万变。

❸“诗魂”句：袁世凯垮台后，陈氏的遗柩终于归葬鸳湖之滨，墓碑上题曰“陈仲权烈士之墓”。

❹ 末句：陈氏生前酷爱梅花，有咏梅诗 30 首，佳句如“暗香浮动林逋宅，纵住孤山也不孤”，脍炙人口。德不孤：《论语·里仁》：“德不孤，必有邻。”

陈匪石

才惊苏海与韩潮[1]，旷代词坛几岳峣[2]。
会得平生饥溺[3]意，宦情如水一灯骄[4]！

简传

陈匪石（1883—1959），名世宜，字小树，号倦鹤。江苏江宁人。幼颖悟，有“神童”之称。1901 年，入学于省中尊经书院，深受书院山长次珊先生之赏识。庚辛之际，新学渐盛，江宁亦创办幼幼学堂；1905 年，他慨然受聘任该学堂教员，教育学生“学必有用于世，始名为‘学’！”且经常向学生讲述时局之艰危。虽屡遭守旧派攻讦，仍不恤人言，我行我素。1906 年，东渡日本修习法律，结识革命党人黄兴，开始接受孙中山资产阶级民主革命思想，并加入中国同盟会。1908 年回国后任苏州江苏法政学堂教务。武昌起义后，积极参与江苏独立之谋；胜利以后不愿居功求报，于 1912 年只身赴南洋槟榔屿（在马来

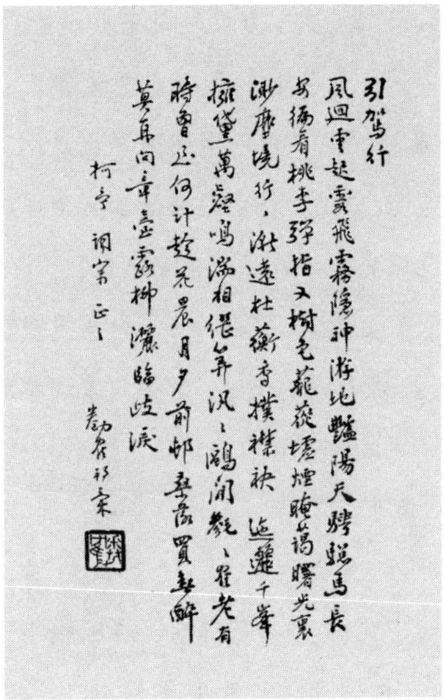

西亚)，任《光华日报》记者，宣传革命。1913年归国后任上海《民权报》《生活日报》记者。又先后任《民信日报》《民苏报》《中华新报》《民国日报》记者，兼任《申报》《商报》特约通讯员，至1923年止。在此期间，曾以“匪石”为笔名，取义于《诗经·柏舟》“我心匪石，不可转也”，以明示革命之志。自1919年至1927年，曾先后在北京兼任中国大学、华北大学中文系教授。1923年应李根源之请，任北洋政府农商部秘书。1927年南归上海，任持志大学中文系教授。后又在南京政府任职，历任江苏省建设厅秘书，工商、实业、经济部参事。抗战爆发后，创作一系列诗词作品，纵情抒发爱国忧民之情。抗战胜利后，东归故里。1947年任中央大学中文系教授。解放战争时期，因目睹国民党倒行逆施，压迫人民，乃愤然辞职退休，脱离政界，专任中央大学教授。1950年受聘担任重庆私立南林学院中文系主任、教授。1952年应上海文物管理委员会之聘，任通信编纂。1959年3月病逝于上海。平生淡于仕途，嗜书如命，尤工倚声。著有《倦鹤近体乐府》《旧时月色斋词》《旧时月色词谭》《宋词举》《南天集》《南游杂录》等。(入社号264)

陈匪石手迹

注释

❶ 苏海与韩潮：即所谓“苏（东坡）如海、韩（愈）如潮”。

❷“旷代”句：按，陈氏乃蜚声海内之词学大家。词集《倦鹤近体乐府》六卷，皆

精心结撰而成。徐森玉先生评曰："匪石邃于倚声，守律至严，为近时词流所难者。"又云："瓣香两宋，谨饬不苟，朱彊村、况蕙风以下，殆罕其俦。"钟泰先生亦云："匪石学虽多门，而专精在词。其于词也，穷极幽渺，虽一声一字阴阳平仄之间，考之唯恐不至，辨之唯恐不精。……其词之冲雅隽远，窃以为得之读书涵养者为多，非专刻意于词所能至也。"唐圭璋先生更赞曰："匪石先生为吾乡之前辈词家，……毕生专攻两宋词，无间寒暑。所作……不偏南北，不主一家，吸收众长，融会贯通，自臻上乘。"又，陈氏不仅在创作上极负盛名，而且精于词学理论，所撰《宋词举》和《声执》两部著作，奠定了他在近代古典文学研究领域的重要学术地位。《宋词举》是一部两宋名家词的精选本，共收北宋晏几道、柳永、贺铸、苏轼、秦观、周邦彦六家，南宋辛弃疾、史达祖、姜夔、吴文英、王沂孙、张炎六家，凡12家词53首。此书历时20年方告完成，在学术界享有盛名。徐珂赞曰："考据详明，评骘精当，解释清晰（几于逐句皆解），为自来选本所未有，初学诵之，岂惟易于入门，升堂入室，抑亦较其它选本为易；曾学词者读之，亦可以救其歧趋之失。……金针之度，在此编矣！"汪辟疆亦赞曰："举家数以端趋向，借篇章以便说明。既非同茗柯之选词，却有似宜兴之校律。举一反三，足开神智；由近溯远，借识阶梯；不得与短书小册等量齐观矣！"唐圭璋亦盛赞其"至为精当""透彻无伦"。下面略举一例，以证以上诸家评论洵非溢美。贺铸《青玉案》下片末云："试问闲愁都几许？一川烟草，满城风絮，梅子黄时雨。"此乃千古名句。宋罗大经《鹤林玉露》卷七评曰："诗家有以山喻愁者，……赵嘏云'夕阳楼上山重叠，未抵闲愁一倍多'是也；有以水喻愁者，……秦少游云'落红万点愁如海'是也。贺方回……以三者（烟草、风絮、梅雨）比之愁多也，尤为新奇，兼兴中有比，意味更长。"但陈氏并不囿于他人成说，而是进一步指出："'一川烟草'，是二、三月间，'满城风絮'是三、四月间，'梅子黄时雨'是四、五月间。历时如此，则'(锦瑟华年)谁与度'之神味，更为完足。"真知灼见，令人叹服。《声执》一书撰讫于1950年，分上下二卷，上卷专论词之声韵格律，下卷评价自五代至晚近之重要词选，系统全面而精审笃实，沾溉后学多矣。夏敬观对此著大加揄扬，谓"博大精深，尤邃于音韵之学”。汪东赞曰：“持论平允，可以息争。”向迪琮更盛赞道：“审音定律，究委穷源，实初学之津梁，声家之执范。”

❸ 饥溺：《孟子》：“稷思天下有饥者，由己饥之也。禹思天下有溺者，由己溺之也。”按，陈氏早年既投身革命，其脉搏始终与人民大众共同跳荡。1937 年秋在南京作《丁丑秋兴和少陵》诗八首，抨击国民党中投降派与日本帝国主义狼狈为奸，贻害民族的罪行，对怨声载道的辄下群黎则寄予无限的同情。又，陈氏作于抗战期间的诗词，大都流溢出縻躯报国的赤子之心。如“梦里浑忘筋力减，狂呼击楫中流。高天九月冷于秋。山河新旧恨，一笛正当楼。”（《临江仙》）又如：“华年未甘枉掷。指榆关瘁叶，连阵云白。引梦魂，飞渡辽西，正铁马怒驰，遍地磷碧。醉拂吴钩，誓独挽，银河残汐。”

❹“宦情”句：按，陈氏素来不善官场斡旋，虽入仕，却一直不曾参加国民党，更无意钻营求官，故淹蹇于参事之职几二十年。既从政，却未尝稍改书生、记者之习。案牍之余，仍治学不辍。——“宦情”句指此。

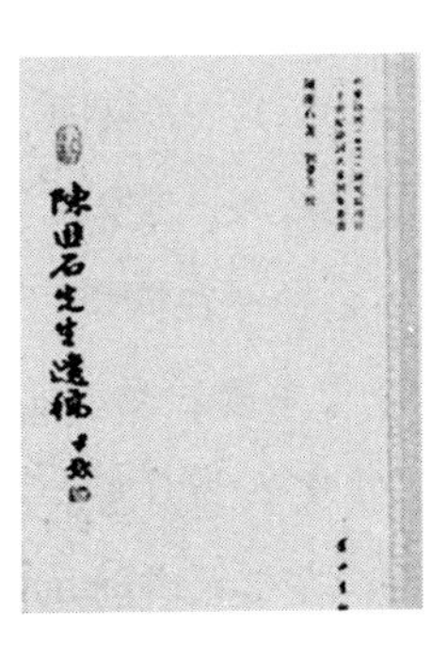

陈匪石旧著书影

陈去病

填海补天勋业道[1]，惯将诗笔换兜鍪[2]。

浩歌[3]一曲吟罢后，百万吴钩[4]眸底收！

简传

陈去病（1874—1933），字巢南，一字佩忍，号垂虹亭长，笔名季子、南史氏、伯雷等。江苏吴江人。7岁入塾，22岁考中秀才。甲午之役，丧师辱国，陈氏悲愤之余，遂与金松岑在同里组织雪耻学社，响应维新运动。1902年加入中国教育学会。1903年东渡日本，加入中国留学生组织的拒俄义勇队。又主持《江苏》杂志笔政，鼓吹革命不遗余力。次年归国后，致力组织军国民教育会。同年6月，返回上海，在蔡元培创办的爱国女学任教，同时，应蔡元培之邀，出任上海《警钟日报》主笔，又于同年10月出版《二十世纪大舞台》杂志，提倡戏剧改良，遭清廷之忌，勒令停刊。乃于《国粹学报》《民报》上继续发表排满

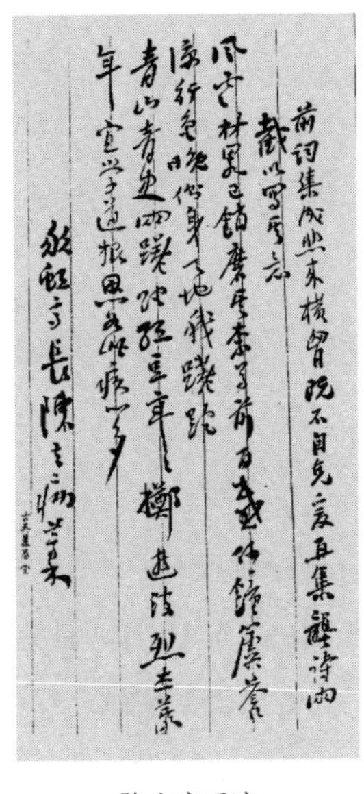

陈去病手迹

复汉之檄文，并编《陆沉丛书》《正气集》，以激扬民族气节。1906 年加入中国同盟会，是年为纪念明末进步思想家黄宗羲在安徽府中学堂组织黄社。次年 4 月赴沪编《国粹学报》，5 月主持国学保存会会务，又与吴梅等组织神交社。1908 年组织秋社。次年与柳亚子、高天梅等一起创办南社，编辑《南社丛刻》。1911 年创办《苏苏报》。武昌起义后，创办《大汉报》，亟欲“张吾民族之气而助民国之成”。是年底，鲁迅等越社同人在绍兴筹办《越铎日报》，陈氏于 1912 年 1 月至绍兴任该报总编辑。旋改任杭州《平民日报》总编辑，并在该报设立南社通讯处。是年 9 月，入湘移运秋瑾灵柩返浙，归葬西湖，并与徐自华共同在墓侧兴建风雨亭，以为纪念。“二次革命”时，任江苏讨袁军总司令部秘书。1916 年任国会参议院秘书长。旋随孙中山赴粤护法，历任非常国会秘书长、大总统府谘议。1922 年孙中山督师北伐，再次赴广东韶关，任孙中山的北伐大本营宣传主任。陈炯明叛变后，回南京东南大学任教。1925 年参与联名通电支持“西山会议派”，受到柳亚子的批评。南京国民政府成立后，历任江苏博物馆馆长、国民党中央党史编纂委员会委员、考试院委员、内政部参事等职。1931 年起对国民

陈去病故居

陈去病墓（位于苏州虎丘西南麓）

陈去病常用印

党渐有不满，遂辞去各职；次年曾一度在苏州报恩寺受戒。1933 年 10 月 4 日病逝。平生工诗词，精书法，其诗大多收入《浩歌堂诗抄》，并有《诗学纲要》《辞学纲要》《挥戈集》《明清最初交涉史》《清秘史》等多种著作行世。(入社号 1)

注释

❶“填海”句：填海：《山海经·北山经》：“发鸠之山，其上多柘木，有鸟焉，其状如乌，文首，白喙，赤足，名曰‘精卫’，其鸣自詨。是炎帝之少女，名曰‘女娃’。女娃游于东海，溺而不返，故为‘精卫’，常含西山之木石，以堙于东海。”补天：语出《淮南子·览冥训》：“往古之时，四极废，九州裂；天不兼覆，地不周载。火爁焱而不灭，水浩洋而不息；猛兽食颛民，鸷鸟攫老弱。于是女娲炼五色石以补苍天，断鳌足以立四极，杀黑龙以济冀州，积芦灰以止淫水。苍天补，四极正；淫水涸，冀州平；狡虫死，颛民生。”——“填海”句，谓陈去病为推翻满清奋斗不息。

❷ 兜鍪：古代作战时所用的头盔。按，1903 年夏，陈氏悉心研究明清历史，并辑录《建州女直考》《扬州十日记》《嘉定屠城记》《忠文殉节记》等四书为《陆沉丛书》，

绘图并加眉批，一时间，该书成为广为流行的反清读物。

❸ 浩歌：指陈去病诗集《浩歌堂诗抄》。按，陈氏的诗大多抒发推翻清廷的豪情胜概，如“图南此去舒长翮，逐北何年奏凯歌”（《图南一首赋别》），“此去壮图如可展，一鞭晴旭返中原”（《访安如》），“唯有胥涛若银练，素车白马战秋风”（《中元节自黄埔出吴淞泛海》），等等。又，陈氏的诗明显具有清末《国粹学报》派的特色，即借历史作反清之宣传。如《厓门四律》追怀文天祥的抗元事迹，《题郑延平战捷图》《自厦门泛海登鼓浪屿有感》抒发对民族英雄郑成功的思念，《校定〈长兴伯遗集〉书其后》《九月初七日新安江上观水嬉，并为有明尚书苍水张公作周忌》诸诗，披示出对明末抗清英雄吴易、张煌言等人的无比景仰与深切缅怀之情。诸凡此类诗，皆充满着强烈的民族主义思想。

❹ 吴钩：古吴地出产的一种弯形的刀。据《吴越春秋》载：“阖庐既宝莫邪，复令于国中作金钩，令曰：‘能为善钩者赏之百金。’吴作钩者甚众，而有人贪王之重赏也，杀其二子，以血衅金，遂成二钩，献于阖庐。”后言吴钩者多本此。

陈布雷

生生忧患已如山，骨体虞翻奈九关[1]。

霜夜月寒浸梦冷[2]，可堪忍死二毛斑[3]！

简传

陈布雷（1890—1948），原名训恩，字彦及，号畏垒，笔名彦、布雷。浙江慈溪人。1903 年应府试，1904 年至宁波应院试，均录取。1911 年毕业于浙江高等师范学堂；同年秋赴沪任《天铎报》记者，与宋教仁、柳亚子交往。1912 年回宁波效实中学任教，兼《申报》特约译述员；同年 5 月加入中国同盟会，曾为临时大总统孙中山翻译第一篇英文《对外宣言》。1920 年兼任《四明日报》社撰述；6 月应商务印书馆之聘赴沪编译《韦氏大学字典》，旋任上海《商报》编辑主任，所撰评论，文字犀利，对北洋军阀与社会弊端多所批判。1921 年 7 月入中易信托公司任筹备处文书主任，又先后在商务印书馆、通商银行任职。

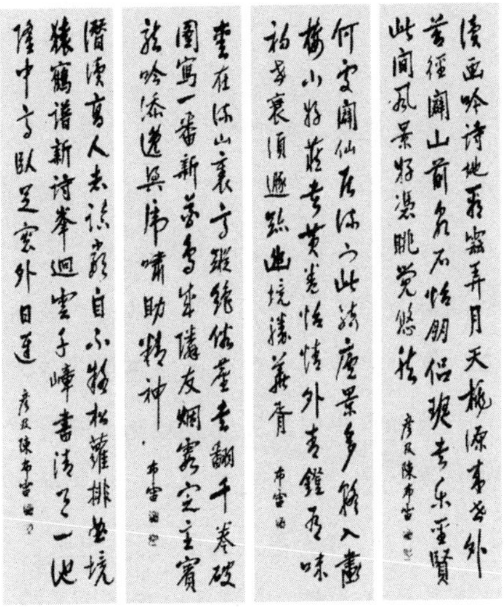

陈布雷手迹

1927 年初偕潘公展赴南昌，谒见蒋介石，跻身政界，由蒋介石介绍加入国民党，任浙江省政府秘书长、中国国民党中央执行委员会书记长；同年 8 月因蒋下野，赴沪任《时事新报》主笔，主撰社论。旋任蒋介石随身文书。1929 年 3 月当选为国民党第三届候补中央监察委员；7 月随蒋介石赴北平起草讲稿等，8 月就任浙江省政府委员兼教育厅厅长。1930 年任国民政府整理招商局委员会委员、国民政府教育部常务次长。1931 年 6 月调为政务次长，复被推为国民党中央宣传部副部长。九一八事变后，任特别外交委员会委员。1935 年始，改任国民党政府军事委员会南昌行营设计委员会主任、军事委员会委员长侍从室第二处主任、中央政治会议副秘书长。1939 年，国民党改国防最高会议为国防最高委员会，蒋自任委员长，陈兼副秘书长。抗战胜利后，迁任国民政府委员、总统府国策顾问等职。长期参与国民党中央幕府，久典枢要，起草重要文件，为蒋介石主持文笔二十余年。1948 年 11 月 12 日夜，在南京寓所作遗书十二通后，服安眠药自杀。著有《陈布雷回忆录》《西安半月记》等。（入社号 69）

注释

❶“骨体”句：虞翻：三国吴经学家，字仲翔。初为会稽太守王朗功曹，又任富春长，因触犯孙权，遭谪戍。曾自白：“自恨疏节，骨体不媚，犯上获罪，当长没海隅，生无可与语，死以青蝇为吊客，使天下一人知己者，足以不恨。”按，1926年春，蒋介石托人赴上海转赠陈布雷一张附有亲笔签名的戎装照片，遥致推崇之情。翌年春，陈氏应蒋介石之邀赴武昌，受到蒋氏的热情款待，并亲自安排陈氏住总司令西花厅，接着又介绍他加入中国国民党。对此，陈氏受宠若惊，铭感五内。其后，为报答蒋介石的知遇之恩，陈氏恪遵“士为知己者死”的古训，长期充当蒋氏的高级幕僚，为蒋起草文告，参与筹划国是大计；但陈氏并不像其他“党国要人”那样只知一味顺从，而是相机进言，审慎地向蒋提出若干忠告。九关：加重天门。《楚辞・招魂》：“虎豹九关，啄害吓人些。”

❷“霜夜”句：陈氏晚年尝谓：“先总理所说训政结束以后，是否还有多党多派问题，在民国十六年以后不久，我早就问过胡汉民先生，胡先生答，‘依总理遗教所言，不应有多党多派’。……问蒋先生，则答：‘此问题极好，惟在未提出此问题之前，实从未想过。不过，以我想法，中国之情不同，不应取人家一党专政的办法，顶

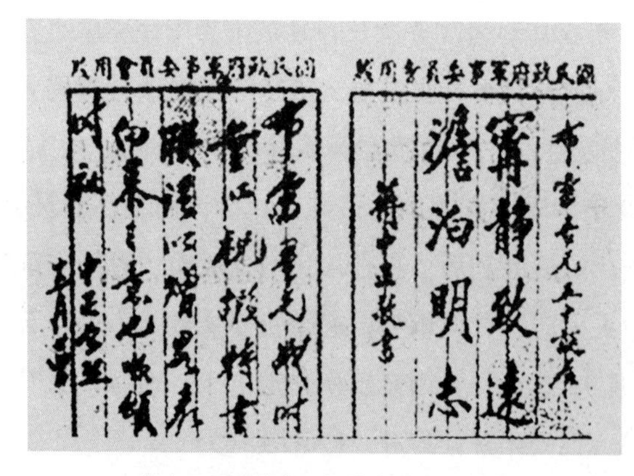
国民政府军事委员会用笺

布雷吾兄五十诞辰

宁静致远

澹泊明志

蒋中正敬书

蒋介石所题条幅，祝陈布雷五十大寿

陈布雷像

陈布雷手书扇面

好将来要多党多派共同复起建国的责任。’我觉得蒋先生的看法，胸襟远大，于国家有利，故从那时就死心踏地为他服务。”但身为委员长侍从室主任，陈氏熟知国民党的黑暗内幕，亦深知国民党目前这种大势已去、岌岌可危的局面，正是蒋介石本人所造成。承认这一点，也就意味着对自己从政生涯的全部否定。陈氏心态的复杂性在于：他不能不怀疑自己的信念，不能不怀疑曾是他所崇仰的三民主义之“道”的化身的蒋介石，却又害怕怀疑这一切。为了摆脱这种两难，陈氏逼迫自己夜以继日地拼命工作；疲惫至极，便吞服安眠药就寝，以使自己在精神上没有任何“空闲”。但即使如此，他又如何能真正摆脱这种困境呢？——“霜夜”句指此。

❸ 末句：忍死：指临死挣扎，有所期待。《三国志·魏明帝纪》注引《魏氏春秋》：“帝执宣王手，目太子曰：‘死乃复可忍，朕忍死待君，君其与（曹）爽辅此。’”二毛斑：头发斑白。《左传·僖公二十二年》：“君子不重伤，不禽（擒）二毛。”按，国民党硕彦陈布雷之死，海内震惊，因其死甚为奇突。关于陈氏之死，时人多有论析。或曰陈氏见国民党行将灭亡，为党国殉情；或曰陈氏吃了蒋介石一个耳光，不堪羞辱，衔恨自裁；亦有论者以为陈氏不堪神经疲惫之苦，遂以自杀的方式求得彻底解脱。众说纷纭，莫衷一是。窃以为上述论点，虽不无根据，但未免流于皮相。陈氏之所以自杀，实缘于信仰崩溃。诚如他临死前不久对友人所言：“我搞了大半辈子政治，我一生最大的错误就是从政而又不懂政治，投在蒋介石手下，以至无

法自拔，于今悔之晚矣！”对于做人顶真的陈布雷来说，意识到这一点，也就意味着他对必须确信的生命意义的彻底怀疑，并由此导致他最终感到无可慰藉的心灵疲惫(神经的疲惫仅在其次)。易言之，活着已毫无意义，而死又同样是一种罪孽；那么，接下来的问题便是如何死得“得体”。基于这种心理动因，陈氏在他临死前所写下的12通遗书中，并未披示出他之所以自杀的真正缘因，而只是煞费苦心地强调“身心之疲弱无能复至此，其终于出此下策”。在给蒋介石的遗书中他还如是写道：“读公昔在黄埔斥责自杀之训词，深感此举为万万无可谅恕之罪恶，实无面目再求宥谅，纵有百功，亦不能掩此一眚。……书生无用，负国负公，真不知何词能以解也。”最后还煞费苦心地在信末署“部署布雷负罪谨上”，唯恐自己的“死”会玷污蒋介石的名声；为此，陈布雷甚至连自己死后的讣告如何措辞都亲自拟定，用心如此，可谓至矣！

陈蜕庵

犴狴余生铁石忠[1]，江天兵火梦间红。

何当立马昆仑上，速唤国魂鼾睡中[2]！

简传

陈蜕庵（1860—1913），原名彝范，名范，字叔柔，号梦坡，又号蜕庵，以号行。原籍湖南衡阳，后迁江苏阳湖。光绪举人，曾任江西铅山知县，因其上峰旗人德馨受贿枉法，耻隶其下，又因处理教案不合上意，被弹劾去职，遂移居上海，于1900年接办《苏报》，昌言反满革命；时蔡元培、章太炎方建中国教育会以图光复，便以《苏报》为其舆论机关。1903年因介绍邹容的《革命军》和章太炎的《驳康有为论革命书》，引发“苏报案”，遂逃亡日本，并加入中国同盟会，旋归国，至浙江、湖南等地从事革命活动。后再来上海，为清吏端方侦骑所获，系狱一年半，获释后，走依湖南醴陵县令汪兰皋；又从傅屯艮、刘泽湘游。宁太一以革命系狱凡三年，陈氏时时携酒肴去长沙狱中与其赋诗痛饮。武昌起义后，派人联络湖南都督焦达峰，出兵援鄂。湖南光复，任湘桂联军司令部书记。次年3月赴上海主《太平洋报》笔政；5月去北京参与创办《东亚日报》（后改名《民主报》），奈与报社主持人景耀月不洽，寻南归，因妻离妾嫁，子夭孙殇，抑郁成病，1913年5月16日卒于沪西寓庐。著有《二十四年风波忆梦记》《庚甲集》《映雪轩初稿》《蜕翁诗词刊存》《蜕翁诗词文续存》等。（入社号150）

陈蜕庵旧著书影

注释

❶ 首句：犴狴：扬雄《法言·吾子》："犴狴使人多礼乎？"《法言音义》："犴狴，牢狱也。"宁调元《书感》诗："天阴雨骤昼闻雷，犴狴重重即夜台。"铁石：极言坚贞不渝。陆游《后园独步有怀张季长正字》："半生去国风埃面，一片忧时铁石心。"按，1912年，陈氏与阳兆鲲赴京参与创办《东亚日报》，《太平洋报》（1912年5月30日）专门予以报道："蜕庵先生阳湖名宿，南社耆旧，道德文章，卓然一世。十年前主持《苏报》，首倡民族主义，厥勋甚烈。党狱既兴，破家亡命，流转四方，数易名号。光复功成，复来海上，布袍幅巾，萧然不道前事，以视欺世盗名之竖儒，夐乎远矣。近因同人创办《东亚日报》于北京，请其担任笔政，已于前日乘轮北上，同行者醴陵阳揭生君，亦南社健将云。"（《陈蜕庵先生北上》）

❷ 末句本陈蜕庵诗："可怜渐渐蓁蛾瘦，但见沉沉赑屃眠"。按，陈氏病逝后，高天梅曾赋诗悼之，云："蜕老其犹龙，浮名何足校。不为鸡鹜事，宁顾莺鸠笑。玄亭甘寂寞，古道长相道。"（《南社哀吟》）

陈陶遗

号咷千井[1]遍哀鸿，揽辔澄清[2]气贯虹。

销尽轮蹄[3]霜尽鬓，寒儒终不易初衷[4]！

简传

陈陶遗（1881—1946），原名公瑶，字陶遗，号剑虹，以字行，别署道一。江苏金山（今上海市金山县）人。1901年考得秀才，在家乡教书。早年肄业松江融斋师范学校及上海中国公学，痛恨清廷窳败，慨然以革命为己任，改字剑虹。后东渡日本，入早稻田大学习法政。创办《醒狮周刊》。1905年，同盟会成立于日本东京，由同邑高天梅介绍入会，又师事章太炎，加入光复会，与陶成章、徐锡麟为同志，任江苏同盟会支部长，仍兼暗杀部副部长。因谋刺两江总督端陶斋，被会中奸徒告密，逮捕入狱，阅年释放后，陶斋以温语示引用，陈氏矢志如初。后应南洋泗水学堂之聘，执教有年，宣传革命益力。与黄兴、赵

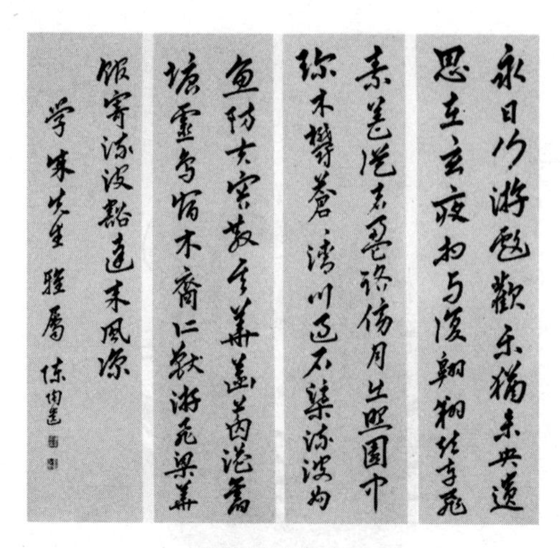

陈陶遗诗稿手迹

声甚为投契，黄花岗一役，黄兴为主谋，他与赵声约同参加，及至香港，广州事败，为之雪涕。武昌起义时，他挟募金归来以供军需，并任各省都督府代表联合会江苏代表、南京临时参议院议员。1912年任考察欧美实业专使。袁世凯攘夺国柄后，谋除异己，遂屏政不问，赴黑龙江，经纪东井垦殖公司，拓地二千余亩，采购新农具，颇见成效。又参东三省行政长官朱应澜、中东铁路督办李庚幕。1925年12月至1926年12月被孙传芳任命为江苏省省长。日本占领东三省后，返松隐故居；后赴上海，鬻书自给。上海合众图书馆成立后，任第一任董事长，擘划匡扶，不遗余力。1940年12月任国民参政会第七届参政员。1946年4月病逝于上海，贫无以殓，来吊者相向痛哭。著有《陈陶遗先生墨迹》。（入社号29）

注释

❶ 千井：井，"古制八家为井"；千井，意谓千村万落。哀鸿：《诗·小雅·鸿雁》：

陈陶遗青年像

"鸿雁于飞，哀鸣嗷嗷。"此处以鸿雁哀鸣喻流离失所、泣饥号寒的人民。

❷ 揽辔澄清：语出《后汉书·范滂传》："滂登车揽辔，慨然有澄清天下之志。"

❸ 轮蹄：即车轮马蹄。杜牧《赠别》诗："眼前迎送不曾休，相续轮蹄似水流。"齐己《过商山》："云水侵天老，轮蹄到月残。"韩愈《南内朝贺归呈同官》："绿槐十二街，涣散驰轮蹄。"

❹"寒儒"句：按，1938年，陈氏因病滞留沪上，日伪政权多次对其利诱威逼，迫使其出山从政，均遭峻拒。为避人耳目，他在职业栏填写"书法家"，以卖字和靠亲友接济为生。1940年，汪精卫组织伪政府，专门派遣陈氏的结盟兄弟赵正平劝说其出山，陈氏责以大义，令赵氏无颜以对。一日，上海《大美晚报》刊出一则英文电讯，称陈氏将出任伪政权"司法行政部长"，陈氏大为震怒，并公然声称自己只是个穿长衫的叫花子，虽然贫困，但志气尚存，决不会堕落至此！事后查明，此则英文电讯，误将"张孝称"之名错译成"陈陶遗"。为此晚报专门发表启事，郑重更正，并刊载一篇记者采访记，专题介绍陈氏的生平事迹与险夷不变的气节。1941年，日军头目冈村宁次突然前来拜会，想凭旧日交情，请其出山。汪精卫也写来亲笔信，请其赴宁任职，均予峻拒。自此，陈氏在寓所高悬"息缘闭户，养病知闲"条幅，以明其志。在此"闭户""养病"之时，陈氏欣悉蓄须明志的梅兰芳已从香港回到上海，立即登门拜访，并为其题词，其爱憎分明如此。

陈家鼎

南社有公何损荣[1]，不图凌阁纪英名[2]。
元龙[3]豪气应团策，一例堂堂举座惊[4]。

简传

陈家鼎（1875—1928），又名曾，字可毅，号汉元，自号半僧。湖南宁乡人。出身清寒，弱冠有文名而怀大志，以澄清天下为己任。1898年入两湖书院，与黄兴缔交，曾参加过唐才常的自立军起事。1902年秋东渡留学日本，加入拒俄义勇队。为进一步推动国内的留学运动，又协助黄兴创办游学译编社，出版《湖南游学译编》。1903年夏，与黄兴联袂返湘，拟谋刺湘抚瑞徵，未果。旋加入华兴会及其分会同仇会，从事会党联络，组织发展工作，谋举长沙起事，事泄后再度亡命日本。1906年初，在蔡孑民的主盟下加入中国同盟会，旋奉孙中山、黄兴之命，返湘与禹之谟组建同盟会湘支部，屡遭官府追捕，犹冒白刃以行之，与宁调元等创办《洞庭波》杂志，撰文鞭挞清廷之残暴和腐败；又先后以各种笔名，在《洞庭波》《复报》《汉帜》《醒狮》等报刊上发表《论各省宜速响应湘赣革命军》《二十世纪之湖南》《哭亡友姚宏业》《烈士姚宏业小传》等文章及《金陵怀古》等诗词，鼓吹反清革命，唤起民心。民国肇始，应孙中山、黄兴电召归国，被选为南京临时政府参议院议员。南北议和时，力主北伐，反对议和。袁世凯窃位后，佐黄兴组南京留守府。1912 年 10 月，被推举为国民党人纪念武昌起义之共和纪念会总理，并被选为北京新闻团团长。1913 年 2 月，当选为众议员。同年 7 月，李烈钧起兵湖口，即联络同志，通电响应。癸丑事败前，袁世凯曾派亲信赵秉钧以“炭敬”50 万元谋贿陈氏于国会拥袁，遭陈氏严辞峻拒。迨及选举，仍与少数国民党议员三次均票投与孙中山，大为袁世凯所忌恨，旋解散国会，撤销陈氏国民党籍议员资格，并通缉之。袁世凯卖国“二十一条”出笼后，与流亡东京的革命党人纷纷通电反对。袁世凯攘夺国柄后，陈氏奋力笔诛，“于唤起人心多有功劳”。滇黔起义后，又返沪督励同志，大谋响应。

1917 年 7 月，张勋复辟，抱病与在沪议员通电响应孙中山《讨逆宣言》。当时孙中山率海军南下广州，陈氏因病未能随行。旋奉孙中山电召，乃力疾赴穗，出席 8 月 25 日国会非常会议，拥戴孙中山为大元帅组护法军政府。1921 年 4 月，出席国会非常会议，选举孙中山为非常大总统，旋出任大元帅府参议之职。越明年 6 月，陈炯明叛变，陈氏衔命赴湘桂联系北伐军回师，受挫不果。时黎元洪复总统位，宣布恢复第一届国会。孙中山通电支持南下护法议员复职，即赴京复议员职，并举家迁往北京。1923 年 10 月，曹锟贿选总统，党羽纷纷出动，以 5000 元一票收买议员。陈氏时因肺疾无法他避，乃留京闭门不出。后由田桐提议，柳亚子等 13 人发表启事，不承认 19 名受贿议员的社友资格，陈氏亦因之被开除出社。1925 年 3 月，孙中山逝世后，依旧军阀混战，干戈遍野。陈氏以国事不可为，遂不复从政，隐居于北京西山，杜门谢客，以吟诵述作度日。1928 年冬，因煤气中毒身亡，终年 54 岁。著有《百尺楼诗集》《半僧斋诗文集》等。（入社号 106）

注释

❶"南社"句：陈氏为南社早期社员，受其影响，胞弟家鼐、胞妹家英、家杰、家庆均先后加入南社；在南社社友中，一门5人均隶社籍者洵不多见。又，"二次革命"失败后，孙中山与黄兴产生分歧，陈氏不以私谊废公义，以大局为重，在孙、黄之间极力调解。中华革命党成立后，积极为孙中山的讨袁与建国大业献计出策。曾在日本人头山满寓所与孙中山讨论地方自治制度，主张县知事必纯由民选，并特加尊荣，使其亲民而不为大官政治所左右，孙中山深然其言。——"何损荣"指此。

❷凌阁即凌烟阁之缩称。唐朝为表彰功臣而建筑的绘有功臣图像的高阁。凌烟阁原本是位于唐长安城太极宫西南三清殿旁的一座不起眼的小楼，贞观十七年二月戊申日（643年3月23日），唐太宗李世民为怀念当初一同打天下的众位功臣（当时已有数位辞世，还活着的也多已老迈），命阎立本在凌烟阁内描绘了二十四位功臣的图像，是为《二十四功臣图》，褚遂良题字，皆真人大小，画像均面北而立，太宗时常前往怀旧。阁中分为三层：最内一层所画为功勋最高的宰辅之臣；中间一层所画为功高王侯之臣；最外一层所画则为其他功臣，后来唐朝历代皇帝亦补绘不少有大功于唐王朝之人于上。

❸元龙：三国时陈登，字元龙，曾慢待许汜。《三国志·魏书·陈登传》："汜曰：'陈元龙湖海之士，豪气不除。'"按，宋教仁曾以"元龙豪气今犹在，百尺楼头一汉元"，"十年久识陈惊座"之诗赞美陈汉元。按，宋教仁此诗颇有来历，所谓"百尺楼"，乃为陈家鼎斋名，其本人著有《百尺楼诗集》。宋教仁被刺殒命后，陈氏悲愤万分，曾赋诗吊之："青山有约悲今昔，碧血同盟誓死生。百尺楼台知己痛，十年沧海故人情。放歌渔父今何处，衔石精禽事竟成。此日畅春堂下路，不堪回首忆生平。"由此足见陈、宋二人之交实非泛泛。应团策：1919年8月，北洋政府谋以地丁为抵押，向英、美、德、法之新银行团大借款。陈即撰《论国人宜速筹应付新银行团策》之小册子，广为散发。10月，复在国会两院联会上及后又在次年7月全国报界联合会上发表专题演说，痛陈此案关系我国存亡命脉，必须全国共抵制之，

并拟出应付的10条根本办法,博得两院及舆论界的赞同。全国各报代表亦依陈议,通电南北外交当局，力争废止此案。

❹“一例”句：按，在国会中，陈以刚直激烈著称，曾怒斥拥袁派，以铜砚击桌，声震屋宇，满座惊倒，故时人号之曰“陈惊座”。

陈家鼎印

陈其槎

除却黉宫[1]不问津，奈无定省在昏晨[2]。
箕山[3]有志成孤诣，流水高山别有春[4]。

简传

陈其槎（1887—约1948），字安澜。原籍江苏苏州周庄。17岁即赴芦墟出任公馆塾师；科举废止后到学校教书。民国初年移家芦墟。因居所与芦墟前贤郭频伽的灵芬旧址相近，郭曾拟其所居曰“神庐”，陈氏仿拟灵芬，故将自家寓所取名为“寄庐”。民元前加入南社，与柳亚子甚为友善；1917年，柳亚子因诗歌崇唐抑宋与南社的朱玺、成舍我等人产生分歧。蔡守与成舍我等企图夺取南社领导权，当此之际，由陈去病牵头，联合204名南社成员发表公启，指责“南社临时通讯处”冒名造谣，提请社员认明选票，建议仍选柳亚子连任南社主任。陈氏得讯，当即驰函同里，要求列名其中。平生除教学外，日以研习书法自遣。其书法雅好“二王”，亦取法怀素，一手行草飘逸潇洒，迥异凡俗。且从不计较润格，凡来索求墨宝者，辄慨然相奉，绝不吝惜。（入社号136）

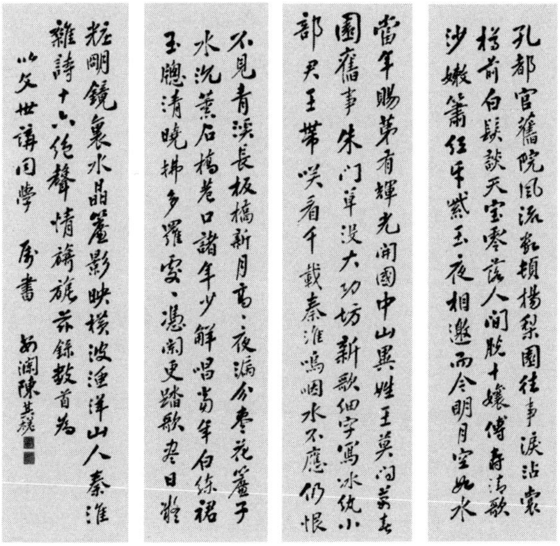

陈其槎手迹

注释

❶ 黉宫：武宣文庙，又称黉宫，原为纪念和祭祀孔子等先贤的祠庙，也是武宣县最早兴学立教之地，故称孔庙。武宣孔庙是广西现存规模最大的孔庙。后将黉宫称为学官。元人洪希文《踏莎行·示观堂》词："郡国兴贤，黉宫课试，书生事业从今始。"明人谢谠《四喜记·喜逢甘雨》："芹水生涯淡，黉宫道味长。"清人纪昀《阅微草堂笔记·槐西杂志三》："我辈身列黉官，乃在此携酒榼，看游女，其鄙而不顾，宜矣。"按，陈其槎终生教书，兢兢业业，从不马虎。民国初年，一度到上海应聘当孰师，当年的南社雅集多数在上海愚园举行，可是陈不肯随便告假，居然没有参加过南社的雅集。

❷"奈无"句：语本《礼记·曲礼上》："凡为人子之礼，冬温而夏清，昏定而晨省。"意谓人子侍奉父母，冬天温被使暖，夏天扇席使凉，晚间服侍就寝，早上省视问安。按，陈氏年近不惑，却只有一女，加之体弱多病，故他本人深为日后没有子嗣而

忧心忡忡，尝谓："不孝有三，无后为大。"其后，陈氏纳进一女为妾，讵料进得门来，仅仅三天，这位娇小的如夫人便身染风寒，陈氏的朋辈，凡来探望者，一概以需卧床静养为由，避而不见。芦墟的南社社友得悉此事，偏偏不从，执意登门调侃，沈长公当场赋得七绝两首："宜家一样赋于归，人手名花体惜微。争奈夜来风雨甚，晚枝无力卧蔷薇。""绿窗风袅药炉烟，镇日无妨倚枕眠。西子捧心先例在，带三分病十分妍。"

❸ 箕山："箕山在州治东五十里，相传许由所居。"《史记》《汉书》中也均有许由隐于箕山的记述。相传尧访贤禅让天下，在箕山附近访得许由，尧让其治天下，许由以为是一种羞辱而不肯接受，遁耕于箕山之下。尧又召许由任九州长，许由听罢，深感双耳被玷污，遂于颍水之滨洗耳。许由死后即葬在箕山之上。清朝箕山未淹没前，山南有一洞，世称许由洞，明代所修《濮州志》中的有关鄄城八大景诗句，一句"修真独卧箕山侧"即指此处。同时，《濮州志》对许由洗耳的颍水亦有明确记载："颍水在箕山寺环绕而北。"还提到"黄店旧有许由庙，今已废"。其时代可以上溯到原始社会父系氏族公社晚期，与传说中许由生活的时代相符。后遂以"箕山"代指退隐。

❹"流水"句：极言陈氏人品、书法境界之高。按：陈氏擅书，亦不乏知音，却素来淡于名利，凡来求书者，从不推拒，亦不计较润笔，颇得乡誉。至今在吴江博物馆内尚藏有陈氏所书两件四屏条，每条高132厘米，宽32厘米，行草相间，潇洒绝俗，堪称神品。

陈望道 *

耻说桃源[1]可避秦，百年积弱黯无垠。

灵山一借煌煌火[2]，照得梅红天地新！

简传

陈望道（1890—1977），原名参一，又名融，笔名雪帆、晓风等。浙江义乌人。早年受“科学救国”“实业救国”思潮影响，考入金华府中学堂，专攻理科，后又入之江大学学习。1915 年初赴日本留学，毕业于中央大学法科，得法士学位，1919 年回国后，积极从事新文化运动和马克思主义宣传活动。1920 年翻译出版第一个中文全译本《共产党宣言》。同年，应陈独秀之邀，参加《新青年》的编辑工作，又参加创建中国共产党上海早期组织，同年 11 月参加社会主义青年团的筹建工作。后又担任《民国日报》副刊《觉悟》《妇女评论》编辑。1923 年后在中共创办的上海大学任中文系主任、教务长。1927 年任复旦大学中文系主任，旋又创办中华艺术大学。1932年，“一·二八”事变发生后，与鲁迅、茅盾、叶圣陶等联名发表《上海文化界告世界书》，抗议帝国主义的暴行。1934年6月，与胡愈之、叶圣陶等共同发起“大众语运动”，并创办《太白》半月刊。1935年8月，为避免国民党反动派的迫害，赴广西大学，任该校中文科主任。抗战爆发后返沪，积极参加中共领导的上海文化界联谊会，从事抗日救国运动。抗战胜利后，继续配合中国共产党的地下工作，开展活动，并积极参加“反饥饿、反内战，反迫害”的民主运动。新中国成立后，历任华东军政委员会文化教育委员会副主任兼文化部部长，高教局局长，复旦大学校务委员会副主任委员、主任委员、校长，中国科学院哲学社会科学部委员，上海哲学社会科学联合会主席，上海语文学会会长，《辞海》主编。又任全国人大常委、全国政协常委、上海市政协副主席、民盟中央副主席。著有《美学概论》《因明学》《修辞学发凡》《中国文法研究》等，并编有《陈望道文集》。

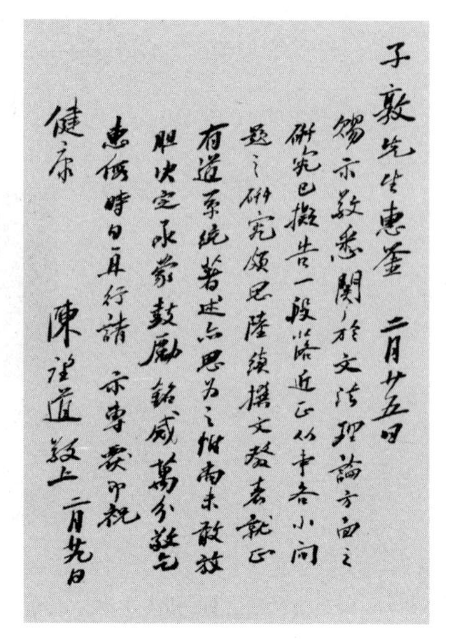
子敦先生惠鉴 二月廿五日
赐示敬悉。关于文法理论方面之
研究已拟告一段落，近正从事各小问
题之研究，颇思陆续撰文发表，就正
有道。系统著述亦思为之，惟尚未敢放
胆决定。承蒙鼓励，铭感万分。敬乞
惠假时日再行请 示。专覆，即祝
健康
陈望道 敬上 二月廿六日

陈望道书信手迹

注释

❶ 桃源即桃花源。晋代诗人陶渊明曾作《桃花源记》，文中叙写秦人为避乱逃到一个偏僻宁静的“桃花源”，遂与世隔绝，过着“不知有汉，无论魏晋”的“怡然自乐”的生活，直至晋朝才有一个武陵（湖南常德）的渔人因迷路偶然找到这个“世外桃源”。

毛泽东主席在上海锦江小礼堂接见陈望道

陈望道所译《共产党宣言》（1920年9月版）书影

❷“灵山”句：用普罗米修斯窃火事。普罗米修斯是希腊著名的神话传说中的人物，相传他是提坦神伊阿珀托斯和忒弥斯之子。在一次篡夺王位的战斗中，曾帮助宙斯打败克洛诺斯。当宙斯在奥林匹斯山上组成神族分掌世界大权时，普罗米修斯不愿做神，来到大地，应厄洛斯之请求用泥土创造了万物灵长——人，又冒着生命危险到奥林匹斯山偷得当时只有神才能享用的光明的象征——火，给了人类。为此，普罗米修斯受到宙斯凶残的惩罚。但具有钢铁般意志的“窃火”英雄普罗米修斯宁可忍受着三万年漫长岁月的苦刑，亦绝不向宙斯屈服。按，陈望道是我国早期的马克思主义传播者，是马克思《共产党宣言》的第一个翻译者，此处借用普罗米修斯窃火这一著名的希腊神话故事，喻“窃火者”陈望道译介马克思主义的卓著功勋。

陈蝶仙

愿罄全功利有情[1]，彼苍[2]未必肯虚生。

毫端不尽长江水[3]，似诉东方未易明！

简传

陈蝶仙（1879—1940），原名寿嵩，字昆叔，后改名栩，字栩园，取庄子“栩栩化蝶”之意，别号天虚我生。浙江钱塘（今杭州）人。清末贡生，后弃科举，专心著述。1895年在武康地区尝试做生意，略无成效，遂与友人盘下一份倒闭的报纸，重新命名为《大观报》，以刊登文学作品为主，后遭禁。1901年在杭州开设萃利公司，销售书籍文具纸张。次年又办了一座公共图书馆，名为饱目社。后又在上海创办著作林社，出版文艺杂志《著作林》。1909年在绍兴、靖江、淮安等县当幕僚，1912年代理镇海县知事，后辞职去上海。1913年主编《游戏杂志》，次年又出任《女子世界》编辑。1916年担任《申报》副刊

陈蝶仙画作

《自由谈》编辑、特约撰稿员。1916年，王钝根出营商业，遂承令任《自由谈》主编，别辟《常识》一栏，颇为读者欢迎。次年放弃《申报·自由谈》的工作，正式成立家庭工业社，任经理，依靠所学的新知识，继续研制牙粉。1919年在上海成立总厂，并在无锡、宁波等地建立利用造纸厂、改良手工造纸厂，及蛤油、蚊香等日用化学制品厂等。后又扩大招股，成为有限公司。生活日渐优裕后，遂于西湖筑蝶庄，以爱镜故，廊间多置长镜，奈楹联入镜，字作反形，乃取正反同形字为联以张之。1930年曾创办并主编《上海机制国货联合会会刊》，提倡国货，介绍化学日用品制造法等。抗日战争时期，资料遭日机炸毁，无法投产，后一度在四川、云南改良川纸和筹建牙粉厂。由于操劳过度，胃病时常发作，1939年病重返沪，1940年2月8日卒于沪寓。平生著述宏富，主要有《天虚我生诗词曲稿》《惜红精舍诗》《耳顺祟》《实业浅说》《工商尺牍》《新官场现形记》《泪珠缘》《新泪珠缘》《桃源梦》《玉田恨史》《火中莲》等。（入社号595）

注释

❶ 首句：全功：《列子·天瑞》："天地无全功，圣人无全能，万物无全用。"有情：佛教语，梵语"萨埵"的音译，亦译为"众生"，为动物的总名，《成唯识论·述记》："梵云萨埵，此言有情，有情识故。今谈众生，有此情识，故名有情。"按，陈蝶仙于1912年代理镇海县知事时，曾设想利用乌贼骨制造牙粉，并呈请上司要求拨款二千元作经费，未意竟遭训斥。后由其子与李常觉协助，从舟山盐场收购苦

卤，提炼制作牙粉的基本原料碳酸镁，于1917年制成无敌牙粉。1918年7月，正式成立家庭工业社股份公司，任经理。五四运动后，国内掀起抵制日货运动，日制牙粉大受打击，陈蝶仙遂在上海建立总厂，并在无锡、宁波、镇江、杭州等地建立制镁厂、造纸厂。抗战前夕，家庭工业社的资本已由一万元增至五十万元，工人达二千多人，产品有四百多种。

陈蝶仙像

❷ 彼苍：苍天。语出《诗经·秦风·黄鸟》："彼苍者天，歼我良人。"按，陈氏逝世后，南社社友陆澹安挽联云："公真无敌，天不虚生。"按，陈蝶仙别号天虚我生。

❸"毫端"句：极言陈氏著述丰赡，文思泉涌。按，陈氏一生共创作通俗小说、文言小说、剧作等计百余种，主要有《新官场现形记》《桃源梦》《玉田恨史》《火中莲》《工商尺牍》等。其所创作的《泪珠缘》《新泪珠缘》《柳非烟》等一大批言情小说，在讽刺谴责小说盛行的晚清文坛，独树一帜，足堪在晚清文坛占据一席之地。

陈蝶仙《天虚我生诗词曲稿》书影

邵力子

毕生尽瘁在非攻[1]，“任会”[2]精诚气贯虹。

历劫斯翁身是史，驻颜要照海桑红[3]。

简传

邵力子（1882—1967），名闻泰，初名景奎，字仲辉，取义“奎璧建辉”，号力子，取义于《后汉书》“游子天下弃，力子天所富”，即以此行世。浙江绍兴人。7 岁开始跟其叔在家塾就读，遍读经书。1897 年赴沪入严开弟所办求志学堂。旋又考入广方言馆，开始学习法文。后又考入苏州中西大学堂，因志趣与经济诸因，不久即返盛泽镇任教。1902 年秋中举人。1904 年，赴沪震旦公学求学，1905 年转入复旦公学，后又转南洋公学肄业。1906 年东渡日本学新闻学。同年拜见孙中山，加入中国同盟会。1907 年春，与于右任在上海创办《神州日报》，后又与于右任等先后创办《民呼报》《民吁报》《民立报》《生活日报》、上海《民国日报》，开始从事舆论宣传工作，前后达 18 年之久。所主编的上海《民国日报》《觉悟》副刊，对马克思主义在我国早期的传播贡献綦巨。1914 年正式加入南社。1923 年与柳亚子等发起成立新南社，当选第一届编辑主任。又与马相伯创办复旦公学。1916 年出任复旦大学中文系主任。同年加入中国国民党，与叶楚伧在上海创办《民国日报》，1919 年 5 月，通过《民国日报》最早向上海人民报道北京学生的爱国运动，并动员和引导复旦学生立即响应。1920 年与陈独秀等人组织马克思主义研究会，并积极支持陈望道将《共产党宣言》全文译成中文在上海出版。又参与起草“一大”文件，积极参与“一大”的联络和总务工作。当大会转至浙江嘉兴南湖召开时，因不能离开上海而未能参加。1922—1923 年间，积极参加筹备国民党改组办事处的工作。1925 年 5 月，因参加领导上海五卅运动，被军阀下令通缉，离沪前往广州，出任黄埔军校秘书处处长，旋任军校秘书长；因军校筹备校史编纂委员会，任主席。10 月 5 日任军校政治部主任，经周恩来批准，公开在中国共产党内过组织生活。1926 年 11 月，共产国际执行委员会召开第七次扩大会议后，被蒋介石委派作为中国国民党代表赴苏联，中共中央陈独秀、瞿秋白、张太雷、恽代英、周恩来等召开欢送会。会上瞿秋白建议，愿邵氏以纯粹国民党代表身份赴会。按照这一指示，邵氏正式退出共产党，以“国民党友好代表”身份出席共产国际第七次扩大会议，代表中国国民党致祝词。会议期间，在克里姆林宫受到斯大林亲切接见。翌年 5 月，从苏联回到上海，获知蒋介石已背叛革命后，即赴南京面见蒋介石，拒绝再当秘书长，要求停止杀戮青年。1928 年 2 月，受任国民党中央政治会议委员、（陆、海、空）总司令部秘书长。1931 年 4 月 11

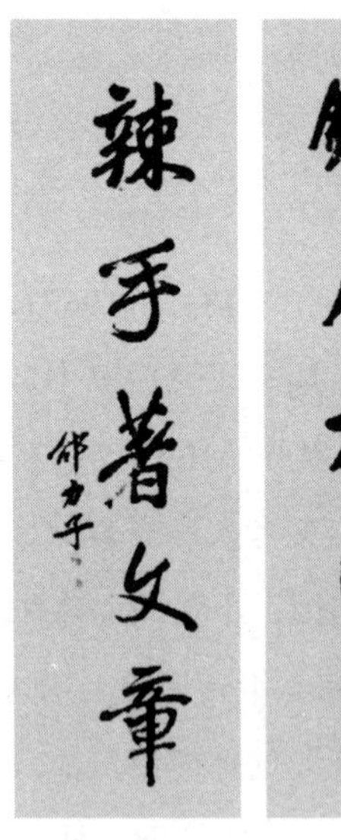

邵力子手迹

日，辞秘书长，任中国公学及复旦实验学校校长，又出任国民党政府立法院院长。1931 年 12 月至 1933 年任甘肃省政府主席。1933—1936 年，邵力子任陕西省政府主席期间，同情支持西安爱国人士和青年学生的抗日救国活动，西安事变发生后，自觉地支持张学良、杨虎城逼蒋联共抗日的爱国行动。1940 年 4 月至 1943 年，为取得苏联支援中国抗日，出任驻苏联大使。1943 年从苏联回国，出任国民参政会秘书长、宪法促进委员会秘书长、国防最高委员会委员。抗战胜利，毛泽东、周恩来等到重庆与国民党进行和平谈判时，邵氏为国民党代表。1946 年 1 月，以国民党代表身份出席在重庆沧白堂举行的政治协商会议。7 月出任国民大会筹委会主席，宪法起草委员会委员。11 月 15 日至 12 月 15 日，南京举行“制宪国大”，邵氏拒绝参加选举，拒绝担任“国大”秘书长职务。1947 年 5 月，积极支持南京“五二〇”学生“反饥饿、反内战、反迫害”运动。1949 年 4 月，参加以张治中为首的南京政府和谈代表团，到北平谈判。上海解放后，于当日在《解放日报》公开宣言：与南京政府断绝关系，接受中国共产党领导。旋赴北平参加新政协筹备会第一次全体会议，为主席团成员。又参加全国文学艺术工作者代表大会，为主席团成员，当选全国文联常务委员。1949 年 9 月以特邀代表资格参加了第一届中国人民政治协商会议，受任中华人民共和国政务院政务委员、华侨事务委员会委员。10 月被选为中苏友好协会总理事、副总会长。11 月，参加中国国民党民主派代表会议（民革二大），当选为中央常务委员，社会联系工作委员会主任。1954 年出席第一届全国人民代表大会，当选为全国人大常委。1955 年出席中国国民党革命委员会第三次全国代表大会，再度当选为中央常务委员，任和平解放台湾工作委员会主席。同年，出任世界和平理事会理事。1956 年 4 月，出任中央社会主义学院副院长。11 月任纪念孙中山 90 周年诞辰筹备委员会副主任兼秘书长。从 1949 年至 1967 年，连任全国政协常委、全国人大常委、民革中央常委等职。1967 年 12 月 25 日，在北京逝世，终年 86 岁。（入社号 408）

注释

❶ 非攻：墨学的重要范畴之一，是墨子军事思想的集中体现，同时也包含着丰富的政治、哲学、科学、文化、伦理思想。按，邵力子既是国民党元老，又是最早的共产党员，熟悉国共两党，热心国共合作，成为被国共两党称誉的“和平老人”。早在1921年7月31日，邵力子便在《觉悟》副刊刊出署名“光亮”的《再论太朴伦主义的选择》一文，明确宣称：“我所信的马克思主义，就是布尔什维克主义，彼底最后目的，就是各尽所能，各取所需的共产社会，彼底最近手段就是劳农专政。”1930年初，邵氏又公然表明“衷心不忘孙先生的三大政策，不肯附和反共反苏，既牢记孙先生临终时和平、奋斗、救中国的话，又深佩苏联始终不渝的和平国策”，不断呼吁和平。西安事变发生后，努力协助周恩来、叶剑英等同志促成事变和平解决，为国共两党重新合作创造了良好的条件。1937年出任国民党中央宣传部部长。7月，由蒋介石与邵力子、张冲组成的国民党代表团同周恩来、博古、林伯渠组成的中共代表团在庐山进行会谈。1938年1月23日，国际反侵略同盟大会中国分会在汉口召开成立大会，邵力子当选为理事会主席，并任国民外交学会会长。任宣传部部长期间，邵同意批准共产党在南京创办《新华日报》，亲自审批出版《鲁迅全集》20卷。1939年3月，邵力子出任国民政府军事委员会战地政务委员会秘书长。1949年2月，与颜惠庆、章士钊等组成上海人民和平代表团前往北平，随后到石家庄会见毛泽东、周恩来。4月1日参加以张治中为首的南京政府和平商谈代表团去北平，经过半个多月谈判，双方达成“国内和平协定”。由于南京政府拒绝在协定上签字，致使和谈失败。4月21日，毛泽东主席、朱德总司令发布向全国进军的命令，邵氏公开表明不复南返。

❷“任会”：邵力子早年曾与同班同学黄炎培、胡任源等成立演说会，还组织了一个“以造新中国为己任”的任会，借以宣传民主思想，昌言革命。

❸“驻颜”句：沧海变桑田，山陵变深谷，比喻世事变迁极大。清人朱彝尊《玉带生歌》：“海桑陵谷又经三百秋，以手摩挲尚如故。”

邵元冲

拼将铁血创乾坤，草檄书生足策勋❶。

残拓名山随梦去❷，谁为守默向斜曛❸？！

简传

邵元冲（1890—1936），名庸舒，字元冲，号翼如，以字行。浙江绍兴人。1903年中秀才，1906年加入中国同盟会，次年进浙江高等学堂学习。1910年任江苏省镇江地方审判厅厅长，不久即辞去。1911年东渡日本求学，始识孙中山。辛亥革命后回国，出任上海《民国新闻》总编辑。同盟会改组为国民党后，任上海交通部评议员，编辑部主任。1914年加入中华革命党，任《民国》杂志编辑。后受任中华革命军绍兴司令官，奉命返国图谋举义浙江，以事泄败。1915年底参与上海肇和舰反袁起义。1916年赴山东，任中华革命军山东戒备司令，与居正举兵反袁，亦告失败。1917年9月孙中山任大元帅，在大元帅府任机要秘书代行秘书长职。1919年冬赴美留学，先后肄业于威斯康星大学、哥伦比亚大学，并奉孙中山之命，视察海外党务。1923年11月参加赴俄考察团，在莫斯科与蒋介石相晤，复由俄赴德游学。1924年国民党第一次全国代表大会上当选为候补中央执行委员，不久被递补为中央执行委员。旅欧期间，对马克思主义理论及各种社会主义学说有所涉猎。1924年夏代理国民党中央执行委员会常务委员兼任政治委员会委员、大本营法制委员会委员、粤军总司令部秘书长、黄埔军校政治教官兼代理政治部主任。同年冬，孙中山北上，为随行机要秘书，又任北京《民国日报》社长、北京政治分会委员。1925年3月孙中山在北京逝世，为遗嘱证明人之一。孙中山逝世后，国民党右派活动加剧，邵氏主持“西山会议派”在上海的伪国民党中央执行委员会，又创设中山学院，向青年进行右派理论宣传，与广州国民党中央对立。在1926年1月召开的国民党第二次全国代表大会上受书面警告。1926年3月，在上海伪国民党中央执行委员会召开的所谓第二次全国代表大会上被推选为“中央执行委员”。同年5月，蒋介石邀其赴粤，任国民党中央青年部部长。1927年南京国民政府成立，又出任浙江政治分会委员，浙江省党部改组委员会委员兼宣传部部长，浙江省政府委员兼杭州市市长。在杭州市长任内，因将市工务局公款10余万元汇存沪行，为杭人谴责而辞职。同年4月返沪创办《建国》周刊，成为国民党“反共”的重要喉舌之一。次年，《建国》周刊由上海迁南京，改名《建国月刊》，仍任社长。以阐发孙中山三民主义为由，大肆诋毁马克思主义，诬蔑共产党，曲解阶级斗争，主张强化国民党“党治”，大力宣扬专制独裁及孔孟之道。1929年3月，在国民党第三次全国代表大会上当选为中央执行委员、政治会议委员，兼任国民党党史编纂委员会常务委员。1930年，任考试院考选委员会委员长。1931年，任国民政府委员、立法院副院长、代理院长。同年冬被选为国民党第四届中央执行委员，兼政治会议委员、宣传委员会主任委员。1933年解除代理立法院院长，仍任副院长及所兼各职。1935年春，因对日外交问题与汪精卫发生争执，辞去宣传委员会主任委员职。同年冬，再次被选为国民党第五届中央执行委员会委

邵元冲手迹

员，兼中央党史编纂委员会主任委员。此外，他还兼任国民党中央抚恤委员会委员、财务委员会委员、中央政治委员会经济专门委员会委员、国民政府全国经济委员会委员等职。1936年10月邵氏入桂考察。12月应蒋介石电召入陕，适逢西安事变爆发，被围困于西京招待所。12日晨，因跳窗逃跑被西北军士兵开枪击伤，14日死于陕西省立医院，卒年46岁。著述颇丰，主要有《孙文主义总论》《建国之路》《中华革命党史略》《各国革命史略》《国家建设论》以及《元冲文集》《邵元冲演讲集》《文章源流》《入鉴通义》《玄圃诗集》《玄圃日记》等。早年还辑有《戚继光诗文钞》《军国民诗选》等。（入社号356）

注释

❶ 策勋：记功勋于策书之上。《左传·桓公二年》："凡公行，告于宗庙；反行，饮至、舍爵、策勋焉，礼也。"杜预注："既饮置爵，则书勋劳于策，言速纪有功也。"《后

汉书·光武帝纪下》:“夏四月，大司马吴汉自蜀还京师，于是大飨将士，班劳策勋。”李贤注：“其有功者，以策书纪其勋也。”《木兰诗》：“策勋十二转，赏赐百千强。”唐人刘禹锡《平蔡州》诗之一：“策勋礼毕天下泰，猛士按剑看常山。”明人唐顺之《咏俞虚江参将》诗之一：“此日渠魁当授首，策勋早见上麒麟。”按，1913年3月，宋教仁被袁世凯派人刺杀于上海，凶手应桂馨匿居租界，邵氏据法理与租界当局力争，促成罪犯引渡。随之“二次革命”爆发，邵氏于同年7月赴江西湖口参加讨袁之役，任长江各军总司令部秘书长，失败后复去日本。

❷“残拓”句：邵氏在从政和编辑之余，亦喜吟诗著文，兼擅书法，颇好收藏碑帖古籍。又好游历，曾赴陕祭黄帝陵，周游陕、甘、青、宁、绥、晋各省，撰有《西北揽胜》一书。

❸“谁为”句：邵氏夫人张默君亦为南社社员，1924年，41岁的张默君与邵元冲完婚，伉俪情笃。邵氏之死，令张默君悲痛欲绝，曾为此写下大量怀念之诗，中有“初心瞻与野云飞，小拔霜根独采薇；哀彻江南孤凤唦，风回余咏落清辉”(《过小孤山忆邵元冲》)之句。

1918年，国民党三位要员与一位医生合影(前左为朱执信，右为廖仲恺，后排右为邵元冲)

邵瑞彭

烛怪燃犀不避矰[1]，昆山片玉[2]更谁能？
灵珠[3]串串圆可掬，掷地金声惊大陵[4]！

简传

邵瑞彭（1888—1938），字次公、次珊，别署梧丘。浙江淳安人。清季入浙江省优级师范学堂，精研齐《诗》《淮南子》及古历算学。先后加入光复会与同盟会。武昌起义后，积极参与光复浙江的军事行动。功成不居，托疾返回乡里。1912 年底，国会成立，当选为众议院议员。1913 年加入南社。1915 年，袁世凯加紧复辟帝制，国会被解散，邵氏不肯与袁氏同流合污，愤而返里。1916 年国会恢复后仍任众议院议员，应邀北上参加国会。1921 年，孙中山号召国会议员南下商议国是，遂奔赴广州，选举孙中山为非常大总统。1923 年，直豫巡阅使曹锟谋任大总统，秘密派遣内务总长高凌蔚出面收买国会议员。瑞彭崇尚气节，

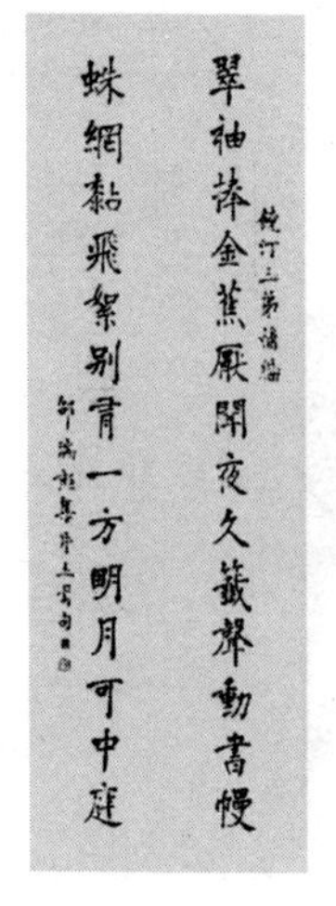

邵瑞彭楷书手迹

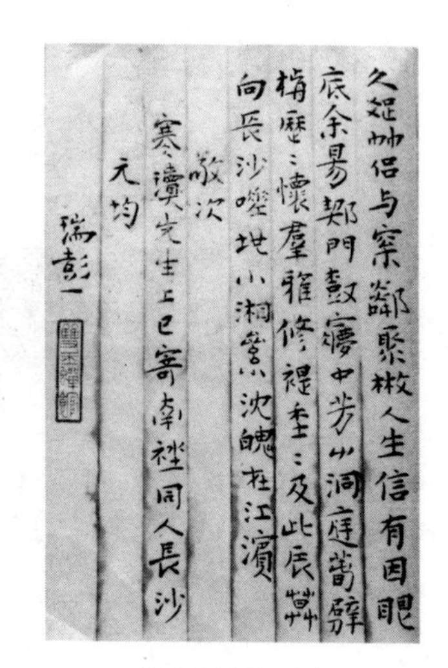

邵瑞彭书信手迹

强烈反对并公然控告高凌蔚、吴景瀛等人为曹锟谋任大总统向议员行贿的罪行，声名由此大震。为避免遭特务暗杀，寻化装潜逃沪上，参加新南社举行的第一次会议，社友无不鼓掌欢迎。1925 年 7 月，任临时参政院参政，旋任国立北京大学国文系教授及私立民国大学国文系教授、中国文学院诗学教授。1932 年任河南大学文学院中国文学系教授兼主任。晚年寓居开封，穷愁潦倒，于 1938 年 1 月 4 日去世。擅倚声，为诗崇尚清真，笔力雄健，运用典实如出自然。由于倭乱，遗稿大多散佚，生前刻版行世的仅有《泰誓决疑》及词集《扬荷集》四卷、《山禽余响》一卷。未刊行的遗著主要有《次公诗集》《次室读记》等。（入社号 372）

注释

❶ 首句：烛怪燃犀：谓邵瑞彭的笔锋犀利，像燃犀烛怪一样，使各种妖怪尽现原形。典出《晋书·温峤传》：“峤旋于武昌，至牛渚矶，水深不可测：世云其下多怪物。

峤遂毁犀角而照之。须臾，见水族覆灭，奇形异状，或乘马车著赤衣者。”《元和郡县图志》卷二八亦载：“温峤至牛渚，燃犀照诸灵怪。”避矰：矰，一种用丝绳系住以便于弋射飞鸟的短箭。《周礼·夏官·习弓矢》：“矰矢、茀矢，用诸弋射。”后引申为谋害人的手段。《汉书·张良传》：“虽有矰缴，尚安所施？”按，1923年，曹锟贿选大总统，收买国会议员，或聘为顾问，或奉为谘议，月给津贴200元。同年10月1日，在北京甘石桥设立总统选举筹备处，向在京议员分赠支票一张，面额五千元，规定在总统选出后三日，即行兑现。当时的议长吴景濂向邵氏赠予五千元支票一张，邵氏却于当夜化装后乘火车至天津，然后将签上姓名的支票，拍摄成照片，至函北京地方检察厅，向高凌蔚、吴景瀛等人提起诉讼。诉讼云：“瑞彭于此等事（指曹锟贿选事——注者）未敢相信，适值同乡议员吴玉烈将往院，托其探听，谓：‘该被告等已将选举曹锟之票价五千元，交我代交等语’，瑞彭当将支票留下，如此公然行贿，高凌蔚等显犯刑律第一百四十二条、第八十三条、第一百五十九条第一项第二款之规定。瑞彭为国家立纪纲，为议员争人格，不得不片言陈诉。除曹锟、王承斌、熊秉琦、吴毓麟、刘梦庚等分属军人，当依法另向海陆军部告发，特检具甘石桥通知一件，五千元洁记签字有三立斋图记，背注邵字之支票照片反正两面共二纸，向大厅告发。”同时，又向《民国日报》公开发表一则《举发贿选通电》，全文如下：“各省区军民长官、各省议会、各团体、各报馆均鉴：瑞彭幼承庭训，自行束脩，及为议员，不骛党争，不竞名利。十载以还，蒿目时变，以为宪典未立，拨乱无方。曩岁恢复国会之役，蒙犯艰难，奔赴夙夜。方冀大法早成，私愿已足；未敢贪婪妄进，为我邦家羞。暨乎六月十三日，政变又作，瑞彭虽切覆巢之忧，犹殷补牢之望。不图构难之人，志在窃位，佥壬鼓煽，思念欲重贿议员，使选举曹锟为总统。初疑报纸谰言，未足凭信，乃本月一日宵分，竟有授瑞彭五千元支票之事。窃谓政变之应如何处置，曹锟之宜为总统与否，皆当别论。若夫选举行贿，国有常刑，不为举发，何所逃罪？特向京师警察厅依法告发。又恐京师受制强暴，法律已无效验，用是附告发状原文，布告天下，以求公判。邦人父老，凡百君子，其鉴察焉！众议院议员邵瑞彭。”（《民国日报》1923年10月7日）——“不避赠”句指此。

❷ 昆山片玉：《晋书·郤诜传》：“累迁雍州刺史，武帝于东堂会送，问诜曰：‘卿自以为何如？诜对曰：‘臣举贤良对策，为天下第一，犹桂林之一枝，昆山之片玉。’”原为自谦之辞，后转用来比喻众美中之佼佼者，此处借喻邵瑞彭为近代之杰出词人。按，邵瑞彭之词，一向为识家称道，夏敬观云：“次公为词，宗尚清真，笔力雄健，藻彩丰赡。近自中州寄示所作五词，则体格又稍变。运用典实，如出自然，博综经籍之光，油然于词见之，盖托体高，乃无所不可耳。”（《忍古楼词话》）叶恭绰云：“次公词清浑高华，工于镕翦。残膏剩馥，正可沾溉千人。”（《广箧中词》四）

20世纪30年代邵瑞彭先生执教于开封，与当时豫省学界合影（前排坐者为邵瑞彭，后排左一为武慕姚）

❸ 灵珠即灵蛇珠之省语。曹植《与杨德祖书》：“人人自谓握灵蛇之珠，家家自谓抱荆山之玉。”《晋书·文苑传序》：“西都贾马，耀灵蛇于掌握；东汉班张，发雕龙于绨椠。”

❹ 末句：金声即金石之声，喻邵瑞彭诗词的音韵铿锵有力。语出《世说新语·言语》：“祢衡被魏武谪为鼓吏，正月半试鼓。衡扬枹为渔阳掺挝，渊渊有金石声，四坐为之改容。”《晋书·孙绰传》：“尝作天台山赋，辞致甚工。初成，以示友人范荣期，云：‘卿试掷地，当作金石声也。’”大陵：《晋书·天文志》：“大陵八星在胃北，亦曰积京……大陵中一星曰积尸。”此处代指云天。

邵飘萍

不是猿声[1]亦断肠，哀鸿[2]枉事诉青苍。

西风万斛伤高泪，洒向溪藤作剑霜[3]！

简传

邵飘萍（1884—1926），原名振清，字飘萍，别号青萍、阿平、素昧平生等。浙江金华人。清末秀才。1902年入浙江高等学堂，在校期间被聘为《申报》特约通讯员。1905年毕业，任金华小学教员，萌生出新闻救国的思想。武昌起义后，任浙江都督府《浙江公报》编辑。1912年任《汉民日报》主笔，因反对袁世凯和贪官污吏，曾几度被捕。1914年《汉民日报》被封，乃逃亡日本，入法政专门学校读书，并参加创办东京通讯社。1916年春归国，任《申报》《时报》《时事新报》主笔，同时加入南社。后任《申报》驻北京特派员。1918年创办中国第一家新闻社——北京新闻编译社，打破了外国通讯社对中国新闻舆论的垄断。同年又创办《京报》，任社长。凡政治要闻，往往在夜间12点以后亲自发出，有时且发密电，又善结交要人幕府中的智囊人物，出入于各种社交场合，力图从各方探取秘密新闻。1919年因揭露曹、陆、章罪行，《京报》被封，旋逃至上海，后应日本大阪朝日新闻社之邀赴日，任特约记者。1920年回国，恢复《京报》，并通过报刊宣传马克思主义，赞颂十月革命。又与徐宝璜在北京大学成立新闻学研究会。1924年任北京政法大学教授，同年经李大钊、罗章龙介绍秘密加入中国共产党。1926年“三一八”惨案发生后，积极支持群众反帝反军阀的斗争，因同情国民军和郭松龄倒戈反奉，于1926年4月26日，以“宣传赤化”的罪名在北京天桥被奉系军阀张作霖杀害。毛泽东同志给予邵飘萍高度评价：“他是个自由主义者，充满了热情理想，和良好的性格……”（斯诺《西游漫记》）著有《实际应用新闻学》《新闻学总论》《综合研究各国社会思潮》《新俄国之研究》等。（入社号726）

“京报馆”旧址

注释

❶ 猿声：典出晋干宝《搜神记》卷二十：“临川东兴，有人入山，得猿子，便将归。猿母后自逐至家。此人缚猿子于庭中树上，以示之。其母便搏颊向人，欲乞哀状，直谓口不能言耳。此人既不能放，竟击杀之。猿母悲唤，自掷而死。此人破肠视之，寸寸断裂。”又，《世说新语·黜免》亦有类似记载。

❷ 哀鸿：《诗·小雅·鸿雁》：“鸿雁于飞，哀鸣嗷嗷。”后多以“哀鸿”喻流离失所的灾民。

❸ 末句：溪藤即纸。《博物志》："剡溪古藤甚多，可造纸。"苏轼诗："剡藤开玉版。"剑霜：语本贾岛《剑客》："十年磨一剑，霜刃未曾试。今日把示君，谁为不平事？"按，1915 年，日本政府向袁世凯提出旨在灭亡中国的"二十一条"，邵氏立即向国内报道，激发起对袁世凯的举国声讨。又，袁世凯死后，军阀混战，邵氏出任《申报》驻京特派员，在《申报》上开辟了《北京特别通信》专栏。邵氏可谓中国新闻史上第一名特派记者。两年内，他写下 250 多篇文章（计 20 多万字），揭露、批判军阀政府。作为著名报人、记者，邵氏交游广阔、能言善辩、重情义、讲排场，故上至总统、总理，下至仆役、百姓，皆能应付裕如，并能从中探得独家新闻。1918 年，邵氏在北京创办《京报》，在该报的创刊词中，邵氏如是写道："必使政府听命于正当民意之前，是即本报之所作为也。"本于此一办报宗旨，邵氏还将明代义士杨椒山的名句"铁肩担道义，妙手著文章"中的"妙"字改为"辣"字，以突出其所办《京报》仗义直言的辛辣特色。1921 年元旦，《京报》刊出军阀头目的照片特刊，如"奉民公敌张作霖""鲁民公敌张宗昌"等，此报甫一发行，即被读者抢购一空，时人称颂道："飘萍一支笔，抵过十万军。"——"洒向"句指此。

邵飘萍像

邵飘萍手迹

范光启

雪虐风饕[1]上酒楼，人间何处可埋忧[2]？

狂来恨不泪成雨，化入天瓢洗九州！

简传

范光启（1882—1914），字鸿仙，别号孤鸿。安徽合肥人。幼读私塾，后因家贫随父务农。1906年在上海结识于右任、章太炎、宋教仁等人，并加入同盟会。先后参加于右任创办的《民呼报》《民吁报》《民立报》的编辑工作，曾与戴天仇等任《民呼报》主笔。1909年8月，《民呼报》遭查封，于右任被捕入狱，范氏慨然以文章为武器，竭力营救于右任，声名大震。同年10月，与于右任创办《民吁报》，任社长。《民吁报》又被查封，遭拘捕，获释后，复与于右任创办《民立报》，任总理。1911年7月，领导长江流域革命活动的中国同盟会中部总会在上海成立，任总部评议员和安徽分部主持人。武昌起义后，与陈其美、

入殓前的范鸿仙，左上角文字为陈英士题写

柏文蔚等参与安徽、上海、江苏的独立光复。他与宋教仁、叶楚伧利用《民立报》宣传革命胜利的消息，借以激励民气。1912 年，民国初建，“南北议和”之声甚高，范氏极力反对议和，遂请命于孙中山，募集壮士五千人，号“铁血军”，任总司令，誓师北定中原，光复天下。不久，南北议和事定，范氏自知无可挽回，遂退居上海，复主《民立报》笔政兼总理。袁世凯曾以高官厚禄相收买，均拒绝。1913 年，“宋教仁案”发，讨袁义师再举，复入芜湖发兵讨袁，号召铁血军旧部宣布独立，又赴安庆协同柏文蔚从事讨袁军事工作。“二次革命”失败后，潜赴上海，因受当局通缉，遂改名换姓，逃亡日本，协助孙中山筹组中华革命党。1914 年 2 月，回国联络北洋将士反袁，设机关部于上海嵩山路；9 月与陈其美密谋举兵攻打郑汝成盘踞的上海制造局之镇守使署，又联络在制造局执役的同乡陈元辅从事秘密活动，因事泄，陈元辅惨遭杀害。袁世凯得悉此事，悬赏 6 万大洋购买范氏人头。1914 年 9 月 20 日深夜，上海镇守使郑汝成派人将范氏刺死于上海寓所。1933 年国民政府追赠范氏为陆军上将。1936 年移葬于南京中山陵东侧。（入社号 177）

注释

❶ 雪虐风饕：虐，暴虐；饕，贪残，形容风雪交加，严威逼人。郑板桥《题游侠图》：“大雪满天地，胡为仗剑游。欲谈心里事，同上酒家楼。”此处取意与郑氏同。按，范鸿仙长期编辑《民立报》，与叶楚伧同事，二人交谊甚笃，风雨之夕，常相对酌，以遣闷怀，某晚，风雨交加，寒意正浓，二人来到酒馆，却发现囊中空空，无钱沽酒，

鸿仙遂卸其大氅，嘱馆役付诸质库，以所质之金，尽数买酒。怀觞之间，叶楚伧挥笔成篇，称范鸿仙为“解人”，此后报馆同人皆以“解人”称之。范氏索性刻一“解人”名章，作为别署。

❷“人间”句：早在袁世凯向列强大行借款之时，范鸿仙、吴忠信、龚振鹏等皖人就“群谋反对袁氏，激烈异常，大有跃跃欲试之概”；在袁世凯密谋称帝的野心逐渐暴露后，范氏遂极力主张讨伐袁氏，他深知：“今日之事，决非仅赖口诛笔伐可以拥护共和也”，故明示必要时将以个人热血铲除民贼、捍卫来之不易的共和。范鸿仙言至行随，履及剑及。1913 年 6 月，袁世凯完成军事部署后，率先向革命党人发难，罢免江西、广东、安徽都督李烈钧、胡汉民、柏文蔚，并派大军南下。孙中山在危急时刻，说服黄兴等人放弃“法律解决”的幻想，仓促应战，保卫共和，史称“二次革命”。“二次革命”一爆发，范氏立即响应，首倡讨袁。是年 7 月初，范氏一返回安徽，就和郑赞丞、袁家声、管鹏、张汇滔等人在安徽正阳召开军事会议，商讨组织安徽讨袁事宜，不料会议因众人意见分歧而毫无结果，他忧愤成疾，“大病几死”——“可埋忧”指此。又，是年 7 月 12 日，李烈钧在江西湖口宣布独立，孙中山急令上海、南京响应，范氏闻讯立刻抱病再次返回安徽，策划讨袁之事。

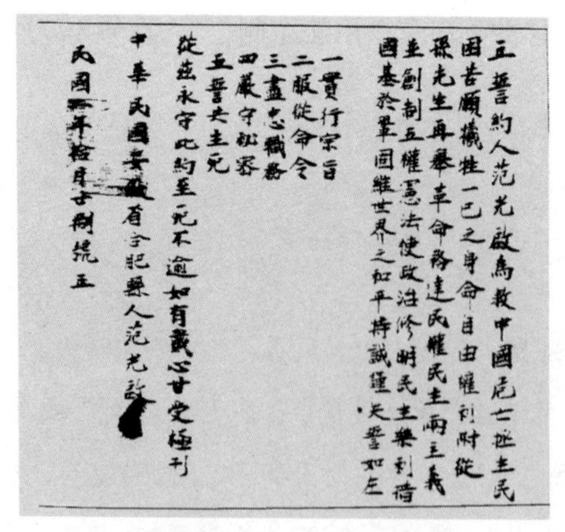
立誓約人范光啟為救中國危亡拯生民困苦願犧牲一己之身命自由權利附從孫先生再舉革命務達民權民生兩主義並創制五權憲法使政治修明民生樂利措國基於鞏固維世界之和平特誠謹矢誓如左

一實行宗旨
二服從命令
三盡忠職務
四嚴守秘密
五誓共生死

從茲永守此約至死不渝如有貳心甘受極刑

中華民國安徽省合肥縣人范光啟

民國[illegible]年拾月十捌號立

范鸿仙加入中华革命党亲笔誓约

范烟桥

彬彬五德[1]孰堪当，大雅扶轮[2]任歙张。

汩汩涭涭[3]何所止？从知腹笥[4]即汪洋。

简传

范烟桥（1894—1967），名镛，字味韶，号烟桥，别署含凉生、鸱夷室主、万年桥、愁城侠客等。江苏吴江同里人。幼年就读于吴中草桥中学，以诗文冠侪辈，后入杭州之江大学。1907年，居故乡同里，就读于同川公学，从金鹤望游，并与同乡张圣瑜发起油印报纸，初名《元旦》，继改《惜阴》，又扩充为《同言》，为吴江报纸之首创。1909年，陈去病、柳亚子发起南社，范氏十分仰慕，遂于1911年与徐平阶等人在先贤袁龙复斋共创同南社，以文会友，发行《同南社社刊》十集，社友达三百余人，“除南社外允以斯社为最悠久而有微绩矣”。1911年，考入吴长元公立中学，是年9月，苏州光复，学校停课，范氏返里，开始从事文学创

范烟桥《茶烟歌》书影

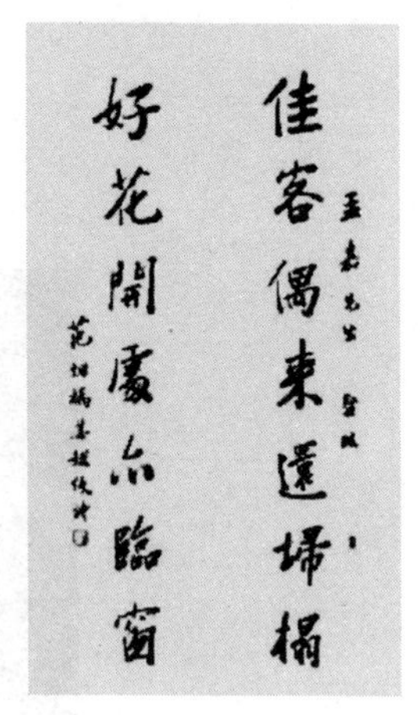

范烟桥手迹

作。1914年，赴吴江八坼第一小学任教，此后任八坼乡学务委员、吴江县劝学所劝学员、吴江倒第二高等小学历史教员、第一女子小学国文教员。又从事地方教育，乐育英才，被举为县教育会会长。1921年，创办以广开言路、活跃思想、抨击黑暗社会、改良社会为宗旨的《吴江报》。1922年随父移家吴中，除潜心著述外，又与赵眠云、郑逸梅、范君博等人在苏州组织发起文学团体“星社”，发行三日刊《星报》，成为东南坛坫之一；同时，他还主办《星光》《珊瑚杂志》。抗战军兴，他避居沪上，仍以教书写作为生。此时，日本人曾请他担任《新申报》编辑、报纸顾问，皆予拒绝。解放后，定居苏州，历任江苏省政协代表、各界人民代表会议代表、文联副主席，并先后长苏州文化局及博物馆。1956年参加中国民主促进会，任民进苏州市委副主委、候补中央委员。“文化大革命”中，遭受迫害，于1967年2月21日逝世。范氏腹笥宏富，博洽多能，工诗词、擅说部、精于书画，其短篇笔记尤负盛名。主要著述有《中国小说史》《民国旧派小说史略》《新儒林外史》《鸱夷室杂缀》《茶烟歌》《吴江县乡土志》等。（入社号969）

注释

❶ 五德：指温、良、恭、俭、让，儒家将此视为修身五德。

❷ 大雅扶轮：大雅：《诗经》的组成部分。雅为周王畿内乐调，《大雅》多西周初年作品，旧训雅为正，或指与“夷俗邪音”不同的正声。详见《荀子·王制》有关记载。《诗·周南·关雎·序》谓指王政的所由废兴，而王政有大小，故有大雅、小雅之分。后世多兼采二说，以反映封建王朝的重大措施或事件的诗为大雅，并以此为正声。李白《古风》之一云：“大雅久不作，吾衰竟谁陈？”此处借指我国源远流长的现实主义文学传统。扶轮：《南齐书·乐志·南郊歌辞》：“月御案节，星驱扶轮。”意谓在侧拥进。

❸ 汩汩浤浤：喻文思奔涌勃发。《文选·海赋》：“崩云屑雨，浤浤汩汩。”

❹ 腹笥：《后汉书·边韶传》：“腹便便，五经笥。”

范烟桥扇面书法作品

郁　华

谤书[1]盈箧未为休，狂狷宁同肉食谋[2]。
至竟埙篪[3]双殉国，独留峻节[4]炳千秋！

简传

郁华（1884—1939），原名庆云，字曼陀，别署曼君、曼公。浙江富阳人。16 岁时参加杭州府道试得第一名，补博士弟子员。1905 年考取官费留学日本，为浙江省首批留学生。先后肄业早稻田大学和法政大学。后来官费停发，乃以写稿所得稿酬充作学费，勉强毕业。此时所写文章，锋芒直指腐朽卖国之清政府，故常遭查禁。1910 年秋，获法学学士学位后回国，被派在外交部任七品小京官。辛亥革命后任京师审判厅推事。1913 年再次东渡考察司法，次年回国，历任北京大理院推事，兼司法储才馆及朝阳大学等学府教授，沈阳最高法院刑庭庭长。九一八事变前夕，日寇威逼利诱郁华不得擅自离沈，并“另有要职委托”，遂化

郁华书画遗迹

装逃回关内。1932年至1939年，任上海江苏高等法院第二分院刑庭庭长，主管英租界刑事诉讼案，并兼任东吴、法政等大学教授。在此期间，多次运用自己在旧政府司法机关工作之权限所及，主持正义，“爱国青年之得庇护以存活者甚众”（郭沫若语）。1933年廖承志在沪被捕，南京军法处要求引渡，郁华坚不同意交予特务机关加以迫害，嗣后，经宋庆龄、何香凝等愤怒抗议，多方营救，廖承志才得以释放。1937年八一三事变后，国民党政府撤往巴山，蛰居陪都，上海沦为孤岛，日寇汉奸残酷迫害爱国进步人士，绑架暗杀日有所增，郁氏处境日益艰困，仍毅然坚守英租界的司法岗位，痛加打击甘当日寇之走狗的汉奸刺客，执法如山，致遭敌人的极度仇视，频频以署名“反共锄奸团”的恐吓信进行劝降，均不为所动，反而对汉奸刺客执法更严。1939年10月23日，不幸被日伪特务暗杀于上海寓所门前。平生擅书画，工诗文，著有《郁曼陀陈碧岑诗抄》《静远诗集》《静远画集》《窃电集》《判例》《刑法总则》等。（入社号11）

注释

❶ 谤书：攻击别人的书函。语出《国策·秦三》："魏文侯令乐羊将攻中山，三年而拔之。乐羊反而语功，文侯示之谤书一箧。"

❷ "狂狷"句：狂狷：《论语·子路》："狂者进取，狷者有所不为也。"包咸注："狷者守节无为。"肉食：指高位厚禄的官吏，贬义。语出《左传·庄公十年》："肉食者鄙，未能远谋。"

❸ 埙篪：原为两种古乐器名。埙，土制；篪，竹制；二者合奏声音相和。《诗·小雅·何人斯》云："伯氏吹埙，仲氏吹篪。"《诗经·大雅·板》："如篪如埙。"《毛传》："如篪如埙，言相和也。"后遂用以喻兄弟和睦。按，郁华之胞弟郁达夫，系现代著名作家。1921 年，与郭沫若、成仿吾组织成立"创造社"，担任《创造季刊》《创造月刊》《洪水》半月刊编辑。同年 10 月，出版我国现代文学史上第一部白话短篇小说集《沉沦》。1945 年，日本宣布投降，而郁达夫竟于同年 9 月 17 日被日本宪兵部秘密杀害于苏门答腊武吉丁宜近郊荒野中。

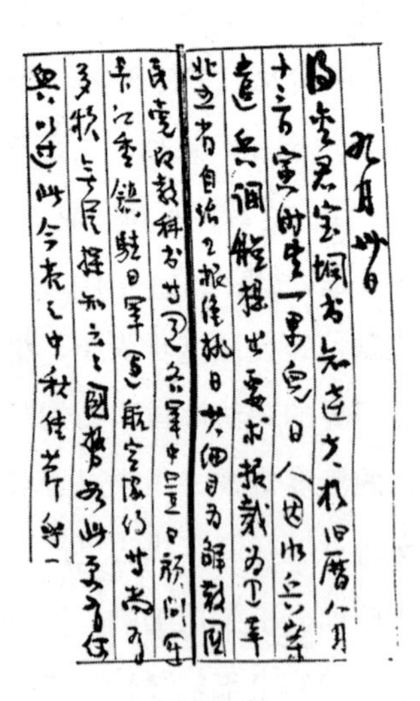

郁华手迹

❹ 峻节：高尚的节操。《文选·陶徵士诔序》：“若乃巢高之抗行，夷皓之峻节，故已父老尧禹，锱铢周汉，而緜世浸远，光灵不属。”按，据王昆仑《郁华烈士传略》载：“（郁华）一九三七年春接到署名‘反共锄奸团’的恐吓信，更有人拉他参加汪精卫政府。先生在此生死存亡之际，大义凛然，置个人安危于不顾，说：‘头可断，血可流，志不可屈。’友人为之悚然，劝其急流勇退，避祸故乡，郁华虽心向富阳隐居以诗画自娱，此刻却铿铿然对答：‘国家民族正在危急之际，怎能抛弃职守？我当做我应做之事，死生就不去计较了。’”同年底，郁华终于以鲜红的热血，结束了“志不可屈”的壮烈人生！柳亚子在《静远堂诗画集·序》中云：“三十年前，余与同人结南社，以文章气节为当世倡，一时不乏断头沥血之雄……顾自嵎夷构难，中原板荡，反颜事仇，颇多败类。而富阳郁君曼陀独能守正弗挠，壮烈以死，谓非吾社之光荣哉！”钱仲联在《近百年诗坛点将录》中云：“郁曼陀久长申江法院，艺事多能，诗画双绝。遗集近体居多，明珠美玉，触手是宝。坚抗敌寇，血染瓯脱，其人其诗，俱不朽矣。”

浙江富阳鹳山东麓的“双烈亭”

寿石工

蝶芜作室寄深衷[1]，赫赫珏龛[2]存父风。

三日假侯[3]原一梦，神行刀下叹宗工[4]。

简传

寿石工（1885—1950），名玺，字务蕉，号印匄、珏庵、悲风、珏公、园丁，别署石公、硕功等，斋名有蝶芜斋、铸梦庐、辟支堂、绿天精舍、玄尚精庐等。浙江绍兴人。其父为鲁迅在绍兴三味书屋读书时的启蒙老师寿镜吾。鲁迅回忆寿师乃一和蔼可亲的长者，曾宦游山西，因此，寿氏自幼生长于山西，虽为江南水乡人士，竟不能食鱼，故又名其斋曰“不食鱼斋”。寿氏毕业于山西大学堂，辛亥革命前夜，与同乡秋瑾、徐锡麟、陶成章、鲁迅等倾心反清革命，并加入中国同盟会。民国成立后，留居北京，其间办过报纸，与陈师曾等筹划创办北京美术专科学校，并先后执教于北京大学、北京女子文理学院等校，讲

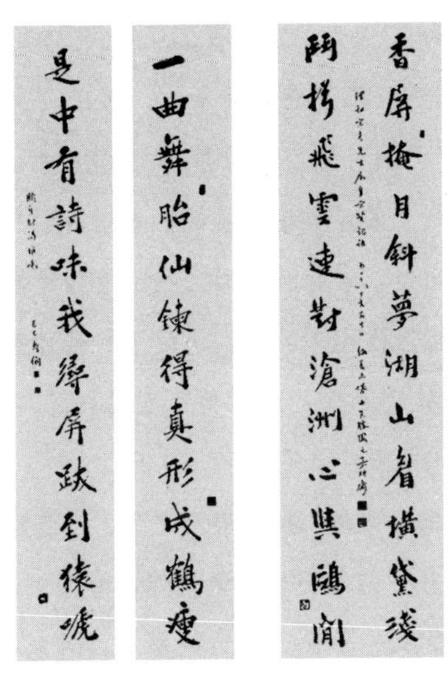

寿石工对联手迹

授古文、诗词、书法、篆刻等。后又入南社，与柳亚子结为至交，尝自刻“南社中人”印；同时，又是海派“湖社画会”的骨干。一度还曾与在北京教育部任佥事的鲁迅同事，《鲁迅日记》曾记有二人的往来。晚年寓居北京时，曾于北京琉璃厂的铭海阁、清秘阁挂牌鬻书刻印，因其声名甚著，早在20世纪40年代即有“执北方印坛之牛耳”之誉，故北京荣宝斋笺铺乐于为他收件。1950年，寿氏因病去世，享年65岁，徐悲鸿为其题写墓碑。平生工诗词、书法、篆刻，均自成一格。著有《珏龛词》《重玄琐记》《铸梦庐篆刻学》《篆刻学讲》，又刊有依年选拓成的《蝶芜斋自制印逐年存稿》20册等。（入社号1071）

注释

❶“蝶芜”句：寿氏最为擅长者，当推篆刻。其人幼承家学，在父亲的指导下，深得浙派之秘，所治之印清新刚健，稍长倾心于赵之谦、吴昌硕两家。赵之谦书斋

名“二金蝶堂”，吴昌硕书斋有“饭青芜室”，石工从赵、吴二斋内分别拈取“蝶”“芜”二字，合为“蝶芜斋”，以作室名。在蝶芜斋内，石工日夕摩挲赵、吴二家的印章及印蜕，艺事日长。中年开始广收各家印谱，更爱黄牧甫，上溯周秦，俯视汉魏，取法古玺碑版文字，融会赵、吴、黄诸家意趣。崇尚清丽秀美，严谨治艺，不尚狂怪，印文所作无一字无出处，古朴坚实而又不乏清秀流畅韵味，集笔墨刀石之趣于方寸之间。作有《杂忆当代印人》诗，最后写的是自身：“我书意造本无法，偶弄锥刀类我书。敢诩印林穷正变，众流截断变区区。”石工好学而博识多能，的确可以穷尽印林正变，此夫子自道不虚。

❷ 珏龛：指寿氏所著《珏龛词》两种。按，寿氏之父，即鲁迅绍兴三味书屋读书时之启蒙老师寿镜吾先生，乃一蔼然长者，通诗律，喜篆刻，寿氏自幼受其熏沐，亦善诗词，颇能不辱家风。又，寿氏尤爱为人书联，且从不打底稿，信笔写来，一挥而就。兹引录其所作对联两副，以窥一斑：“一曲舞胎仙炼得真形成鹤瘦；是中有诗味我寻屏迹到猿啼。”“香屏掩月斜梦湖山眉横黛浅；斗楫飞云速对沧洲心与鸥闲。”

❸ 三日假侯：寿氏生性幽默，妙语生风。鲁迅当年在北京教育部任职时，曾与其同事。《鲁迅日记》中多有记载。鲁迅还说石工面黑体矮，性格诙谐，喜开玩笑。一次，寿氏参加北京稷园雅集，恰好张大千也在座，寿氏突然对大千说：“你盗窃了黄宾虹的名号。”大千大惊，不知所云。寿氏随后笑着解释道：“宾虹在民初写作时，署名大千，多次刊出于《真相画报》。”又，寿氏曾宦游各地，但质性自然，非矫励所得，故不善亦不屑为官，曾任辽东知府，仅三日即归去，后制一枚闲章，文曰“辽东假侯”，借以自嘲。

寿石工常用印章

❹“神行”句:按,善印者往往善诗、善书。寿氏的书法,由帖入碑,初学欧阳询、米芾,起笔多尖锋入纸,使转处多方折顿挫,结体内敛,蕴藉平和,后参以六朝碑版变化,形成刚劲流畅和富有金石气的风格,极富钟鼎石碣之气。其篆书,颇得商周钟鼎铭文之神髓,结体高古,章法整饬森严,金石韵味十足。至于篆刻,更属本色当行;他在继承传统的基础上,初宗秦汉而参吴昌硕法,后改师黄士陵,作风一变,刀法痛快凌厉,颇具个人特色,尤擅用略钝之刃埋刀冲出,收放相间,藏露为用,错落有致,气韵沉雄,颇有汉印之风。据不完全统计,寿氏平生治印大约两万余枚,仅自用印章就多达两千余枚。早在20世纪40年代就有“执北方印坛之牛耳”之赞誉。晚年定居北京,曾于北京琉璃厂的铭海阁、清秘阁、荣宝斋等挂牌鬻书刻印,声华颇著。

罗黑芷

狂慧幽光结万言[1]，倾将泪血诉烦冤[2]。

醉吟春日花如梦[3]，长傍诗魂慰九原[4]。

简传

罗黑芷（1889—1927），本名罗象陶，笔名罗黑芷、晋士、黑子。江西武宁县人。早年留学日本，入筑地立教大学，后转入他校。曾入义塾大学部学教育。其在日本留学时，与“革命和尚”苏曼殊、同乡朽道人陈衡恪为友善，多有往来。辛亥革命后归国，在长沙，于教育司出任科秘书之类小官。后任中等学校英语教师。中国文字研究会会员。1925 年加入文学研究会，其所创作小说和散文诗，皆以此研究会丛书名义由商务印书馆出版。1927 年，北伐革命后，罗氏因病死于长沙狱中。著有短篇小说集《醉里》《春日》，散文集《牵牛花》等。（入社号 198）

注释

❶ 首句：狂慧：佛教语，谓散乱不定的浅慧。隋人智𫖮《观音经玄义记》卷上："若定而无慧者，此定名痴定，譬如盲儿骑瞎马，必堕坑落堑而无疑也；若慧而无定者，此慧名狂慧，譬如风中然灯，摇飏摇飏，照物不了。"清人龚自珍《又忏心》诗："佛言劫火遇皆销，何物千年怒若潮？经济文章磨白昼，幽光狂慧复中宵。"幽光：潜隐的光辉。常用以指人的品德。唐人韩愈《答崔立之书》："诛奸谀於既死，发潜德之幽光。"唐人柳宗元《与邕州李域中丞论陆卓启》："振宣幽光，激励颓俗。"明代李东阳《雷公峡二十韵》："有笔赞幽光，兹言敢终纳。"清人龚自珍《忏心》诗："经济文章磨白昼，幽光狂慧复中宵。"复，发露。

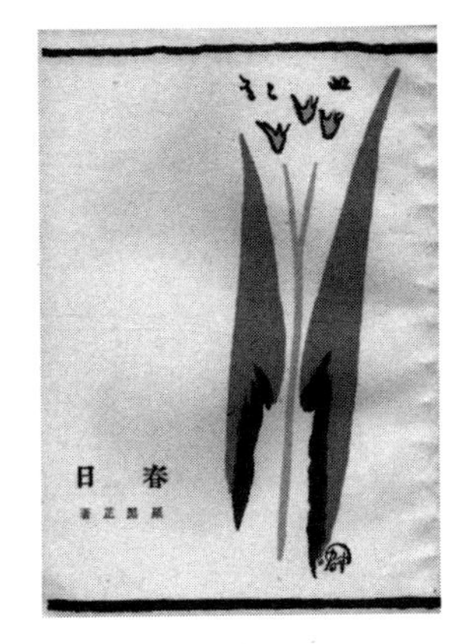

《春日》书影

❷"倾将"句：罗氏擅长小说创作，其作品大都发表在《小说月报》上，内容多为反映贫穷灰暗的人生境遇。郁达夫称其性格幽忧，散文有点玄妙。所写小说收在《醉里》（商务印书馆 1927 年版）、《春日》（开明书店 1928 年版）两个短篇集子里，笔调柔顺，有契诃夫风格。其短篇小说《无聊》《在淡蔼里》被茅盾编入《中国新文学大系·小说一集》内。散文有《牵牛花》（长沙北门书屋 1926 年版），其《乡愁》《甲子年终之夜》被郁达夫编入《中国新文学大系·散文二集》内。生平收入《中国现代六百家小传》。

❸"醉吟"句：指罗氏的短篇小说集《醉里》《春日》，散文集《牵牛花》。

❹ 九原：犹言泉下。

林懿均

曾是专荆[1]一类人，欲凭身手叩天阍[2]。

吟边已换人间世[3]，弦诵声中慰此魂[4]。

简传

林懿均（1881—1951），原名蛎，又名盖天，字力山，号立山，晚号天因居士。江苏丹阳县人。天资聪悟，13岁读完十三经，14岁考取秀才。目睹清廷窳败，外患日亟，乃投笔从戎，于1902年春，考入南京江南陆师学堂，后又加入该会创办的“爱国学社”，投身革命反清活动。1903年7月，“爱国学社”因“苏报案”被迫解散。不久，应“中国教育会”同里支部发起人金天翮（松岑，同里人）的邀请，到同里协助其组织同里支部和附设的自治学社。1905年各省选送官费留日学生，林氏入东京弘文馆师范科学习，直到毕业。抵日不久，即剪去辫发，并联络同志，创立体育会，昌言反清革命。中国同盟会初创时，受孙中山先生之邀加入。1909 年 9 月当选为江苏谘议局议员。在此期间，与赵伯先、柳亚子、黄宗仰、吴稚晖等互通声气，进行革命活动，为南社首批社员。

武昌起义后，被推为丹阳军政分府司令。1912—1915 年，任金坛、扬中两县知事。1916 年出任丹阳县视学。1918 年，改任江苏省视学。1921 年调任江苏省立（松江）第三中学校长，为树立该校勤奋向上的优良校风，尽心肆力。1923 年出任江苏省教育厅第三科科长，为保证教育事业的健康发展，建立江苏省教育经费专款专用制度。民国初年，出任丹阳、丹徒两县浚河总指挥，对我国南北水运大动脉的运河航运事业多有贡献。北伐期间，在沪以江苏省教育协会名义进行地下革命活动。1927 年后，先后任江苏省农矿厅、实业厅、教育厅、民政厅等科科长、秘书，及宿迁、盐城、如皋等县县长。时盐城国民党县党部包揽讼事，林氏以县长主管司法，每受到干预即予坚决抵制，以致县府曾遭暴徒围困，处境险恶，林氏毫不畏葸，坚持所尚。1937 年，抗战军兴，被丹阳各界人士推举为丹阳抗敌后援会副主任。1942 年应南社老友茅祖权之邀赴渝，任行政法院评事。一年后，改任党政工作考核委员会专门委员。因目睹国民党统治集团内部日益黑暗腐败，愤慨之下，不复担任国民党政府的官职，息影家园，以阅读写作排遣岁月，只与老朋友、民主人士柳亚子、黄炎培、冷御秋、章士钊、邵力子等时通声气；因人望所孚，仍被邀任为丹阳县参议员，在任期间，秉公直言，提出多条兴利除弊的建议。1951 年，因抑郁成病，殁于丹阳陵口。（入社号 9）

注释

❶ 专荆：指专诸、荆柯。专诸，春秋时刺客。伍子胥知吴公子光欲杀吴王僚以自立，乃荐专诸于光。吴王僚十二年，光伏甲士而具酒请王僚，使专诸置匕首鱼腹中，乘进献时刺僚。僚立死，左右亦杀专诸。公子光出其伏甲尽灭王僚之徒，遂自立为王，是为阖闾。事见《左传·昭公二十七年》《史记·吴太伯世家》及《刺客列传》。荆轲(？—前 227)：姜姓，庆氏，战国末期卫国人，战国时期著名刺客，亦称庆卿。按，

《辛丑条约》签订后，各国军队先后撤退，唯俄军拒不撤退，并提出种种狂妄要求，以图永远占据我国东北——拒俄运动在此历史情势下爆发。1903年，东京留学生发起并号召组织拒俄义勇队。同年4月30日，上海中国教育会和爱国学社接到东京留学生电报要求协助，中国教育会和爱国学社于是热烈响应，除了在张园召开群众大会广为宣传外，社中开设军国民教育体操课（简称兵操），师生同受军事训练，组成国内第一支拒俄义勇队。林氏因系陆师学堂出身，遂担任兵操教练，积极进行军训；拒俄义勇队后改名为军国民教育会，蔡元培、吴稚晖、蒋维乔、黄宗仰等亦积极加入。林氏为求得军训早见成效，曾领衔作《陆师退学生与陆师毕业诸君函》，登于《苏报》（1903年5月3日），呼吁陆师毕业生响应东京留学生号召，组织拒俄义勇队，并来社协助军训。又，1912年至1915年，林氏在任金坛、扬中两县知事期间，扬中港汊纷歧，大量土匪隐藏其间，四处骚扰，地方百姓不堪其苦。林氏赴任后，亲自率领地方团队100人，迎击前来围攻县署的匪徒上千人，生擒匪首鲍景松，并绳之以法，将猖狂一时的匪风彻底平息下去。

❷ 天阍：原指帝宫之门，此指清政府。

❸“吟边”句：按，1949年全国解放后，柳亚子先生感奋不已，尝赋诗道：“六十三龄万里程，前途真喜向光明。”并专函邀林氏共事，惜因邮递耽误，未能成行。

❹ 末句：弦诵：《礼·文王世子》：“春诵，夏弦。”郑玄注：“诵，谓歌乐也；弦，谓以丝播诗。”按，新中国成立后不久，丹阳土改，1951年1月15日，林氏被误划为恶霸地主，关押在丹阳陵口的看守所中，家产全被没收；经此意外的沉重打击，林氏忧愤交加，一周后（1月22日）竟抑郁病殁于丹阳陵口看守所中。“文革”后，党中央清理历史上遗留下来的冤假错案，落实各项政策。林氏长子德培、次子德铭提出申诉，后经丹阳县人民政府与法院的深入调查、多方核实，终于将此沉冤30余年的错案彻底昭雪。1986年12月24日丹阳县人民法院在刑字第54号判决书上郑重宣告：“林立山的一生思想进步、爱国，是较有名望的激进民主人士，任职期间未有罪行。”据此，撤销1951年9月10日原判，并发还被没收的房屋财产。——“慰此魂”指此。

林白水

东市朝衣[1]任谤谗，罪言[2]十万口难缄。

拳拳一片荃荪意[3]，荡起天风送饱帆[4]！

简传

林白水（1874—1926），名獬，又名懈、万里，字宣樊，号少泉、白水，以号行。福建闽侯人。幼从舅父读私塾。1898 年应聘在杭州蚕桑学堂执教。1901 年任杭州求是学堂总教席，痛恨清政府腐败，与学生“密谈政治训以改革”。同年 6 月任《杭州白话报》主笔。次年与蔡元培等成立中国教育会；11 月又成立爱国学社，出版《学生杂志》。1903 年东渡日本早稻田大学法科兼习新闻，倡导狭义的民族革命，并参加拒俄义勇队、军国民教育会，旋与黄兴等共组华兴会，是年底归国后，与蔡元培等在上海发行创办《俄国警闻》（翌年改为《警钟日报》），又创办《上海白话报》。1904 年再渡日本，入早稻田大学法科，兼习新闻。次年加入中国同盟会。辛亥革命后，任福建都督府政务院法制局局长、共和党福建支部支部长。1913年初，被袁世凯聘为总统府秘书长兼直隶省督军署秘书长，又主《新中国报》笔政。袁世凯谋图称帝时，他因袁是“汉种皇帝”，撰表劝进，一度与帝制党杨度、刘师培等人同流合污。1916年，袁世凯复辟失败死去后，辞去议员职务，重操新闻旧业，创办北京《公言报》。1918年3月组织北京新闻记者团赴日考察，归国后在沪创办《平和日刊》。1921年春，与胡政之在北京创办以“树改革报业之风声，作革新之前马”为宗旨的《新社会报》，任社长，因遭时忌，被徐世昌政府封闭，旋改名为《社会日报》出刊。1926年8月6日，因刊《官僚的运气》一文辛辣讽刺一心想当财政总长的潘复为军阀张宗昌的“肾囊”，被军阀张宗昌枪杀于北京天桥。著有《生春红室金石述记》《华盛顿》《哥伦布》等传记，并有《林白水先生遗集》行世。（入社号98）

《社会日报》

注释

❶ 东市朝衣：《史记·晁错传》：“吴楚七国果反，以诛错为名。及窦婴、袁盎进说，上令晁错衣朝衣斩东市。”东市：汉代在长安东市处判决死刑之人，后因以指刑场。

❷ 罪言：《新唐书·杜牧传》：“是时刘从谏守泽潞，何进滔据魏博，颇骄蹇不循法度。牧追咎长庆以来朝廷措置亡术，复失山东……，皆国家大事，嫌不当位而言，实有罪，故作罪言。”按，林氏自1901年出任《杭州白话报》主笔以来，先后创办或参与编辑的报刊就有十多种，报馆遭遇五次查封，他本人三次入狱。林氏一贯强调：“新闻记者应该说人话，不说鬼话；应该说真话，不说假话！”他本人曾以“白水”这一笔名发表时评，笔锋辛辣，庄谐杂出，令人称快。此处所谓“罪言”，

林纾与林白水

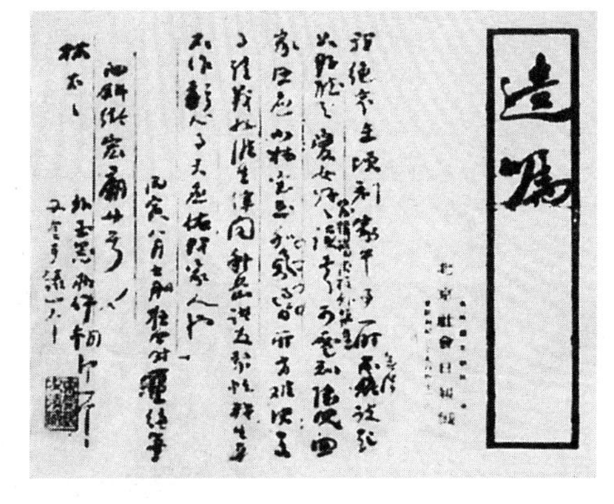

遗嘱

林白水手迹

借指林白水所发表的一系列足令“污吏寒心，贪官打齿”的正义言论。

❸“拳拳”句：拳拳：牢握不舍之意。《中庸》：“得一善，则拳拳服膺而弗失之矣。”朱熹注：“拳拳，奉持之貌。”后引申为恳切。司马迁《报任安书》云：“拳拳之忠，终不能自列。”荃荪：香草名。荃即荪，《楚辞》中“荃荪”二字互见叠出。屈原《离骚》：“荃不察余之衷情兮。”颜延年《祭屈原文》：“身绝郢阙，迹遍湘干。比物荃荪，连类龙鸾。”

❹“荡起”句：林白水遇害后，章士钊曾赋诗悼之，云：“人生难得是从容，死日方征淡定功。吾友堂堂真自了，诸公衮衮孰为雄。世人妄诋盆成括，闲气堪追杨大洪。谁识黄垆在宏庙，剩看秋碧照春红。”孙希侠亦以四律吊之：“飘泊萍踪感万端，又传噩耗出长安。欷歔世事思焚砚，睥睨人才惜盖棺。得祸固知因口舌，辨奸犹幸有心肝。晓风残月天桥路，赋罢招魂未忍看。”“平生恩怨自分明，垂死遗言见性情。泣对楚囚嗟已晚，罪加秦谍太无名。干霄悔识金银气，坠地惊飞霹雳声。吾道莫行忧赤眚，何如先去化人城。”“文儒作健眼中无，墨净浮烟笔散珠。勇捋虎须终不免，谣兴乌尾岂能逋。皇天见佑差堪信，并世相知或更孤。闻道河南花满县，枉教此局告全输。”“华灯罗袖绮筵开，谁料回车赴夜台。排难非无奇侠在，绝交偏遇故人来。凤麟作醢真成谶，莺燕当春更可哀。木秀风摧原至理，独携鸡黍一低徊。”（《吊生春红主人》）郁怒奇横，极工感慨，气格亦高矣。末句“木秀风摧原至理”，余则反其意而用之。

林之夏

海天横涕意何云？蛮触俩兵棘尚深[1]。
掷罢鸾笺[2]挥剑去，一天风雪助狂吟！

简传

林之夏（1878—1947），字凉笙，亦作谅生、亮生，别署复生，号秋叶、弃繻生等，中年胡须变黄，人称黄须儿，因号黄须。福建闽侯人。出身于书香门第，1896 年考中秀才，蒿目时艰，林氏基于一腔救国热情，立志学习西学，遂入福州鹤龄英华书院攻读英文。1900 年考入福建武备学堂，1903 年以优异成绩毕业。次年任江宁第九镇参谋，旋又升任第三十四标统带。同年，由军中赵声、刘光汉介绍，加入兴中会，旋即加入由林森任会长的福建学生会。不久又加入同盟会。1906 年，兼任江南讲武堂教官。在此期间，同盟会在萍乡、浏阳发动起义，林氏奉命率军前往镇压，拟与林述庆等人密谋起事，未果。1908 年，调任江西新军统带，继续在新军中宣传革命。不久调任第三十六标统带，未数月，复以煽动革命为端方所伺，为了免遭迫害遂辞职。但仍秘密往来于江宁、镇江、上海之间，策划革命。武昌起义爆发后，清政府调第二十六标到镇江与第二十五标会合，任命林述庆为新军统领。林述庆及原来第三十六标官兵在林之夏的策动下，于 11 月 7 日响应起义。当时，上海都督陈其美所组织的江浙联军久攻江宁（南京）不下，而北洋军又在汉阳告捷，革命形势十分危急。林氏与其弟林之渊首先带领林述庆发动镇江起义，成立军政府，声东击西扰乱清军，后担任江浙联军副总参谋长，率部攻占江宁。民国元年，孙中山就任中华民国临时大总统时，林氏以光复江宁有功，被任命为中央第一师师长、军政部部长，同时授予陆军中将加上将衔。福建军政府成立时，被任为参谋部及军务部部长；南北议和后，拒绝担任公职，辞职回乡。在乡期间，大行惠泽乡里之善事，颇为人称道。1913 年“二次革命”，李烈钧、柏文蔚在江西、安徽宣布独立。旅居北京的林氏得知消息后，化装得以摆脱军警围捕。1914 年，应浙江督军朱瑞聘请，担任浙江督军府顾问兼军事编译馆馆长，编译《军事杂法》，从此徜徉湖山，寄情山水，历有十年。1925 年辞职回闽。后被福建省政府主席陈仪聘为省府参议。1932 年及 1940 年曾应蒋介石之聘，分别赴南京及重庆参加编修《国民革命军军史》与《抗战军史》，此外还担任军事委员会中将参议。1935 年，应福建省政府主席陈仪之聘，任福建省政府参议。抗战期间，南京汪伪政权曾诱以要职；福州两度沦陷时，日伪当局也同样威迫利诱，均不为所动，并一再号召乡人从戎卫国。抗战胜利后，目睹国民党政权日益腐败，不堪为怀，拒绝参加国民党、三青团总登记。1947 年病逝于福州，享年 70 岁。著有《玉箫山馆诗集》40 卷，存诗 6000 余首，柳亚子为之作序。另有《画眉禅室集》诗作二卷及《海天横涕楼集》等。（入社号 128）

林之夏手迹

注释

❶“蛮触”句：蛮触：蜗牛头上的触角。后称因细故引起争端为蛮触之争。《庄子·则阳》：“有国于蜗之左角者曰触氏，有国于蜗之右角者曰蛮氏。时相与争地而战，伏尸数万。逐北，旬有五日而后反。”偁兵：犹言举兵，为调平仄，故作“偁”。棘尚深：暗用索靖事。典出《晋书·索靖传》：“靖有先识远量，天下将乱，指洛阳宫门铜驼，叹曰：‘会见汝在荆棘中耳！’”后遂用“荆棘铜驼”形容对国事蜩螗的唏嘘感叹和亡国后的凄惨景象。如李商隐《曲江》诗：“死忆华亭闻唳鹤，老忧王室泣铜驼。”陆游《洞庭春色》词：“洛水秦关千古后，棘暗铜驼空怆神。”黄遵宪《述闻》诗之二：“荆棘铜驼心上泪，觚棱金爵劫余灰。”

❷鸾笺：精美的纸笺，供题诗、绘画等用。《墨池篇》云：“蜀人造十色笺，凡一幅为一搨，逐幅于文板之上研之，则隐起花木麟鸾，千万其态。”后人遂称彩笺曰“鸾笺”。

林庚白

弃繻[1]砺剑证初心，矜尚[2]人人自放吟。

一恸朱衾琴瑟冷[3]，天涯何处觅南金[4]？

简传

林庚白（1897—1941），原名学衡，字浚南，别署众难，自号摩登和尚，后改名庚白。福建闽侯人。少负神童之誉，11岁入燕都进顺天府学堂，半年后，转天津译馆，因著文斥孔而遭革除。14岁考入京师大学堂。武昌起义时，与梁漱溟等创立京津同盟会，并任文事部副部长，拟联合诸同志夺取宛平，吴禄贞、白雅雨既殒，乃南下与林森、陈子范等创铁血铲除团，谋暗杀北洋官僚及变节之军阀党人。1912年，与吕志伊、褚民谊等创办《民国新闻》，又为于右任创办之《民立报》撰稿。是年，得识柳亚子，一见如故，遂入南社。筹安之役，林氏力言祖龙当以明岁死，意在借京房郭璞之术鼓荡民气。1917年，段祺瑞解散

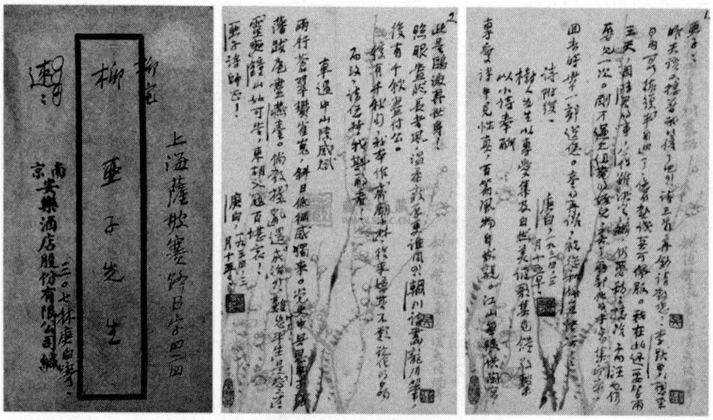
上海薩坡賽路日字四一四
柳亞子先生
南京安樂酒店股份有限公司緘

林庚白书信手迹

国会，孙中山令伍廷芳携总理印章，率海军南下广州护法。林氏此时任众议院秘书长，当即席卷秘密文件及国会印章，追随孙中山，出任非常国会秘书长兼总理秘书。五四运动爆发后，退居上海，沉潜于诗歌研究与创作。1931 年，日冠侵占东北，翌年攻占淞沪，国府在洛阳召开国难会议，林氏在会上舌战群儒，痛斥“攘外必先安内”的政策，后与柳亚子、陈志皋等人奋力营救中共重要人士多名。1933 年夏，与沈钧儒等人以上海小组代表的名义，提出《冤狱赔偿草案》，几经努力，该提案得以通过，使营救工作有法可依。抗战爆发后，毅然入都门，著《抗日罪言》以明其志。南都陷落后，奔走武汉，刊布《国民党站起来》小册子，号召人们同心同德，抵御外侮。1941 年 12 月，携眷自渝乘飞机赴香港，欲与清流硕望商讨国是，并拟创建中国诗人学会，同时撰写《民国史》。未几，太平洋战争爆发，香港沦陷，遁居九龙。1941 年 12 月 19 日晚，被日军所杀。平生颇以诗词自负，著述甚多，惜乎大多散佚，仅存《水上集》三卷、《吞日集》八卷、《角声集》四卷、《虎尾前后集》各一卷。此外尚有《丽白楼诗话》一卷、《虎穴余生记》一卷。此外，《急就集》《急就外集》《舟车集》《爨余集》《藕丝集》《过江集》中部分作品，新近由中国国家博物馆觅得，由周永珍同志汇编为《丽白楼遗集》，2011 年由中国人民大学出版社出版。（入社号 219）

注释

❶ 弃繻：谓少负奇志求取功名。典出《汉书·终军传》：汉终军年十八被选为博士弟子，徒步入关就学。“关吏予军繻（古代出入关津的一种凭证，帛上写字，裂为两半，过关验合）。军问：‘以此何为？’吏曰：‘为复传，还当以合符。’军曰：‘大丈夫西游，终不复传还。’弃繻而去。军为谒者，行使郡国，建节东出关，关吏识之，曰：‘此使者乃前弃繻生也。’”王绩《晚年叙志示翟处士》诗：“弃繻频北上，怀刺几西游。”黄滔《段先辈第二启》：“来则无终军意气，动则有杨朱泣路。”按，柳亚子《记林庚白》一文云：“庚白为并世之振奇人。早负神童之誉，负笈北平。辛亥光复，参谋京津同盟会。民元至上海偕某巨公创黄花碧血社，以暗杀帝制余孽为事，亡友陈勒生烈士与焉。”

❷ 矜尚：犹言夸耀，争出人上。《吕氏春秋·节丧》云：“今世俗大乱之主，愈侈其葬，则必非为乎死者虑也，生者以相矜尚也。”《宋书·武三王义恭传》：“礼贤下士，圣人垂训，骄侈矜尚，先哲所去。”按，林氏颇以诗自负，他在《丽白楼诗话》中尝谓：“尚论古今之诗，当推余第一，杜甫第二，余诗实尽得古今之体势，兼人人之所独专。”又云：“十年前论今人诗，郑孝胥第一，余居第二，顷则尚论古今人，余居第一，杜甫第二，孝胥卑卑不足道矣。”又，林氏曾编《今诗选》，自选独多，大有“狂澜砥柱，舍我谁哉”（《丽白楼词剩》）之慨。又，林氏《今诗选自序》云：“南社诸子，倡导革命，而什九诗才苦薄，诗功甚浅，亦无能转移风气。”林氏本人显然在其所称“什九”之外，是耶非耶，百载后当有定论。

❸“一恸”句：林氏被日军杀害后，遗骸藁葬天文台道菜园中，仓促求棺木弗得，仅以朱衾殓体，倘马援所谓大丈夫当马革裹尸者欤！

❹ 南金：《晋书·薛兼传》：“兼清素有器宇，少与同郡纪瞻、广陵闵鸿、吴郡顾荣、会稽贺循齐名，号为五俊。初入洛，司空张华见而奇之，曰：‘皆南金也。’”后以“南金”谓南方的优秀人物。按，林庚白之妻林北丽女士至桂林时，尝与柳亚子同订《丽白楼自选诗》，其中颇有可录者，如：“仓皇妇孺共栖隅，飞弹砰訇日

欲无。天暝犹闻飞贼袭，警传始见路人趋。突来狂吠吾何畏，苟免图存众有虞。更为东方开一局，我侪未可但全躯。”（《十二月八日港九被袭，走避邻舍示北丽、成竹、今铎》）“避寇宁期冠又乘，炮声海气共飞腾。倭真一掷成孤注，余本高居走下层。侨士凡民劳聚散，骄兵愤战验衰兴。扶危要凛苞桑戒，从此华夷始得朋。”（《九日闻警走匿地下室再赋》）“上九真逢巽有凶，扁舟海上雨蒙蒙。不成进退郎当甚，偏遣妻儿跋涉同。金尽天涯犹道阻，冠飞域外亦图穷。人生得丧元常事，拔帜须为一世雄。”（《十日雨中渡海不遂，闻空袭，囊金尽丧》）“便思匍匐救凡民，鹄立星驰辄万人。无畏当从吾辈始，不孤要与四邻亲。长街蹀躞劝群动，大厦嵯峨入虏尘。有史以来谁遘此，神州穷变世翻新。”（《便思》）“四周炮火似军中，始验平生镇定功。劫罅遥窥斜照黑，烬余幻作晓霞红。重闻水断忧饥渴，徐待阳回凛雨风。投老兵戈吾不信，岁寒定见九州同。”（《十八日至十九日》）身处危难，犹淡定自若，诗情郁勃；虽系纪实，亦足见诗家视死如归之风尚矣！按，林庚白遗诗散佚甚多，近年中国国家博物馆虽觅得林氏《急就集》《舟车集》《藕丝集》《燹余集》《过江集》中的部分作品，但多数作品仍然散佚。又，林氏生前拟创诗人协会及著民国史，欲为中国诗、史两途开一新壁垒，奈所愿未遂，竟身殉太平洋战争，悲夫！

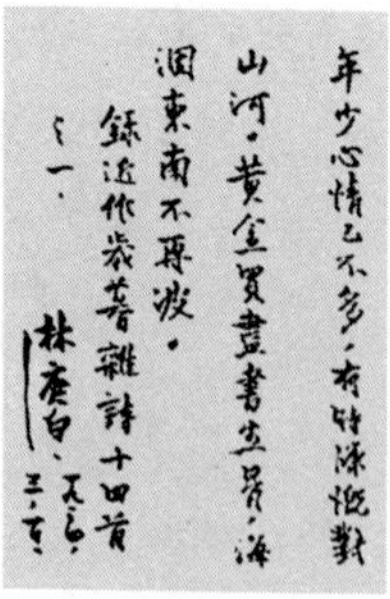

林庚白诗稿手迹

林景行

每美风猷笔下传[1]，鸿猷[2]欲展不停鞭。
何期一夕遭横祸，治外居然有法权[3]！

简 传

林景行（1886—1916），原名叔，字亮奇，后以别字寒碧行世。生于福建侯官仕宦之家。父讳孝简，与辛亥烈士林觉民之父孝颖为同胞兄弟。幼聪颖，依母膝诵文选，被誉为“神童”。13岁肄业于上海圣约翰学塾。17岁游学日本，于中央大学攻政治经济学。在日期间，积极参与反清革命活动。1908年回国省亲时，正值徐自华等人在杭州举行秋瑾纪念会，遂赴杭州参与此会，结识徐自华、蕴华姊妹及陈去病等人。是年冬，陈去病以其才貌出众而为女弟子徐蕴华作伐为媒，林、徐遂结秦晋之好。1909年初，林氏再次东渡继续研修。1909年南社成立于苏州，林氏与徐自华、蕴华姊妹同入南社。武昌起义后，匆促返国，奔走于戎幕间。其姊时在武昌陷入重围，冒险救之使出。中华民国临时政府成立后，宋教仁长农林部，聘为秘书并推为众议院秘书。1913年，宋教仁被袁世凯暗刺殒身。不久，“二次革命”失败，袁氏追捕革命党人，被迫北走燕都，继之避难辽东。在奉天，于兴华书院主讲日文，并自习德语，拟游学德国。1916年春，袁世凯称帝失败，始返沪杭，任上海《时事新报》总编辑。8月7日晚，在报馆撰写《内阁梦之批评》及《消弭党人问题》两篇时评后，出馆赴挚友梁启超之约，行至静安寺马霍路口时，为英商克明汽车所撞，由巡捕拦车送往仁济医院抢救，终因伤重不治，两小时后去世，时年30岁。（入社号13）

注释

❶“每羡”句：林氏诗、书俱佳，为社中作手。其诗承谢、柳，书学钟、王。曾云：“唐宋以下文皆不读”。又极推崇德国哲学家倭铿的力行学说，其抱负可知。生平酷爱西湖，每值盛暑，必至韬光、灵隐避暑遨游，且付诸吟咏，其代表者如《西湖杂诗》20首及《湖滨新辟吴山路泊桡晚眺有寄家人》《从北高峰下韬光庵外石桥倚栏看竹》《泛湖口占示贞长》等共计30余首，兹摘录数首如下：“欲别渡头杨柳青，枝枝叶叶奈离情。小山词令君休唱，一棹何堪听晓莺。”（《西湖杂诗》）“藕芳四槛翠云遮，草静双蹊白练斜。说与丽人应不省，当年此地可移家。”（《湖行书所见》）“停舟暂过凤林寺，土蚀花青只漫分。尽有书生忧时意，不教冤魄锁秋坟。”“西泠桥下水纹漪，荷叶灵根可托移。纵有朱家旧貂笔，不劳重写断肠词。”又“孤愤难销坐此才，跨驴我更愧重来。翠微亭上无多语，但道岳侯初怎回。”（《西湖杂诗》）或隽雅轻灵，或寄慨遥深，殊可诵也。惜乎其平生所作诗词，旋作旋弃，以至逝后数年，李拔可为之广集，仅得七十余首，以《寒碧诗》付梓。集为线装铅印，由李拔可题签，内刊柳亚子撰《侯官林寒碧墓表》，陈去病撰《林亮奇哀词并叙》，沈瑜庆撰《林

林景行印

亮奇弥甥挽诗》，诸宗元撰《哀寒碧》诸诗文。

❷ 鸿猷：鸿业，大业。南朝宋有谢庄《求贤表》："臣生属亨路，身渐鸿猷。"唐肃宗《命有司举行郊庙大礼诏》："朕获嗣鸿猷，敢志虔敬。"清人蒲松龄《拟上谕纂修〈实录〉告成群臣进表》："伏以圣孝开天，燕翼纪千秋之烈；王谟尊祖，鸿猷垂百代之书。"按，林氏任上海《时事新报》总编辑期间，对时政颇多评论。主笔三阅月，有长短文30余篇面世。其中《不已主义救国沦》《敬励国会议员》《论今后政论者之责任》《国民、进步两党之过去未来观》等长文多日连载，论析深透，对党派之争、政府施政颇多胜解，颇为时贤所称道。其间，还约请同乡、社友林学衡（庚白）等撰写时评多篇。亦函请旅居东洋的廉泉（惠卿）惠诗以飨读者。

❸ "治外"句：林氏去世后之次日，经中西会审官在工部局检验尸身后，即成殓，出殡于锡金公所，送者甚众。夫人徐蕴华携7岁长女禾儿及生甫18天的次女北丽，多方奔走，诉诸公堂，力图伸张公理，终因帝国主义在华有"治外法权"，此案竟不了了之。又，林氏身后困窘，借贷无门，直至1920年，才在表兄李拔可（宣龚）等亲友操持下，安葬于杭州孤山徐自华生圹侧。次年初，柳亚子受徐蕴华之托，为之撰写《俟官林寒碧墓表》，镌刻后树于墓门，此墓在杭州解放后清理西湖墓葬时，经市政协提议，以对辛亥革命有功而予保留。后迁至梅坞附近之吉庆山"辛亥革命烈士陵园"。"文化大革命"中被毁。林氏逝后，《时事新报》《民国日报》等皆有悼念诗文载诸报端。《时事新报》除发表两篇悼文外，记者还撰写长文《记林寒碧先生之惨死》，详细记叙了其惨死前后的整个过程，胡君超、墨樵的三篇诗文，则追记了与林氏在辽、沪的交往。成舍我、廉泉亦有哀悼诗词刊载。《民国日报》不仅发表姚鹓雏的悼文，还在同一版上刊载林学衡的文章《汽车杀人》《呜呼林亮奇君——西人汽车杀人》，除严斥帝国主义者驾车肇事、杀人逍遥法外，强烈要求伸张公理。该文最后发出愤怒的抗议呼声："挟黄金以骄人，视弱国为可欺，横冲直撞非伊朝夕，吾欲视此案之究竟，以觇法律公理果犹足为吾人之保障否也？"然而，在半殖民地半封建的旧中国，公理何在！林寒碧之惨死，只是殖民者恃强凌弱、残杀吾民的一个显例而已。

林百举

九域[1]茫茫对自悲，阳秋孙盛[2]足堪咨。
枕肱[3]一卧惊秋晚，涧谷空嗟见日迟。

简传

林百举（1881—1950），原名林钟嵘，号一厂（ān）。广东梅县人。少时即喜读新书报，接受新潮思想，曾拜丘逢甲为师。早年曾就读于汕头岭东同文学堂，毕业后留校任教。1902年曾任《岭东日报》编辑、记者。1906年加入中国同盟会，成为丙村支部的一员。1907年冬受谢逸桥之聘，任汕头《中华新报》记者。1911年在潮州创办《新中华报》，后在上海创办《太平洋报》并任编辑。1913年协助谢逸桥创办国民党汕头分部机关报《大风日报》。1934年入党史会，后升主任编纂。1948年因病回乡，1950年病逝。（入社号67）

注释

❶ 九域即九州，《晋书·孙惠传》："今明公明著天下，声振九域。"陶潜《赠羊长史》诗："九域甫已一，逝将理舟舆。"按，早在1914年，林氏便赋诗抒发为革命奔走却又不知路之曲直、空茫无寄的怅惘情怀，诗云："栖栖日向万山行，不为饥驱不为名。舆畔无歌飘凤至，篝中有火戒狐鸣。济溱乏策知时政，点石成金欲佛生。辗转三民新主义，何年斯世果同盟？"（《南社》第十二集）

❷ 阳秋孙盛：孙盛，东晋人，曾从桓温伐蜀、平洛，著有《魏氏春秋》《晋阳秋》，事见《晋书·孙盛传》："《晋阳秋》词直而理正，咸称良史焉。既而桓温见之，怒谓盛子曰：'枋头诚为失利，何至乃如尊君所说！若此史遂行，自是关君门户事。'其子遽拜谢，谓请删改之。……诸子乃共号泣稽颡，请为百口切计。盛大怒。诸子遂尔改之。盛写两定本，寄于慕容俊。太元中，孝武帝博求异闻，始于辽东得之，以相考校，多有不同，书遂两存。"按，晋代避简文宣郑太后阿春讳，"春"一律改称为"阳"，故《晋阳秋》实即《晋春秋》。按，林氏一向坚持"史必征实"，故在此将其比诸晋代的孙盛。又，林氏半生从政，不失书生本色，独持操守，洵为难得。他不愿以"丑诋异党"向蒋中正献媚。1944年7月8日，他审查《中国国民党廿年来奋斗史》，对书中中共"投顺"字样不满，拟改为"共赴国难"；其所主编的《中国国民党五十年大事记》因缺乏贬低"异党"的宣传内容，终被中常委否决。又，林氏辞世后，遗下日记一巨帙。一甲子后，中山大学历史系李吉奎教授为之理董加注，成二册，裨益学术，有足多焉。如1895年乙未广州起义失败，广东按察使刊出告示，悬赏捉拿孙文、杨衢云等人。据邹鲁《中国国民党史稿》所载的人头赏格：孙文一千两，杨衢云一百两；西方孙中山研究专家史扶邻即沿袭此说，不少学者亦从之。事实上，作为兴中会会长的杨衢云，其在1895年香港《华字日报》刊登的人头赏格，与孙文一样，也是一千元。黄大德的文章一出，邹说不攻自破，都是一千两。林氏在其日记中，以党史会主任编纂的官方身份，为黄大德的结论提供了佐证。又，林氏属于党务系统的技术官僚，不趋炎附势，勤谨

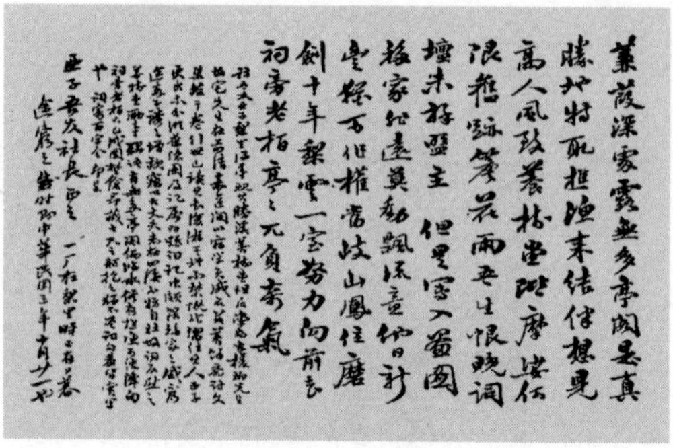

林白举手迹

自律，在清水衙门安心供职，殊为难得。《林一厂日记》保留了大量国民党史原始资料，记录了1942—1947年间重庆、南京普通公教人员的工作生活，所述“办公室政治”亦为看点之一：1947年4月24日，林氏记“肉价前日每斤三千八百元，今涨至四千四百元。米价由十一万四千涨至十三万（去年十一月余初抵京，米价每石仅四万）”。作为老同盟会员，林氏虽身为党政机构的“中层干部”，因无灰色收入，也受尽物价飞涨的煎熬。抗战继之以内战，工薪阶层皆为通货膨胀所困；而金圆券的发行又将民间财富一次性清零。如此一来，国民政府因财力枯竭，已无法支撑，而滥发货币只不过是延缓死亡的毒药而已。又，林氏虽尊奉“史必征实”之原则，但在举国御侮图存的现实语境下，其强烈的民族主义也会让他偶悖所本，如林氏提出“凡汪逆著作言论即在《民报》等之排满革命论文，均应一律禁止流传，党史中完全取消汪逆名字。此不惟洗涤历史污点，亦免使其遗留印象于后世国民之脑际”。按，汪氏后期附逆，尽人皆知，但不必因此否定其早年的历史贡献。他在《民报》上所发表的战斗檄文，仍当视为近代史上不容抹杀的重要文献。

❸ 枕肱：语出《论语·述而》：“饭疏食，饮水，曲肱而枕之，乐亦在其中矣。不义而富且贵，于我如浮云。”肱，胳膊。后因以“枕肱”“枕曲肱”形容随遇而适，安贫乐道。

欧阳予倩

诸艺咸精谁识荆[1]？当年“春柳”[2]掩才名。

忠王孤愤黑奴恨[3]，尽化风霆怒吼声！

简传

欧阳予倩（1889—1962），原名立袁，号南杰，艺名莲笙、兰容，笔名春柳、桃花不疑庵主。湖南浏阳人。幼时师从祖父高足唐才常学天文地理、四书五经。1901 年随祖父迁至北京，次年返湘入湖南长沙正中学堂就读。是年冬东渡日本东京，先后在成城中学、明治大学、早稻田大学文科学习。1907 年参加春柳社，与李叔同、陆镜若等在日本东京演出《黑奴吁天录》《热血》等，歌颂革命党人，鼓舞国人志气，为中国话剧运动倡导者之一。1911 年归国，组织新剧同志会，以春柳社之名演出话剧，宣传民主革命，倡导新剧运动。1917 年加入南社，为南社中以戏剧而负盛名并具新思想的人物。善饰旦角，在沪演出《黛玉葬花》《晴雯补袭》等剧甚得观众好评。欧氏从 1916 年开始从事京剧演出和创作，历时 14 年，一时与梅兰芳齐名，有“南欧北梅”之誉。1921 年参与组织上海戏剧社。1926 年加入南国社。1929 年任广东戏剧研究所所长。1931 年加入中国左翼戏剧家联盟。1933 年福建事变时，为中华人民共和国政府拟定国旗、国歌。抗战时期，主持上海戏剧界救亡协会歌剧部，并加入戏剧界、京剧界救亡协会，又被选为文化界救亡协会理事，积极投身于抗日救亡演剧队，奔赴各地演出。1938 年，应马君武之邀，转往桂林，着手整理编导大量桂剧，如《玉堂春》《梁红玉》《断桥会》等，广泛吸收京剧、昆剧、粤剧以及西洋歌剧的优点，对桂剧进行改进创新，并利用国民党与桂系的矛盾，通过演出，充分发挥戏剧的宣传鼓动作用。1939 年任广西艺术馆馆长。1944 年在中共地下组织的领导下，积极组织西南戏剧联展会，剧展历时 90 天，在海内外产生了巨大的影响。1945 年加入中国民主同盟。抗战胜利后，返回桂林，主持艺术馆工作。1946 年，因批评美国总统胡佛破坏东欧国家的团结而受到当局责难，又因导演反对内战的《凯旋》而受到国民党特务的迫害，遂辞去艺术馆馆长之职，迁居上海，一度在上海市立戏剧专科学校授课。1947 年率新中国剧社赴台湾演出，所导《郑成功》《桃花扇》《日出》，大受好评。中华人民共和国成立后，任中央戏剧学院院长，并当选为中国文学艺术界联合会副主席、中国戏剧家协会副主席及中国舞蹈家协会主席等职，又当选为全国人大代表。1962 年 9 月 21 日病逝于北京。著有回忆录《自我演戏以来》，论文集《一得余抄》以及理论专著《话剧、歌剧与中国戏剧艺术传统》《唐代舞蹈》等。又编导《原动力》《黑奴恨》《桃花扇》《天涯歌女》等话剧剧本 20 余部。有《欧阳予倩文集》行世。（入社号 988）

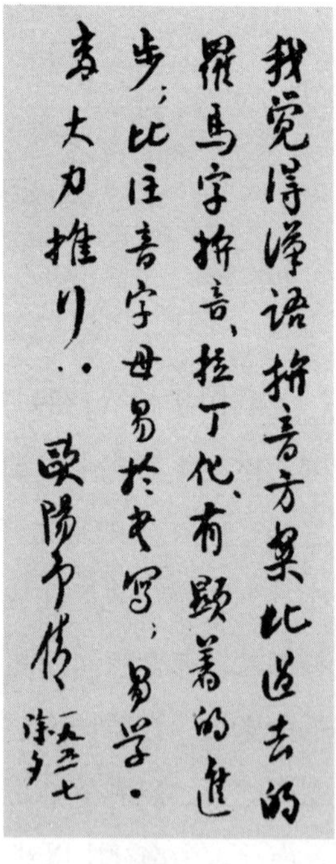

欧阳予倩手迹

注释

❶“诸艺咸精”句：欧阳予倩工诗词、擅书法，深谙外文，可谓多才多艺；但这些似被其戏剧家的盛名所掩。——“谁识荆”指此。

❷“春柳”指春柳社，为中国早期话剧（新剧）的第一个演出团体。1906年在日本东京成立，分设戏剧、音乐、诗歌、绘画等部门，以戏剧为主。

❸“忠王”句：忠王指欧阳予倩创作的话剧剧本《忠王李秀成》；黑奴指《黑奴吁天录》，此剧曾于抗战时期在国内公演，影响甚大。

欧阳予倩（左）与梅兰芳

易 孺

通才翘楚逼荆关[1]，枕石漱流[2]清且闲。

会得吟桑采菊语[3]，眼前无处不南山！

简传

易孺（1874—1941），原名廷熹，字季馥，号大厂，别署孺公等。广东鹤山人。少年求学于宿儒张延秋、邓次直，年未弱冠，即以县案首资格考得秀才，肄业于广雅书院，从朱一新、唐廷相、梁鼎芬治朴学。一度赴上海震旦书院就学，30 岁后游学日本，习师范教育。回国后曾任暨南大学及上海音乐学院讲席。又从杨仁山研究佛理。民国初年，任唐绍仪秘书。一度任职于印铸局。袁世凯称帝前夕，作客沪上，以鬻艺自给。1917 年返乡里居。1918 年至 1920 年间，与邓尔雅、李尹桑、李研山等人相继在广州成立濠上印学社和三余印社，出任社长。1918 年孙中山在广州就任大元帅，易氏出任元帅府秘书，中华革命党正式改组为中国国民党，易氏专门谱写了中国国民党党歌，以孙中山的名义发表。1921 年，赴北京与罗振玉、丁佛言、寿石工及梅兰芳、尚小云等组织冰社，当选为社长。上海沧陷后，忧愤交加，一度绝食自残。此后目睹国事日非，心境益恶，最后于 1941 年在贫病愤激中去世。平生才艺广博，举凡诗古文辞、金石书画、词曲声韵、训诂篆刻，无不精通。曾应聘赴南京刻中华民国国玺。他与肖友梅合作《新歌曲》十余册，盛行于民国初年。又设南华书社，创制北碑字模，编印古籍美术图书。性善饮，终以饮食不慎，成肠胃病，于 1941 年 12 月 26 日病逝。著有《大厂词稿》《大厂书画集》《大厂画桌》《大厂印存》《中西音乐溯源》《古今声律异同考略》《荀诂》《中国金石史》等。（入社号 30）

易孺手迹

注 释

❶“通才”句：通才：指博学多识、才能出众之人。曹丕《典论·论文》云：“盖奏议宜雅，书论宜理，铭诔尚实，诗赋欲丽。此四种不同，故能之者偏也，唯通才能备。”翘楚出自《诗·周南·汉广》：“翘翘错薪；言刈其楚。”楚，荆木。翘楚原意为高出众薪的荆木，后用以比喻杰出的人才。荊关：荆浩和关仝。荆浩，五代后梁画家，字浩然，沁水（今山西）人，通经史，能文章，隐居太行山的洪谷，号洪谷子。擅画山水，常携笔写山中古松。其画能兼取吴道子用笔与项容用墨之长，又擅画佛像，曾于开封双林院作《宝陀落伽山观自在菩萨》壁画。现存《匡庐图》相传是摹自他的作品。著有《笔法记》。荆浩对中国山水画的发展有重要影响。关仝，

五代后梁画家，长安（今属陕西）人，画山水，师荆浩，有出蓝之誉。擅写关河之势，笔势简劲，气势雄壮，石体坚凝，山峰峭拔，杂木丰茂，有枝无干，时称“关家山水”，与荆浩并称“荆关”。——此句意谓易孺并不仅以丹青名世，而是众艺兼擅的通才。

❷ 枕石漱流：此典最早见于《宋书·乐志三》，该书记有魏武帝曹操《秋胡行·晨上》，词曰：“名山历观，遨游北极。枕石漱流饮泉。”陈寿《三国志》中亦有“伏见处士绵竹秦宓……枕石漱流，吟咏缊袍，偃息予仁义之途，恬淡于浩然之域”之语。南朝宋刘义庆《世说新语·排调》云：“孙子荊年少时欲隐，语王武子，当‘枕石漱流’，误曰‘漱石枕流’。王曰：‘流可枕，石可漱乎？’孙曰：‘所以枕流，欲洗其耳；所以漱石，欲砺其齿。’”后遂用“枕石漱流”喻隐居或远离人间烟火的闲逸生活。

❸“会得”句：按，易孺尝谓：“生平得力之处，唯一宽字。旷达非宽，纵佚更非宽，放任非宽，聋聩尤非宽，宽者宜以学问养育之，以世事锻炼之，使之自然而成一宽而无所不宽之概，并非出于勉强矫揉，即圣人所谓心广体胖也。”这种“宽’的哲学似与陶渊明深有夙契。吟桑：陶潜《归园田居》五首有“狗吠深巷中，鸡鸣桑树颠”，“相见无杂言，但道桑麻长；桑麻日已长，我土日已广。常恐霜霰至，零露同草莽”之句；采菊：陶潜《饮酒》二十首之五云：“采菊东篱下，悠然见南山。山气日夕佳，飞鸟相与还，此中有真意，欲辨已忘言。”

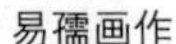

易孺画作

易孺刻章

易白沙

未敛疏狂[1]失故吾，笔扛龙鼎[2]骇迂儒。

何堪霄梦尘劳[3]续，投阁沉渊[4]亦丈夫！

简传

易白沙（1886—1921），原名易坤，字越村、月村，改名白沙，别号白沙子。湖南长沙人。1902年，主持永绥师范学校。次年应吴传绮之邀，赴安徽执教，先后任怀宁中学、安徽师范学堂、旅皖湖南中学校长。武昌起义后，与著名革命党人韩衍等组织学生为青年军，出任大队军监，并亲率军队击毙乱军头目、巡防营统领王瞎子，使社会秩序得以维护。1915年，陈独秀主办《新青年》创刊，易氏先后在该刊发表《述墨》《孔子平议》《诸子无鬼论》《战云中之青年》，宣传民主与科学，为方兴未艾的新文化运动鸣锣开道。1917年返湘，先后在长沙县立师范学校、湖南省立第一师范学校任文史教员，后又去天津南开大学、上海复旦大学任教授，均为时短暂。1919年从上海回到长沙，独居祖先墓庐和岳麓山僻室两年，编写《帝王春秋》。因愤于国事不可为，遂于1921年在新会白沙村蹈海自杀。著有《教育与卫西琴》《广尚思》《诸子无鬼论》。（入社号677）

注释

❶ 疏狂：豪放，不受拘束。柳永《蝶恋花》："拟把疏狂图一醉，对酒当歌，强乐还无味。衣带渐宽终不悔，为伊消得人憔悴。"

❷ 龙鼎：以龙为饰之鼎。南朝梁刘潜《谢鄱阳王赐钵启》："珍穷贷共，制极范金，用贵宝樽，文包龙鼎。"唐王维《为画人谢赐表》："发冲鹖冠，力举龙鼎。"此处指帝王。按，《帝王春秋》是易氏对史书所载历代帝王种种恶行的集中揭露；是书引录大量史实，分别从人祭、杀殉、弱民、媚外、虚伪、奢靡、愚暗、严刑、奖奸、多妻、多夫、悖逆等12个方面将"吾国数千年残贼百姓之元凶大恶，表而出之"，以穷究中国贫穷落后之根源，探索救国救民之策。易氏认定：中国两千多年封建社会之所以停滞不前，一个重要原因即在于专制主义绝对统治的黑暗腐朽；在专制主义统治下，只有人治，而无法治；虽然人治的理论根据是圣人之治，但在现实社会中，坐在帝王宝座上的"人主"更多的是昏君庸主；而他们正是今日专制统治者的前辈，他们在本质上一脉相承，毫无二致。由是可见，易氏撰写《帝王春秋》，旨在对专制主义政治的批判与对民主共和的倡导。易氏在这方

苏曼殊为易白沙所绘《琵琶湖图》

易白沙旧著书影

面的代表性言论，还有《国务卿》《广尚思》等，可一并参看。

❸ 尘劳：佛教用语。谓种种烦恼扰乱身心。《无量寿经》："散诸尘劳，坏诸欲堑。"《楞严经》卷四："劳久发尘，自相浑浊，由是引起尘劳烦恼。又众生迷闷，背觉合尘，故发尘劳，有世间相。"按，此句意谓最不堪的是夜间做梦也在延续着白日的烦恼。

❹ 投阁沉渊：用扬雄事。典出《汉书·扬雄传》。汉扬雄校书天禄阁时，刘棻曾向雄问古文奇字。后棻被王莽治罪，株连扬雄。当狱吏往捕时，雄恐不能自免，即从阁上跳下，几死。后有诏勿问。但京师纷纷传语曰："惟寂寞，自投阁。爱清静，作符命。"后用"投阁"为文士不甘寂寞而遭祸殃之典。沉渊：用屈原事自沉汨罗江事。《史记·屈原列传》："余读《离骚》《天问》《招魂》《哀郢》，悲其志。适长沙，观屈原所自沉渊，未尝不垂泣，想见其为人。"

易白沙印

周 实

楼兰未斩愧儒冠[1]，砺剑高吟起蛰蟠[2]。

忠荩[3]千秋凝日月，九州独照木樨[4]丹。

简传

周实（1885—1911），字实丹，原名桂生，号无尽，又号和劲。江苏淮安人。1902年入县学为秀才。1904年应岁试，受知于学使唐景崇，名列一等。1908年以最优等成绩毕业于两江师范学校选科预科，次年转入本科肄业。同年夏返淮应优拔考试，列为山阳第一名，只因被人告发为在校生而落榜。1909年参加南社，以诗文鼓吹革命，被视为“社中眉目”“南社健儿”。1911年6月，创淮南社于南京，以壮南社之声威。武昌起义后，拟参加南京学生的举义活动，适柳亚子、朱少屏函召赴沪商讨组织两淮光复事宜，晤谈后返淮，与挚友阮梦桃共商革命大计，并召集城内各校学生和旅宁旅沪回淮学生组成学生队，被推

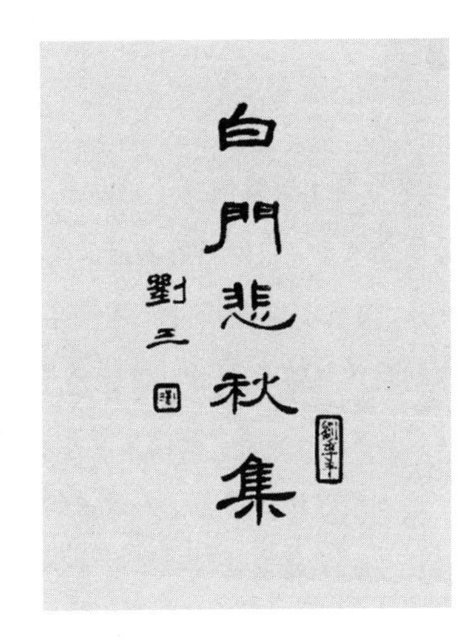

周实旧著书影

为正队长。又率众夺取城守营枪支加强武装，与阮梦桃分别被推举为巡逻正、副队长。1911 年 11 月 14 日，在周、阮和巡逻部员的组织发动下，在旧漕署召开山阳光复大会，周氏慷慨陈述光复大义。会后，周、阮积极筹建山阳军政分府，11 月 16 日被举为军政分府领袖。此时，山阳令姚荣泽首鼠两端，态度不明。他一方面声“我亦汉人”，假意支持光复，另一方面又暗中与劣绅勾结，密谋陷害。同年 11 月 17 日午后，周氏道经府学宫前，有持姚荣泽名片者，邀赴学宫议事，遂坦然而入，清典史周域邠持枪迎击，连中七枪，壮烈牺牲。年仅 27 岁。平生有大志，耽文史，能诗善饮，著有《无尽庵遗集》《无尽庵诗话》《无尽庵札记》《无尽庵尊情录》《风雨怀人诗》、《白门悲秋集》（与高天梅、高吹万等人合著）等等。（入社号 45）

注释

❶ 儒冠：原指儒生所戴的帽子，后多泛指儒生。《史记·郦食其传》："沛公不好儒，诸客冠儒冠来者，沛公则解其冠，溲溺其中。"杜甫《奉赠韦左丞文二十二韵》："纨绔不饿死，儒冠多误身。"按，周实年甫十三，便"读美利坚独立史，法兰西革命纪，甚愤专制政体之惨无人道。而扬州十日，嘉定三屠，尤深印于脑不能去"(周伟《周烈士就义始末》)，尝谓"耻以文章示流俗，欲于世界造光明"。在《无尽庵诗话》中，他曾自述道："实逢时多乱，大道未窥，蜉蝣岁月，苦作虫吟，然而朝揽镜，夜枕戈。身弱志壮，窃不愿以诗人二字了此一生也。"——"愧儒冠"句本此。

❷ 起蛰蟠：蛰，指蛰雷。杜荀鹤《和友人见题山居水阁诗》："和君诗句吟声大，虫豸闻之谓蛰雷。"蟠，即蟠龙。《尚书大传·虞夏传》："于时八风循通，卿云藂藂，蟠龙贲信于其藏。"

❸ 忠荩：犹言为国事尽忠竭智。《三国志·蜀书·董和传》裴松之注："(胡济)为亮(诸葛亮)主簿，有忠荩之效，故见褒述。"《范文正公集》卷十八《除枢密副使召赴阙陈让第五状》："伏望圣慈，察臣等忠荩之恳，素有本末，实不以内外之职，轻重于心。"

❹ 木樨：桂花的别称。清初陈溪子所辑《花镜》云：(桂花)叶对生，丰厚而硬，凌寒不凋。枝条繁密，木无直体。……其种不一，白名银桂，黄名金桂，能著子。红名丹桂……。"按，周实原名桂生，与周人菊、高天梅为"南社三友"。周实成仁之逾年，人菊赠天梅一诗云："块垒填胸酒满卮，伤心怕忆白门时。寒梅瘦菊都无恙，独少飘香桂一枝。"——"九州"句则反其意而用之。

周 伟

国难方殷感岁华，狂歌传檄[1]走天涯。

鹿车荷锸恨多少[2]？一醉酕醄[3]白眼斜。

简传

周伟（1883—1940），原名伟仁，字人菊，后更名周伟，以字行。江苏淮安人。幼聪颖，有过目成诵之才，为长辈所称奇。早年迫于家庭压力，曾参加县学考试，未入泮，遂尽弃科举仕途，追求新学。1906 年秋，考入南京宁属师范学堂，因不满该校执事之守旧思想，遂与同乡阮式愤然退学。1907 年底与同乡周实考入两江高等师范学堂。蒿目时艰，拟行“实业救国”“教育救国”之道路。1909 年加入南社。武昌首义后，与周实在金陵“会同城中各校学生七百余人谋光复”，旋返淮安，任巡逻部庶务，为光复淮安之中坚分子。淮安光复后的第三天，清山阴县令姚荣泽伙同地方势力向革命者反扑，周实、阮式惨遭杀害，周氏于深夜潜至城东南角，将绳索拴于城垛上，越城以逃。为给周实、阮式报仇雪恨，不仅作为见证人出庭作证，亦致力于周实烈士遗著之收集、整理、校印；待《无尽庵遗集》问世后，始赴广东汕头，入主《大风报》，与叶楚伧、蔡元培等人继续为国民革命鼓吹。后又出任《太平洋报》主笔。1914年，奉母命回乡，从事教育工作。1921年至1926年，执教于江苏省第九中学，并任县参议员。1931年经叶楚伧举荐，任上海私立持志大学文学教授。后赴南京任江苏省通志馆编纂，主《南京日报》笔政，并主编《雕虫》副刊。抗战爆发后，回乡任淮安县一区区长。晚年"沾染烟霞癖"，失意潦倒，贫病以终。1940年病逝。著述甚丰，但均未印行。（入社号46）

注 释

❶ 传檄：檄，讨敌文书。出自《史记·淮阴侯列传》："今大王举而东，三秦可传檄而定也。"意谓不待出兵，只要用一纸文书，即可降服敌方，安定局势。此喻周氏为国事四方奔走。

❷"鹿车"句：鹿车：鹿车，窄小的车子。锸，起土工具。"竹林七贤"之一的刘伶为人狂放，好饮，曾乘鹿车携一壶酒，使人荷锸跟随其后，说"死便埋我"。按，早在1906年，周氏"就学秣陵"期间，就尝与同乡挚友周实、阮实于"休课暇日，辄为文酒之会，间亦登山涉水，搜寻南都旧迹以为乐"。加入南社不久，周氏即与社员高旭夫妇、高吹万、姚石子、蔡哲夫等同游金陵，凭吊明故宫、明孝陵，每至一处，辄留连光景，与同人相与唱和，归来必欢饮于酒楼，"摩拳猜酒，拳未败，而酒已醉矣。"其所作《赠同人》诗云："茫茫苦海溺元元，冷风斜雨天地昏。剩有罪言酬国士，无多老泪哭中原。沙虫猿鹤同归尽，狐兔豺狼萃一门。手把酒杯歌当哭，南方实有未招魂。"1911年11月17日，周实、阮式

周伟印

惨遭杀害，周氏极力为周、阮惨案呼号奔走，并泣血赋诗道："才大难容天亦忌，满腔血染楚州红。偶耕偕隐成虚愿（原注：烈士为余诗序有云：愿田百亩躬耕偕隐其中），酌酒磨刀唱大风（原注：武昌起义时烈士曾有"帝子归来唱大风"句）。千古奇冤问武穆，三年化碧恸苌弘。匣中宝剑腾芒焰，夜夜呼号欲作龙。""痛哭深山碎雅琴，天涯从此少知音。恨无死难田横客（原注："烈士被害后巡逻部员遂星散。"）独抱寻仇豫让心。不信谗言工市虎，几多血泪化冤禽。那堪重读《悲秋集》（原注："烈士去岁曾辑有《白门悲秋集》。"），恍见英雄傍月阴。"血脉偾张，怒气冲霄，一股激愤郁勃之气，搏跳着夺纸而出。——"恨多少"指此。

❸ 酕醄：大醉的样子。唐代姚合《闲居遣怀十首》（其六）："遇酒酕醄饮，逢花烂漫看。"

周　觉

敛枰折屐性难支[1]，骂座[2]由来不及私。

一剑横霜谁抵得？却从林下独吟诗[3]。

简传

周觉（1880—1933），原名延龄，字柏年，又字君鹤，别号切庵，别署一觉百年。浙江吴兴人。早年深受康、梁维新学说之影响，倾心革命。戊戌变法失败后，维新党人颇多亡命日本，周氏亦于是时东渡。1905年，孙中山发起组织的中国同盟会宣告成立，周氏率先参加，旋受总部委派，任职于同盟会上海支部。与革命党人于右任、朱少屏、戴天仇等时相过从。其时于右任创办的《民呼报》《民立报》、戴天仇主持的《民权报》，此“三报”之经费由南得人张静江的世界社拨给，而世界社的总经理即为周觉。南社在苏州成立后，周氏与于右任等先后参加，为南社中实际的革命活动者之一。在攻打制造局的战斗中，周

周觉手迹

氏积极参与，成为陈英士的得力助手。上海宣告光复后，出任同盟会上海支部评议员，兼常驻议员。未几，又任《民权报》驻京记者。1913年，袁世凯窃取革命果实后，竭力镇压南方革命力量，宋教仁在上海车站遇刺殒命，陈英士被迫去职，周氏避走日本。孙中山在东京改组国民党为中华革命党，周氏奉命返国，在《民权报》上刊登《百猿图》，用画报形式揭露袁氏阴谋，展开攻势；又大力支持钱云鹤整理出版《袁政府画史》。1917年，孙中山在广州就任大元帅职，周氏随行南下，历任国民党中央常务委员会秘书长，广州国民政府监察院监察委员。1926年积极参与北伐。北伐后，因愤于蒋介石的专横跋扈，遂辞去中常委秘书长及监察委员之职，走避于莫干山疗养，日以吟诗、临摹碑帖自遣。1933年病逝。（入社号17）

注 释

❶“敛枰”句：敛枰：用明史盛寅事。据《明史·列传第一百八十七·方伎》载：“盛寅，字启东，吴江人。受业于郡人王宾。永乐初，为医学正科。授御医，他日，与同官对弈御药房。帝猝至，两人敛枰伏地，谢死罪。帝命终之，且坐以观，寅三胜。帝喜，命赋诗，立就。帝益喜，赐象牙棋枰并词一阕。”折屐：用晋朝谢安事。语见《晋书·谢安传》：“玄等既破坚，有驿书至，安方对客围棋，看书既竟，便摄放床上，了无喜色，棋如故。客问之，徐答云：‘小儿辈遂已破贼。’既罢，

还内，过户限，心喜甚，不觉屐齿之折。”后以“折屐”形容狂喜。按，周觉虽早年参加革命，但秉性耿直，往往与执政者意见相左，即决意引去，故云“性难支”。北伐后，对蒋介石的专横跋扈深为不满，即以多病为由，毅然辞去中常委秘书长及监察委员之职，走避于浙江莫干山疗养。逮至于右任出任监察院院长，周氏又被举为监察委员，但仅挂虚衔而已。

❷ 骂座：用汉代灌夫事。灌夫为人刚直不阿，好使酒。一日，与魏其侯窦婴共赴丞相田蚡宴。夫怒蚡傲慢无礼，遂借行酒之机指临汝侯灌贤而骂之，其意实在蚡。乃劾夫骂坐不敬。事见《史记·魏其武安侯列传》。按，周氏性情狷介，方正耿直，尝为人诵其所作《咏怀》云：“灌夫骂座莫嫌狂，口口原无锦绣肠。抱病文园无可奈，妇人醇酒是良方。”其愤郁之情，可以想见。惜其诗旋作旋弃，存世殊少。在故里养病期间，常至阅报社品茗，睥睨雄谈，无所忌惮。对蒋介石亦颇多微词，尝告人：蒋介石托人为其母撰墓志铭，说如何秉承母教，公忠体国，自己得有今日全出自母教。一天我对蒋道：“蒋老三，你现在不兴了。没有人来教导你了！”蒋氏瞠目视之而无可奈何。周氏喜欢骂人在国民党中是出了大名的。他和张静江均曾追随孙中山从事革命，资历较深，对蒋介石的发迹史了然于胸，故每以长辈身份对待蒋氏，蒋氏亦奈何不得。

❸“却从”句：按，周氏夙喜文墨，每为吟咏，直抒性情。有人曾说过：“今日国民党在南京所建立之国民政府，乃是陈英士派的武治，南社的文治。”柳亚子对此颇为赞许，曾以“试看今日之域中，竟是南社的天下”而自豪。而周氏即为国民党要员（且为南社社员）中的“文治”者。又，周觉论诗推崇白乐天与陆放翁。以为白乐天远在元（微之）之上；尤其是白氏的讽喻诗，敢以直刺君上，这种精神非元所可比拟。对小杜（杜牧）亦甚欣赏，尝赋诗道：“华堂今日绮筵开，谁唤分曹御史来。忽发狂言惊四座，两行红烛一齐回。”周氏因倾慕放翁，故对其诗大多熟极而流；对于放翁之爱国精神，更赞以卓绝千古，故对梁启超“亘古男儿一放翁”的定评，至为倾服。

周子美

志在枌榆[1]岂易征，书楼编目更谁能[2]？
梅花笑映须眉古，弦诵[3]声中过百龄。

简传

周子美（1896—1998），原名延年，字君实，号子美，曾改名默，后以号行，曾用名思孟、思颜。浙江吴兴人。出生书香门第，自幼熟读经书，旁涉史籍、诗词、书画。中学时代生活师从蒋文勋（字殿襄）先生，将《二十四史》全部圈点一过。1911年春，考入私立浙江法政学校政治经济科。1913年冬毕业回乡，先后任小学、中学教员。1917年经沈志儒和连襟郑之蕃（字桐荪）介绍，加入南社。1932年秋，受邀任教于沪上圣约翰大学（即今华东政法大学前身）。为生计所迫，同时还兼任震旦大学文学院、中法国立工学院教授，直至1942年辍业。1944年复任教于圣约翰大学，受业者有荣毅仁、贝聿铭、丁光训、孔令侃、蒋维康、瞿

周子美扇面书法作品

希贤等。1952 年院系调整，先后在华东师范大学中文系、教育系任教。1954 年撰写《中国教育史纲要》。继而主动调入华东师范大学图书馆，跟洪有丰（字范伍）先生学习新式分类法，任参考阅览部主任，编纂《华东师范大学目录之目录》《华东师范大学善本目录》《华东师大馆藏参考工具书目录》和《华东师大图书馆藏金石碑拓分类目录》。1957 年为扬州女词人丁宁校印所著《还轩词存》，并作跋。1958 年编辑岳丈罗振常撰《善本书所见录》，由商务印书馆出版。1961 年参与孟宪承校长主编《中国古代教育史资料》，此书为部颁参考资料，沿用至今，流传较广。1971 年调入二十四史标点组（古籍研究所前身），参加《新唐书》《新五代史》《文献通考·经籍考》的点校工作。1978 年恢复高考以后，古籍研究所是第一批招收硕士生的单位。应教学之急需，夜以继日地编写出《文献学要略》（在圣约翰大学时与王欣夫先生共同撰成草稿）一书，颇受学界所重。1998 年病逝。主要有《庄氏史案考》《周子美游记》《洛阳伽蓝记注》《施北研年谱》《翰墨因缘》《南浔镇志稿》等六部著作。此外，还将个人密藏数十年的数种珍贵文献《听竹楼诗稿》（抄本，南社女诗人徐自华著，中华书局 1990 年版）、《嘉业堂抄校本目录》（周子美自著）、《天一阁藏书经见录》（罗振常著，华东师范大学出版社 1986 年版）、隐庐石印本《洹洛访古游记》（罗振常著，河南人民出版社 1987 年版）捐献出来公开出版，以广流传。（入社号 852）

注释

❶ 枌榆：本指汉高祖故乡的里社名。汉高祖故乡为江苏省徐州市丰县。《汉书·郊祀志上》载："高祖祷丰枌榆社。"据《史记》载：汉高祖刘邦初得天下大定，诏令丰治枌榆社，并按时祭祀。章帝章和元年（87）农历八月，遣使祠枌榆社。此"社"在明朝隆庆三年（1569）废。枌榆社在江苏丰县城东北。按明版《丰县志》载，枌榆社在县治东北十五里。按《史记》，以为汉高祖里社。《前汉书》颜师古注曰：以此树为社，因立名。刘邦拔剑斩蛇起义之初，向故乡丰县的枌榆社，牲宰致祭，乞求土地之神，赐他更多的土地。后泛指故乡。《南齐书·沈文季传》："惟桑与梓，必恭敬止，岂如明府亡国失土，不识枌榆。"《太平广记》卷三四七引唐人裴铏《传奇·赵合》："知君颇有义心，倘能为归骨于奉天城南小李村，即某家枌榆耳。"元人辛文房《唐才子传·喻坦之》："同时严维、徐凝、章八元，枌榆相望，前后唱和，亦多诗集。"清人郑江《西溪草堂图》："仙源在枌榆，余胡久淹留？"清人魏源《默觚下·治篇五》："枌榆养老之珍，今荒馑始食其皮。"

❷ "书楼"句：1924年受同乡刘承幹之邀，周氏任嘉业堂藏书楼编目部主任，长达8年之久。在此其间，将刘氏所藏近60万卷古籍翻阅一过，编成《嘉业堂藏书目录》《嘉业堂明刊善本书目》《嘉业堂抄校本目录》等十几种书目。影响所及，渐为学界所重，成为一代目录版本学大家。1924年被吸收为中华图书馆协会第一届会员。1932年发表《慈云楼藏书志考》，受到行家好评。周氏后来在其《自叙》中径直言道："余之版本目录之学，除受益于家学、几位恩师之外，主要得益于嘉业堂藏书楼的工作实践，以及蟫隐庐校书刻书的实际操作。对于近2000种明刊本和1000多种抄校本反复揣摩，孜孜不倦。近60万卷藏书，按四库分类法分类编排，加以变通，颇能自成体系。究其源流，察其演变，日积月累，规律自现。又亲自参加校书刻书工作，更是有切身的体会。版本目录学，仅靠书本所学，或浅尝辄止，或满足于所谓捷径，均为求学之大忌，关键要靠实践，否则就成了纸上谈兵。这也算是余对后学的一点忠告吧。"结合周氏一生的学术实践看，具征此论不虚。1959年9月，

周氏主动要求调入华东师大图书馆工作，担任参考阅览部主任。在此前后的10多年里，他在做好教学工作的同时，仍坚持从事学术研究，先后编写了《南浔镇志稿》《中国教育史纲要》(油印本)、《中国古代教育史资料》(参编)、《华东师范大学目录之目录》《华东师范大学善本日录》《华东师大馆藏参考工具书目录》《华东师大图书馆藏金石碑拓分类目录》等多种著作。更难能可贵的是，周氏作为我国版本目录学界的老前辈，并未一味沉醉于传统的治学之道；逮至晚年，仍能与时俱进，他敏锐地认识到20世纪90年代方兴未艾的信息技术革命必然会对我国传统的版本目录学研究提出新的要求和挑战，并明睿地指出："如今电脑等新技术在各个学术领域广泛使用，余希望在21世纪采用新技术、新材料后，版本目录学能起一个质的变化。"

❸ 弦诵：语出《礼记·文王世子》："春诵，夏弦。"注："诵，谓歌乐也；弦，谓以丝播诗。"后因以此称学校教学。按，1987年1月，已过90高龄的周氏从华东师范大学古籍研究所光荣退休，但仍带两名硕士研究生，直到1989年两生毕业才正式离开教坛。如从1914年担任小学教员算起，周氏的从教生涯竟长达70余年之久，经他直接培养并成才的学生至少在千人以上，可谓"泽霑桃李春争发"。又，周氏于1987年退休以后，仍发挥余热，先后任湖州市方志办、南浔镇志办、江苏省南社研究会顾问。在家中接待来自中国澳门图书馆、日本《五四老人访谈录》采访组、国际南社学会、徐州师院等国内外友人，力所能及地介绍当年南社情况，为发扬祖国优秀文化遗产继续作出奉献。作为上海市普陀区60万人口中唯一的百岁寿星，同时也是极少数活到20世纪90年代的南社老社员之一。在他生命的最后几年，上海市普陀区人民政府和华东师范大学高度重视周氏的健康状况，同时他的同事、学生、亲友、邻居和住所所在街道、社区也给予其一致关心。普陀区有线电视台、《劳动报》《文汇报》《新民晚报》《南浔通讯》等新闻媒体也不时对他的事迹和健康状况给予报道和关注。

周芷畦

狂歌斗酒小天地[1]，清兴吟开万树梅。

似有诗情无着处，自携鹤梦[2]到天台！

简传

周芷畦（？—1933），名斌，一字志颐，因家有汾南草堂，又署汾南渔侠。浙江嘉善人。早年师事周春霆，武昌起义时，与张颂时、沈守瓶等向军队宣传革命意义，竖白旗以响应。1912年任众议院议员。晚年于汾湖附近购地数弓，筑屋为菟裘，以绌于资力而未果。性善饮，尝与柳亚子、王大觉、蔡冶民诸子结酒社。又擅诗词，著述颇富，主要有《断萍集》《台宕游草》《探梅游草》《燕游草》《燕游续草》《柳溪竹枝词正续》等。又辑成《柳溪诗征》六卷，生前未得刊行，下世后，由柳亚子列入《南社纪念会丛书》，由中华书局出版。（入社号251）

注释

❶ 小天地：小，形容词用作意动，为“感到天地小”之意。按，周芷畦豪于饮，尝与柳亚子、蔡冶民、王大觉诸子结酒社，集必轰饮，狂言惊坐；周芷畦诗兴亦甚豪，尝叠韵至一百数十首。

❷ 鹤梦：苏轼《后赤壁赋》：“适有孤鹤，横江东来，翅如车轮，玄裳缟衣，戛然长鸣，掠予舟而西也。须臾客去，予亦就睡。梦一道士，羽衣蹁跹，过临皋之下，揖予而言曰：‘赤壁之游乐乎？’问其姓名，俯而不答。呜呼噫嘻，我知之矣！‘畴者之夜，飞鸣而过我者，非子也耶？’道士顾笑，予亦惊寤。开户视之，不见其处。”天台：即天台山。在浙江省东部。甬江、曹娥江和灵江的分水岭。东北—西南延伸，南连仙霞岭。主峰华顶山，在天台县城东北，为花岗岩组成。多悬崖、峭壁、飞瀑等名胜。按，周氏性喜山水，曾揽天台雁宕之胜，成古今体诗七十余首，刊成《台宕诗草》。

周迪前

辑佚拾遗秉至公[1]，深宵编目一灯红[2]。

纷纷冠盖[3]归尘土，千载江河竟孰雄[4]！

简传

周迪前（1901—1976），名大烈，字迪前，号述庐，以字行。原籍上海周栅村（今属金山区亭林镇），5 岁时随其曾祖迁居亭林镇区。6 岁时入家塾读书，博闻强记，发愤向学，历经十余载，对儒家经典和老、庄、荀诸子与史记等经典颇有心得。青年时代曾在亭林创办文学团体希社。1919 年，经高吹万介绍与姚光之妹姚竹修结婚，从此常向高吹万请教学术，与姚光、高君定等研讨古文辞。后经高吹万介绍，参加国学商兑会，其文章频频在《国学丛选》上发表。旋经姚光介绍，加入南社，又参加中华图书馆协会。平生唯读书、藏书、聚书是耽，尝将其藏书楼命名为“后来雨楼”，以寓不辱家声之志。平生所藏之书，除经史子集外，亦留意于乡邦文献，达数万卷之多，并自编《后来雨楼书目》。1950年，周氏为中华书局上海编辑所校订《经籍撰话》，历时10年，撰写出《校读记》《校读后记》等数卷。20世纪70年代末，中华书局上海编辑所改组为上海古籍出版社，此书被搁置多年，及至1989年始得以面世。1976年，周氏因事外出，被人撞跌后去世，终年76岁。1977年7月，好友施蛰存作《处士周迪前先生诔》，盛赞其为“吾乡饱学君子也”。周氏生前藏书经过“文化大革命”的浩劫，毁损泰半。1990年由其后人将劫后存书近万册捐赠上海图书馆。生平著作甚丰，主要有《书目考》《知见辑佚书目补》《南史艺文志》《清代校勘学书目》等。（入社号不详）

注释

❶ 至公：语出《管子·形势解》：“风雨至今而无私，所行无常乡。”又《后汉书·荀彧传》：“秉至公以服天下，大略也。”按，姚光自1919年开始编纂《金山艺文志》，历时20余年，未及出版，竟于1945年病逝。周迪前遂接手加以校勘，增加按语，并对《寓贤著述》和《金石》两部分残稿拾遗补录成书，历时两年多始告成。二书现存上海复旦大学图书馆，被专家鉴定且为学界公认为善本书。又，周迪前之文友多为文苑大家，如陈乃乾、陆维钊、王巨川、君石公、郑逸梅、严载如、施蛰存等，皆与周氏交往甚密。因周氏家中藏书甚夥，施蛰存先生等不断向他借书，周氏无不热心惠助，且乐于助其校勘。

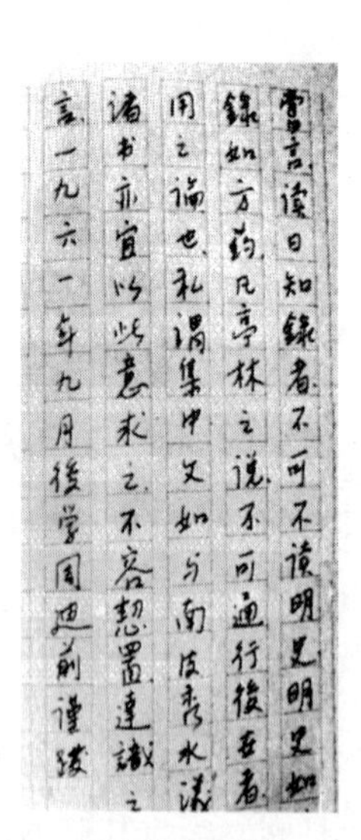
嘗言讀日知錄者不可不讀明史明史如
錄如方药凡亭林之說不可通行後世者
固之論也私謂集中文如与南皮書水議
諸書亦宜以此意求之不容忽置遠識之
言一九六一年九月後學周迪前謹跋

周迪前手迹

❷“深宵”句：按，1937年，日本侵略者在金山卫沿海一线登陆，亭林家宅被毁，藏书虽未遭焚毁，但损失过半，后

来周氏避居上海，将幸存图书运到上海，继续从事聚书、校书和编目工作，先后编有《南史艺文志》《清代校勘学书目》等稿。又对其亲手钞校过的图书进行编目，有《通书阁》和《小书种堂》两种存世。

❸ 冠盖:古代官吏的帽子与车盖。借指官吏。唐杜甫《梦李白》诗之二:“冠盖满京华，斯人独憔悴。”

❹ 末句取杜甫《戏为六绝句》“尔曹身与名俱裂，不废江河万古流”之意。按，周氏平生博学强记，特工文辞，聚书盈屋，老不废读。马一浮先生见其作曰：“当世言古文者未有能加于此也。”其推崇一至于此。又，周氏平生以聚书、编目、校书为业，泽被后世，自足千秋。

周越然

坐拥书城足润身[1]，曾为学苑示梁津[2]。
险夷不改冰霜志，劫火焉能夺鬼神[3]！

简传

周越然（1885—1962），原名之彦，别署走火，以字行。浙江吴兴人。早年任职于上海商务印书馆编审室，擅英文，所编《英语模范读本》，为各校所采用，销路甚广，周氏因之所得版税颇丰。后参加上海教职员救国同志会，倾心反帝。平生喜藏书，外文书、线装书，尤其是宋元明时期的绝版书及西方的古本书，皆在收藏之列。曾榜其室为“言言斋”，有人问其取义所在，乃答曰：“我藏书以说部及词话为多，说与词二字的边旁，都是‘言’字，故叠二字以寓意而已。”周氏寓居沪上虹口，一·二八事变后，近二百箱古本书、十几箱外文书悉数焚毁，犹不心灰气馁，仍广事收购，不数年又复坐拥书城。故学界皆以

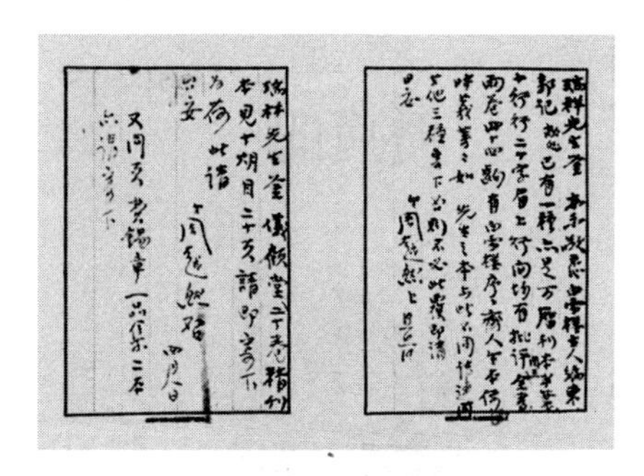

周越然书信手迹

藏书家视之。平生勤于笔耕，学贯中西，戴季陶曾从其学英文，在其出任考试院院长时，曾聘请周氏出山，遭峻拒。1962年病逝。著有《书书书》《生命与书籍》《书与观念》《六十回忆》等。(入社号448)

注释

❶ 润身：取古谚“富润屋，德润身”之意。

❷ 梁津：指桥梁与渡口，谓为桥以渡。《楚辞·离骚》：“麾蛟龙使梁津兮，诏西皇使涉予。”王逸注：“以蛟龙为桥，乘之以渡。”汉代刘向《说苑·权谋》：“于是卫君乃修梁津而拟边城。智伯闻卫兵在境上，乃还。”此引申为治学门径。按，周越然于1942年所撰《〈模范〉小史》云：“英模成于民国七年戊午(公历一九一八年)，初为四册，后因中学学制变更，改成三册，即取消第四册，以符合初中教程也。从开始至现今，修订计五六次，销行约百万部，——在此二十五年中，华人自编之外国语读物，决无胜过其耐久力或超过其畅销性者。民国十年至二十年为英模最盛时代，虽不能‘家喻户晓’，但确然‘风行一时’。”

❸ 末句：劫火：佛家语。佛教认为世间事物皆须经“成住坏空”四大劫，所谓“劫火”，则是坏劫中的火灾，世间一切将被大火烧毁。“夺鬼神”：指一·二八事变后，周氏所藏珍异之书悉数焚毁事。

周瘦鹃

译林说苑才无敌[1]，园艺曾惊万国宾[2]。

花草不知人世改，清香依旧绕砂盆[3]！

简传

周瘦鹃（1894—1968），名祖福，字国贤，号瘦鹃。江苏苏州人。南社中唯一的园艺名家。自幼家贫，靠母亲缝补所得艰辛度日。1910 年，处女作《爱之花》（剧本）在《小说月报》发表，大获成功。16 岁毕业于上海民立中学，此后专以写作翻译为职业。1913 年加入南社，1915 年至 1917 年入中华书局任翻译编辑。1920 年至 1932 年，主编著名副刊《申报》之《自由谈》。1921 年，将停刊已久的《礼拜六》周刊复刊，任主任编辑；又与人合编《半月》。1926 年担任《良友》主任编辑。1931 年九一八事变后，愤于国事日非，文字无济于事，遂罄尽全部卖文所得，买宅苏州，欲投笔弃砚，终生寄情花木。1934 年在苏州

周瘦鹃对联手迹

结办以研究苏州盆景传统艺术为旨的含英社。1936 年 9 月，上海各报发表《文化界同人为团结御侮与言论自由宣言》，周氏亦参与签名，同年 10 月参加鲁迅葬礼。1941 年编辑《乐观》月刊，此前（1939—1940）曾先后四次参加上海中西莳花会，三次获得总锦标杯，“盆景专家”的声名由此大震。新中国成立后，曾任第三、四届全国政协委员、江苏省人大代表、江苏省和苏州市博物馆名誉副馆长、苏州市园林管理处顾问等职，并致力于散文创作和盆景制作。自“文化大革命”始，受到张春桥的点名攻击，成为苏州最大的“反革命”。1968 年 8 月 12 日，73 岁高龄的周氏被揪到苏州开明大戏院舞台上接受红卫兵批斗，在批斗会上，他下意识地用手里的“红宝书”去顶自己脱出的肛门（周氏长期患有脱肛症），招致疯狂打骂；为抗议非人的残酷迫害，周氏于当晚便自沉于自家花园井内。1978 年获得平反昭雪。1989 年 9 月，国家建设部追授周氏为“中国盆景艺术大师”。平生著述宏富，主要有《瘦鹃短篇小说》《拈花集》《紫罗兰集》《亡国奴日记》《小说丛谈》；译著主要有《欧美名家短篇小说丛刊》《世界名家短篇小说集》、《福尔摩斯新探案全集》（与成舍我等合译）等。（入社号 508）

周瘦鹃故居紫兰小筑

注释

❶“译林”句：1917年，周氏翻译的《欧美名家短篇小说丛刻》（三册）由中华书局出版。下册收有高尔基《意大利的故事》第十一篇《叛徒的母亲》，译作《大义》，为我国最早译介高尔基的作品。1919年，正在教育部任佥事科长的鲁迅，亲自签发对《欧美名家短篇小说丛刻》的奖状和批复，对周氏的译作大加赞赏，云：“该书为弱小民族代言，乃昏夜之微光，鸡群之鸣鹤，殊胜嘉许也。”又，1921年《礼拜六》复刊，周瘦鹃任主任编辑，每期发表一篇小说，且列第一篇，蜚声说苑。

❷“园艺”句：1939年夏，周氏以大小盆栽22件，配以红木矮几及十景橱，又以百余年的爬山虎古桩为主体，附以松柏、菖蒲、黄杨、文竹、六月雪、金茉莉、细叶冬青等，参加中西莳花会，博得中外观众的一致赞许，并获得荣誉奖状。1940年秋，又有秋季年会，复以悬崖白菊、蟹爪黄菊，分种于紫砂旧盆和古瓷盅间，加着水石盆景共29件参展，获全会总锦标及美国彼得葛兰爵士的大银杯一座。周氏有诗为记：“愿君休薄闲花草，万国衣冠拜下风。”“要他海外虬髯客，刮目

相看郭橐驼。”新中国成立后，周氏声誉益隆，当其七十大寿时，南社社友沈禹钟尝赋诗为贺：“意兴词华老更新，从容为国走蒲轮。文坛跌宕才无敌，稗史流传世共珍。山水柳州都入记，林泉摩诘早收身。生涯烂漫东风里，扶起花间十万春。”(《寿周瘦鹃七十》)

❸ 砂盆：指杨彭年持赠周氏的竹根形紫砂花盆。周氏甚喜此物，曾嘱家人：“将来逝世，骨灰装在这盆中，置于吾家梅屋，插以灵芝，衬以灵璧石。”又云：“深愿满室花香，于氤氲气氛中，熏醉不醒，允称善终。”岂料在极左思潮的威逼迫害下，竟投井而死，所愿成虚，痛哉！

周瘦鹃旧著书影

周祥骏

堕甑神州忍麈谈[1]，矢心[2]皦日跃戎骖。

漫言花落悲流水[3]，碧血青山万木酣[4]！

简传

周祥骏（1870—1914），字仲穆，因自幼苦读，积劳成疾，几次吐血，疗复后自号更生，又因世居江苏睢宁县苏塘乡马浅村，近有凤山，故被乡人尊称为凤山先生。早年家境宽裕，7岁入家办塾室就读。大约13岁时，入肖县榆庄张幼卿家塾读书，喜论兵，立志以武略报国。又反对科举、八股，但由于难违祖旨，勉强应试。1885年入县学，补为秀才。是年6月，《中法新约》签订，周氏闻后大为愤羞，遂购买大量西学初入中国之译本，不假师承，欲究救国之真理。1889年因品学兼优，被提升为廪膳生员。是年，创作《咏史》诸作，热情歌颂陈胜、吴广领导的农民起义运动，其政治远见和强烈的民族革命思想，于

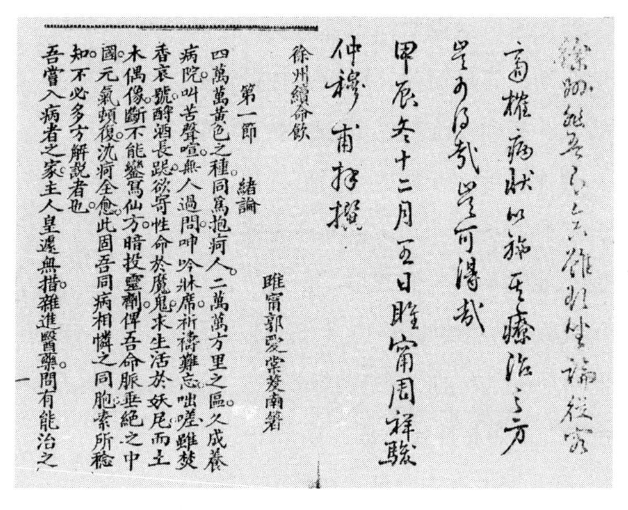
甲辰冬十二月五日睢甯周祥駿
仲穆甫拜撰

徐州續命歕

睢甯郭愛棠菱南著

第一節　緒論

四萬萬黃色之種。同爲抱疴人。二萬萬方里之區。久成養病院。叫苦聲喧。無人過問。呻吟牀席。祈禱難忘。咄嗟雖焚香哀號。酹酒長跽。欲寄性命於魔鬼。求生活於妖尼。而土木偶像。斷不能鑒寫仙方。暗投靈劑。俾吾命脈垂絕之中國。元氣頓復。沈疴全愈。此固吾同病相憐之同胞。素所稔知。不必多方解說者也。

吾嘗入病者之家。主人皇遽無措。雜進醫藥。問有能治之

一

周祥骏书稿手迹

此初露端倪。1892 年在家设馆授徒。1895 年 5 月，康有为、梁启超发起公车上书，周氏为时局所刺激，开始改研哲学并各宗数，欲熔古今中外众家之说于一炉，推寻哲理，覃研救世之学。1902 年，愤于外夷凭陵，国势阽危，连续创作《睡狮图》《黑龙江》《薛虑祭江》等八部进步戏文，鼓吹革命。1904 年，讲学于睢宁昭义书院．以新思想灌输讲堂，启迪学生。1906 年在徐州旧察院址发起天足会，倡导男女平权，主张振兴女学。次年，回乡进行推翻清王朝的革命活动，拟创办同乐华兴会。1909 年，又赴徐州、砀山各地，积极从事反清的组织、宣传活动；又赴上海，遇柳亚子、陈巢南等，与之纵谈，结为南社，借文字以鼓吹革命。同年 11 月 13 日，南社第一次雅集，因地址不明，寻访不值。其后，力主南社必须超过历史上的复社，并批评南社某些社员模山范水、吟风弄月之旧习，主张诗文当于国事有补，于吾道有益。武昌起义后，冒险脱身赴镇江上书第一镇军都督林述庆与统制柏文蔚，陈述南京政治、军事等形势，要求林、柏立即集结重兵直捣金陵（今南京），再联合诸军迅速北上，肃清河洛，荡灭逆胡。文蔚从之，即聘其为第一镇军事顾问官，随军参谋军务，多所擘划。同年底，镇军会同浙、沪军攻克南京，张勋等连夜率军北逃徐州。周氏深知徐州在

军事上之重要，即发密电给徐州同志韩志正，使其率部拒勋。不期张勋已先进徐州。周氏遂甘冒生命危险，只身由镇江、扬州、淮阳、宿迁、睢宁一线潜往徐州侦察。到徐州后，一面搜集军事情报，一面积极组织地方武装，屡建功勋，被提升为第一军军部一等顾问官。此后不久乞假归里，积极筹备地方自治、争取国民权利的活动。1913年底，张勋任长江巡阅使，移往徐州，一向忌恨周氏的地方土豪劣绅乘机以“乱党”之名相控告；周氏遂于1914年4月12日被逮，投入铜山地方监狱。在狱中，始终坚贞不屈，读书吟诗自若，不幸于同年5月16日，被张勋杀害于徐州西门（武安门）外。生平撰述百万言，多散佚，尚存遗稿收录在《更生斋全集》《更生斋选集》自印本中。（入社号36）

周祥骏手迹

注释

❶ 首句：堕甑：甑，一种蒸饭用的瓦器。据《郭林宗别传》载：孟敏买了甑，挑着往家走。甑坠地而碎，孟敏却头也不回，继续前行。郭泰问他何故，他说：甑已破了，看它，有什么好处？后遂借此喻山河破碎无法复收。南宋爱国诗人文天祥《囚系燕狱中所作诗》云：“万里山河真堕甑，一家妻子枉填沟。”麈谈：麈，麈尾的省称，即拂尘。魏晋人清谈时常执的一种拂子，用麈（一种似鹿而大的动物）的尾毛制成。又，因魏晋人清谈时常执麈尾，故亦称清谈为“麈谈”。林景熙《访僧邻庵次韵》：“寂寥午夜松风响，疑是神仙接麈谈。”忍：不忍。

❷ 矢心：矢，通“誓”。《诗·鄘风·柏舟》：“之死矢靡它。”皦日：白日。《诗·王风·大车》：“谓予不信，有如皦日。”

南社第四次雅集，1911 年 2 月 13 日于上海愚园举行（前排左起第六人为柳亚子，后排左起第十人为周祥骏）

❸“漫言”句：按，周氏被害后，南社社友黄忏华致书柳亚子，请其为作一传。书云：“呜呼哀哉！上帝深居，巫咸不下，白龙鱼服，困于豫且。迹近坑儒，而痛深于秦末；事非锢党，而悲甚于汉季。愁魄胁息，心惊憷矣！棘天荆地，人间何世。自非霓裳羽带，无用自全，吾其谓之何哉！吾其奈之何哉！有心如足下，未审何以为情也？独是今日何日，虽欲如山阳案之力争，一何可得。逻骑如林，谁非刀俎中物？继周子而仆者，正未有艾。乱世头颅，固无善价。君试思之，此中有血泪几何？所不能已于言者，亦欲与诸社友同声一哭耳！周子有遗著一卷，华为刊诸建业。外物撄加，乃不克往取。窃不自揣，愿与足下商之。至夫周子之为人，社友知之者众，如能仿山阳之例，为作一传，则槃槃大文，岂止润及枯骨哉！此又后死者之所厚望也。灵芝销紫，鹃血为红，悠悠苍天，其忍此而终耶！揽纸陈辞，悲来横集，不尽欲言，忏华顿首。”（《南社》第十集）又，周氏遇害后，胡朴安尝赋五律四首以志深悼，兹摘录如下：“实学相绳勉，而今愧此言。横流无可挽，古道不须论。世乱头颅贱，时危虎豹尊。问天天不语，忍泪自声吞。”“天道竟如此，沈昏太不堪。马蹄骄代北，鹃血惨江南。杀士今方厉，焚书兴正酣。中原多猛虎，何处结茅庵？”

❹ 末句：周氏临命前尝从容赋诗曰：“输将豪气风生谷，照彻澄怀月印潭。”

庞树柏

大器瑚琏孰可凌[1]，狼烟[2]未靖恨能胜？

《玉琤瑽》与《龙禅室》[3]，一例峥嵘剑气[4]腾！

简 传

庞树柏（1884—1916），字芑庵，号檗子。江苏常熟人。幼年颖悟，14岁即读完十三经。15岁时，父继之以争漕赋触怒清吏，被系入狱，忧愤病卒，母钱氏以身殉。树柏幸赖亲戚之助，肄业江苏师范学校，受知于监督罗叔言。毕业后，历任江宁思益、苏州木渎和常熟等各两等学堂教席，颇有文名。光绪庚子（1900年）春间，与庞树松、黄摩西等组织三千剑气文社，1909年10月，参加苏州虎丘张东阳祠南社第一次雅集，后被推为词选编辑员。又担任《国粹学报》编辑。武昌起义时，在上海圣约翰大学任教，与革命党人宋教仁、徐血儿等参与擘划上海光复事宜。一度担任沪军都督府文牍。1912年为沪军都督府起草义

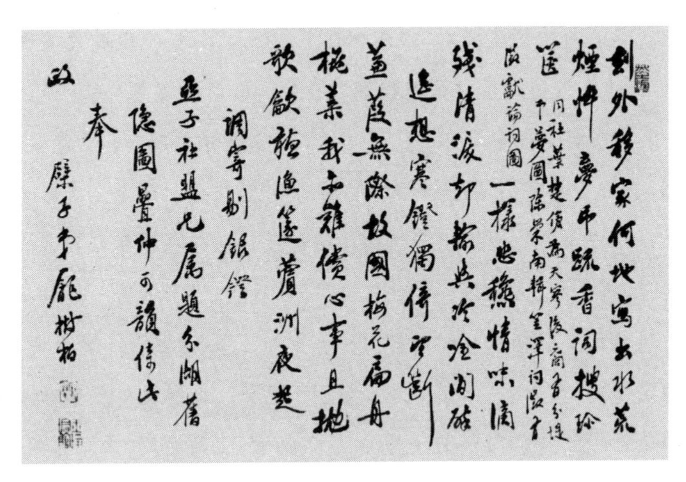

庞树柏手迹

正辞严、慷慨激昂的《拟沪军都督北伐誓师文》。未几，回乡谋举义。常熟宣布光复后，清令翁有成被迫交出县印，树柏实为首谋。但由于革命力量的薄弱，常熟光复后，实权却为立宪派绅士和清朝文武旧吏所掌握，翁有成仍为县长。树柏主张革除粮差，蠲免租税，遂为劣绅污吏忌恨，欲杀之以为快。后在友人的急救下始得脱险。自此，远走沪上而不返，先后任教于澄衷、爱国、竞雄等校。1916 年重阳前 4 日，于愁病交加中辞世，年仅 33 岁。工诗，诗风悲壮苍凉。词守南宋正宗，雄才丽藻，足为南社词流眉目。著有《庞檗子遗集》《抱香簃随笔》《墨泪龛笔记》《碧血碑杂剧》等，生前大都未辑集印行。（入社号 145）

注释

❶ 首句：瑚琏：古时祭祀时盛粟稷的器皿，后多用此比喻才华超轶，能担当大任者。《论语·公冶长》："子贡问曰：'赐也何如？'子曰：'女（汝）器也。'曰：'何器也？'曰：'瑚琏也。'"凌：超越。

❷ 狼烟：烽火。古之烽火用狼粪，“狼粪烟直上，烽火用之”（段成式《酉阳杂俎·广动植》），古代边疆设防地区往往用狼烟以报警。李商隐《寄太原庐司空三十韵》：“鸡寒谁生事，狼烟不暂停。”薛逢《狼烟》：“三道狼烟过碛来，受降城上探旗开。”

❸ “《玉琤瑽》”句：《玉琤瑽》：即《玉琤瑽馆词》，其稿经朱彊村删定。庞檗子才高运蹇，愁病缠身，词中不免流露抑郁牢愁的缠绵情致，但亦不乏苍凉激越的排奡剑气，如“沧桑泪，挥无绪，兴亡迹，寻无据。算千秋歌哭，英灵知否？螭背丰碑余几字，销磨那更风兼雨。望栖霞一样旧斜阳，埋冤处。”（《满江红·灵岩谒韩蕲王墓并读记功碑敬赋》）又如：“神州如梦，望阑干高处，此时谁倚。骞听荒鸡声不恶，空费半衿铅泪。孤剑频看，寒檠独对，犹有飞扬意。酒醒歌阕，人间休问何世。”（《百字令·邓秋枚鸡鸣风雨楼图》）男儿血性，悲愤欲绝。《龙禅室》：指《龙禅室诗》与《龙禅室摭谭》。《龙禅室诗》多有血脉偾张、苍凉激越之作，如《吊岳鄂王墓》：“一杯应胜小朝廷，黄土高封草不青。香火重瞻新庙貌，风波长想旧英灵。衣冠南渡空余恨，烟水西湖尚带腥。欲觅骑驴前度客，人间浩劫几曾经。”《三月廿二日吾社为遁初作周年纪念，晚过沪宁车站遁初被害处》云：“沉沉万劫未销除，挥日无戈一岁徂。抉目至今悲伍相，招魂何处哭三闾。从知才命生难共，但说恩仇计已疏。残照野花开剩血，那堪歧路痛迴车。”《秋侠墓》云：“西泠桥畔水回环，三尺孤坟夕照殷。犹忆秋魂哭风雨，故教侠骨重湖山。年年碧血痕难灭，寸寸红心草未删。十字旧题碑已换，我来酾酒泪频潸。”《龙禅室摭谭》系连载于《国粹学报》（1905—1911）上的一组笔记，作者以鼓吹民族革命为创作圭臬，热情介绍了明清之际诸诗人如钱澄之、王猷定、吴兆骞、陈子龙、夏完淳的血泪诗篇，大力揄扬瞿式耜、钱肃乐、屈大均、钱澄之诸志士仁人。《龙禅室摭谭》还记述了清朝统

民国时期文人聚会场所“迷楼”

治者残酷迫害汉族人民的“黄崖之狱”。对于龚芝麓之流“既已偷生堕节，犹自藉口他故，以掩人耳目，不知适愈彰其丑也”的无耻文人，则予以无情的鞭挞。又，庞氏不仅以词名，其诗亦颇多佳句，如：“溪树澹初日，柴门带断霞。”“初阳温柳气，春水滑鸥声。”“万蝉收夕响，古木傲秋凋。”“一山倚阁犹明雪，百鸟贪晴欲报春。”清灵隽雅，均极可诵。

❹ 剑气：《晋书·张华传》载，吴灭晋兴之际，斗牛间常有紫气，晋尚书张华以此请教雷焕，焕谓此乃宝剑之精，上彻于天，在豫州丰城。华即补焕为丰城令。“焕到县，掘狱屋基，入地四丈余，得一石函，光气非常，中有双剑，并刻题，一曰龙泉，一曰太阿。某夕，斗牛间气不复见焉。”焕得剑后，遣使送一剑与华，留一自佩。“华诛，失剑所在。焕卒，子（雷）华为州从事。持剑行经延平津，剑忽于腰间跃出堕水。”但见两龙各长数丈，光彩照水，波浪惊沸，遂失剑。

南社第十次雅集，1914 年 3 月 29 日于上海愚园举行（后排右一为陈去病，前排右一为庞树柏）

郑之蕃

楠槲千章化雨功[1]，诗词余事亦奇工。

膏腴大地行经惯[2]，岂独云山入卷中[3]。

简传

郑之蕃（1887—1963），又名鹓序，字仲鹓，号桐荪，别号仲蕃、焦桐。江苏吴江县盛泽镇人。出身于书香门第，自幼肄业郑氏小学，于清末赴吴江县城应县试，以额满见遗。后去上海，就读于震旦大学，旋转复旦大学。1907年获得江苏省留美公费，入康奈尔大学，习数理，1910年得学士学位，又去耶鲁大学进研究院深造一年。归国后，历任福建马尾海军学校、上海南洋公学、安庆安徽高等学校、北京农业专门学校与清华学校教务。在安庆时，与苏曼殊、沈燕谋同事，曾合编《汉英辞典》与《英汉辞典》。1920年至清华学校任教，为该校算学系创办人之一，亦为清华最早的教授。清华改制大学后，任数学系教授，

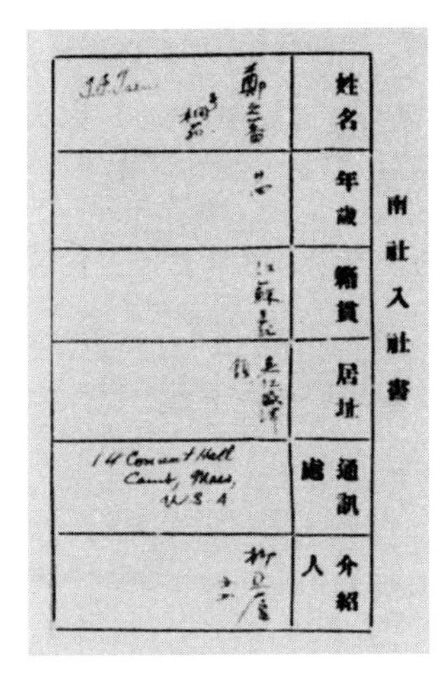

南社入社書

姓名	鄭之蕃 桐蓀
年歲	[illegible]
籍貫	江蘇吳江
居址	[illegible]
通訊處	[illegible] Hall Camb, Mass, U.S.A
介紹人	[illegible]

郑之蕃南社入社书

并任系主任及教务长一年。抗战时期，学校内迁，他不避艰险，独自赴长沙临时大学、昆明西南联大任教。1940年因病返沪养疴，不久夫人曹纯如病逝，遂留沪上，去震旦女子文理学校执教。抗战胜利后，清华在北京复校，遂返校任原职，1952年自清华退休。1963年病逝。精数理，著有《墨经中的数理思想》《四元开方释要》等。译有《微分方程初步》《微积分》等。解放后，曾参加数学名词编译工作，前后达三年之久。又擅治文史诗词，著有《禹贡地理新释》《元明两代京城之南面城墙》，多有创见。论诗注重史实与真实感情，反对空泛浅薄之作。著有《吴梅村诗笺释》《冯注李义山诗商榷》《论工部诤遗山》《宋词简评》等，颇有独特见解。柳亚子曾盛赞郑桐荪于诗词方面的精深造诣："桐兄精研数理，不以文学名，实则见解甚深刻，余所不逮也。"平生诗词创作甚富，现经其女儿士宁、外甥柳无忌搜集，仅得数十首（文若干篇），编入《郑桐荪先生纪念册》，由江苏教育出版社于1989年印行。（入社号65）

注 释

❶ 首句：楠槲：高大乔木。此指为国所重的栋梁之材。千章：即千棵。章，量词。《史记·货殖列传》："陂山居千章之材。"化雨：《孟子·尽心上》："君子之所以教者五：有如时雨化之者，有成德者，有达财者，有答问者，有私淑艾者。此五者，君子之所以教也。"赵岐注："教之渐清而浃洽也。"后因以"化雨"比喻潜移默化的教育。按，郑氏毕生献身于数理教学事业，孜孜矻矻，不遗余力。在他教授的众多学生中，出类拔萃者有华罗庚、周培源、陈省身等。

❷“膏腴”句：按，郑氏博闻强记，求学无所不窥。性又喜游，屐痕所至，辄付诸吟咏。曾作有《颐和园纪游杂咏》《香山记游》《路南纪游》《潭柘戒坛纪游》《泷川格林峡纪游》《河清歌》等。膏腴：肥沃。

❸ 结句谓郑氏的纪游诗并非一味流连光景，模山范水，而是充溢着深厚爱国主义感情。此处仅录《河清歌》结穴部分，以窥一斑：“老去何能忘世情，河清有日庆余生。深惭作赋无班笔，击壤兴歌替颂声。千载河灾从此绝，桑麻千里新田辟。河清不必俟千年，人寿几何莫再惜。新年频年喜报赓，新型大国一朝成。大哉社会主义映千古，日月光华永并明！”

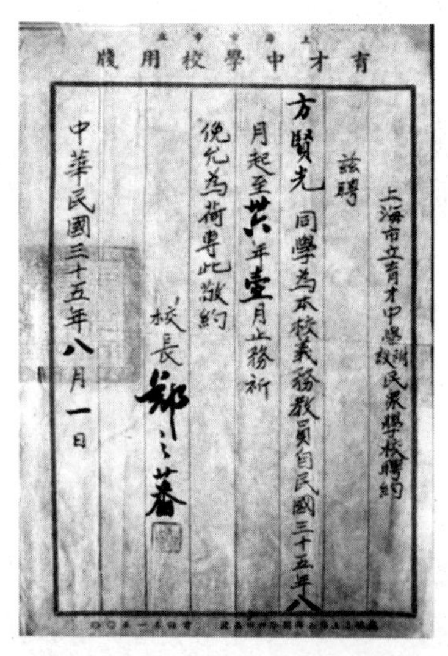

育才中學校用箋

上海市立育才中學附設民衆學校聘約

茲聘

方賢光同學為本校義務教員自民國三十五年八

月起至卅六年壹月止務祈

俛允為荷專此敬約

校長 鄭之蕃

中華民國三十五年八月一日

郑之蕃在《上海设立育才中学附设民众学校聘书》的亲笔签名

赵正平

十载[1]劳劳可策勋，终难倚竹共寒云[2]。

从知海水群飞[3]日，燕雀争枝[4]未足论！

简传

赵正平（1878—1945），字厚生，别署夷门。江苏宝山（今属上海）人。少习文史，不应科举考试而留心科学，后考入浙江武备学堂，以成绩优异被派往日本早稻田大学留学。在日本加入中国同盟会。回国后在南京、广西等处任师范学校、陆军学校教员。1912 年陈英士在上海组织军队讨袁，赵奔走甚力。讨袁失败后，亡命日本；又到爪哇一带从事华侨教育工作。袁世凯死后回国，先在南京设立暨南学校，旋赴南洋募捐。于 1920 年左右在真如杨家桥附近购地 250 亩，兴建暨南大学及中学部，设文理商各科；1922 年亲任暨南大学校长。1925 年北洋军阀孙传芳逐走奉系军阀江苏督军杨宇霆，称浙闽苏皖赣五省联军总司令，赵氏在沪编刊《太平导报》，为孙传芳鼓吹联省自治。1929年后主编《复兴月刊》。1937年参加蒋介石召集的庐山谈话会。1939年投靠汪精卫汉奸集团。1940年3月，以“无党派”人士身份任汪伪中央政治委员会委员。汪伪国民政府成立后，任教育部部长，曾提出中小学每周实行一小时的“精神训话”，对学生推行“亲日奴化”教育。同年4月，任汪伪中央图书馆馆长、编辑馆馆长、中国文化协会常务理事、东北联盟中国总会理事、国民政府委员。1941年任汪伪清乡委员会委员、汪伪文物保管委员会委员，同年8月任汪伪国民政府委员兼任中央大学、上海大学校长。抗战胜利后逃至浙江镇海，后不知所终（一说畏罪自杀）。著有《仁斋文选》《老子研究与政治》《兴国记》《孟子新解》《半部论语与政治》《各国国民性的训练》等。（入社号30）

注释

❶ 十载：此为约数而非确指。劳劳：犹言辛劳。唐人陈陶《渡浙江》“壮心殊未展，登陟漫劳劳。”策勋：意谓记录功勋。语出《左传·桓公二年》：“凡公行，告于宗庙，反行，饮至，舍爵策勋焉，礼也。”杜预注：“既饮置爵，则书勋劳于策，言速纪有功也。”陆贽《请诸军兵马自取机便状》：“故军败则死众，战胜则策勋。”

❷ 倚竹共寒云：唐代诗人杜甫在《佳人》中着力塑造了一个高洁自守的乱世佳人形象，该诗中有“天寒翠袖薄，日暮倚修竹”之句。

❸ 海水群飞：喻社会发生急剧动荡。《齐书·高帝纪》：“神厌灵绎，海水群飞。彝器已尘，宗禋谁主？”

❹ 燕雀争枝：燕雀因畏惧严寒纷纷争夺栖息的枝桠，此处借以形容赵氏腼颜事敌。

赵苕狂

百丈愁城[1]赖酒攻，醉心良驷竞追风[2]。

老来忽作非非[3]想，争奈[4]玫瑰难再红。

简传

赵苕狂（1892—1953），名泽霖，字雨苍，取霖雨苍生之意，号苕狂，别号忆凤楼主，以号行。吴兴（今浙江省湖州市）人。早年基于爱国热情，于民国元年在上海南洋公学电机系毕业。后值大东书局开业，乃从其所好，应邀出任第一任总编辑，旋又被邀请到世界书局任职。自此，在世界书局总编任上，凡十七年，贡献綦巨。赵氏颇擅考据，凡世界书局出版的古典文学，如四大文学名著，每本书前皆有赵苕狂亲自撰写的考据文章。书末直署：赵苕狂考。在此期间，还曾以顾问之名，对当时积极进步的文化名人多所帮助。他所主编的《红玫瑰》杂志历时九年，在读者中颇具影响。此外，还曾先后主编《四民报》

赵苕狂旧著书影

《游戏世界》《红玫瑰》《金刚钻》《新上海》《玫瑰》等刊物。抗战时期，赵氏离开世界书局，以写章回小说勉强维持生计；又以教古文补贴家用，后这成为其唯一的经济来源。1953 年病逝。原葬在佛教公墓，“文化大革命”时被毁。后与夫人合葬在苏州木渎藏书楼东广场。平生著作赡富，主要作品有社会小说《玉碎珠沉录》《妇女奇冤双观》；言情小说《真假婚事》《闺秀日记》《衖堂博士》《墙外桃花记》；武侠小说《剑胆琴心录》《江湖怪侠》《太湖女侠》《神怪斗法记》《朔方健儿传》《铁拳大侠传》；侦探小说《世外探险记》《半文钱》《怪富人》《中国最新侦探案》《鲁平的胜利》。另有短篇小说集《赵苕狂小说集》《微波》等。（入社号 551）

注释

❶ 愁城：喻愁苦难消的心境。北周庚信《愁赋》：“攻许愁城终不破，荡许愁门终不开。”宋人周邦彦《满路花·思情》词：“帘烘泪雨乾，酒压愁城破。”明人王錂《春芜记·秋闺》：“他那里宦海沉沦，我这里愁城遥远。”按，据赵苕狂之子赵宜生回忆：“我

父亲一生中有几个嗜好，一个是酒。他为啥‘狂’？就是吃酒。他吃酒的狂在文人圈子里都知道，他‘狂’在要全醉才回家。为这事我母亲很担心，他吃醉酒常常要不见的，于是在他的长衫袋里缝上家里的地址，怕他醉了回不了家。”又云：“这种喝酒的形式叫‘过桥’。即从小盅碗一点点大下去、大下去到大汤碗。他们的文人圈子用这种办法吃酒消遣。”又据郑逸梅先生在《南社丛谈》中的记载，赵苕狂“酒叙动辄和人斗饮，一次，对方婉却，他拿起瓷盆，掷诸地上，合座为之惊讶，人问他为何发怒？他说：‘倘不喝酒，有如此盆！’所以他每次酒叙，明天往往遍访同座者，询问‘一昨有否失礼及得罪处’，向人道歉。”身逢季世，牢愁满腹，借酒宣泄胸中块垒，亦属常情，不足深怪也。

❷“醉心”句：据赵苕狂之子赵宜生回忆：“我父亲还有一个嗜好，就是看跑马、跑狗。迷到什么程度？每个礼拜一定要去。他英文很好，有个时候用英文写作。人家讲：‘苕狂先生，你喜欢跑马，我介绍你一个职业，你愿意吗？你到跑马总会去担任英文秘书，怎么样？’我父亲一听非常高兴。就做这个工作，用业余时间来写作。”又，据郑逸梅记述，赵氏就职出版机构，总要与老板预先约定，赛马时期，例须给假。否则，对一个每逢春秋赛马必与其盛、以博胜负的赌客，不能躬逢其盛是极其难受的。老板为了延揽人才也只好同意这个要求。逮至后期，赵氏所赚之金悉数输与跑马场。

❸ 非非：原为佛家语，《楞严经》：“如存不存，若尽不尽，如是一类，名非想非非想处。”佛教原指非一般的思维所能达到的境界。后用“想入非非”指意念进入玄妙虚幻的境界；也形容脱离实际，幻想不能实现的事（贬义）。

❹ 争奈：犹言无奈。按，抗战胜利后，赵氏念及他当年罄力主编的《红玫瑰》杂志曾风行一时；停刊既久，心有未甘，遂忽发奇想，仿照当年的体裁、风格与开本及封面等式样，专门邀请了一班旧时的撰稿人，重新出版上市。讵意事与愿违，此种落伍杂志，早已失去市场；故杂志面世后，大折其本，遂作罢。

赵蕴安

曾惊说部[1]焕才情，老去耽诗别署名[2]。
倘使乘槎江海去[3]，一生襞积[4]向谁倾？

简传

赵蕴安（1898—1965），名赤羽，又名允安，别号红柳村人，又别署司徒王东山谢。上海崇明人。早年曾从吴叔和、黄炎培游。创作短篇小说甚夥，散刊于民初的杂志报章。曾辑《礼拜花》周刊。后参加鸣社。旋加入南社，与陈去病、姚石子、庄通百时相往来。后又加入新南社。1965年病逝。著有《南征记》《赤羽诗稿》《海沙诗钞》。（入社号1102）

注释

❶ 说部即小说之古称。

❷“老去”句：赵氏晚年多病，且患白内障，视物模糊，作书辄大如胡桃；又病足，不良于行。然每有朋好餐叙，必拄杖前往，谈笑自若。尝赋诗道：“进园十步一停坐，到得池廊百里程。”盖纪实也。其后，病情日重，不克前往，乃驰书告假，信中犹作诙谐语，而信末则署名“司徒王东山谢启”，众人皆惑；经反复琢磨，始悟王允官至司徒，谢安有“东山丝竹”故事，且名允安，“司徒王东山谢”合之即为赵氏之名“允安”。

❸“倘使”句：赵氏一生好远游，足迹所至，北抵京津，南游香岛。1930年，应友人之邀，自海防乘滇越火车赴昆明，逾月而归。其《沪杭车上》云：“一箭飞原野，排窗泻绿芜。电竿五线谱，栖鸟作音符。”落象出奇，不蹈恒蹊，真作手也。又，赵氏喜骑马疾驰，一次，偶一失慎，致伤足骨。乘槎：槎，木筏。张华《博物志》：“年年八月，有浮槎去来不失期。”杜甫《秋兴八首》：“听猿实下三声泪，奉使虚随八月槎。”

❹ 襞积：修饰，装点。语出南朝钟嵘《诗品序》：“于是士流景慕，务为精密，襞积细微，专相凌架。”元人杨载《遣兴偶作诗》：“用是易吾虑，勿为自襞积。”按，赵氏晚年尝与郭沫若相唱和，作有《建国十年颂》《送女楚参于》《新国殇》《哀悼黄继光、刘胡兰》等，时代精神，溢于毫端。其诗集《海沙诗抄》的封面题签，即出自郭沫若之手笔。

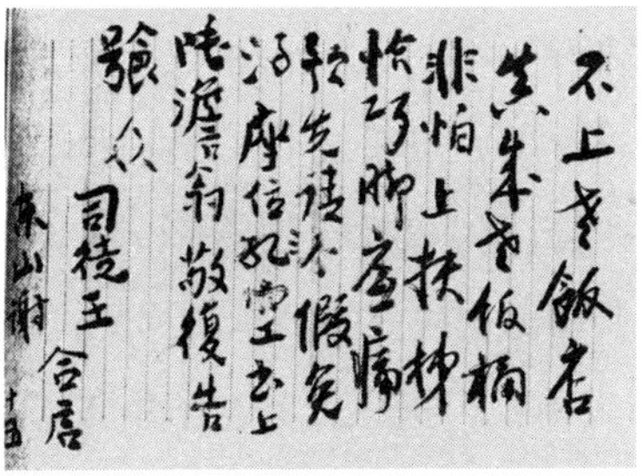

赵蕴安手迹

胡朴安

缥缃[1]万卷未为奴，玄著[2]超超名实符。

谁道书生无一用[3]？酒酣更为说雄图[4]！

简传

胡朴安（1878—1947），名韫玉，字朴安，以字行，又字仲明、颂民，别署有怍、半边翁。安徽泾县人。早年应童子试未就，遂决意离开家乡赴当涂黄池镇教书。1906年经朱少屏介绍，加入国学保存会，后又在以提倡民族气节、攘夷复汉为主旨的《国粹学报》担任编辑。与此同时，又供职于于右任创办的《民立报》；其后，又供职于《民权报》《中华日报》《天铎报》《民强报》《民国新闻》《太平洋报》，并参加民初成立的国学商兑会。1909年加入同盟会，以文字鼓吹革命。1910年加入南社，担任庶务与干事工作。1913年3月，“宋教仁案”发后，以《中华民报》记者的身份多次采访，并发表数十篇文章，揭露袁

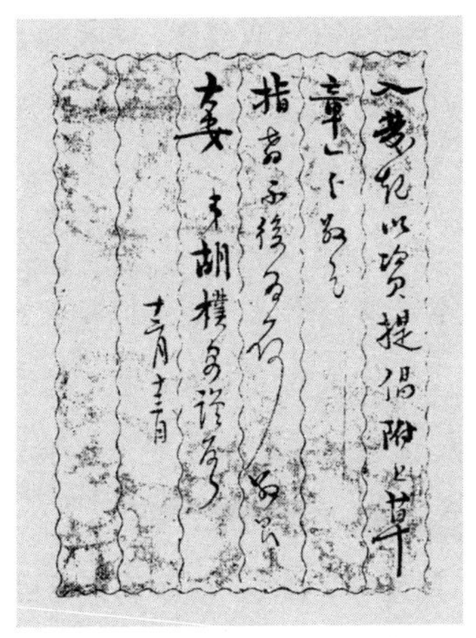
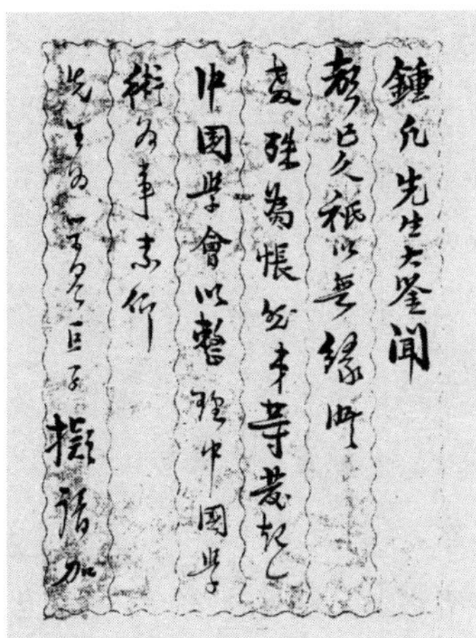

胡朴安书信手稿

世凯妄图实行独裁统治的险恶用心和卑劣伎俩。1923 年，与柳亚子、叶楚伧、邵力子等发起新南社，任编辑主任兼会计。1926 年任民国日报社社长，应叶楚伧之请出任江苏省民政厅厅长。但他自认为缺乏政治才能，仅供职二年便呈辞职书辞去职务返回上海，任教于大厦、复旦、东吴、暨南、上海、持志等大学与学院。抗战爆发后，任上海政论社社长。上海沦陷后，杜门著述，严正不阿。1940 年，患脑溢血症，致半身偏废，以易理禅理，自静其心，并撰成洋洋二十万言的《病废闭门记》，刊诸《大众杂志》。抗日战争胜利后，《民国日报》复刊，任社长及上海通志馆馆长。1947 年 7 月 9 日逝世。平生著述甚多，主要有《中国文字学史》《中国训诂学史》《周秦诸子学略》《商君学说》《太极图新解》《周易古史观》《墨子解诂》《包慎伯先生年谱》等。（入社号 97）

注释

❶ 缥缃：即书卷。缥，淡青色；缃，浅黄色。古时书衣或书囊常用淡青、浅黄色的

丝帛。《隋书·经籍志》：“分为四部，总括群书……盛以缥囊，书用缃素。”

❷ 玄著：原谓言论精妙。《晋书·王戎传》：“（王）济曰：‘张华善说史汉，裴頠论前言往行，衮衮可听；王戎谈子房季札之间，超然玄著。’”此处借喻胡朴安先生朴学造诣之深。名实符：《庄子·逍遥游》：“名者，实之宾也。”按，胡朴安之所以被誉为著名的国学大师，绝非偶然，他尝自谓：“性喜书，不问版本美恶，遇有适用者，无论经史子集，辄节衣缩食以求之，久之积有十余万卷，庋于楼中，除坐卧一席外，余皆置书，无转折周旋之地，日夕披览，有上下三千年之观，纵横九万里之意，不自觉其楼之小，及廛肆之尘嚣也。自忘谫陋，所读各书，辄有笔札，思附于作者之林，奋笔伸纸，不能自休，时而瞑目幽思，时而高声朗诵，时而杂抽架上之书，达数十种以上，彼此互勘，往往夜已过午，始收拾纸笔书籍，而意之所至，又就余墨成之。尺楮寸缣，书写殆遍。”用功之深，用力之勤，即此足见一斑。对于清代朴学，胡氏亦有独特见解，他认为清代朴学已走到绝境，必须开辟新的学术境界。为此，他悉心研读达尔文、赫胥黎、康德、黑格尔、叔本华、柏格森、罗素等许多近代西方哲学著作，决心在学术研究方面另辟蹊径，独树一

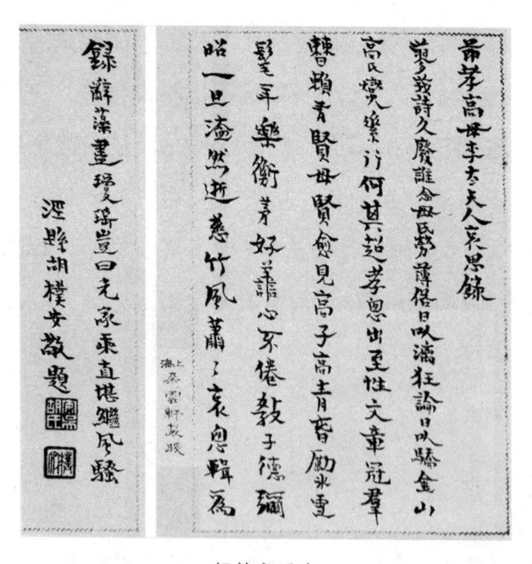

胡朴安手迹

帜。他尝谓："我谓一切古书，皆是材料。当立足现代学术之点，取古书之材料，辨其真伪而组织之，以成一有系统之学术。"——"玄著"句指此。

❸"谁道"句：语本清代诗人黄仲则《杂感》诗云："十有九人堪白眼，百无一用是书生。"按，胡氏一生笃勤匪怠，建树惊人，他尝目睹世人沉溺于恶习者众多而好学之人罕觏，故慨叹道："近年以来，中人以上，不斗牌者十无一人；不阅庸俗小说者，百无一人；作诗填词者，千无一人；习经史者，万无一人；躬行实践，为身心性命之学者，旷世无一人也。"

❹末句之介词"为"后面的宾语省略。这种省略形式在我国古典诗歌中的运用是较为广泛的，如李商隐《无题》："蓬山此去无多路，青鸟殷勤为探看。"岑参《赴北庭》："陇山鹦鹉能言语，为报家人数寄书。"柳宗元《汨罗阻风》："为报春风汨罗道，莫将波浪枉明时。"

1923年初陈去病创岁寒社（前排左四为柳亚子、前排右一为陈去病、二排右三为汪精卫、三排左三为于右任、三排右一为叶楚伧、前排左二为胡朴安）

胡石予

寒梅四壁未为鳏，吟上蟾华恨一弯[1]。

禹迹[2]茫茫兵燹里，可容清梦绕孤山[3]？

简传

胡石予（1867—1938），名蕴，字介生，号石予，别署石翁、瘦鹤等，以号行。江苏昆山蓬阆镇人。自幼家贫，未克从师读书。1885 年与同学、友人结文社；同年，与太仓雪葭泾管少泉订交，并从管翁学画梅。1889 年从张顽鸥学刻印。1896 年在家中设立私塾，招收学生教授经书。1906 年 7 月考入上海甲种师范学习，半年毕业。1907 年经方唯一介绍到苏州草桥公校任国文教师，兼舍监职务，直至南京政府成立。武昌起义后，作《秋风诗》64 首，并作“自叙”以明其志，叙末云：“秋风秋风，迅厉迅厉。振落枯槁，天地义气。仆亦壮夫，近乃病胃。体力日衰，其何能济？既耻雕虫，仍为不讳，非曰自娱，直当言志。

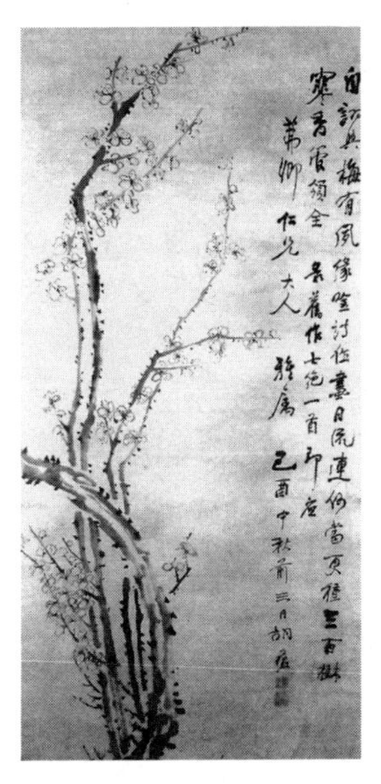
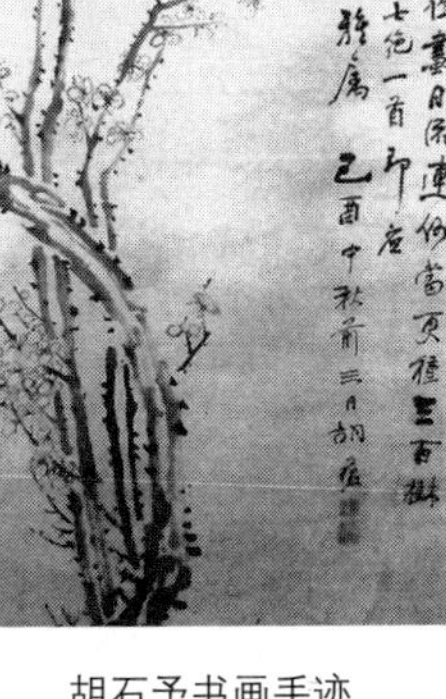

胡石予书画手迹

胡石予像

知我罪我，我心不系。此石予秋风诗所由作也。”同年（1911）与学生余天遂一起加入南社，与柳亚子、高天梅、胡寄尘等时相唱酬。又入国学商兑会。后在省立第二中学、私立振华女学、省立第一师范任教。1927年，辞去振华女学教职，返归蓬阆，结束了长期的教育生涯。1937年，抗战军兴，赴铜陵章惠民家避难，日与友人唱和遣愁。1938年因感染上细菌性痢疾，竟客死他乡。1947年，由其哲嗣赴铜陵将胡石予的遗骨移归，安葬蓬阆。生平著述甚多，主要有《半兰旧庐文集》《半兰旧庐诗集》《梅花百绝》《秋风诗》《缥缈史》《胡氏家训》《四史要略》《诗学大义》等。又擅画，尤以梅花著称于时。（入社号190）

注释

❶“吟上”句：取义于胡氏《朔风四首》其一：“去日苦多来日难，茫茫百感此尘寰。微波皱面愁千叠，初月低眉恨一弯。高树秋声卷地起，四山暝色逐人还。何当趁客狂吟去，策马西风大散关。”

❷ 禹迹：即大禹治洪水足迹所至之地。《左传·襄公四年》：“茫茫禹迹，画为九州。”

❸ 孤山：位于杭州西湖正中，一屿耸立，旁无联附，为西湖诸山中最佳胜者。《杭州府志》云：“山形坦平，绵邈岿介里外湖之间，以其不与诸山属也，名曰‘孤’。复以浮水若岛屿然，亦名‘孤屿’，又以四面皆水若海上神山，故又名‘瀛屿’。”北宋诗人林和靖，性情淡泊，不慕荣利，隐居于此；他因山傍水，绕屋依栏，遍植梅花。每逢梅花绽放，辄经月不出门，终日赏梅，吟咏其间，恬然自乐。林氏尝有梅花诗八首，脍炙人口。又，林和靖因爱梅成癖，终身不娶，“梅妻鹤子”的风雅韵事，使孤山更负盛名。

胡怀琛

蛰龙日日起毫霜[1]，万斛宏才未可量[2]。

我读大江[3]诸稿后，知公吟鬓为谁苍！

简传

胡怀琛（1886—1938），原名有怀，字季仁，号寄尘。安徽泾县人。6岁时即由在乡间开门授徒的仲兄朴安教习“四书”。稍长，负笈赴上海育才中学就读，喜读徐光启、利玛窦诸人译撰的书籍。毕业后，思想新颖，眼界开阔，在时代思潮的影响下，已具有攘夷革命之志。1909年任《神州日报》编辑，昌言反清革命。1910年初即加入南社。武昌首义时，助柳亚子编《警报》，与柳亚子结金兰契，亚子先生称为“狷寄尘”（进上海育才中学后改字寄尘，名怀琛）。1912年秋，柳亚子因修改南社条例事宜不妥而宣告退社，被推举为会计员的胡氏设法说服众人，代姚石子等人提出重新修改条例议案，并使柳亚子回归社中。

后又为宣传南社，奋撰《南社始末》，在社会上引起极大反响。“宋教仁案”发后，奋编《清季野史》，以更多史料揭露清政府的腐败、列强的凶残，愤怒鞭挞袁世凯的无耻嘴脸。1916年，毅然辞去京奉铁路科员之职，南归上海，奔波于沪上各大学、各书局之间，以教书、撰文为生，曾先后任文明书局编辑、商务印书馆编辑，上海通志馆编纂及上海沪江大学、中国公学、国民大学、持志大学、正风文学院等校教授。七七事变后，上海通志馆被迫解散，目睹烽烟四起、生灵涂炭的现实，胡氏忧心如捣。上海沦陷后，昔日南社社友中竟时有人沦为认敌为父的民族败类，愤慨之下，致使旧疾复发，于1938年1月18日在忧愤中弃世而去，年仅53岁。平生著述宏富，主要有《中国文学通评》《中国诗学通评》《修辞学要略》《中国文学史概要》《胡怀琛诗歌丛稿》《中国寓言研究》《中国小说》《弱女飘零记》等。（入社号105）

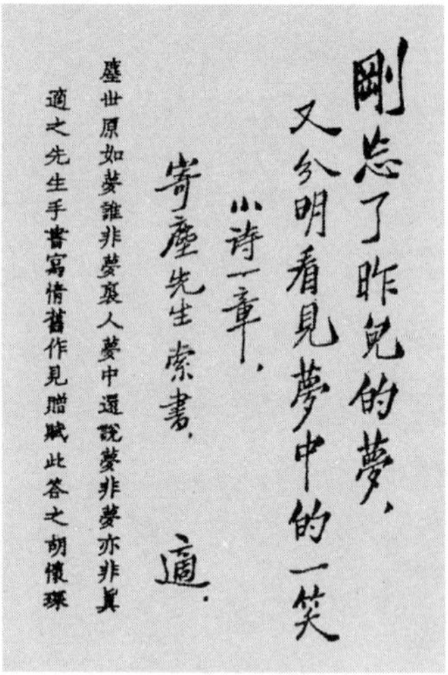

胡怀琛手迹

注释

❶ 首句：蛰龙：出自《易经·系辞下》：“龙蛇之蛰，以存身也。”毫霜：指毛笔。按，辛亥革命期间，胡寄尘助柳亚子编《警报》；后又代柳亚子任《太平洋报》文艺栏编辑。此间，他处处以唤醒民众为己任，秉笔撰写大量诗文，弘扬中华文明，鼓荡民族正气。五四运动前，胡氏又着手创作《长江、黄河》《自由神》《三字经补》等通俗诗，推尊中华文明、振兴国人精神。这些作品甫一面世，便不胫而走，风行一时。

❷“万斛”句：胡氏著述之富，南社同人罕有其匹。据相关资料显示，胡氏在沪期间凡 26 年，其著述竟达 170 种之多，500 余万字。兹举其荦荦大端者而言之，如《中国八大诗人》（商务印书馆 1931 年版），胡氏通过对中国古代八大诗人的介绍，梳理出古代诗歌的发展脉络与历史走向，堪称一部简明扼要的中国古代诗史。《诗的作法》（《世界书局》1932 年版）系胡氏论诗代表作之一，他精骛八极，心游万仞，徜徉于新旧诗歌之间，对屈陶李杜、胡适冰心等古今诗人的代表性作品悉心点评、论析，为读者拓开出一条诗歌创作的门径。《中国文学史略》（新文化书社 1935 年版）则是一部深入研究历代文学及文学家的学术专著。在胡氏看来，“文学史，古所未有也，所有者，为文苑传、图书目录以及诗话、文谈之类；体例皆近乎文学史，而非文学史也。编文学史者，始于闽侯林传甲氏，其后续作者，有谢无量之《中国大文学史》、王梦曾之《中国文学史》、张之纯之《中国文学史》、刘师培之《中古文学史》。再有数家，不及备述，总之得八九种。刘著限于中古，不为完书；其他各家，当以林谢二君为最。然窃以为犹有不适于学校教科者”。有鉴乎此，胡氏遂于此用志覃研，旨在创发出一种适宜作为文学史教科书的模式。泽溉学林，功莫大焉！此外，胡氏还编纂了十二卷《虞初近志》（大达图书供应社 1934 年版），是编继张山来、郑醒愚《虞初新志》《虞初续志》而作，搜辑近数十年来名人之文，胡氏在该书的《自序》中云：“作文读文，皆出于不得已也。故我不欲作，而手不得不作，是真作者。我不欲读，而口不得不读，是真读者。古来奇人异事，与文人何涉，而文人辄喜记之。文人记之与他人又何涉，而他人辄喜读之。读之不已，又从而搜辑之，点校刊布之……。吾又从而辑《近志》，吾亦不知吾何心也！”语似过谦，窃以为胡氏才高意广，出其绪馀，而成斯编，其心力所粹，

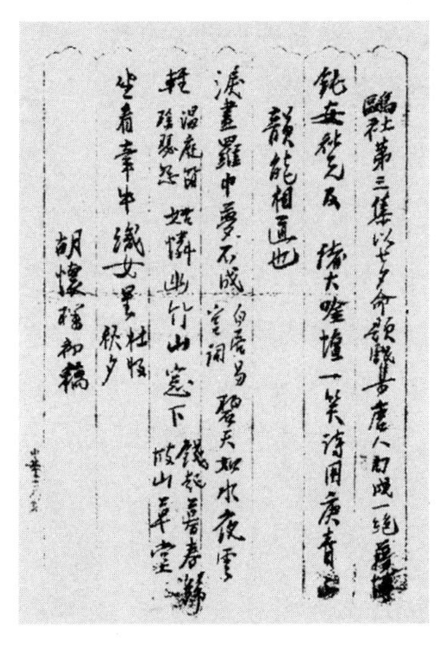
胡懷瑔初稿

胡怀瑔手迹

南社第五次雅集，1911 年 9 月 17 日于上海愚园举行，到者有柳亚子、朱少屏、姚光、高天梅、陈其美、陈布雷、宋教仁等 35 人（后排左三为胡寄尘）

旨在为文人作文提供赏鉴之资，嘉惠士林，为功岂细！

❸ 大江：指胡氏诗集，胡氏将其命名为《大江集》。按，胡氏平生为诗甚夥，集中颇有可观者，兹略摘数首。七律如："江乡木落晚秋寒，送客江头泪暗弹。十日匆匆成聚散，两人各有悲欢。商量偕隐谋非错，检点逃禅事亦难。风雨萧骚天意恶，劝君归去强加餐。"（《送亚子归梨里》）"一笑相逢盖欲倾，都言天雨胜天晴。本来载酒寻诗客，只合拖泥带水行。夷夏兴亡关此会，江山终古证吾盟。龙门采作他年史，难写今朝浪漫情。"（《南社二十周年纪念冒雨集于虎丘》）七绝如："春水拖蓝春草齐，晚来小立画桥西。垂杨四面浓如许，不辨流莺何处啼。"（《春日》）"记得探梅曾有约，偶然睽隔又旬盈。不知听雪围炉坐，捻断吟髭第几茎。"（《简蜕庵老人》）造语生新，隽雅俊逸，皆极可诵。

胡先骕

曾是沈陈[1]门下人，译书跨海播芳珍[2]。

归来更展经纶[3]手，科学敷扬泽兆民。

简传

胡先骕（1894—1968），名步曾，号忏庵。江西新建人。早年入京师大学堂预科。1912 年赴美国加利福尼亚大学学习植物学。1915 发起组织中国科学社。回国后，任教于南京高等师范学校。五四时期，曾著文反对白话文，反对语、文合一，主张模仿古文。1922 年创办《学衡》杂志。是年起，任中国科学社生物研究所植物部主任，从事长江流域和华东地区植物调查，并在东南大学兼课。1925 年再次赴美国哈佛大学学习植物分类学，获博士学位。1928 年任北平静生生物调查所植物部主任，1932 年任所长，并在北京大学、北京师范大学兼课。1934 年当选为中国植物学会会长，并任《植物学》杂志总编辑。同年创办庐山植物园。1937 年创办云南农林植物研究所，兼任所长。1940 年至 1944 年任中正大学校长。1946 年率静生生物调查所返回北平。任中央研究院评议员，1948 年当选为第一批院士。长期从事植物分类学、经济植物学、植物地理学以及古植物学的研究。曾发表水杉、木瓜红等新属和新种论文百余篇，并提出被子植物出自多元的分类系统。又发现一个新科、六个新属、一百多个新种，是中国植物分类学主要奠基人。“文化大革命”中遭受迫害，于 1968 年 1 月 16 日逝世。1979 年平反昭雪。著有《经济植物学》《忏庵文稿》《忏庵诗稿》《沧海楼词》等。编有《植物分类学简编》、《中国植物图谱》（五卷，与陈焕镛合作）。译著有《汉译科学大纲》（与任鸿隽合译）等。（入社号 441）

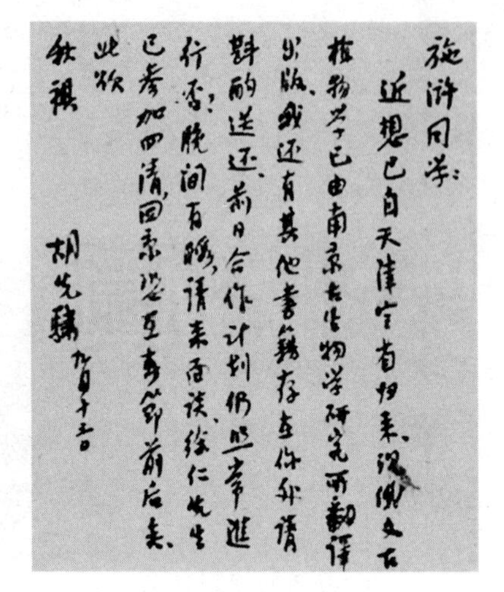
施济同学：
近想已自天津宁省归来。汉俄文古植物学已由南京古生物学研究所翻译出版。我还有其他书籍存在你处，请斟酌送还。前日合作计划仍照常进行否？晚间有暇，请来面谈。徐仁先生已参加四清，回来恐至春节前后矣。
此致
敬礼
胡先骕
九月十二日

胡先骕书信手稿

注释

❶ 沈陈：沈曾植、陈衍。胡先骕早年学诗出其门下，故论诗并不宗唐而力张宋诗旗帜。他尝谓：“为诗忌凡熟，亦异雕锼为。清切误后生，一滑遂难医。我手写我口，浅者非所宜。所贵在知养，圣学精覃思。”（《楼居杂诗》）主张学养深厚，真积力久，必可大成。钱钟书先生曾跋其《诗稿》：“挽弓力大，琢玉功深。登临游览之什，发山水之清音，寄风云之壮志，尤擅一集胜场。丈论诗甚推同光以来乡献，而自作诗旁搜远绍，转益多师，堂宇恢弘，谈艺者或以西江社里宗主尊之，非知言也。”兹摘引其诗以作参引。五律如：“坐观千劫尽，对景有余悲。薄宦不成隐，

孤怀欲语谁。江湖十年梦,风雨一篇诗。白日自兹去,寒鸦噪晚枝。"(《退值口占》)"粤中陆夫子,雅志在江湖。红树供栖隐,青灯伴著书。名高标复社,腹痛念黄垆。尚友千秋上,从知德不孤。"(《题陆丹林枫园纂史图》)七律如:"一廛且作江南梦,半窗微看菜甲舒。啄屋老乌殊自适,破红梅萼宛亲予。临衢车马闲闲见,久客交亲稍稍疏。小立回廊玩云物,春风肯与拂襟裾。"(《一廛》)"年时饱吃江南饭,岁晚翻操水上舟。木落千山寒自献,沙明群雁暝相投。持身许葆潜龙志,举世方矜斥鷃游。负手巡行吟望处,万家灯火隔江浮。"(《江上偶成》)其他如"万树接天深布影,淡云烘月炯生光。"(《繁枝》)"一碧澄江天作纛,双飞白鸟影随桡。"(《僦居》)"草树萤栖青尚照,池塘哈老蛰无声。"(《宰木》)"杂树纷披摇月影,流萤开合乱星光。"(《夜气》)"碧连溟渤无边水,绀接登莱一带山。"(《威海卫》)皆雅音落落,不蹈故常。

❷"译书"句:按,胡氏早年曾将苏东坡诗译为英文以飨西人,又将西方名卉如海仙花、金合欢等,以"天香""声声慢"等词调为咏。

❸ 经纶:原指整理丝缕,后引申为处理国家大事。《礼记·中庸》:"惟天下至诚为能经纶天下之大经。"

胡伯翔

宠辱能安孰与俦？圆融道性[1]便无忧。

隋珠[2]笔底呈异彩，名向孙山[3]以外求。

简传

胡伯翔（1896—1988），名鹤翼，以字行，号石城翁。江苏江浦人。幼承家学，颇好丹青。1913年，随父胡郯卿赴上海，出入于海上题襟馆金石书画会，擅画山水、走兽，颇得吴昌硕、王一亭、程璋等名家赞许，有神童之誉。其后以卖画为生。胡氏不唯娴于水墨，亦通西画，精摄影，兼擅版画，曾发起组织中国美术社，创办《中国图画》及《中国摄影》杂志。20世纪40年代前后从事实业。20世纪50年代为上海中国画院画师。1988年病逝。（入社号1108）

胡伯翔画作

注释

❶ 圆融性道：佛教语，除破偏执，完满融通。语本《楞严经》：“地、水、火、风，本性圆融，周遍法界，湛然常住。”

❷ 隋珠：相传春秋时隋侯出行，见大蛇被伤中断，使人以药敷之。蛇乃能走。岁馀，蛇衔珠以报之，被称为“隋侯珠”，亦曰“隋珠”。典见《搜神记》卷二十。此指胡氏的书画精品。按，胡氏雅擅丹青，所绘《老虎图》，逸笔草草，形神毕现，胡氏在画中题以“背拟宋人笔法”，吴昌硕观罢，欣然题赞道：“缶年已七十余矣，见有宋元笔意者，胡君一人而已。”并开示道:“化我者生，破我者进，似我者死。”

❸ 孙山语出宋范公偁《过庭录》：“吴人孙山，滑稽才子也。赴举他郡，乡人托以子偕往。乡人子失意，山缀榜末，先归。乡人问其子得失，山曰:‘解名尽处是孙山，贤郎更在孙山外。’”原指考试或选拔未被录取。此指胡氏布衣终生，不求宦达。

胡蒙子 *

施帐[1] 平生与道俱，以心挽劫[2] 竟何如？
春风桃李连林秀[3]，始信当年计未迂[4]。

简 传

胡蒙子（1880—1955），名兆焕，字梦珠，以号行。世居浙江嘉善西塘。幼聪慧，时正值废科举，兴学校。1899 年应试科举中秀才。1906 年，被嘉兴知府选为十名优才生之一，进上海师范学堂。蒿目时艰，胡氏凛然于匹夫之责，“欲护民权因读律”，遂入南京法政学堂进修法律，以获取新知。辛亥革命前夕，中国教育会、爱国学社的领袖蔡元培遭到清政府的缉捕，曾一度潜来西塘，胡氏冒杀头之险，将蔡氏掩护于马鸣庵中。后又积极响应革命党号召，剪去发辫，为西塘剪辫第一人。1915 年在江苏金山县创办金山师范讲习所，以就师资。后又应浙江省立二中（校址嘉兴）校长计仰先先生之邀就任该校学监。在任职期内，又奉浙江省教育厅指派前往日本考察教育（有《日本游记》记录其详情），归国后仍回校供职，并将日本先进的教学经验和理念运用于国内教学中。五四运动后，嘉兴各界积极响应，各校列队游行，浩浩荡荡的学生队伍行抵县衙门前高呼口号时，北洋军阀在嘉兴的代理人县知事竟令警察开枪射击，学生朱培生当场中弹受伤，情况十分危急。胡氏义愤填膺，率领全校师生急电省当局提出严重抗议，并协同嘉兴各校一律罢课，各商店一齐声援，实行罢市。民情鼎沸，一致要求惩凶道歉，救恤伤员。在群情愤慨和各界民众的压力下，终于打击了嚣张的反动气焰，并保证以后不再发生类似事情。1920 年，应张謇之邀，欣然赴南通女子师范任教。1922 年，又应黄炎培之邀，赴上海浦东中学任学监。1925 年五卅惨案发生，胡氏不计个人安危，积极支持学生的正义行动。1928 年，浦东中学沈履之校长调任南京中学任校长，任该校秘书；1929 年又应沈校长夫人杨葆康之邀开办中央大学区立南京女中，任秘书。1946 年抗战胜利，决定辞去西南联大之职，回乡继续发挥余热。1947 年，出任嘉善县修志馆馆长，主持重修《嘉善县志》，并将珍藏多年的《二十四史》古籍珍本捐赠给浙江图书馆。1953 年，被聘为浙江省文史馆第一批馆员。后又出任土改陪审员，西塘文化馆馆长；鉴于胡氏的崇高威望，后被推选为嘉善县各界人民代表会议代表，抗美援朝慰问团团员。1955 年 5 月 17 日，胡氏患肝硬化病逝于杭州。（入社号 870）

注释

❶ 施帐出自《后汉书·马融传》："融才高博洽，为世通儒，教养诸生常有千数。……常坐高堂，施绛纱帐，前授生徒，后列女乐，弟子以次相传，鲜有入其室者。"后以"施帐"作为从事教职之代称。

❷ 以心挽劫出自龚自珍《乙亥杂诗》："颓波难挽挽颓心"句。按，胡氏除热衷教育

事业外，毕生笃信佛教，对佛学造诣颇深。早岁曾与范古农居士及印光、太虚法师等交游，闲来常与好友切磋宣扬佛学。胡氏大半生伴随着黑暗的旧社会，对社会最低层的民生疾苦有着最深刻的感知，你抢我夺，尔虞我诈，钩心斗角，损人利己，真乃苦海无边，唯有以佛法加以救度。而佛学的积极意义即在舍己度人，普济众生。由于时代的局囿，具此悲愿者不乏其人，如苏曼殊、李叔同等皆为典型。胡氏之所以崇尚佛教的另一原因——即佛教可辅助学校教育及社会教育之不足，他倡导日行一善，促使民众向善，改良社会风尚，减少犯罪。

❸“春风”句：在昆明西南联合大学时写的《六秩述怀》诗中，胡氏总结一生经历有句云:“忝拥皋比三十载，却栽桃李六千枝”，胡氏在引以自慰之余，亦深感“身教常羞毋自欺”，誓愿为祖国贡献余生。多年的教育实践，胡氏形成了一整套教育理论，如：教育为立国之本，必须实事求是，脚踏实地，要将教、学、做三者联系在一起，必须做到知行合一。教育宗旨在政治上应以爱国主义为本，以三民主义为准则（当时推行三民主义），达到格物致知，才能为国为民作出贡献。在精神方面，要做到诚能格天，以仁为出发点，戒浮躁，崇节俭，绝虚荣，重气节，达到天下为公。胡氏常以身作则，严以律己，与陶行知、沈钧儒、黄炎培诸先辈意气相投，他始终认为“为人师表，身教重于言教”，欲教育培养一代新人，此乃极为重要的一环。

❹“始信”句：胡氏早年痛恨清政府腐败无能及丧权辱国之余，积极在家乡西塘响应孙中山先生推翻清帝制的民主革命号召，奔走呼号，不遗余力。正如他在《六秩述怀》诗中提出的“治平道本在修齐”，认为修身、齐家、治国、平天下的根本在于培育一代英豪，才是振兴中华的上策。辛亥革命爆发后，胡氏以教育救国为职志。1915年在江苏金山县办起了一个金山师范讲习所。后又应浙江省立二中（校址嘉兴）校长计仰先先生之邀就任该校学监。计仰先先生乃浙江省颇有名望的教育家，办学认真，一丝不苟，故二中在全省中名声颇著。在任职期内，胡氏又奉浙江省教育厅指派前往日本考察教育（有《日本游记》记录其详情），归国后仍回校供职，并将日本先进的教学经验和理念运用于国内教学中。20世纪初，

著名实业家、教育家张謇提出“父实业、母教育”的主张，在南通兴办了一系列文化教育事业。1920年，胡氏应张謇之邀，欣然赴南通女子师范任教。1922年，又应黄炎培之邀，赴上海浦东中学任学监。该校自开办以来，因设施先进、师资精良、教规灵验、校风纯朴，造就了不少人才，蜚声沪渎，曾享有“北南开，南浦东”之盛誉。值得一提的是，胡氏在浦东中学任教期间，蒋经国亦就读于此。胡氏的盛德懿行和策励诱掖，对蒋经国影响甚深。以致多年后，胡氏已赴昆明西南联合大学任职，刚从苏联归国的蒋经国仍专门前去拜谢看望恩师。1926年，胡氏鉴于嘉善县尚无一所中学的现实，商呈县政府后决定筹设创办嘉善县立中学，定名嘉善县立初中（现在嘉善高级中学前身），并担任第一任校长。胡氏苦心擘画，力排万难，备极辛劳，使莘莘学子得以就近攻读，称便群众，全县上下人人称颂。学校创立后，胡氏锐意精进，有志于教育改革，通过教学实验，拟订了一整套教学体制和课程改革的计划。总之，胡氏“一丝不染绝纤尘，尽瘁教育四十年”，可谓桃李盈门，享誉一方。——“计未迁”指此。

柏文蔚

赤纛长城梦亦寻，糜躯衿甲[1]自骎骎[2]。

何当扫穴犁庭[3]日，緤马阆风[4]浩荡吟！

简传

柏文蔚（1876—1947），号烈武。安徽寿州（今寿县）人。早年与同乡孙毓筠等创立阅书报社，潜心研读《申报》《湘学报》，从中寻求富国强兵之道。1899年考入安徽大学堂就读。1900年在南京与赵声秘密组织强国会。1904年去芜湖安徽公学任教，与陈独秀等秘密创立反对清政府的革命组织岳王会。1906年春，东京同盟会派吴旸到长江流域发展同盟会组织，柏氏首先率岳王会全体成员加入同盟会，并任新军管带。1908年任奉天督练公所参谋处二等参谋。1911年10月，武昌起义爆发，他迅速集结重兵直捣江宁。南京光复后，柏氏所领导的部队改编为中华民国陆军第一军，任第一军军长，驻军蚌埠一带。1912

柏文蔚手迹

年响应孙中山北伐。民国成立后，出任安徽都督。1913 年在蚌埠成立安徽讨袁军总司令部。“二次革命”失败后，匿居上海。1914 年加入中华革命党。1915 年赴南洋组织水利促成社，筹募军资，后奉孙中山之命，赴川、湘、鄂边区策动地方军队开展护法运动。1918 年，任靖国军川鄂联军前敌总指挥。1920 年兼任鄂西靖国军总司令。次年任建国第二军军长。1922 年任长江上游招讨使。1923 年奉孙中山之命去广州参加改组国民党的准备工作。1924 年在中国国民党第一次代表大会上，当选为中央执行委员。此后，历任北伐军第三十三军军长、国民政府委员、国民党中央执行委员等职。1947 年，自感身体不适，辞去国民党中央执行委员和国民政府委员等职，同年 4 月 26 日病逝于上海。主要著作有《五十年革命大事记》。（入社号 727）

注释

❶ 糜躯衿甲：糜躯：谓甘愿献出生命。《乐府诗集・鞞舞歌圣皇篇》：“思一效筋力，糜躯以报国。”衿甲：谓不解甲，《左传・襄十八年》云：“（齐殖绰郭最）皆衿甲面缚，坐于中军之鼓下。”《北史・周武帝纪》：“（高）延宗众散，衿甲军门。”

❷ 骎骎：马行疾。《诗・小雅・四牡》：“驾彼四骆，载骤骎骎。”

❸ 扫穴犁庭：谓平其庭以为田，扫荡其穴以为墟。《汉书・匈奴传下》：“固已犁其庭，扫其闾，郡县而置之。”后遂喻彻底灭亡其国，取得最后胜利。

❹ 緤马阆风出自屈原《离骚》：“朝吾将济于白水兮，登阆风而緤马。”緤马：系马。阆风：神话中的山名，在昆仑山巅。

柳亚子

一炬骚坛曙色新[1]，风流南社启群伦。

更擎旌旆冲迷雾[2]，莽荡乾坤几凤麟[3]！

简传

柳亚子（1887—1958），原名慰高，字安如，后改名人权，字亚卢，又改名弃疾，字亚子，后以字行。江苏吴江人。清末秀才。幼年受父亲影响，赞成康梁变法维新，14岁时曾为此私撰《上光绪皇帝万言书》。1903年加入中国教育会，并与陶亚魂等组织中国教育会黎里支部，创办《新黎里》油印月刊。1904年入上海爱国学社求学，与同学共筹印费，出版邹容《革命军》与章太炎的《驳康有为政见书》，影响甚巨。1906年加入中国同盟会，同时又加入光复会，成为“双料的革命党”。为配合《民报》同改良派的论战，与田桐等出版《复报》。1907年在上海与陈去病、高天梅等酝酿结社。1909年，南社创建于苏州

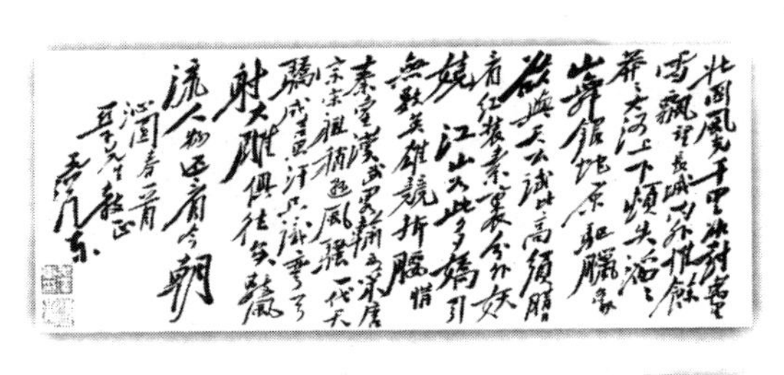

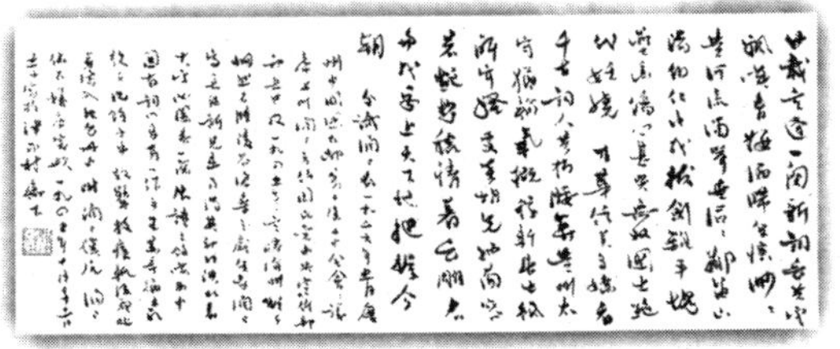

毛泽东《沁园春·雪》手迹（上）和柳亚子和词手迹（下）

虎丘，被选任书记员，此后历任编辑员、主任等职。武昌起义后，寓居上海，与朱少屏、胡寄尘创办《警报》，飞速报道武昌起义后各地革命军战绩。民国成立后，应邀赴南京临时大总统府任秘书，三日后即称病辞职，返沪入《天铎报》任主笔，并以遂以“青兕”为笔名，坚决反对对袁世凯实行妥协投降。五四运动时，同情新文化运动。1923年，在家乡主编《新黎里》半月刊，提倡新文化，宣传社会主义与劳工问题，并“醉心于马克思之学说，布尔萨（什）维克之主义”。同年10月，在上海与叶楚伧、邵力子、陈望道等发起组织新南社，宣布与旧南社中反对新文化运动的社员“分家”（《新南社成立布告》）。次年加入改组后的中国国民党。1925年任江苏省党部常委兼宣传部部长。1926年1月，当选为国民党第二届中央监察委员。此后积极拥护孙中山“联俄，联共，扶助农工”的三大政策，与共产党人团结合作，成为坚定的国民党“左”派。1927年，蒋介石在上海发动武装政变，实行“清党”大屠杀，柳亚子亦被蒋军指名搜捕，因藏于家中复壁得以幸免，遂化名唐隐芝携家眷逃亡日本，次年回国，与鲁迅、何香凝往来。抗战爆发后，公开接见记者，发表政见，力主国共两党携手抗日。淞沪会战失利后，上海沦陷，遂自题居室为“活埋庵”，并明示敌人倘以横逆相加，当誓死抵抗。1941年1月，因谴责国民党反动派制造皖南事变，拒绝参加国民党中央全会，被开除党籍。1945年，在重庆参加中国民主同盟临时全国代表大会。1948年1月，参加发起中国国民党革命委员会，任秘书长。1949年9月，以民革代表的身份参加在北京举行的中国人民政治协商会议，当选为中华人民共和国中央人民政府委员，并任政务院文教委员会委员。历任政务院文化教育委员会委员、华东行政委员会副主席、中央文史馆副馆长、全国人民代表大会常务委员会委员。自1952年起，柳氏长期患病。1956年11月，抱病出席孙中山诞辰90周年纪念大会，勉强上主席台就坐。1958年6月21日因病在北京逝世。平生著作宏富，主要有《磨剑室诗词集》《磨剑室文录》《南社纪略》《南明史纲史料》《自传·年谱·日记》《苏曼殊研究》。(入社号3)

柳亚子的“磨剑室”

注 释

❶“一炬”句：按，柳亚子在我国近现代诗坛上占有相当重要的地位。他认为自己的诗是“推倒一世豪杰，开拓万古心胸”。从柳氏的诗词创作来看，确实当之无愧。郭沫若先生认为柳亚子具有“热烈的感情，豪华的才气，卓越的器识”，并盛赞其为“今屈原”。茅盾先生亦称颂柳氏为从“前清到解放后这一长时期内在旧体诗方面最卓越的诗人”，他的诗“反映了前清末年直到新中国成立这一长时期的历史，亦即从旧民主主义革命到社会主义革命的历史，称之为史诗，是名副其实的”。毛泽东同志对柳氏的诗词亦给予高度评价，称其“慨当以慷，卑视陆游、陈亮，读之使人感发兴起”。田汉对柳氏更是备极推崇，称其为“近代稀有的爱国者”。

❷“更擎”句：按，柳氏一生经历了从旧民主主义革命、新民主主义革命到社会主义革命的漫长历史。难能可贵的是，他对革命事业始终坚贞不渝，追求真理，憎

柳亚子先生与毛泽东主席、周恩来总理在一起

爱分明；并自觉地顺应历史前进的潮流，坚定地站在革命人民和革命政党一边，与帝国主义和各种反动势力进行毫不妥协的斗争。早在辛亥革命前后，柳氏便主盟南社，戮力反清；在五四时期，他积极支持新文化运动，一直站在时代的前列；抗日战争爆发后，他连续发表文章，大声疾呼抗日救亡；皖南事变发生后，他与宋庆龄、何香凝等人联名发出宣言，愤怒谴责国民党当局“积极反共、消极抗日”的罪行，并峻拒出席国民党五届八中全会，严正表示：“三军可以夺帅，匹夫不可夺志。西山采蕨，甘学夷齐；南海沉渊，誓追张陆，不愿向小朝廷求活也。”1944年，在郭沫若为其举行的洗尘宴席上公开宣称：“世界的光明在莫斯科，中国的光明在延安。”抗战胜利后，毛泽东到达重庆进行国共谈判，柳氏与毛泽东数次畅谈，毛泽东以旧作《沁园春·雪》相赠，柳亚子当即和之，一时轰动山城。在半个多世纪的革命生涯中，柳氏紧扣时代脉搏，创作了大量声情激越、鼓吹革命的不朽诗篇。

❸ 凤麟指特异杰出之人。李贽《焚书·杂述·八物》：“（丘长孺）岂寻常等伦可比耶！故余每以麟凤芝兰拟之。”按，毛泽东在1936年6月致何香凝的信中说：“像这样有骨气的旧文人（指柳亚子——引者），可惜太少，得一二个拿句老话说叫‘人中麟凤’。”

柳亚子常用印

柳无忌

蓬莱清浅[1]几扬尘，钟鼎千秋日月新[2]。

底事更添横海兴，芝兰一脉火传薪[3]。

简传

柳无忌（1907—2002），原名锡礽，笔名啸霞。江苏吴江人。柳亚子之子。幼时柳亚子为其延师，在家读书，后进镇上第四高等小学。年仅12岁便加入南社。1923年10月14日，新南社在上海正式成立，又加入新南社。1920年去上海就读圣约翰中学、大学。1925年五卅惨案发生后，赴北京清华学校为插班生。1927年毕业后，赴美国留学4年，攻读英国文学，在劳伦斯大学获得学士学位（1928），在耶鲁大学得博士学位（1931）。去欧洲一年，访书于英、法、德各大图书馆，矢志研究中西文学。翌年返国，任天津南开大学英文系教授兼主任五载（1932—1937）。七七事变后，去南岳文学院任教，复随学校赴昆明。1941

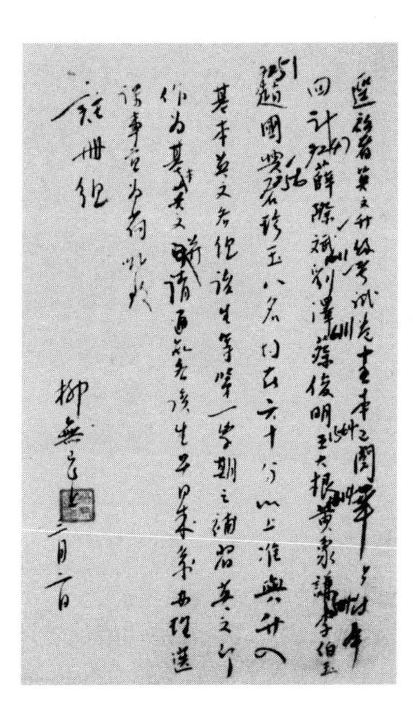

迎武同志：

很高兴接到你的8.11来信，及苏曼殊研究文二篇。我立刻读了，十分欣赏，认为是"苏曼殊研究第三个阶段"继马以君后极有价值的文字。以君考证曼殊身世，编集其作品，已有成绩，而你的那二篇文章，我觉得，是为"全方位"曼殊研究，在"哲学、美学、伦理学、心理学、东西文化交流史"等工作方面良好的开始。你们二位，所走的方向不同，但同样重要。以君的工作，大约明年可以完成。我很希望你能好好搞搞你的那份研究，有更大的成就。

你正在青年有为的时期，不知你的专业为何？有多少时间可以用作业余的曼殊研究？

你的诗写得很达意，不知亦写新诗（白话诗）否？

除在信中所附的《苏曼殊研究的三个阶段》文外，我另有一篇较长的《苏曼殊与拜伦"哀希腊"诗——兼论各家中文译本》，过几天有便去邮局，作印刷品寄上。我的英文本 Su Man-shu（苏曼殊评传），倘使你有用也可寄你一册，此书已由王晶垚、李蕴译成中文，大概要等一个时期始能出版。在你的《苏曼殊与拜伦》文中所引曼殊的《潮音》自序，是你自己的译文吗？

祝好！

柳无忌上

1986.8.23

迎武：

那天在北京饭店有机会与你及然冕先生谈谈，得知你们研究的方向及近况，很是高兴！前天，你的11.5来信寄到，并照片四张，为我们二人的会聚留下了很好的纪念，也是我此次返国的一个收获。

殷安如与我合编的《南社人物传》大部份稿件已寄齐整理好，现在我手头把一些琐事（包括信债）料理后即可翻阅，希望明春可以送稿付印。

你的两部南社稿子，未知进行顺利否？你提起《柳亚子诗词初释》写好，我很赞同，因为这是一部较为重要的作品，还没有人做过这样研究工作。一般讨论我父亲的诗都是泛泛而言，而且相同点极多，希望你这部初释能开辟一条新的道路，有系统地、详细地评述我父亲的诗词。

至于《南社人物吟》百绝，可以与《人物传》相辅而行，给与读者一些新颖的有兴趣、有灵感的浏阅。此稿我拟编入《南社丛书》第二套，等于与《南社人物传》（在第一套）同时付印同时问世。现在出书更难，因为据云"最近北京印书工本费又上涨了27%"！然经我们与出版社商会，给他们一个要求，考虑一个双方都能接受的方案。所以我希望你能早点完成稿件，早点付印，在这个夜长梦多，出版界未来（情况）未可测料的期间。

祝好！

柳无忌上

1991.11.18

柳无忌先生致函作者手迹

年，应重庆中央大学之聘，兼任文学院外文系与师范学院英语系教授，并代理系主任一年。抗战胜利后，自渝去沪，于1946年春携眷赴美讲学，历任耶鲁大学（1951—1953）、匹兹堡大学（1960—1961）、印第安纳大学（1961—1976）教授。在印大时创办东亚语言文学系，任主任五年，为沟通中西文化、培养人才作出重要贡献。退休后为荣誉教授，其受业学生（已得或将得博士学位者）十余人。1978年移家加州，1989年在美国成立国际南社学会，任会长。1990年11月13日，中国南社与柳亚子研究会在北京正式成立，任名誉会长，积极筹备《南社丛书》的出版，促进海内外文化交流与“南学”的建立，在推动南社研究方面，贡献綦巨。平生主要从事学术研究与翻译，著述颇丰，主要有《印度文学》《英国文学史》《中国文学概论》《柳亚子年谱》《柳无忌散文选》《抛砖集》（新诗集）、《苏曼殊传》。编著主要有《苏曼殊全集》（与柳亚子合编）。主要译著有《葵晔集：三千年中国诗歌》、《凯撒大将》（莎士比亚戏剧之一）。（入社号629）

柳无忌青年像

注释

❶ 蓬莱清浅：晋葛洪《神仙传·王远》：麻姑与王远饮蔡经家。“麻姑自说云：‘接待以来，已见东海之为桑田。向到蓬莱，又水浅于往日会时略半耳，岂将复为陵陆乎？’远叹曰：‘圣人皆言海中将复扬尘也。’”——此处借喻世事翻覆，变化巨大。

❷“钟鼎千秋”句：《墨子》：“琢之盘盂，铭于钟鼎，传于后世。”此谓柳无忌先生的著述必将流芳百世。按，1975年，柳无忌先生罄力编译《葵晔集：三千年中国诗歌》，由纽约双日书店和印第安纳大学出版社分别以简装与精装两种形式出版。

1976年，《葵晔集：三千年中国诗歌》又以中文本出版。柳无忌先生将此称为“从毛诗到毛诗”，意谓从毛传《诗经》到毛泽东的诗，精选了中国三千年诗歌的精华，为中西文化的沟通与交流作出了重要的贡献。仅此一端，足证其“钟鼎千秋”，业垂不朽；文史载笔，自当大书深刻。

❸ 传薪：语出《庄子·养生主》：“指穷于为薪，火传也，不知其尽也。”按，1987年5月下旬，柳无忌先生自美返国，参加在苏州举行的纪念柳亚子诞辰一百周年暨南社发起七十周年学术讨论会，并在会上提出振兴南社研究——南学之倡议。1989年5月，柳无忌先生在美国创立国际南社学会，任该会主席。该会以北美与中国香港为中心，会员扩展到亚洲的日本、中国台湾、新加坡、马来西亚等地；亦有少数欧洲（法国、荷兰、德国、捷克）和澳洲的学人参加。1990年11月13日（亦即南社建立八十一周年之日），中国南社与柳亚子研究会在北京正式成立，成立会规模盛大，参加者达一百人以上。自此，中国南社与柳亚子研究会与国际南社学会密切联系，相互合作，南社研究亦由此进入一个新的阶段。1991年10月，84岁高龄的柳无忌先生再度返国，参加辛亥革命八十周年纪念大会及纪念辛亥革命八十周年暨南社成立八十二周年座谈会，对如何进一步推动“南学”的发展，多所擘划，厥功至伟。

侯鸿鉴

不信儒冠[1]最误人，髫龄[2]吟管已如神。
尻轮[3]神马游无极，终见红桑换劫尘[4]！

简传

侯鸿鉴（1872—1961），字葆三（保三），其母梦狮而生，因此自号“梦狮”，晚年自称“病骥老人”“汗漫生”等。无锡人。家贫，5岁入私塾，14岁读完四书五经，16岁起以授徒、卖文糊口。1896年，在西溪成立“算学研究会”，提倡数学研究。不久后投考上海南洋公学师范部，并自学外文与西方科学，旋任上海《时务晚报》主笔。1898年，考中秀才，在杨模创办的竢实学堂任教。又创办《积志学会月报》，同时帮助裘廷梁、裘毓芳编印《(无锡）白话报》，为“新政”呐喊助威。1902年底，在杨模等的资助下携妻留学日本，入日本弘文学院师范科学习。1902年5月在江苏同乡会于日本创办的《江苏》创

侯鸿鉴青年像

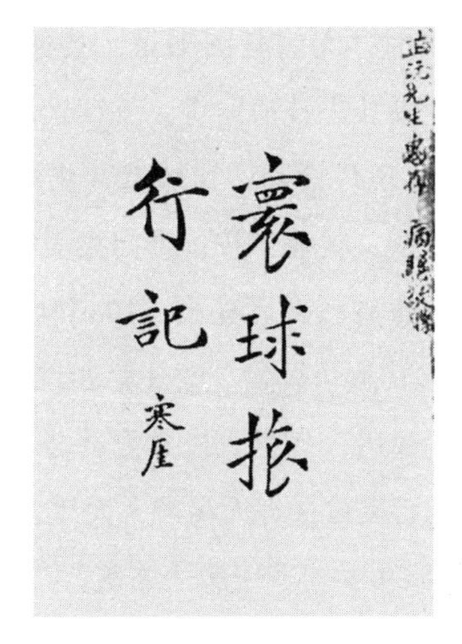

侯鸿鉴旧著书影

刊号上发表《哀江南》一文，总结江苏的积弊实为“历史腐败，地理破裂，政法苛酷，军事委靡，教育顽固，实业孤惰”；又在以后几期连载了《哲学概论》，讲解西方哲学。在日期间，尝为云南李湛阳代笔，编撰《考察日本商业教育武备日记》（12卷），共十万多字，取得了四百元的酬报，他用这笔钱购置了器械标本，为返回祖国从事教学做准备。1904年学成回国，于翌年创设私立无锡竞志女学（旧址在现东林中学初中部）。以“勤、肃、朴、洁”和“真、实、劳、苦”为校训，办学成绩卓著，为我国近代最早创办的有影响的女校之一。又与锡地同仁合办商余补习学校、西城速成师范学校，撰著《教育丛书》30册。1906年，应江苏提学使的聘请，任江苏省视学，以各校褒贬实例及视察所见写成《视学报告》和《教育镜》。1908年，在竹场巷办商业实习学校，又继任无锡竢实学校校长、南菁学校学监等职，与冰兰女士创办了女子理科研究会，提高当地妇女科学知识水平。1911年，任江西省视学。辛亥革命兴起后，返回无锡，发动竞志师生策应秦毓鎏等光复无锡。江苏省县议会联合会成立后，被推为会长。1911年7月出席民国临时教育会会议，并提出“请明定教育方针”议案。后返任江苏省视学。此后连续三次当选无锡县教育会会长，主编《无锡教育》

杂志，发起创办无锡县图书馆、县通俗教育馆，编写《无锡乡土史地教材》，辑《无锡金匮县志补遗》等。五四运动兴起后，积极支持进步学生成立“明新剧社”，编演现代话剧，猛烈谴责北洋军阀欺压群众、勒捐派款的罪行。同时兼任苏州浒墅关蚕业学校、厦门集美师范、泉州明德师范等学校校长；1928年秋，出任福建省教育厅秘书。1930年9月返无锡，被聘任江苏省教育厅秘书。1933年至抗日战争爆发，改任第四科科长。抗战胜利后，继任竞志女子中学校长。无锡解放后，任竞志校务委员会主任。1950年，应邀出席苏南区各界人民代表会议，后又被选为无锡市人大代表和政协特邀委员。1961年6月19日因病逝世，享年89岁。平生著述赡富，门类众多，教科书方面的主要有：《初等文法教科书》（一册）、《锡金乡土历史及乡土地理》（三册）、福建《晋江乡土志》（一册）、《保姆学》《高等小学女子修身课本》等课本，编辑与翻译《竞志杂志》（一册）、《薙刀体操法》等。图书文献研究方面的著作主要有：《古今图书馆考略》《铁琴铜剑楼观书记》《无锡图书馆先哲藏书考》《访碑记》等。诗集有《沧一堂诗文钞》《五十无量劫反省诗》《骥鹤唱和集》《藏经阁诗钞》《解放诗钞》等。此外，还编刻《锡山先哲丛刊》四辑19册，收入《无锡县志》《愚公谷乘》《秋水文集》《竹炉图咏》《浦舍人诗集》《王舍人诗集》《淡宁居诗集》《邵文庄公年谱》《乐皋山堂稿》《高子遗书节钞》《锡山补志》11种书，均属有关无锡地方与人物著作的乡邦文献。因当时印数甚少，今已罕见。（入社号6）

注释

❶ 儒冠：古代儒生戴的帽子。《史记·郦生陆贾列传》：“沛公不好儒，诸客冠冠者，沛公辄解其冠，溲溺其中。”唐人韩愈《送侯参谋赴河中幕》诗：“犹思脱儒冠，弃死取先登。”清人侯方域《司成公家传》：“（邓生）诟公谓：‘若乃养马，而我职弟子员，冠儒冠。’”此借指儒生。唐人杜甫《奉赠韦左丞丈二十二韵》：“纨绔

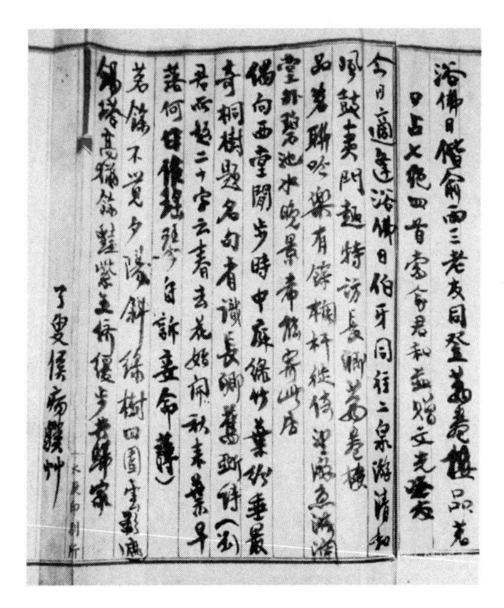

侯鸿鉴手迹

不饿死，儒冠多误身。”宋人王禹偁《谢宣赐表》：“儒冠之荣，无以加此。”清人方文《送萧赓九北归》诗：“长干一见喜且悲，儒冠端被虚名误。”按，侯作为一位无锡地区民主革命的早期启蒙者、江苏近代教育的开拓者，终生从事教育实践和著述，大力推广当时国外先进的教学思想、方法。他最早宣传并实践复式教学，曾先后在多个省份从事教育、文化和图书管理工作，直接开创了江苏省女子教育的先河，对促进江苏省近代教育向现代化的转型乃至全国近代的教育事业发展，贡献綦巨，文教载笔，宜乎大书深刻。

❷ 髫龄指儿童。童子头上垂下来的头发叫髫。按，侯氏年甫17，即在无锡西溪结“诗文社”，因愤恨慈禧荒淫无道，酒后作讥刺诗《落花篇》，一时传为美谈，同辈称其为“侯落花”。

❸ 尻轮指臀部。庄子《大宗师》：“浸假而化予之尻以为轮，以神为马，予因以乘之，岂更驾哉！”设想以尻作为车舆，谓以神行，不假外物。按，侯氏一生好作壮游，他以考察教育为目的，足迹遍及南北大地及亚、美、欧、非四大洲，屐痕所至，必结合世界教育情况、国家兴衰强弱之由及各地风土人情，作翔实之记录，如，

1909年暑期，侯鸿鉴为筹建竞志新校舍，孤身赴武汉、洛阳、开封、北京、天津等地募集经费，并写出《鄂汴京津旅行记》；1913年东渡日本，参观大正博览会，游东、西京及名古屋；1918年7月从厦门渡海赴台湾考察，又南游菲律宾、新加坡、马来西亚、印度尼西亚，写出《南洋旅行记》；1924年4月，为探究世界教育情况和国家兴衰强弱之由，只身作环球9.1万余里之游。足迹遍及亚、美、欧、非四大洲，考察11国教育，于同年9月29日回到无锡，撰为《环球旅行记》问世。侯氏先后应邀赴北平、天津、福建、安徽、浙江等地讲学，并结合考察各地风土民俗，写了不少旅行日记。抗战期间，侯鸿鉴继续为考察教育漫游江西、湖北、湖南、四川、广东、广西、贵州、云南诸省，出越南，再到香港，写出《西南漫游记》。

❹ 劫尘：谓兵火战乱之余烬。元人耶律楚材《过沁园有感》诗："垣颓月榭经兵火，草没诗碑覆劫尘。"按，侯氏平生酷爱书籍和文物、标本收藏，游学所到之处，喜欢收藏各种标本、科学仪器，用作教学教具；并收集唐宋元金石书画多达三万八千余件，为书房藏室取名"藏经阁""百一楼""沧一堂"，被朋友称作"家庭博物馆"。惜乎生于乱世，所愿难遂；"八一三"之役，其所庋藏之宝物，悉数毁于炮火，成为他生平最引为痛惜之事。

洪炳文

大千囊括戏台宏，匡俗移风作儆声[1]。

既向关洪[2]征气类，任他人餍五侯鲭[3]。

简传

洪炳文（1848—1918），字博卿，号楝园，别署花信楼主人、祈黄楼主、好逑子、寄愤生、楝园绮情生、悲秋散人。浙江瑞安人。性聪慧，少时即读遍家藏之书。初就学于外祖父张振夔，后师从林星樵、黄漱兰。18岁入邑庠，由于科举屡受挫折，“虽五试十荐，讫不能售”，遂以教馆、游幕为业，无意于仕途。洪氏逮至33岁时，父母相继病故，丧期满后一度应聘任“诒善祠塾”的西席。直到44岁那年，才因年资而被选贡。其间曾应从侄洪锦标之邀，做过江西余江县幕府。戊戌事变后不久，他担任瑞安中学堂的历史地理教席，后又受聘至温州浙江省第十中学任教，同时应邀至冒广生之瓯隐园中授课。1906年9

月，应时任上江水师统带、驻跸金华的李滨之邀，出任其幕府，1909年被授予浙江余姚县教谕兼训导，半年后即辞官回乡。后入南社，因年长，成为社中齿德俱尊者之一。平生热心公益事业，尝为瑞安礼庙制礼器，亲授鼓乐仪式，为乡里所重；民国初，任纂修《瑞安县志》之总采访。1918年农历五月十五日病卒于家。终年71岁。平生著述赡富，约有九十余种，内容涉及诗词文赋、经史训诂、乡土史料、农林渔牧、医药卫生以及西方科学技术的研究与阐发等。特别是他的戏剧作品，数量尤多。其主要著作有《花信楼散文、骈文、诗词》《瑞安志拾遗》《东瓯采风》等多种书籍。又有《警黄钟》《后南柯》《悬岙猿》《挞秦鞭》《秋海棠》《白桃花》等，前三种均被阿英收入《晚清文学丛钞》。此外，洪炳文编剧的戏曲脚本还有：《三生石》十二出，《留云洞》十二出，《簪苓记》二十二出，《再来缘》十二出，《黑蟾蜍》四出，《无根兰》八出，《怀沙池》六出，《孝子亭》三出，以及《鹿木居》《晚节香》《鹊桥会》《女中杰》等等。（入社号185）

注释

❶“匡俗”句：按，洪氏从事戏曲剧本创作，始于甲午战争之后。目睹清廷窳败，列强侵侮，民生凋敝，国势危殆，洪氏奋笔疾呼，以尽匹夫之责。其所创作的《警黄钟》《后南柯》《芙蓉孽》《挞秦鞭》《悬岙猿》《秋海棠》诸篇，不啻是晚清文学中的沉钟与炸雷。洪氏一贯强调：欲使国家强盛，首在唤醒民众，使其从落后与愚昧中解脱出来。欲达此目的，必须重视戏曲的教化之功，“下流社会欲开其知识以祛妖妄，固团体以安君国，非经史古文所能为力，莫如改良曲本，使庸耳俗目注意及此”。在《楝园杂著》之《又后叙》中，洪氏尝谓：“尝言文人撰述，寿之梨枣，曷若披之管弦？可以写情，可以谐俗，并欲因是以改良戏剧，以开民智而祛妖妄，庶下流社会可以输进文明。若徒以经史高古之文，与此辈说法，必无感情。因取动物中知辨种

族、固团体、善竞争者，借题发挥，演为戏剧，以为警世。一为《警世钟》，甫脱稿，东瀛报社以重金购之去，刊入报中。昔吴江徐电发著《菊庄词》，朝鲜使臣仇元吉以饼金购之，主人窃以自比焉。一为《后南柯》，盖取玉茗堂成作而翻新之、赓续之，仍以警世为主。才时写定，尚未示人。又以鸦片一物，流毒中原，关人事不关天意，将来必有中外合禁之一日，因编《芙蓉孽》乐府一部，以为左卷。其痴情结想，视精卫之填海，愚公之移山，殆过之无不及也。”为揭橥斯旨，洪氏年复一年地开垦着戏剧这块几近荒芜的土地。如其所创作的昆剧剧本《悬岙猿》，重点描写民族英雄张煌言英勇杀敌，壮烈殉国的事迹。该剧连载于上海《月月小说》1906 年 6 月号至 12 月号，阿英将其收入在《晚清小说丛钞·传奇小说卷》。《警黄钟》（昆剧剧本）以动物中最具团结精神的蜜蜂来比喻现实社会，描写黄封国臣民团结一致，抵御外侮，并以打败列强取得胜利的结局来鼓舞民族团结的信心。该戏共 10 出。它以黄蜂为主角，用拟人化的表演手法，情节生动，颇有新意。此乃我国第一个以舞台为载体，举起反对帝国主义列强侵略的大旗，号召民众奋勇抗战的剧本。《后南柯》（昆剧剧本）借鉴唐人小说《南柯太守传》之情节，寄予新意，以蚂蚁为主角，并以团结抵御外国侵略为主题，号召百姓为护卫国家领土完整而战，是《警黄钟》的姐妹篇。《芙蓉孽》（昆剧剧本）系洪氏首创的中国第一部禁烟剧，旨在全民禁烟，中外齐禁。为使观众易于接受，强化宣传效果，洪氏在剧中特地编了 6 首道情，借“救苦大仙”之口演唱，强化戒烟的宣传效果，于此也可看出洪炳文心系祖国，关心民众的良苦用心。《秋海棠》（昆剧剧本）以花神秋海棠为主角，揭露反动的统治者丑恶嘴脸，实际上是鉴湖女侠秋瑾烈士英勇就义之历史事件的艺术再现。洪氏以花神暗喻秋瑾，透发出对秋瑾为革命捐驱的一腔忠义的无限崇敬。《挞秦鞭》（昆剧剧本）描述退伍将领华忠清外出踏青时，见江中浮起卖国贼秦桧铁像，命人捞起痛而鞭之并历数其卖国罪行的故事，旨在唤起民众的爱国热情。昆剧剧本《水岩宫》描写瑞安妇女陈氏虽被倭寇所掠，犹正气凛然、宁死不屈的悲壮故事。在主题意义上已远远超出一般的礼教名节，成为中华民族御侮图强之精神的象征。《白桃花》（昆剧剧本）写太平天国将领白承恩的故事，白氏为响应平阳金钱会起义，率众将前赴救援，不

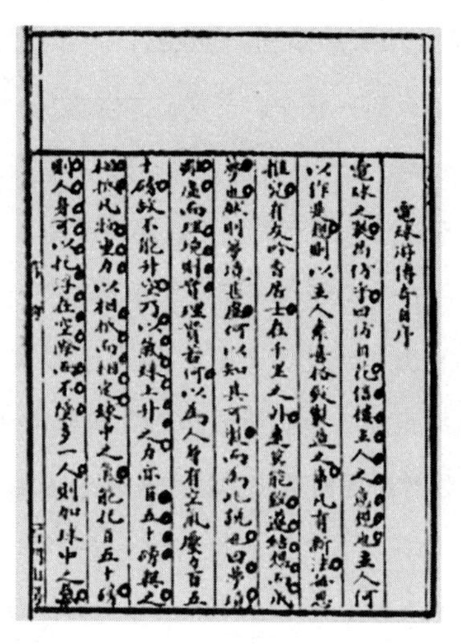

洪炳文手迹

慎在瑞安雷桥遭伏击壮烈牺牲。《黑蟾蜍》(昆剧剧本)写刘永福死守台南,浴血奋战,给日本侵略者以迎头痛击,是一曲气壮山河的悲歌;《悬岙猿》写明末张煌言兵败隐居舟山海岛,因遭叛徒出卖被俘,诱降不成,最后在杭州凤凰山从容就义,写得沉郁苍凉,雄奇悲壮,其笔下的主人公,皆系心怀故国、以天下为己任的志士仁人;洪氏似欲借此寄寓其拳拳爱国之心。此外,洪氏所编撰的戏曲脚本还有:《三生石》十二出,《留云洞》十二出,《簪苓记》二十二出,《再来缘》十二出,《黑蟾蜍》四出,《无根兰》八出,《怀沙池》六出,《孝子亭》三出,以及《鹿木居》《晚节香》《鹊桥会》《女中杰》等等,其主题或反对科举制度,或提倡男女平等,或提倡孝敬父母,或反对吸食鸦片,或反对并揭露满清王朝的腐败和无能,或反对帝国主义列强侵略中国,启迪民众,颇具口舌之功。——“作儆声”指此。又,作为杰出的爱国主义剧作家,洪氏在戏剧上的卓越成就,在自晚清以迄民国的百余年间可谓绝无仅有。其文史根基之厚实,学识之渊博,表现力之丰富,题材之新颖,数量之惊人,在同时代的作家中更属罕见。其所创作的戏曲剧本,什九皆贯穿着以开启民智和富国强民为宗旨的爱国思想,其中已发表与刊行的剧作不仅在国内引起较大反响,甚至国外也有流传。惜乎在80年代以前,洪氏一直默默无闻,鲜为学人所重。1983年出版的《文献》月刊曾有人撰文，所列其戏剧作品仅5种；即以被誉为“搜辑最为完备”的《古典戏曲存目汇考》(庄一拂编著，1985) 而言，也仅收录洪氏所作剧目9种。

❷ 关洪：关，指关汉卿；洪，指洪升。按，洪氏毕生精力所瘁，尽在从事戏曲改良和剧本创作，为民间剧团提供演出的脚本。其创作的剧本不但数量多，题材广，更难得的是主题进步，寓教于乐，他始终怀着一颗忧国忧民之心，采用喜闻乐见的戏剧手法，通过手中的生莲之笔，撰写出一幕幕动人的故事，用以唤起民众，群策群力，为国家的富强和民族的强盛而奋斗。

❸ 五侯鲭：佳肴名，为西汉娄护所创。语出《西京杂记》卷二“五侯不相能。宾客不得来往。娄护丰辩传食五侯间。各得其欢心。竞致奇膳。护乃合以为鲭。世称五侯鲭。以为奇味焉。”五侯：汉成帝所封母舅王谭、王根、王立、王商、王逢五人为侯。鲭：鱼和肉的杂烩。“五侯鲭”因此成为一典故，后世称美味佳肴为五侯鲭。

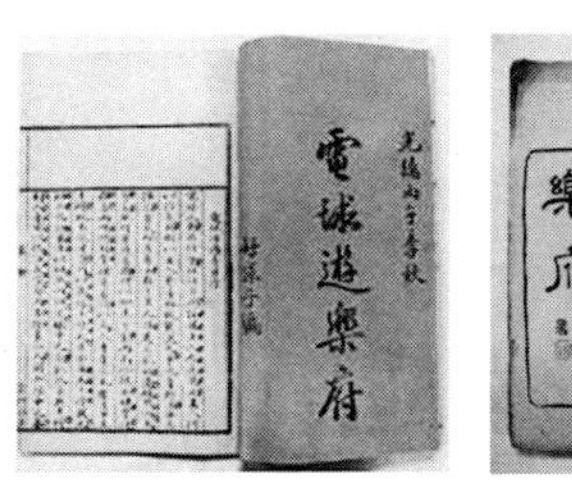

洪炳文旧著书影

姜可生

苳篚[1]宏规有美称，骖随柳子奋担簦[2]。
兴来骤墨驰毫素[3]，犹有龙蛇破壁腾[4]。

简传

姜可生（1893—1959），谱名鸿纬，名仑、可、可生，别号笔名有梦菊、君西、俊兮、军西、杏痴、二痴、泪杏、杏二、不自生生、更生、红雪、红雪词人、海棠、阿棠、沈园、彗炬、慧禅、慧可、老可、无适、适观、丹杨客人等，室名有红雪楼、懒啼猿馆、龙瘦盦（龛）、龙训室、无适无莫移等。江苏丹阳人。毕业于上海福州大学政治经济系，曾任《民国新闻》《生活日报》《礼拜六》《锡报》《镇丹金溧扬联合月刊》等报刊主笔，创办《大同周报》《丹阳日报》《丹阳平报》和《长途月刊》等报刊，擅长创作小说与散文。为南社早期社员，曾多次参加南社雅集及临时雅集，积极为《南社》撰写稿件。与柳亚子友善，

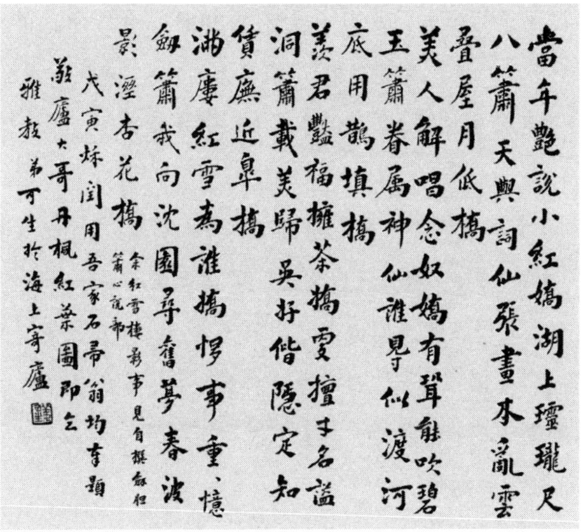

姜可生手迹

经常与之通信，不少《与柳亚子书》发表于《南社》和《民国日报》。曾历任江苏丹阳县临时县长，江苏建设厅代理厅长、农矿部参事等职，创办镇丹金长途汽车股份有限公司和丹阳肇明电气公司。1949 年他作为特邀代表出席苏南各界人民代表会议，1951 年姜可生任中央人民政府委员柳亚子的私人秘书。1953 年和 1959 年，他分别受聘为江苏省文史馆与上海市文史馆馆员。平生工书法，擅诗，主张诗歌当以盛唐为宗，著有《怀人诗》《剑胆箫心》《春闺梦》《偷儿日知录》等，惜乎大多未能刊行。（入社号 28）

注释

❶ 莨筐：用莨草所织之筐。

❷“骖随”句：骖随：原指驾车时位于两旁的马。按，姜氏平生与柳亚子友善，1917 年，柳亚子与某些南社成员因诗歌宗唐学宋而启衅，姜氏坚决支持柳亚子；新中国成

立后，曾担任柳亚子的秘书，故曰“骖随”。担簦：背着伞。谓奔走，跋涉。南朝宋吴迈远《长相思》诗：“虞卿弃相印，担簦为同欢。”宋代张孝祥《卜算子》词：“万里去担簦，谁识新丰旅。”清人江藩《序》：“担簦追师，不远千里。”

❸ 毫素指毛笔。

❹ 末句：龙蛇：形容草书笔势。唐人李白《草书歌行》：“恍恍如闻鬼神惊，时时只见龙蛇走。”破壁：《宣和画谱·张僧繇》：“尝于金陵安乐寺画四龙，不点目睛，谓点即腾骧而去。人以谓诞。固请点之，因为落墨，才及二龙，果雷电破壁。徐视画，已失之矣。”后以“破壁”谓笔墨之神奇。按，姜氏书法擅楷行，硬朗坚实，下笔利落，颇得黄道周小楷风神，兼有苏东坡行书之笔意，乍看上去，似未觉其佳妙，但愈茗味愈觉其高华。

南社第十三次雅集，1915年10月17日于上海愚园举行(后排右七为姜可生)

姜丹书

末代举人[1]惟自讥，抄经航教苦奚辞[2]。

焦梁新燕翻成詈[3]，画苑为添一段奇[4]。

简传

姜丹书（1885—1962），字敬庐，号赤石道人，别署金濑子，室名敬庐、丹枫红叶楼、嚣嚣轩、屋笼人鸟居。江苏溧阳人，寄籍杭州。1914年9月由李叔同介绍，加入南社，为南社著名书画家。少年即好丹青，其时科举将废学校初兴，遂考入南京两江师范学堂，就读于图画手工科。同年，姜氏被派到杭州浙江两级师范学堂接替日籍教师，兼任艺术教育，为我国培养了第二代美术教育人才，其中著名画家潘天寿、丰子恺即出其门下。在此期间，校内名流荟集，姜氏与校长经亨颐、周树人、李叔同、夏丏尊、沈尹默、沈兼士、马叙伦、张宗祥、钱均夫（钱学森之父）、陈望道、刘大白、俞平伯、朱自清等先后同事并有交谊。其中最为投契者，乃“浙师三友”经亨颐、李叔同与夏丏尊。1924 年春，姜氏兼任上海美术专门学校教授。次年，赴上海中华书局任职，兼上海美专艺术教育系主任。此后，他先后兼国立西湖艺术院（今中国美术学院前身）、上海新华艺术专科学校和中国纺织专科学校（教国文）教授。1952 年全国院系调整，随上海美专并入无锡华东艺术专科学校（今南京艺术学院前身）任教。1958 年该校迁往南京，以教授职称获准退休，回到杭州故居安度晚年，去世前一年当选为中国美术家协会浙江分会副主席。平生从事艺术教育工作，长达 50 余年，桃李盈门，仅在两江师范学堂图画手工科培养的第一批美术人才，便有吕凤子、李健、汪采白、沈企侨等人，皆一时画坛俊彦。姜氏早年致力于国画、西画、用器画及工艺美术，后专攻国画，擅长山水、花卉、蔬果，亦能翎毛和人物。又，姜氏在教学中，一贯注重教、研结合，故著述甚丰，曾出版艺术理论著作十余种。除早年所编著《美术史》和《美术史参考书》外，在杭州国立艺专和上海美专教授艺用解剖学和透视学期间，曾编写过国内最早的《艺用解剖学》和《透视学》，筚路蓝缕，功不可没。新中国成立后，在总结自己长期教学经验的基础上，又撰写《艺用解剖学三十八讲》，1958 年由上海人民美术出版社出版。此外，还著有《敬庐画集》《建筑通解》及工艺美术的技法理论书若干种。1991 年 10 月《姜丹书艺术教育杂著》由浙江教育出版社出版，2007 年 7 月《丹枫红叶楼诗词集》由浙江文艺出版社出版。（入社号 459）

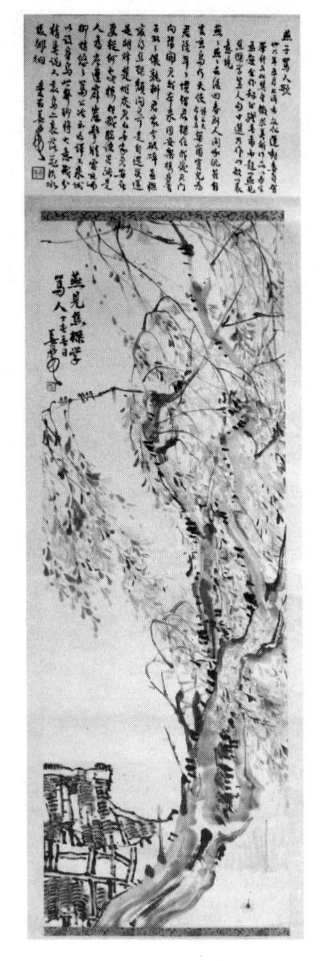

姜丹书书画手迹

注释

❶ 末代举人：姜丹书早年考入南京两江师范学堂，就读于图画手工科。因其好学多思，逢考必名列第一，毕业时列入最优等，深得监督李瑞清及中国画教师山水画画家萧屋泉器重。其时科举虽已废除，不过清政府仿效外国学位考试制度，对优等生仍提到北京参加学部复试，合格者分别授予进士、举人学位，不合格者降等处罚。1911年春，姜氏赴京参试，被授予举人资格，故其戏治“末代举人”一枚闲章以为纪念。

❷“抄经”句：姜氏为南社著名画家，亦是书法高手。1924年秋，杭州雷峰塔倒塌，五代末年吴越国王钱俶付梓而藏于塔内的诸多经书被发现。其时正值江浙战乱，孙传芳率领军队攻入杭城，烽烟弥漫，而藏于塔内的经书历经千年，大多朽烂不堪；姜氏睹此忧心如捣，遂不顾兵燹，历经周折，终获一手卷，视若拱璧。1937年七七事变发生后，姜氏身陷上海孤岛，为使雷峰塔出土宝物《陀罗尼经》能够

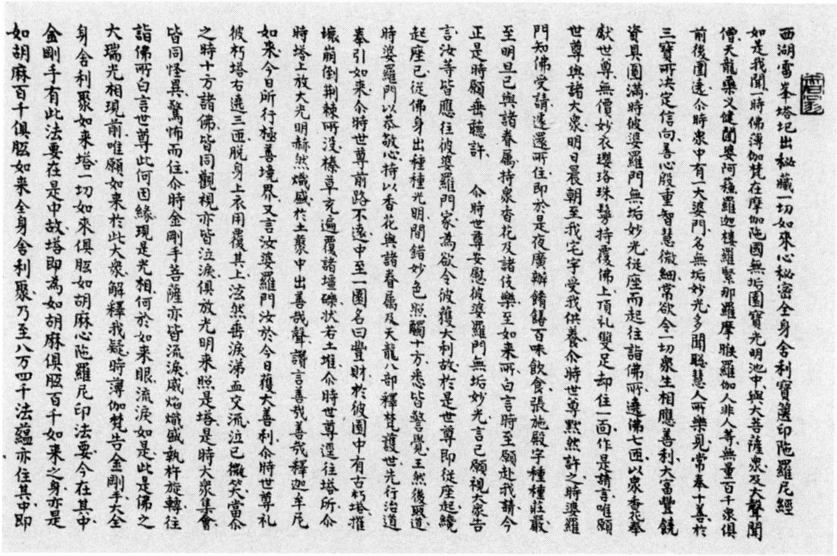

姜丹书楷书手迹

广为流传，曾以一手饶有魏晋笔意的工致小楷抄写《陀罗尼经》，宽27.5厘米、长201厘米，骨肉匀称，纯正雅致，书写者虔诚肃穆的抄经心态具现于中规中矩的点画之中。卷尾还勾勒一幅西湖雷峰塔全貌图。姜将经卷命名为《西湖雷峰塔圮出秘藏一切如来心秘密全身舍利宝箧印陀罗尼经》，并附有跋文，略叙此中因缘。跋文的落款为“丹书跋于孤岛屋笼人鸟居之心随逍遥室”。意谓抗日战争开始后，姜氏蛰居上海孤岛，有心杀贼，无力回天，他将自己的逼仄居室取名为“屋笼人鸟居”，以此作喻，披示出对身陷孤岛、人身受到严格管制的愤慨。但他在“屋笼人鸟居”内，唯一不能拘限的，是“心随逍遥”——正是通过佛经的书写，使身心获得了充分的自由。航教为“航船教师”之简称。按，姜氏与弟子辈中的潘天寿最为契合，曾召集唐云、来楚生、朱念慈等组成“尊社”，研究绘画。姜、潘二人作为“航船教师”，尝联袂来往于沪杭之间。1928年春，国立西湖艺术院（今中国美术学院前身）创建，姜氏出任教职，于是每周往必返于沪杭两地，在申、杭各住三天。他尝赋一律为纪：“古无往教只来学，今我憧憧作教航。七日巡回千里路，十年挈破五提筐。春怡桃柳迷烟景，秋赏柏枫耀艳阳。夏雨冬风老扑面，同行赖有一潘郎。”（《沪杭车上口占示同道潘天寿》）其实，姜氏所乘，乃火车也，其因诗中有“作教航”之语，故被同人戏称为“航船教师”。

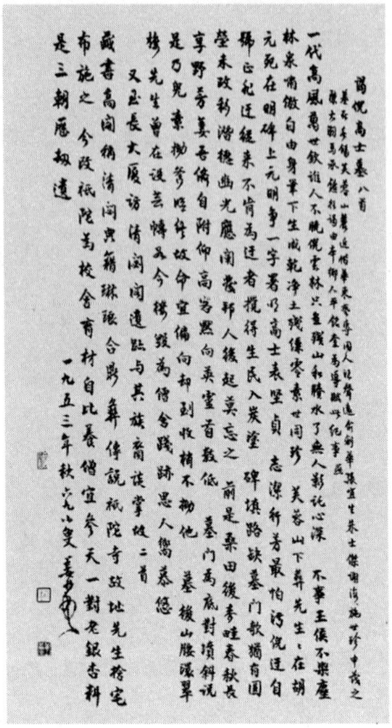

姜丹书手迹

❸“焦梁”句：指姜氏所作《燕见焦梁学骂人图》，该图作于丁亥春日。其时，抗战胜利后，上海市文化运动委员会举办绘画大奖赛，以“春”字为题。应征者，多数从“大地春回”“百废待举”方面运思，而姜氏却自出机杼地以一幅“劫后残春图”迥出时辈，避免了“大地春回”等俗套，终获大奖。该图上惠风和畅，艳阳高照，

姜丹书扇面书画作品

一排新燕，正盘绕在古柳下侧的几间民居之上，呢喃不已。再细看姜氏笔下的民居，瓦片所剩无几，东倒西歪，房梁已全然被战火烧焦。最为绝妙的是画面上显豁的七字题款："燕见焦梁学骂人"。与此相辉映的，是题于画之上方的那首《燕子骂人歌》，兹将此歌连同前面的小序一并录之如下：卅六年五月，上海市文化运动委员会举行文化奖金征求美术作品，以"春"字为题。余作《劫后残春图》，而题以"燕见焦梁学骂人"句中选，乃作此歌云：

燕燕燕燕去复回，春到人间啄泥苔。

自言玄鸟乃天使（《诗》云：天命玄鸟），筑个窠儿为君陪。

年年惯借君梁住，我爱君门向阳开。

君我本来同安乐，栖身育子双双偎。

孰料君家今破碎，画梁变得焦梁颓。

问君可是自造灾，还是胡烽楚炬灰？

君已无家君安在，更从何处栖我哉！

脱使灾殃是人为，应遭霹雳击晴雷。

呢喃柳梢悠悠骂，公冶云亡译不来。

试以设身鸟世界，聊将大意几分猜。

莫说人哀鸟亦哀，落花流水怅徘徊。

赤石道人姜丹书敬庐

画家以拟人化的燕子为视点，意在控诉日军带给中国人民的深重灾难，匠心在焉。

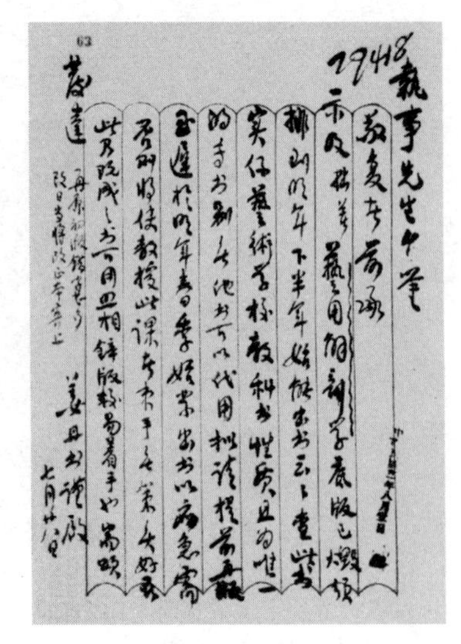

姜丹书书信手迹

❹“画苑”句：姜氏平生最喜画也最擅画者，乃红柿、丹枫也。1930 年，姜氏绘制《丹枫红叶图》，其幼子姜书凯先生在致上海书画出版社王中秀先生信中曾披露其中本事云：“(1930 年秋，我父亲姜丹书）与我母朱红君订亲，因父亲身世及师友交往与南宋词宗白石道人姜夔颇多相似，我母亲小名恰为小红，故我父亲的教师萧屋泉先生和艺林同道，以‘白石重生小红陪’戏称之，我父亲亦乐得借题作戏，遂自署‘赤石道人’以与‘白石’相对。我父亲以画红柿名世，画作往往以红柿为主，红枫作宾，娶我母亲后，以为而今枫叶既‘丹’且‘红’矣，因颜其室曰‘丹枫红叶楼’，自号‘丹枫红叶楼主’，并画《丹枫红叶图》卷，以为定情纪念，一时名人题绘殆遍。当时名人题绘大都是步白石道人姜夔《过垂虹桥》诗原韵，原诗为：‘自作新词韵最娇，小红低唱我吹箫。曲终过尽松陵路，回首烟波十四桥。’黄宾老题诗却与众不同，另有自己面貌。”（王中秀《黄宾虹年谱》，上海书画出版社 2005 年版，第 261—262 页）。据相关资料显示，为《丹枫红叶图》作图的有张大千、潘天寿和吴青霞，题名题咏的则有黄宾虹、柳亚子、楼辛壶、经亨颐、马叙伦、尤墨君、张素、谢公展、徐道政、姜证禅、姜慧禅等，多至 45 人。

俞　锷

请缨无路问吟窗[1]，道义双肩曾力扛。

别有襟期[2]人不识，深宵写泪欲枯江[3]！

简传

俞锷（1886—1936），字剑华，号一粟，别署建华、太仓一剑、高阳旧酒徒、江东老虬等。江苏太仓人。早年就读上海震旦公学，1903年东渡日本深造。经陈英士之介，得识孙中山，遂加入中国同盟会。1906年归国，在《民国日报》《民国新闻》《七襄月刊》从事新闻编辑工作，与柳亚子、叶楚伧、苏曼殊甚为投契。1909年参加南社，为最早社友之一。武昌起义后，奉命回家乡策动当地革命者成功光复太仓，众人推举他任民政首长，俞氏功成弗居，以不谙政事婉辞，仍回上海主持报刊笔政。1912年南京临时政府成立后，担任孙中山秘书。1913年9月，“二次革命”失败后，奉命与雷氏赴印度尼西亚爪哇，以在华侨中

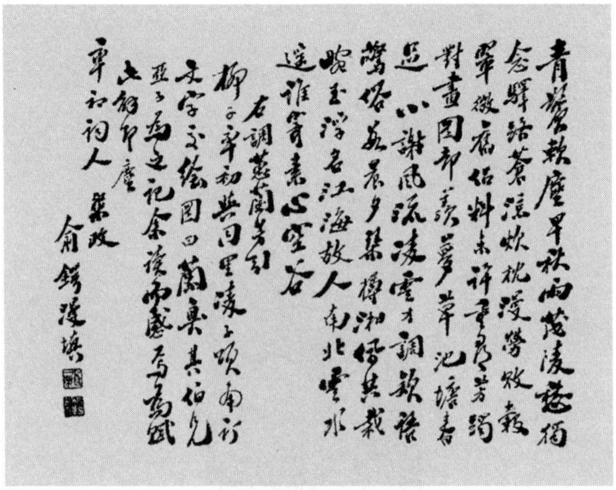

俞锷手迹

学任教为掩护，继续办报鼓吹革命。1918 年归国后，历任福建省立图书馆馆长、教育局局长、东南大学图书馆长、暨南大学南京分校文史系教授等职。又组织当地青年成立青年俱乐部于蒋氏逸园内，以《蠡言月刊》为阵地，评论时政，鼓励青年对社会不良风气进行抨击。又创办妇女半日制补习班和职业班，提倡男女平等，深受女界欢迎。蒋介石发动四一二反革命政变后，峻拒南京政府的任命，归隐家园，遂不复出焉；惟寄情诗文，吟啸自遣。1921 年夏，因患伤寒症，损及脑神经，致四肢麻木，卧床达 10 年之久，于 1936 年 5 月病逝。著有《剑华集》《蜚声集》《考古学通论》《中国通史》《荒冢奇书》等。（入社号 31）

注释

❶ 首句：请缨：典出《汉书·终军传》："南越与汉和亲，乃遣（终）军使南越，说其王，欲令入朝，比内诸侯。军自请：'愿受长缨，必羁南越王而致之阙下。'军遂往说越王，越王听许，请举国内属。"后遂用"请缨"以喻建功立业、力克强敌的志向。如白居易《元和十二年淮寇未平》诗："愚计忽思飞短檄，狂心便欲请长缨。"

杨深秀《狱中诗》："缧绁到头真不怨，未知谁复请长缨？"问吟窗：俞氏早年颇具心雄万夫、澄清中原之概。四一二反革命政变后，坚拒南京政府任命，归隐家园，不再复出。他生平酷爱《梦窗词》，尝谓："有秦柳之温腻而不流于靡，有苏辛之沉雄而不放于粗，神韵如美成而句无俳谐，隽爽如白石而字少生硬，风人之旨丽以则，纯乎其无间也，世之谈词者，数多夸尚于苏、秦、姜、史诸家而罕有及于吴氏者，宁惑于玉田生七宝楼台之一语耶，或未探其堂奥乎？余既奔走南北，夙昔所志，荡然若梦，退而集唐以来乐府余绪，窃欲寻声按谱，以索二十八调之原，起古乐于未坠，以希或有所获。"晚年曾广征《小窗吟梦图》题咏，汇辑成册，聊以自娱。

❷ 襟期：犹言抱负。杜甫《题池州弄水亭》："光洁疑可揽，欲以襟怀贮。"《奉侍严大夫》："身老时危思会面，一生襟抱向谁开。"

❸ "深宵"句：按，俞氏投簪后，常以诗词抒发狂狷自傲的情怀和无人解会的孤独寂寞，如和胡朴安《一剪梅》："尘须霜堆镜里华，病是生涯，恨是生涯。一天凉意逼屏纱，白了秋华，黄了秋华。不惜登临醉帽斜，人也涂鸦，雁也涂鸦，归帆数点望中赊，信也相遮，梦也相遮。"七律如："万方多难独登楼，枨触人天百感秋。烛尽残宵难入梦，酒多因境未消愁。焚琴竟老英雄气，弹铗终惭口腹谋。最是深闺风雨夜，强拾病眼迟归舟。"（《匪石可生出示楼字韵唱和之作，感今悼往，歌而和之》）。五律如："散日此勾留，高怀天地秋。青山排闼入，绿水绕阶流。花叠文章秀，松槃意气遒。读书应自愧，多为稻粱谋。"（《范仲淹读书园亭》）。名句如"任尔狂名满天下，不将一字媚公卿"，"憔悴风尘多汝弃，光明心地少人知"，等等，皆风传一时。高天梅称其诗词"文采都丽，有顾影自怜之概"。

俞庆恩

恫瘝[1]在抱复何求，独捣玄霜[2]解百忧。

呕尽心肝销尽鬓[3]，只留遗爱在千秋。

简传

俞庆恩（1884—1930），字凤宾。太仓县人。幼年在苏州五亩园就学，攻读古文。1908 年毕业于上海圣约翰书院医科，获医学博士学位。曾在上海同仁医院内科任职，不久即辞职，自设诊所行医。辛亥革命爆发后，与胞弟颂华组织医疗救护队，奔波于南京、浦口等地抢救革命军伤员。1912 年自费赴美国宾夕法尼亚大学医学院进修内科、热带病学及公共卫生学。三年后，取得热带病学毕业证书，并获公共卫生学博士学位。回国后，在上海西门家中及南京路分设诊所行医。购置显徽镜、X 光机、高频透热电机和镭锭等当时最先进的医疗设备为病人治病。每遇贫苦患者，必减费或免费（甚至免药费）治疗。上海霍乱病流行时，义务去时疫医院抢救重危病人。每逢夏季，必外出施送十滴水，深入工人区免费为他们注射预防霍乱疫苗。对待病人，一本救死扶伤之旨，颇征口碑。1915年，加入由英美教会医生与欧美来华医生所组织的中国博医学会。此后，有感于国内医学界缺乏统一的组织，遂与同人发起组织成立中华医学会，自任会长，并任《中华医学》杂志主编。1920年，患上轻度猩红热症，后转成慢性肾炎，仍带病出诊。20世纪20年代日本发生大地震后，同友人一起汇寄捐款，对受灾的日本人民表示慰问。同时向国内的一些社会福利机构捐钱捐物，以尽爱心。1924年春，在南京参加中华医学会年会时，由于会务紧张，又受风寒，致使病情转重。当时，他除了担任南京卫生部中央卫生委员会委员、上海市政府建设讨论会委员、市卫生局委员、上海医师公会副会长等职以外，还兼任中央大学医学院、圣约翰大学医科的教授等职。虽公务繁忙，仍抽暇作学术和通俗卫生讲演，并利用夜晚从事医学研究。1926年东渡日本，出席远东热带病医学会议，并在会上宣读了有关学术论文。1930年底，因肾炎加剧并恶化，不幸逝世，终年46岁。著有《卫生丛话》四册、《个人卫生篇》，译作《肺痨康复法》《婴儿保育法》《学校卫生讲义》等以及医学论文60余篇。平生喜爱收藏善本古籍及医书，共计200多种。曾刊行《太昆先哲格言》《太昆先哲遗书》等20余种，可惜全部藏书在1937年八一三事变中毁损殆尽。（人社号170）

注释

❶ 恫瘝：病痛，疾苦。语出《书·康诰》："呜呼，小子封，恫瘝乃身，敬哉。"孔传："恫，痛；瘝，病。治民务除恶政，当如痛病在汝身欲去之，敬行我言！"《后汉书·和帝纪》："朕寤寐恫矜，思弭忧衅。"宋人黄庭坚《送曹子方福建路运判兼简运使张仲谋》诗："远方不异辇毂下，诏遣中使哀恫鳏。"清人钮琇《觚賸·惠士陈言》："抚绥加诸百粤，恫瘝应未悬殊。"

❷ 玄霜：神话中的一种仙药。《初学记》卷二引《汉武帝内传》："仙家上药有玄霜、绛雪。"唐人裴铏《传奇·裴航》："一饮琼浆百感生，玄霜捣尽见云英。"明人袁于令《西楼记·病晤》："为了花笺几断肠，蓝桥何处问玄霜。"清人蒲松龄《聊斋志异·辛十四娘》："云英如有意，亲为捣玄霜。"

❸"呕尽"句：俞庆恩自担任中华医学会会长与《中华医学》杂志主编后，为中华医学可谓殚精竭虑，足征口碑。当时《中华医学》杂志没有固定的地点，他就腾出自己在南京路诊所的一间小屋作为编辑室，约请助理人员协助联系印刷、发行等业务。当他发现国内医学上所使用的医学译名因为混杂使用英、法、德、日等多国文字而带来诸多不便时，遂与同行一起，发起组织医学名词审查会，竭尽所能地将不同的医学译名逐一予以统一，从而结束了以往那种医学译名混乱的状况。除精于西医外，俞氏对中医和中草药也颇有研究，经常同一些著名的中医师一起讨论研究中西医结合的理论和临床的治疗效果，并在实践中积极探索。譬如他听说中草药中的肺形草能够治疗肺结核，便托人从浙江温州找来此草药，对其作药理实验和分析，然后进行临床试验。他在《中华医学》杂志上发表过多篇有关中西医治疗的文章，如《保存古医学之商榷》《中医西医之沿革》《肾脏炎及糖尿病之中草药治疗》《痧子颈草的采访与识别》等。

俞语霜

话到题襟[1]语便长，一时沪上有东方[2]。
何期畸士[3]作庸死，常使人思画孟尝[4]。

简传

俞语霜（1874—1923），一名宗原，又名原，字宜长，别号女床山民。浙江吴兴（今湖州）人。近代画家，寓居上海，以卖画为生。与任堇叔友契。爱诵杜甫“春水船如天上坐”句，又性喜观水，家在苕溪之滨，故宅名居春水草堂。山水近取任伯年，上溯石涛、朱耷，苍古雄浑，水墨淋漓，创有新意。偶作花卉、人物，纯以韵胜。并治金石碑版之学。性格风趣，为人慷慨豪爽。曾与吴昌硕等创办“海上题襟馆金石书画会”。“题襟馆”一度因经费困难付不出房租时，慨然将其位于汕头路的寓所腾出作为活动场所，被公推为经办日常会务的驻会会员，且博得“画孟尝”之雅称。钱瘦铁东渡日本卖画时，俞氏将画托钱氏挟去东瀛，不意画尽售出，俞氏却已逝世。钱氏获悉后，大恸，遂将售画之金用珂版精印《语霜遗墨》。任堇叔为作序言，谓“语霜身死而画未死”。吕十千又撰传略附于后。《语霜遗墨》有停云书画社和文明书局两种版本，内收有《蜀道寒云图》《岁朝图》及《钟进士忏悔图》等。（入社号 117）

注释

❶ 题襟指题襟馆。按，清末民初，上海有一个研究书画金石的集会，名为海上题襟馆。一时上海有名望的书画金石家，大都集聚于此。谈诗论艺，极文酒之乐。1926年，海上题襟馆因会员内部意见分歧而停顿。其中有一部分题襟馆的老会员就另组古欢今雨社金石书画会于上海渭水坊的西泠印社内。

❷ 东方即东方淳于。按，俞氏一向风趣，出语诙谐，大有东方淳于之概。

❸ 畸士：犹畸人，独行拔俗之人。宋人周密《〈癸辛杂识〉序》："余卧病荒间，来者率野人畸士，放言善谑，醉谈笑语，靡所不有。"清人王士禛《池北偶谈·谈献一·畸士》："鼎革之际，不乏畸士。"清人袁枚《随园诗话补遗》卷十："诗往往有畸士贱工脱口而出者。"按，身为畸士，俞氏一向性情豁达，本不当有轻生之念，讵意一次与如夫人发生口角，气懑之下，意私吞剂，终因无法救治而辞世。

❹ 孟尝即田文，战国齐国贵族，封于薛（今山东滕县南），称薛公，号孟尝君。为战国四公子之一，以善养士著称。一度入秦，秦昭王要杀害他，赖门客中擅长狗盗鸡鸣者的帮助而逃归。后卒于薛。汉代刘向《说苑·正谏》："孟尝君将西入秦，宾客谏之百通，则不听也。"《醒世恒言·杜子春三入长安》："要学那石太尉的奢华，孟尝君的气概。"亦省作"孟尝"。明人李贽《赠两禅客》诗："孟尝门下客三千，狗盗鸡鸣绝可怜。"按，俞氏生性豪爽，乐善好施，不仅免费为"题襟馆"提供场地，而且家中常备酒肴，凡画友登门，必邀其同饮啖，直至夜阑人静友人们方踏月归去，故在同人中有"画孟尝"之誉。

俞语霜画作

闻野鹤

佉卢[1]独擅陈翁语，豹彩龙文[2]世乏侪。

更集巨儒成鼎业[3]，万峰如海放天才[4]。

简传

闻野鹤（1901—1985），名囿，原名世风，字在宥，后更名宥，字子威，以号行，别署人凤。上海市松江县人。自幼聪颖，秉承家学。及长，自学英、日、法、俄等国语言。工古文、诗词，擅书法，精于考古、民族语言。早岁参加南社，又参加新文学团体创造社。1920 年，考入上海复旦大学，成绩优异。受五四运动之影响，于 1921 年主编《礼拜花》小说周刊，以文艺为武器，启迪民众，投入反帝反封建的民主革命运动。1922 年，进上海私立中学教书，一度任职于《民国日报》。1925 年 6 月，主编《中国画报》，该刊图文并茂，具有反帝反封建的进步倾向。1926 年，入上海商务印书馆编译所当编辑，主编《新文学丛书》并经常为各报副刊撰文。1929 年，出任广州国立中山大学文学院副教授，兼预科教员，又历任北平私立燕京大学文学院副教授、国立山东大学文学院教授，讲授文字学、语言学通论、汉语音韵史、比较语言学、古文字研究等课程，并开始从事民族语言文字的研究。1937 年春，任国立四川大学中文系教授，次年任国立云南大学文法学院教授兼文史学系主任。1940 年改任成都私立华西协合大学教授兼中文系主任、中国文化研究所所长。新中国成立后，仍在成都私立华西协合大学任教，更积极地参与教学与学术研究。于原职外，又兼任该大学博物馆馆长。在此期间，所著《古铜鼓图录》和《四川大学历史博物馆所藏古铜鼓考》两书，在国内掀起了一股铜鼓研究热潮；在国外也得到了民主德国民族学博物馆和美国芝加哥费尔德博物馆的高度重视。此外，还整理出版了《四川汉代画像选集》，为我国画像艺术开拓了新的领域。1955 年调任中央民族学院教授。1957 年被错划为右派。中共十一届三中全会以后，“右派”错案被平反，时已 80 高龄，仍拟准备根据文献，继续民族语文的研究，但此志未竟，因患心力衰竭，于 1985 年 9 月 27 日在北京中央民族学院寓所逝世。生前历任北京市语言学会顾问，华中工学院中国语言研究所学术委员，中国西南民族研究学会顾问，中国民族语言学会理事，中国民族古文字研究会名誉会员，中国古铜鼓研究学会名誉理事等职。平生著作甚丰，主要学术专著有：《白话诗

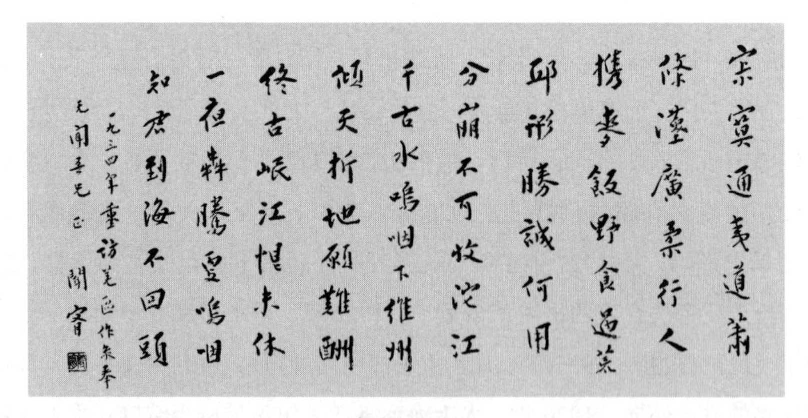

闻野鹤诗稿手迹

研究》《东冬分部辨证》《转注理惑论》《殷虚文字孳乳研究》《甲骨学之过去与将来》《研究甲骨文字的两条新路》《中国文字学是什么》等。文学作品有：《春莺絮梦录》《雹碎春红记》《鸠鹊移巢记》《红鹃啼血记》《我之小史》《古井浪澜》《补瓛案》《野鸠零墨》《玄珠》等。其后期还著有《黑鹿释名》《论所谓南语》《“于”“於”新论》《扶留考》、《汉语鸭鸥鹜三词的层次》（为第十五届国际汉藏语言学会议论文）等重要论著。此外，还有《中国文字之本质的研究》《甲骨文地名考》《甲骨文字中X文之研究》《绝塞奋椎记》等。（入社号609）

注释

❶ 佉卢：古印度的一种字母，此处指少数民族语言，陈翁指陈寅恪。按，闻宥治学，涉猎甚广，尤于民族语文方面，闻宥开创了对字喃、彝文和羌语的研究，其间发表的重要论著有《论字喃之组织及其与汉字之关涉》《读〈爨文丛刻〉兼论儸文之起源》《广西太平府属土州县司译语考》等，引起国内外学术界的重视。日本学士院学士山本达郎教授曾就其有关字喃的论著作了专题评价；法国石泰安教授曾就其夷语、羌语、民族语等论著作了评述；法国梅耶、柯恩教授所写语言学名著《世界的语言》，将其有关语言学论著列为重要参考文献；美国教授谢飞、白保罗所撰的两部关于汉藏语言学的巨著《汉藏语学引论》《汉藏语概论》，均大量引用其相关论著。尔后，其论著更为越南陶维英、日本西田龙雄等学者所称道。此外，闻氏还发表学术论著《印支语族中流音对声母复辅音解体之影响》《保儸译语考》《民族语中同义字之研究》《摩些象形文字之初步研究》《云南四种儸文之初步比较》《川西羌语之初步分析》《评托玛斯南语——汉藏边区一种古语》等，成就卓著，蜚声海内外，曾被选为法国远东博古学院通讯院院士、西德德意志东方学会会员、土耳其国际东方研究学会会员。1949年成都解放前夕，英国剑桥大学东方系聘请其去进行研究工作，闻氏深感曙光已在面前，决心扎根祖国，为新中国效力，

便回信婉言谢绝。陈寅恪评价道："信为吾国此后治本国语言文字之楷模极有关系之文也。"并在致闻氏的信中盛赞道："大著拜读，敬佩之至！……遂于此学增一阶级之进步，真可喜也。"陈氏还道及自己"苦于精力之有及，改行已久，……惭恨无力以追随也。"甚至声称自己在闻氏面前是"小巫见大巫"。此固为谦语，但陈氏一向珍重其口，能对闻氏如此盛赞，足证闻氏学术成就洵足惊人。

❷ 龙文：喻雄健的文笔。语出唐人韩愈《病中赠张十八》诗："龙文百斛鼎，笔力可独扛。"明人夏完淳《题王叔明〈柴桑图〉》诗："只今江左成龙文，卜历重光启中叶。"

❸ 鼎业即大业。《梁书·武帝纪上》："丙辰，齐帝禅位于梁王。诏曰：'……三光再沉，七庙如缀。鼎业几移，含识知泯。'"《周书·文闵明武宣诸子传论》："是以齐晋帅礼，鼎业倾而復振；温陶释位，王纲弛而更张。"唐人姚崇《奉和圣制龙池篇》："恭闻帝里生灵沼，应报明君鼎业新。"按，1952年院系调整，闻氏改任四川大学中文系教授兼博物馆馆长，后又兼任西南民族学院教授，主动挑起培养新中国第一批民族语言学专业人才的重担。1955年调任为中央民族学院教授，作为学科领军人物，曾撰写大量的学术论著。1957年被错划为右派。身处逆境之际，闻氏得悉印度入侵我国领土西藏，怒不可遏，遂将家藏中印边界地区的西藏地图，通过学校捐献给国家，供我军战时参考，周恩来总理后来在与印度谈判时即用此图。

❹"万峰"句：谓闻氏毕生作育英才，功绩卓著。诺贝尔文学奖评委、瑞典汉学家马悦然曾于20世纪50年代跟从闻氏学习中国语文，他盛赞其师"对语音学，上古汉语音韵学，藏学和词学很有研究。他自己填的词也非常精彩"。

费　砚

举案齐眉[1]一时倾，晚接佛耶砚作名[2]。
驱遣万灵来笔底[3]，前身疑是广教僧[4]。

简传

费砚（1880—1937），字剑石，号龙丁。生于1880年，即光绪六年（庚辰）年，因庚辰为龙年，故取号龙丁，多以号行。晚年作聋丁，别署画隐龙丁，室名瓮庐、破蕉轩、商周秦石楼。上海市松江人。1898年留学日本，攻读数理兼美术。回国后，一度在广西测量学校任教。不久返松江，以性之所好，潜心研究诗文书画以及金石文物。所居名“瓮庐”，所藏书画文物甚夥，除上述秦宫瓦当砚外，尚有商之父癸鼎、商之蕲尊、吴之赤乌砖砚等，皆稀世珍秘。一时知名之士，如陈陶遗、冯超然、王念慈等皆为瓮庐常客，曾绘《金石缘图》，征诸名人题咏。后因江南一带军阀混战，瓮庐被占作兵营，所藏书画文物颇多损失。

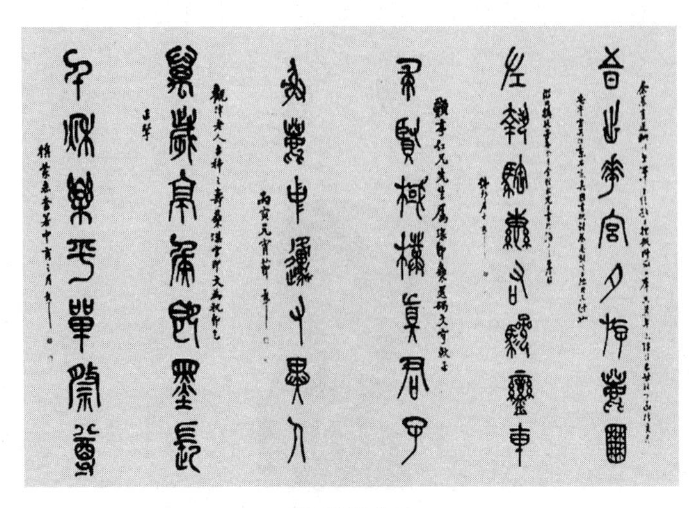

费砚篆刻作品

费氏不唯精于鉴藏，亦通书画，工诗词，尤擅篆刻，于松江一带颇负盛名，尝与松江之诗人杨了公、姚鹓雏、于仲迟，画家王支林、于小莲相酬唱，乐而忘返。1914 年，浙江省立两级师范学校成立“乐石社”，李叔同及其弟子陈伟首任社长。南社成员经亨颐、夏丏尊、柳亚子等皆为社员；其时，作为西泠印社社员的费氏恰巧移居杭州，遂欣然加入，并介绍姚鹓雏入社（后姚氏曾撰写了一篇《乐石社记》，以彰风雅）。1915 年正式加入南社。后一直在沪上参加书画金石活动，长达 20 余年。1926 年，“海上题襟馆金石书画会”因故停顿，部分老会员在上海渭水坊的西泠印社内另组“古欢今雨金石书画会”，遂以旧会员身份加入该会，后又拜曾为第二任“海上题襟馆金石书画会”会长的吴昌硕为师，艺事大进。抗战之初，日军进占松江，费氏仓皇走避。出北门外，途遇三日兵迎面而来，为日军举枪射杀。一代斯文，乃与世长辞。身后除书画诗文稿等遗存外，尚有《春愁秋怨词》《佛耶居士印存》《瓮庐丛稿》《瓮庐印存》等存世。然数经兵燹，惜亦散佚殆尽。（入社号 520）

注释

❶ 举案齐眉：送饭时把托盘举得跟眉毛一样高。后形容夫妻互相尊敬。语出《后汉书·梁鸿传》："为人赁舂，每归，妻为具食，不敢于鸿前仰视，举案齐眉。"东汉书生梁鸿读完太学回家务农，与县上孟财主的30岁女儿孟光结婚，婚后他们抛弃孟家的富裕生活，到霸陵山区隐居，后来帮皋伯通打短工。每次孟光给梁鸿送饭时把托盘举得跟眉毛一样高，相敬如宾，夫妻十分恩爱。按，费氏夫人李华书，名钟瑶，系李平书之妹。李平书在清末民初为上海有名的士绅，在辛亥革命光复上海之役中，李平书支持甚力，光复后李平书曾任上海军政府的民政总长。对振兴地方实业贡献綦巨，深受上海人民的爱戴。其人故世后，上海人民特为塑造铜像，以志纪念。李平书亦擅收藏，所藏书画，都为名家手迹。费氏夫人李华书自幼与李平书同受教育，及长，则不仅专擅诗词，于平泉书屋所藏书画亦涵泳尤深。婚后和丈夫费龙丁一同加入南社，闺房之内，时相唱和，自不待言。费氏曾与夫人李华书合撰成《春愁秋怨词》，中有愁春、春愁、春怨、怨春、愁秋、秋愁、秋怨、怨秋等八绝。其自序有云："年华逝兮容华伤，春复愁兮秋复怨。虽绿波春水，与你无干；然白露秋葭，伊人宛在。"香草芳芷，旨意深远。费氏曾书成卷子，遍征题咏。姚石子尝为题诗云："浩荡情怀不可收，英雄垂暮住温柔。双飞双宿鹣鲽(缺一字)，底事愁春又怨秋。"刘三亦题诗云："当为安世房中乐，翻作临江愁思歌。时难夫妻多道路，桑田又见汝经过。"

❷ "晚接"句：费氏早年因获得一件秦官瓦当琢成的古砚，砚的周围有原瓦当上的十二字，文曰："维天降灵，延元万年，天下康宁。"瑰诡奇雅，古色斑斓，遂取名"砚"，字"见石"，以志珍而好之之意，而以"龙丁"为号。晚年又号"佛耶居士"，人或问之，曰："我信佛，又信耶，所以叫佛耶居士。"

❸ "驱遣"句：费氏性情恬静儒雅，讷于言辞，不惟精于鉴藏，亦通书画，工诗词，尤擅篆刻，对于金石篆刻之学，素有深究。曾撰《抚印宗派绝句》十章，于印学源流条贯，振叶寻根，观澜讨源，颇有胜解。凡丁、黄、奚、蒋、完白、悲盦、

胡鼻、三庚等诸家，披法探源，倾倒印林。费氏于安吉吴昌硕，独有情钟，此真所谓“奏刀一一惊风雷”者也。作为吴昌硕之入室弟子，从之学艺多年。吴昌硕曾有一首长歌,专颂费氏收罗之富,取径之高及治印之精。诗云:“龙丁印学追先秦，天与十二字瓦颐其神。龙丁嗜古多家珍，鼎以父丁为识宜子孙。祈杞更醉商周尊，仿佛达受剔灯传宗门。手磨赤乌之残砖，身是义熙之遗民。学古有获心且醉，何必一饮一石师伯伦。封泥陶器龟板奇字镌肺腑，物非我有口纵不说心云云。秦山琅玡梦里供蹴踏，更虑岩壑邃，柬手红崖扪，龙丁龙丁，莫羡强有力者收藏富，柬之高阁若获石田难为耘。几时约尔涉沧海、登昆仑，倘遇愚公假其手，会稽窆石移入瓮庐侪烟云。砺汝昆吾刀，凿彼古云根，天子永宁，商略重刊石鼓文。”（王家葵《近代印坛点将录》,山东画报出版社,第273页）又,费氏夙以书画金石名世，时人评为金石第一，书法第二，其篆刻功力，自不待言。其书法则以行书、石鼓享名，于是篆刻与书法、书法与款识相辉映，妙达绝诣。至于费氏于绘画则不多作，作则湛然物外，不受人间烟火气。姚鹓雏曾题龙丁所画朱兰云:“旧闻所南翁，国破身在野。画兰不画土，寄恨谁会者。研朱写香祖，清露共涓泻。意境弥孤敻，风情更姚冶。佳人餐流霞，微醉复玉斝。虽异心史心，瑶愁亦盈把。”其中“意

费砚书画作品

境孤夐，风情姚冶”云云，洵为的评。又，费氏系西泠印社早期社员，与李叔同（弘一法师）同以耽金石篆刻而为金石交。李叔同组织“乐石社”，集友朋弟子之治金石之学者，相与探讨，请费氏襄助，并参加编辑《乐石集》。费氏还应李叔同之请，镌刻一方“吉金乐石”印，此印有顶款及四面边款。顶款镌曰：“甲寅岁莫，乐石社长属。龙丁制于西子湖。”边款一面勒佛像，另三面则为一篇发愿文，镌云：“那伽尊者费砚，焚香顶礼，敬造石像一区，并白佛：世尊，我今常住西湖，结邻孤山之西泠印社，今秋好古多士，复结乐石社于城中，共期阐明金石，以彰《坟》《典》。社长索我刻印，我乞佛言丐福。佛云：永奉无疆，赐尔厥昌。众生同乐，金石吉羊。”1919 年冬，费氏又为高夑奏刀刻白文“高夑吹万”和朱文“闲闲山人”一对章，治边款如下：“少慕劬学，壮益凡庸。蓄久不发，养此潜龙。读万卷书，犹未能破。志与心违，四十将过。如驰日月，倏忽可惊。脱遽溘然，抔土无名。百年须臾，有文斯炳。维道是崇，梅华首肯。吹万居士，行年三十有四，卜营生圹于秦山之麓，植梅冢旁，题曰梅华香窟。越六年，乃自为铭而属余刻石纪之。时己未冬十月，佛耶居士龙丁制于煎园之商金秦石楼。”书卷气、金石气二美骈臻，令人称绝。盖文人之艺，非同匠人，其风致自雅，风调自高。

❹ 广教僧：指清代画家石涛，他早年曾在敬亭山广教寺为僧，作画甚夥。按，费氏逝世后，姚鹓雏尝吊以诗云：“龙丁如龙泓，古情怡金石。汉印铁画妍，秦尊土花蚀。闭关同退僧，无处安瓶锡。舣舟火城外，弹雨已飞集。一瞑掷荒原，阵云黑于墨。高人血亦芳，入地三年碧。”南社诗人沈禹钟亦诗赞费氏曰：“长房仙去白云高，峰泖当年伴奏刀。里巷幽居名不掩，至今人忆印中豪。”

费公直

泪洒寒空剑欲鸣[1]，蒲牢独恨唤难醒[2]。

晚来独托岐黄[3]术，泽惠群黎慰此生。

简传

费公直（1880—1952），本名善机，字天健，号一瓢，别号器志、一云、双桥居士、霜红、霜庵等，室名秋明阁。原籍江苏吴江同里，后移居周庄。自幼失怙，由姑母与嗣祖抚养。因费氏的曾祖与嗣祖皆为清朝武将，立有军功，故甲午战争后，年仅15岁的费氏即矢志“执干戈，卫社稷”，改习拳棒与射击。1896年冬考进宁波中西储才学堂，接受新学。1899年11月，赴京赶考，凭着祖辈的“恩荣”，拥有“荫生”资格，于次年春考得庚子科二等第一名，分派到浙江签叙候补通判。因不屑为官，故未赴职。八国联军焚掠京津后，清廷签订屈辱的《辛丑条约》，费氏嵩目时艰，决意寻求富国强兵之道，为国克尽匹夫责。1902年春赴日本留学，初入东京同文书院学日语，后入正则理化速成专科学校学习。其时，国内掀起拒俄浪潮，反对沙俄强占我国东北。消息传到日本，黄兴等发起组织拒俄义勇队（后改名军国民教育会），费氏与陈去病、苏曼殊等积极参加。军国民教育总会与上海的中国教育会互通声气后，派遣费公直、黄兴等6人回国从事革命活动。费氏因对嘉兴一带比较熟悉，遂以候补通判的身份作掩护，针对嘉兴军、政、商、学各界进行宣传组织工作，发展浙江军队中贫寒出身的军士，成为革命武装力量。1904年，得悉刘三在上海郊区创办丽泽学院，遂前往襄助；该院后因避清政府查禁，改名青年学社，并将学校迁至租界。1904年冬，清政府加紧镇压革命党，青年学社被迫停办，费氏在国内难以立足，于次年春第二次东渡日本。旋由刘师培、陈去病介绍加入中国同盟会。1908年秋，入日本东京医学专门学校学医，三年后毕业回国，正值辛亥革命前夕，费氏积极参加陈英士指挥的攻打江南制造局之役。上海光复，被沪军都督陈英士委任为一等科员，襄办军需。1912年孙中山在南京任临时大总统后，在上海徐园会见在沪同盟会会员，摄影留念，同庆胜利，费氏亦列其中。1912年4月沪军都督府撤销，费氏回乡行医，自此告别政坛。

1924年军阀混战时，费氏与王大觉发起组织中国红十字会周庄分会，担负

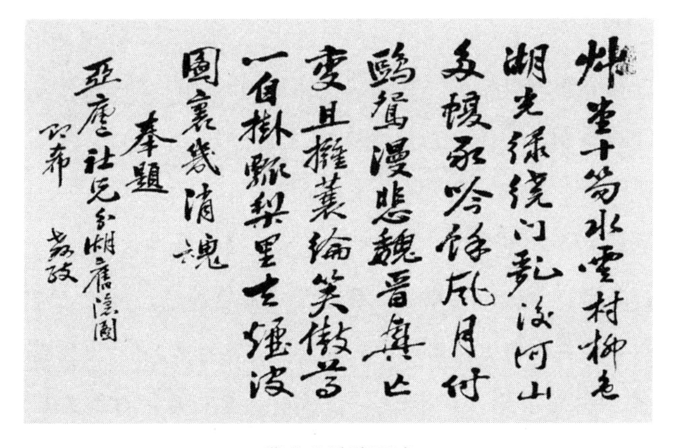

费公直诗稿手迹

救死扶伤职责。每年夏令，为当地群众义务防治、施药。抗战期间，镇上缺医少药，仍坚持出诊，有请必到。在其近40年的行医生涯中，医术高明，医德高尚，足证口碑。于行医之余，亦精研书法、篆刻，书法宗法“二王”，险峻劲挺，瘦硬通神。治印则崇尚秦汉，融入先秦古玺滋养。章法疏密有致，篆法简劲古朴。除此之外，费氏亦擅摄影与绘画，平时留心拍摄风景名胜、花卉鸟兽，汇成专集，以供绘画时参考。费氏尤工翎毛与花卉，得华西妙法，秀雅轻灵，淡墨设色，挥洒自如，素描工笔，无不精研。得意之作必有题诗，得诗画相得益彰之妙。中华人民共和国成立后，费氏一如既往热忱为家乡服务，1951年，当选为吴县第五次人民代表会议代表。1952年9月因患脑溢血逝世，终年73岁。主要著作有《秋明阁诗稿》《秋明阁笔记》等。（入社号66）

邹容与费公直（右）合影（1903年）

注释

❶“泪洒”句：费公直入南社后，曾在《南社丛刻》上以“一瓢”为笔名，发表各类诗文，对于辛亥前后为革命牺牲的战友，如秋瑾、宋教仁、陈英士等先烈无不赋诗作悼，尤多慷慨激越、沉郁顿挫之音；又与南社同人柳亚子、高天梅、刘三、苏曼殊、王大觉等人时相唱和，既叙同道情谊，复抒革命之志。

❷“蒲牢”句：蒲牢：古代传说中的一种生活在海边的兽。据说它吼叫的声音非常洪亮，故古人常在钟上铸上蒲牢的形象。班固《东都赋》“于是发鲸鱼，铿华钟”，李善注《文选》引三国吴人薛综曰：“海中有大鱼曰鲸，海边又有兽名蒲牢。蒲牢素畏鲸，鲸鱼击蒲牢，辄大鸣。凡钟欲令声大者，故作蒲牢于上。所以撞之者

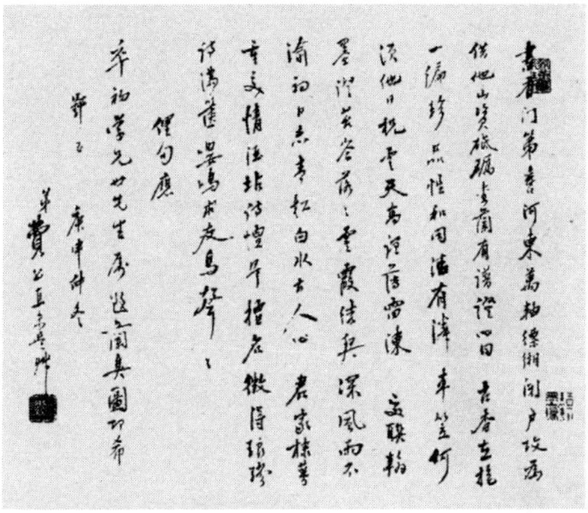

费公直手迹

为鲸鱼。”后因以“蒲牢”为钟的别名。唐人皮日休《寺钟暝》诗：“重击蒲牢唅山日，冥冥烟树睹栖禽。”清人赵翼《西岩斋头自鸣钟分体得七古》：“可许我来叩春容，蒲牢一声震寥廓。”按，辛亥革命后，袁世凯借南北和议之机，伺机窃取大总统之位。1912年2月，柳亚子在上海《天铎报》上以“青兕”为笔名，每两天撰写一篇社论，批评主和派，痛骂袁世凯，预言袁氏包藏祸心，僭夺国柄后，势必复辟。此论深合费氏之心，遂镌刻“青兕前身”之印相赠，意在赞扬柳亚子乃辛弃疾再世。1915年，袁世凯加紧复辟洪宪帝制的步子，柳亚子苦闷欲绝，遂在家乡组织酒社。一班手无寸铁的书生，报国无门，徒呼负负，遂借酒消解胸中垒块，作诗填词抒发心中愤懑。在此期间，费氏曾为柳亚子刻下“酒社长之玺”和“词客有灵霸才无主”之印相赠，取意于唐人温庭筠《过陈琳墓》：“词客有灵应识我，霸才无主始怜君。”

❸ 岐黄：指岐伯与黄帝。《黄帝内经》托名岐伯与黄帝讨论医术。李栋、王云高《彩云归》：“长此以往，岐黄之后要变巫觋之徒了！”按，费公直入社之后，常用“一瓢”作为笔名，取义于《论语》中颜回的“一箪食，一瓢饮”，以寓乐于清贫之意。1912年秋，公直回到家乡周庄开业行医；此前，他曾多次东渡，并进入日本医学专门学校学习，对医学刻苦钻研，于1909年发明了河豚毒素分析鉴定方法，撰写实验报告，得到校方肯定，次年经南洋劝业会审定，获优等奖状，标本送德国“万国展览会”展出。为自励其志，他将诊所命名为“天健”，取《周易·乾象》：“天行健，君子以自强不息”之意。他的诊所小而全，内外科兼有。他不断吸收新技术，采用新药品，医疗水平较高，深得乡民信赖，被称为“出过洋的好医生”。

姚石子

匡扶南社万机权[1]，摩顶[2]早将尘虑蠲。
解识词人蜡屐[3]意，浮梅草里啸龙泉[4]！

简传

姚石子（1891—1945），名后超，又名光，字凤石，号石子。江苏金山（今属上海市）人。7岁入塾，12岁即在高旭主编之反清刊物《觉民》上发表《为种流血文天祥传》。17岁考入震旦学校，因病未能入学，故家居自学。辛亥革命前曾先后加入中国同盟会、南社及国学保存会。1912年与舅氏高吹万同创国学商兑会，主张“空山独居，抱残守缺”，反对“新文体”。1918年南社主任柳亚子因南社内部分歧愤而辞职后，姚氏被推荐为南社后期主任，并由个人出资，刊行《南社丛刻》第二十一、第二十二集。1923年新南社成立，为发起人之一。1924年到1927年之间，任国民党金山县党部执行委员，与国民党左派、中共地下党员频繁接触，并经常资助革命活动。四一二反革命政变后，国民党实行“反共”政策，拟聘姚氏参加国民党改组委员会，遭姚氏峻拒，并退出县党部，转而致力于家乡文化教育及各种公益事业之建设，尤其对于乡邦文献古籍之搜集、编订及出版，不遗余力。抗战爆发后，任金山抗日救国会执行委员、金山民众组织委员会征募处救济股长，大声疾呼宣传抗战，并在物质上大力支持。家乡沦陷后，蛰居上海租界，埋首著述，并继续搜罗各种珍本文物。1945年5月17日患脑膜炎卒于上海。平生不求仕进，淡于名利，热心文教事业，曾在金山创办学校、图书馆、育婴以及各种社会福利事业。又重收藏，所藏多海内珍本孤本。新中国成立之初，其后人遵先人遗愿，将复庐藏书五万卷悉数捐献上海市人民政府，时任上海市市长的陈毅亲笔撰文嘉奖。生前著甚丰，主要有《金山艺文志》《金山卫佚史》《姚氏遗书志》《复庐文稿》《倚剑吹箫楼诗集》《自在室读书随笔》等。（入社号26）

注释

❶“匡扶”句：1917年10月，南社在进步与复古势力的激烈斗争中举行了一年一度的选举，结果柳亚子以385票（共计430票）的绝对优势当选为南社主任，尊孔复古派企图夺取南社领导权的破坏活动遭到失败。但值此新文化运动的潮流汹涌澎湃之际，南社大多数社员仍抱残守缺，低吟浅唱，成为可悲的时代落伍者。对此，柳亚子深感痛心，遂于1918年10月辞去南社主任职务，并推荐姚石子继任。姚石子就职后，曾举行雅集于上海徐园，并由个人出资印行《南社丛刻》第二十一、第二十二集，可谓尽心尽力。但由于此时南社已是人心涣散，无复当年的蓬勃气象，加上姚石子本人亦深受复古派思想的影响，不久，南社的组织活动便停顿下来。

❷摩顶：语出《孟子·尽心》：“墨子兼爱，摩顶放踵，利天下为之。”蠲：免除。

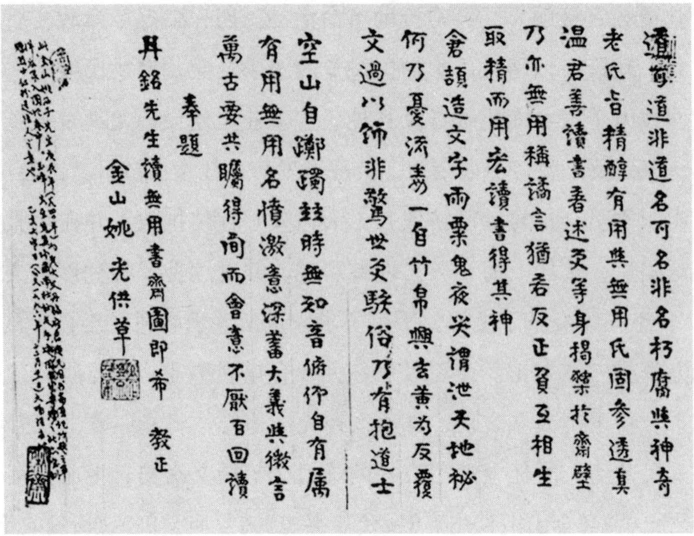

姚石子手迹

此句极言姚石子舍己利人之懿德。按，郑逸梅先生在《姚石子之昭明忆语》一文中曾云:“石子无昆弟，与朋好往还，气谊殊厚，人有急难，恤助无吝色。向之借贷，一而再三，不责偿也，里中咸以善人呼之。”

❸ 蜡屐：涂蜡的木屐，晋时盛行。《世说新语·雅量》记阮孚“自吹火蜡（涂）屐”。又，据《晋书·阮孚传》载：“或有诣阮，正见自蜡屐，因自叹曰：‘未知一身当着几量屐！’神色甚闲畅。”方岳《春雨》:“好山能费几两屐，胜日须倾三百怀。”（“两”通“量”，意谓”双”。——注者）按，晋人凡居家、游山，皆着屐，算是“野服”。“蜡屐”意谓在野。

❹ 末句：浮梅草：诗集名。姚石子曾自作一叙，云：“流连于孤山黛色西湖波影间，携手同车，并肩双桨，六桥三竺，与子偕行。姚子深于情，好诗歌，偶有所感，微吟低唱，而不拘于韵句之间。绿窗检字，红袖添香，甚自得也。既归，粲君（姚石子夫人——注者）为我汇而录之。”其后，姚石子又复携夫人王粲君游杭，作诗甚夥，名为《续浮梅草》，尝谓：“他日者，得偕隐湖上，垂纶于六桥之间，则于愿已足。”啸龙泉：取姚石子《北征歌》诗意。按，姚石子虽无意仕进，不求闻达，

平生以研究乡村文献、推进乡邦教育事业、弘扬民族文化为天职；但忧国之情、报国之志于诗中在在可见，兹将《北征歌》迻录于下，以窥姚石子平生襟抱。诗云："天寒气肃清，龙泉忽夜鸣。建虏尚未灭，男儿呼不平。投笔奋然起，仗剑请北征。辞别爹娘去，爱妻送我行。击楫渡长江，指挥百万兵。英雄有变化，莫谓我儒生。下马作露布，杀贼有令名。义师所到处，箪食壶浆迎。长驱向朔方，马萧车辚辚。日出过黄河，暮宿在天津。陈师燕云满，堂堂五色旌。下令我有众，明日攻伪城。胡儿魂魄丧，求为城下盟。驱归故部落，神州尽廓清。黄龙开大宴，痛饮入座倾。再拜奠我祖，光复功告成。功成身自退，本不为名声。优游林泉间，愿作共和民。"

南社第六次雅集合影（第二排左起第二人为姚光）

姚雨平

兵机将略自深谙，肯效刘伶[1]酒国耽。

话到嵎夷[2]热血涌，青霜啸罢又图南[3]！

简传

姚雨平（1882—1974），原名士云，字宇龙，号立人。广东平远人。1903年中秀才。次年在乡设馆授徒。1905年考入汕头岭东同文学堂，肄业。同年秋赴广州黄埔考入陆军中学，一年后转入陆军速成学堂，旋因参与反清活动被迫退学，加入中国同盟会。黄冈起义失败后，乃集资筹办松江体育会，以培养革命军事人才。1911年4月黄花岗起义时，任调度课长，因与同志失去联络未参与战斗，4月被捕，经多方营救获得保释，旋乘船赴香港，转游南洋各埠宣传革命，筹募经费。同年9月广东光复，组织广东北伐军，任总司令，率军北伐。清帝退位后，所部改编为第四军，任军长，旋任袁世凯总统府顾问，“二次革命”时在上海协助孙中山讨袁。1912 年 3 月加入南社。1917 年南下参加护法战争，在广州成立军政府，任顾问。1922 年任中央直辖警备军司令。是年 6 月，陈炯明叛变，随孙中山赴沪。次年随孙中山返粤，4 月任警备军军长。1924 年任广东治河督办。次年广州国民政府成立，任军事参议。孙中山逝世后，在京参与治丧工作，旋至南京参加踏勘墓地，参与奉安大典，然后南归，从此素食十多年。1925 年后，任国民政府参议、国民政府顾问。1927 年起，历任潮汕军事特派员、国民党中央训练部党员训练科科长、监察院监察委员。抗日战争爆发后，南京沦陷，回籍参加广东省自卫团统率委员会工作，并致力于乡里慈善事业。1938 年 10 月广州沦陷，奔走于韶关及兴梅各县，协助政府，致力自卫，救济难民。1944 年在重庆任国民政府顾问。1949 年 10 月赴香港，寓九龙，不久返回广州，由叶剑英提议担任广东省人民政府参事室主任，后又被选为广东省政协常委、民革中央委员等及广州文史馆专员，广州市佛教协会第一、二届会长。1974 年 9 月 15 日病逝。著有《武昌起义后粤军北伐始末》等。（入社号 233）

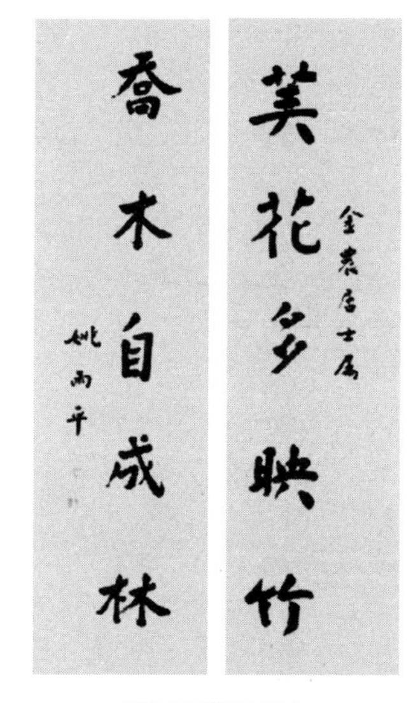

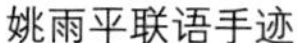
姚雨平联语手迹

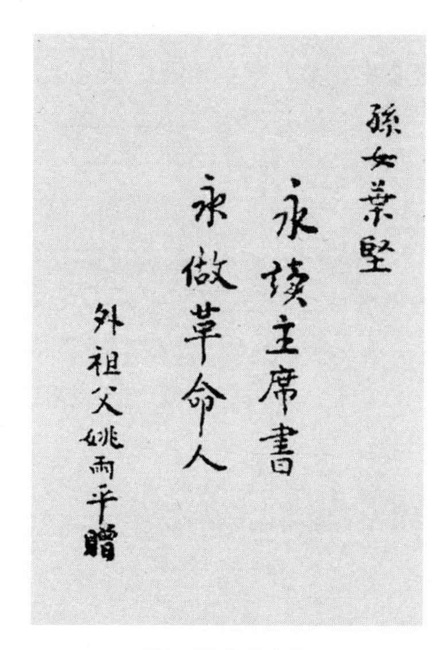

姚雨平赠孙女字

注释

❶ 刘伶："竹林七贤"之一。放情肆志，性尤嗜酒，常携酒乘鹿车，使人荷锸随之曰："死即埋我。"妻谏，伶曰："当誓神断之。"妻乃具酒肉，伶跪祝曰："天生刘伶，以酒为名，一饮一石，五斗解酲。妇人之言，慎不可听。"引酒御肉，陶然复醉。尝著《酒德颂》一篇。——此句意谓姚雨平淑世之心綦切，绝非像刘伶那样一味耽溺于酒，消极遁世；即使是革命处于低谷时期，亦竭尽所能，以期为国克尽匹夫之责。

❷ 嵎夷：此指敌人。按，姚氏擅诗，常作联语以明其志，如感怀"三二九"起义一绝云："回头北望越王台，岗上黄花实可哀。此日那堪题绝句？隔江犹听恶潮来。"

❸ 末句：青霜即宝剑。因剑刃锋利，青莹若霜刃，故名。语本王勃《滕王阁序》："紫电青霜，王将军之武库。"图南：《庄子·逍遥游》："北冥有鱼，其名为鲲，鲲之大不知其几千里也。化而为鸟，其名为鹏，鹏之背不知其几千里也。怒而飞，其翼若垂天之云。是鸟也，海运则将徙于南冥。南冥者，天池也。……水击三千里，抟扶摇而上者九万里。……背负青天而莫之夭阏者，而后乃今将图南。"后遂以"图南"喻奋发有为，气概非凡。

姚勇忱

报国糜躯[1]忠有余，兵间无路恨何如。

淞江[2]夜夜怒涛起，未必鸱夷属子胥[3]。

简传

姚勇忱（1880—1915），名志强，原名永贞，亦号永成。浙江吴兴织里村人。初在上海学习理化，能造炸弹，因得识鉴湖女侠秋瑾。后应秋瑾之邀，赴绍兴，任教于大通学堂，鼓吹革命。又入光复会，与王金发同事，各以金戒指为标帜，密谋起义。及徐锡麟刺皖巡抚恩铭失败，秋瑾亦被捕，清吏搜索大通学堂，勇忱乘夜逃走，匿于船中，几被逻卒所获，幸船夫善作诡词，才得幸免。潜赴上海后，依革命同志杨廉，此时徐自华为秋瑾营葬西湖，勇忱、杨廉与秋瑾之友徐自华相会，结秋社，隐集志士，以谋再起，不料杨廉失控坠马，头部重伤，不治而死。勇忱失其所依，不得已赴洛阳，任理化学校教师。越年返沪，一病几死。既愈，助竺绍康编《中国公报》，《公报》停刊后，依陈英士。英士任沪军都督，倚之为左右手，勇忱又被推为同盟会上海支部支部长，既开国会，复被举为众议员议员，居北京若干月。时袁政府侧目异己，他不自安，韬晦南归，往日本有所谋划，惜无建树。时革命同志销声匿迹，仅王金发尚在上海。勇忱投之，易其名为劫灰，日译小说以自遣。1915 年，王金发被杀，一个月后，勇忱亦株连死，年仅 35 岁。（入社号 340）

注释

❶ 糜躯：谓献出生命。曹植《鼙舞歌圣皇篇》："思一效筋力，糜躯以报国。"《南齐书·王僧虔传》："仆一门……祖兄二世，糜躯奉国，而致子侄饿死草壤。"

❷ 淞江即吴淞江。在上海市西部及江苏省南部，为黄埔江支流。源出太湖瓜泾口，东流到上海市区外白渡桥入黄埔江，长 125 千米，为太湖流域通上海市的重要航道。此处"淞江"代指上海。按，姚勇忱于 1915 年被袁世凯杀害于上海。

❸ 末句：鸱夷：盛酒的皮革袋子。据《史记·吴太伯世家》载：吴王夫差不听子胥忠言，反信谗赐之死；且将伍员的尸首盛于鸱夷，投入江中。《论衡·书虚篇》亦载此事："吴王杀子胥，投入江。子胥恚恨，驱水为涛，以溺杀人。今时会稽丹徒大江，钱塘浙江，皆立子胥之庙，盖欲慰其恨心，止其怒涛也。"末两句意谓姚勇忱殉难后也会像子胥那样，英魂毅魄化作鼓荡不息的怒涛，激励仁人志士奋袂前行。

姚礼修

希古兴衰[1]快一呼，翻成墨妙得玄珠[2]。
若论白手[3]江湖辈，胸次犹多万卷书[4]。

简传

姚礼修（1882—1937），字叔岩，号粟岩。广东番禺人。早年留学日本，归国后专治研墨画，工山水、花卉。因目睹画学日就衰微，深感“去古日远”，“非急起而振之，恐文化荡然，将为印度之续”，故于1923年加入“以研究国画振兴美术为宗旨”的癸亥合作画社（又名癸亥合作社）。1926年2月，广东国画研究会正式成立，为该会之代表性画家。1929年夏，出任国立广东法科学院院长。大约1937年病逝。（入社号664）

注释

姚礼修书画作品

❶ 兴衰：振兴、衰敝。按，目睹近代画坛的衰敝，姚氏"既不肯承认日本式的中国画打起革新的名义而防御其有入混宗支的可能，同时觉得当时画风确乎日益没落，去古日远"，遂力倡以高古之画风，一洗去充斥画坛的"庸俗作风"，于是，一个高扬传统画学的绘画团体——癸亥合作画社应运而生。姚氏与当时画坛的有识之士在《合作画社呈请立案》中揭橥该社之宗旨："降至今日，士多鄙夷国学，画学日就衰微，非急起而振之，恐文化荡然，将为印度之续。某等有见于此，用是联合同志，设立斯社，以研究国画振兴美术为宗旨。"该画社会员并不多，计十四人，分别为潘龢、姚礼修、黄般若、邓芬、罗艮斋、李耀屏、卢镇寰、黄君璧、黄少梅、张谷雏、卢观海、何冠五、卢子枢、赵浩公，却对振兴国画产生了深远的影响。他们注重仿古、摹古，在古人的作品与精神世界中寻求灵感（当然也有少数画家提出写生，如罗艮斋），因而在其艺术风格中，均有一种共通的特性：以宋元以来的绘画为宗，笔墨饶有古意。他们大多仿古而不泥古，弘扬传统而不守旧。虽然画会中不少画家曾有过临摹书画、以假乱真甚至作伪的经历，却并未妨碍他们在这种"借鉴"与"创作"中妙达极诣。

❷ 玄珠：原指道家、佛教比喻道的实体，或教义的真谛。《庄子·天地》："黄帝游乎赤水之北，登乎昆仑之丘而南望，还归，遗其玄珠。"陆德明释文："玄珠，司马云：'道真也。'"晋支遁《咏怀》诗之二："道会贵冥想，罔象掇玄珠。"唐《游清都观寻沈道士》诗："方追羽化侣，从此得玄珠。"此借指艺术之真谛。按，姚氏以山水见长，兼擅花卉。其山水画创作以元四家及"四王"为宗，善用淡墨，如作于1924年的《山水人物图》等。姚氏亦偶用青绿重彩，如作于1923年和无

纪年的两幅《青绿山水图》即是此例。姚氏画风工整秀逸，以宋元为楷模，带有明显的临摹痕迹，反映出姚氏深厚的画学根底。其他作品如《高士图》则淡逸清华，人物变形夸张，线条遒健。

❸ 白手：犹言空手。《聊斋志异·红玉》："约半年，人烟腾茂，类素封家。生曰'灰烬之余，卿白手再造矣。'"此借指不学无术、混迹江湖之辈。

❹"胸次"句：按，姚氏为广东国画研究会的重要成员，该会是活跃于20世纪二三十年代的一个重要美术社团，前身为创建于1923年的癸亥合作画社。该会以广州为重镇，东莞、香港诸地为辐射地区，出现一批以高扬传统画学、维护国粹艺术的绘画团体。他们深感清末民初以来广东画风萎靡不振，正统的国画受到来自于东洋、西洋绘画以及当时所谓的"折衷派"的"新国画"的冲击，因此试图结合广东地区的国画力量，以高扬传统画学、维护国画学统为宗旨，逐渐形成了近代岭南绘画史上一个引领风潮的独特美术群体。国画研究会的团体活动结束于1937年抗日战争爆发，前后经历近十五年时间，参与画家数百人，成为民国时期广东地区人数最多、影响最大的一个美术社团。而姚氏以其精深的传统画学理论造诣与丰厚的国学修养，成为其中最具代表性的画家之一。——"犹多数卷书"指此。

姚礼修绘梅

姚民哀

优孟衣冠[1]任拮搴，身侏[2]原不碍成仁。
如何剸鳄[3]诛蛟者，老去翻为两截人[4]？

简传

姚民哀（1893—1938），名朕，字肖尧，号兰庵、菜庵、民哀等。祖籍安徽桐城，出身于书香门第，为清朝桐城派散文大家姚鼐之后，后移居常熟。受父亲影响，自幼喜爱弹词，加之文辞功底扎实，故能自编唱词，登台演唱。姚氏素喜混迹帮会，广交朋友，虽熟读经史却不屑考取功名。辛亥革命爆发后，受光复会元老李燮和的影响，加入光复军，又自告奋勇要求加入敢死队，后转任文书工作。不久，南北和议达成，袁世凯僭夺国柄，民怨鼎沸。目睹国事日非，姚氏愤而返回江浙说书，故被时人视为"当世柳敬亭"。1910年，姚氏在上海说书时，与柳亚子、冯心侠、汪精卫等人时相交往，始萌革命之志，先后加入光复会与南社，秘密从事推翻清政府的地下活动，图谋刺杀清朝权贵。武昌首义后，被聘为淞沪光复军秘书，并加入中华革命党，反对南北议和与袁世凯称帝。1913 年“二次革命”失败后，因刺杀某议和代表未遂，反遭通缉，遂息影林泉；待风头过后，仍在嘉兴一带说书谋生。20 年代初，以朱兰庵之名与胞弟朱菊庵拼双档，打入上海大世界游乐场以及上海东方等书场，所弹唱的《西厢》极受沪上听众欢迎。与此同时，开始为报刊杂志写杂文，先后在《申报》上连载题为《仙韶寸知录》的昆剧研究文章，居然每日一篇。在此期间，陆续发表《丹桂歌闻》《歌场闻见录》《歌坛剩语》《南部枝言》《菊部逸闻》等长文；此外，又在《晶报》《游戏世界》《新声杂志》《新剧杂志》等刊物上发表戏曲史、戏曲评论类文章。1923 年开始撰写武侠小说，从此一发不可收拾。其开篇武侠小说《山东响马传》在程小青主编的《侦探世界》上发表，出版时间几乎与被公认的“近代武侠小说”开山之作——平江不肖生的《江湖奇侠传》相同。比起后来的“武侠北四家”来，堪称先驱。他利用跑过三江六码头，惯与各式各样的江湖帮会、黑道人物打交道，熟悉青帮内幕的优势，大写帮派故事。后来这种写作手法被郑证因继承下来，成为北派武侠中的重要一支。1929 年开始写作帮派小说《四海群龙传》，到 1930 年完成。它奠定了姚氏在文学史上的地位，同时还是还珠楼主《蜀山剑侠传》出世以前中国新派武侠小说的最高峰。姚氏在小说中细致地叙述了青帮的历史，还掺入大量香堂细节、江湖黑话、帮规条例等等，在写作手法上则吸取西方侦探小说的技巧，写成有连续性又独立成篇的短故事，俗称“连环格”，后来被古龙在其《楚留香传奇》《陆小凤》等小说中大量引用，成为一大流派。自 20 年代起，姚氏在上海美商花旗烟草公司供职；为推广业务，足迹遍及大半个中国。又主编《春声日报》《世界小报》《新世界报》《游戏杂志》《小说之霸王》等报刊，在社会上颇有影响。抗战爆发后，日军进攻常熟，与难民的逃离方向相反，姚氏不计生死，从上海返回家乡，出任常熟抗敌后援会常委，走乡串镇宣传抗日，大有宁死不屈、为国尽忠之概。可在日军进城后却出任汪伪常熟绥靖队司令部秘书。1938 年 9、10 月间，姚氏携带伪绥靖队公文亲

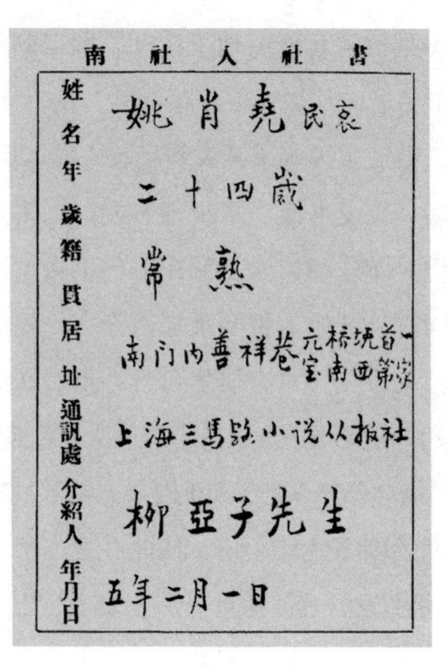

南社入社書

姓名	姚肖堯 民哀
年歲	二十四歲
籍貫	常熟
居址	南门内善祥巷六标坑首一宅南西第家
通訊處	上海三馬路小说从报社
介紹人	柳亞子先生
年月日	五年二月一日

姚民哀入社书

赴上海请示“上级”，在常熟境内支塘、白茆间，被游击司令熊剑东所属第六梯团第二大队杨义山部截获，解至司令部军法处。数日后，在常熟东张乡法灯庵广场，在由熊剑东主持的白茆军校阵亡学员追悼会上当场处决。（入社号 583）

注释

❶ 优孟衣冠：比喻假扮古人或模仿他人。亦指登场演戏。典出《史记·滑稽列传》，据载：有一孟姓的杂戏艺人常以谈笑旁敲侧击地劝说楚王。楚相孙叔敖死后，其子甚穷，孟遂穿戴孙叔敖的衣冠去见楚庄王，神态与孙叔敖一模一样。庄王以为孙叔敖复生，令其做宰相。孟以孙叔敖之子贫穷为辞，并趁机对楚王进行规劝，庄王终于封了孙叔敖之子。后人遂以“优孟衣冠”比喻假装古人或模仿他人。

❷ 身侏：姚氏侏儒其体，双足殊小，同人因以“姚矮子”“小脚先生”称之，加之笔名多多，故时人尝戏谑道：“脚小人小棺材小，名多友多著作多。”“一人三四十名字，从此阎王捉不来。”但姚氏虽然身侏，却心雄万夫，渴望建功立业。尝集渔洋句以赠柳亚子：“星宿罗胸气吐虹，名家龙虎盛江东。何须更续英雄记，丝竹中年感谢公。”虽第赠友之作，亦显寓自况之意。七七事变后，日军进攻常熟，他冒死明志道：“常熟乃文化之邦，我系虞人，目睹虞人奔避不遑，并无一人死节，实为人杰地灵之虞山惜，今余志已决，纵不成功，亦当成仁！”

❸ 剸鳄：剸，刺也，以刀剑插入物体。张衡《思玄赋》：“梁叟患夫黎丘兮，丁厥子而剸刃。”

❹ 两截人：谓出处异轨、言行不一之人。明人陈于陛《意见韩昌黎》：“世人云：韩昌黎谏佛骨，却与大颠厚，是两截人。余意不然。”明人李贽《史纲评要·宋纪哲宗》：“哲宗竟如两截人：绍圣以前，贤君也；绍圣以后何如主，不忍言矣。”按，姚氏死后，南社社员叶楚伧悼曰：“早识聪明味，难知天地心。”那么，姚氏在抗战期间的表现究竟为何如此判若两人，在“誓死抗日”与“变节投敌”之间是否还有其他隐情？恐未易一言以断，仍是一个待解之谜。

姚鹓雏

黼黻[1]三唐别有宗，铅华洗尽自琤琮[2]。

神寒骨重知谁是[3]？始信风人[4]不可踪。

简传

姚鹓雏（1892—1954），原名锡钧，字雄伯，笔名龙公。江苏松江（今属上海市）人。12岁应童子试，以第一名考绩入松江府中学堂，毕业后入京师大学堂肄业。辛亥革命时期，经陈陶遗介绍，任《太平洋报》编辑。民国初年加入南社。应于右任、叶楚伧、柳亚子等人之邀，任《民国日报》文艺部编辑。1918年春，赴新加坡助雷铁崖编《国民日报》；同年秋因病返国，得沈思齐推荐入江苏省幕。1927年，国府定都南京，被何民魂市长延为市府秘书长。蒋桂交恶后，何民魂（属桂系）遭罢黜，随何走武汉。旋回上海，鬻文度日，为南社中擅长写哀情小说的作家。陈孟钊出任江苏教育厅厅长后，邀为典记，嗣改

南社第十五次雅集，1916 年 9 月 24 日于上海愚园举行（第一排左二执扇者为李叔同，第二排左起第六人为姚鹓雏）

任省政府秘书。自是迁居镇江达十余年。在宁镇两地从政之余，先后兼东南大学、河海工程学院、南京美专及江苏医政学院教席，主讲国学。1937 年抗战爆发后，携家西移武汉，经长沙、芷江、贵阳而入蜀，止于重庆，被于右任延聘至监察院任编纂，旋改主任秘书，后任监察委员。1949 年新中国成立后，受聘为上海文史馆馆员，不久当选苏南区人民代表，并以乡人之属望，有司的荐举，出任松江县第一任民选副县长，造福桑梓。1954 年患胃溃疡，因手术无效，于是年 6 月 25 日逝世。为人淡泊自持，厌于奔竞，纯然书生本色，重交游，往来大多为布衣饱学之士。平生著述甚丰，尤邃于诗词，众体兼擅，著有《恬养簃诗》《苍雪词》《红豆书屋近词》《止观室诗话》《恨海孤舟记》《春奁艳影》《稗乘谭隽》等。（入社号 268）

注释

❶ 黼黻：花纹；文采。《北齐书·文苑传论》："摛黼黻于生知，问珪璋于先觉。"按，姚鹓雏学诗，尝师事于林纾、陈瀹然、陈散原诸大家。

❷ 琤琮：原指玉声。殷文圭《玉仙道中》："泉声东漱玉琤琮。"此处借喻姚鹓雏诗词风格自然，一如天籁之声，假之以鸣。又，柳无忌《姚鹓雏先生〈恬养簃诗〉〈苍雪词〉序》云："（姚鹓雏）晚岁尤重天成才力，薄研色揣声，'欲刊落浮华，以真实自乐。'"

❸"神寒"句：按，林庚白《今诗选自序》云："南社诸子，倡导革命，而什九诗才苦薄，诗功甚浅。"虽稍嫌过当，仍不失为矫枉之语。从姚鹓雏所著《恬养簃诗》（五卷，1300首）、《苍雪词》（三卷，180余首）来看，瀹雅清纯，深具功力，洵为"诗人之诗"。又，前人论诗，常以"摘句褒贬"的方式品评高下；集中若无佳句，便难称作手。在《恬养簃诗》《苍雪词》中，触目皆是可摘之句，如"一寒作雪天初大，尽日看山梦不平"，"一春归梦诗能说，三月闲愁酒不如"，"午夜江楼惟我共，西风海气逼人寒"，"秋老树留残叶看，天高雁带夕阳飞"，"落叶无声秋暗至，微云不滓月孤明"，"起陆龙蛇吞象腹，临江湖马断流鞭"，皆骨重神寒，为人传诵；南社诸子，无多抗手。

❹ 风人即诗人。

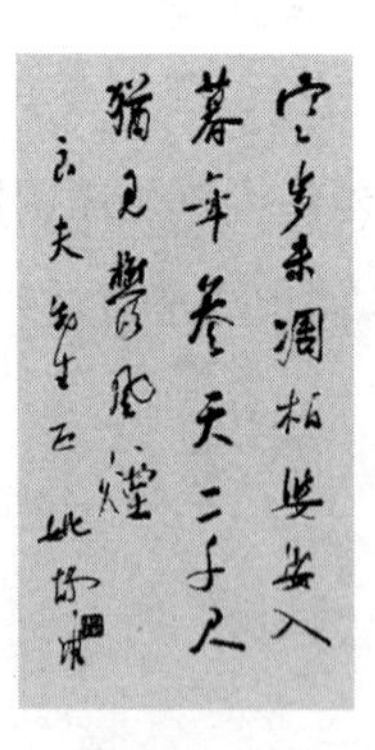

姚鹓雏手迹

经亨颐

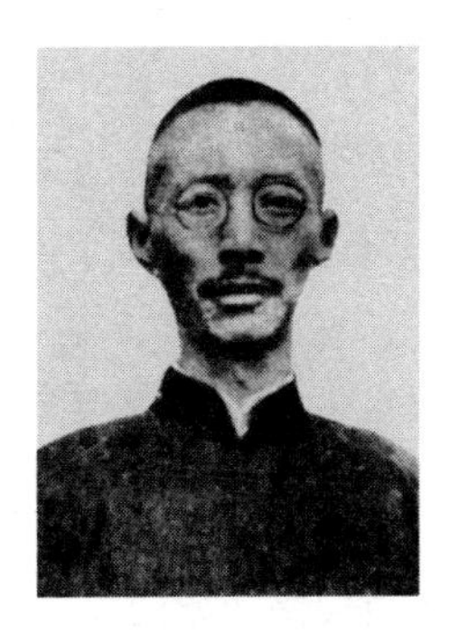

一老江南德业[1]尊，春晖[2]木铎屐群群。

兴来更欲同觞咏[3]，松瀑翻雷吼过门！

简传

经亨颐（1877—1938），字子渊，晚号颐渊，别署临渊居士。浙江上虞人。出身于名门望族，自幼“才气逾人”，入敬修义私塾。1899年因与由莲珊发起电讨慈禧太后大兴戊戌党狱、废光绪皇帝，遭通缉，亡命澳门，被澳葡当局拘捕送入监牢，直到庚子之乱后始获释。1903年初，东渡日本高等师范学校，入物理化学科学习，后转入数学物理科，后专攻教育学，于此间加入中国同盟会，次年冬毕业后返国。1908年任浙江两级师范学堂教务长。1909年再赴日本，入东京高等师范学校数学物理科，次年春毕业回国，仍任浙江两级师范学堂教务长。1913年赴任浙江省立第一师范学校校长，兼任浙江省教育会会长，任期长达五届。在任期间，提倡“人格教育”，以“勤、慎、诚、恕”四字为校训，注重学生文化、艺术、体育全面发展，又主持出版《教育周报》《教潮》杂志。在浙江教育界颇具影响。1914年，参加李叔同主持的乐石社。1917年由李叔同介绍加入南社。五四时期，积极倡导新文化运动，与夏丏尊等人共同创办《浙江省立第一师范学校校友会十日刊》，遭致浙江当局保守派的反对，省教育厅发文将经氏调离浙江一师，引发了轰动全国的“一师风潮”。斗争虽取得初步胜利，为保护学生，经氏仍决定离开，回到上虞，利用富商陈春澜的捐资筹办春晖中学，任春晖中学校长，并聘请夏丏尊、丰子恺、朱自清、朱光潜等知名学者到校任教，又邀请蔡元培、俞平伯、吴稚晖等各界名流前来讲学，一时群贤毕至，有“北南开，南春晖”之誉。1923年兼任宁波浙江省立第四中学校长。1924年被推举为国民党浙江省党部首届执行委员。国民党二大时，当选为中央执行委员，后又担任国民政府委员，候补中央委员等职。1929年，捐出驿亭老宅、田产供大同医院使用，另建“长松山房”。九一八事变后，积极投入抗日救亡运动，举办救国书画义卖，筹集捐款，支援东北义勇军。1935年8月1日，中共驻共产国际代表团草拟了《中国苏维埃政府、中国共产党中央为抗日救国告全体同胞书》，即“八一宣言”，10月1日正式发表，经亨颐与宋庆龄、何香凝、柳亚子等人率先响应，呼吁联合抗日，影响巨大。1938年9月15日在上海广慈医院病逝。平生爱好金石篆刻，工诗书画，尤擅画松。书法则取法于《爨宝子碑》，汲古功深，自

1930年6月22日寒花展览会合影（从左至右依次是经亨颐、黄宾虹、张善孖、王一亭）

经亨颐墨竹图

具面目。著有《长松山房诗书画印集》《约法与教育》《一日中之化学界》《颐渊诗集》《经亨颐教育论著选》等。（入社号 823）

注释

❶ 德业：谓德行、事业。《后汉书·杨震传》："自震至彪，四世太尉，德业相继。"

❷ 春晖指春晖中学，经亨颐曾任该校校长。又，经亨颐在浙江教育界颇负盛名，许多著名人士都出其门下，执弟子礼甚恭。

❸ "兴来"句：按，经氏因性格耿直，素有"强项公"之称，故仕途并不得意，他尝谓"从政非所学，老大徒伤悲"。1929 年，经氏捐出驿亭老宅、田产供大同医院使用，另建"长松山房"。同年，与何香凝、陈树人、柳亚子等在上海组建寒之友社，社中成员皆为书画界名人，极尽文酒风流之乐。1932 年秋，廖仲恺夫人何香凝养疴于白马湖私邸，柳亚子渡海往诣，曾下榻于"长松山房"（经亨颐之斋名），亚子先生有诗为记："名湖东道谁为主，一老峥嵘未白头。"又，经亨颐先生五十岁以后常爱画松，何香凝为作"长松图"，柳亚子复为"长松图"题一古风："长松先生人中豪，结庐喜在山之坳。岁寒不数梅与竹，苍龙直干干云霄。两松揖让恰相对，一松偃蹇山墙外。蟠云拔地百轮囷，戴月披风万光怪。"柳亚子后来又在经氏与何香凝合作的《岁寒三友图》上题诗道："炯炯长松不世姿，罗浮消息证南枝。可容添我成三友，劲节虚心洵足师。"——三、四句指此。

万古长松不改容——经亨颐画作

夏丏尊

清芬[1]肯向梅花守，澒洞忧端天与齐[2]。

丝尽蚕心犹未死[3]，几人白首远皤溪[4]！

简传

夏丏尊（1886—1946），原名铸，字勉旃，号闷庵，后改字丏尊，以字行。浙江绍兴上虞人。1901年考中秀才，17岁入上海中西书院求学，因无法交付学费，遂购得《华英进阶》《代数备旨》等书自修英文、数学。1905年，向亲友借了500元，东渡日本留学，初入弘文学院，未毕业，又转入东京高等工业学校，攻读染织工业，1907年因经费无着回国，应聘为浙江省两级师范学堂通译助教，其后该校改为浙江第一师范学校，任国文教员，1909年与鲁迅、许寿裳等一起罢课，迫使夏震武辞职。1912年与李叔同结识，成为莫逆，旋加入南社。新文化运动时期，提倡自由思想，并编辑浙江教育会刊物《教育潮》；同年，因顽固

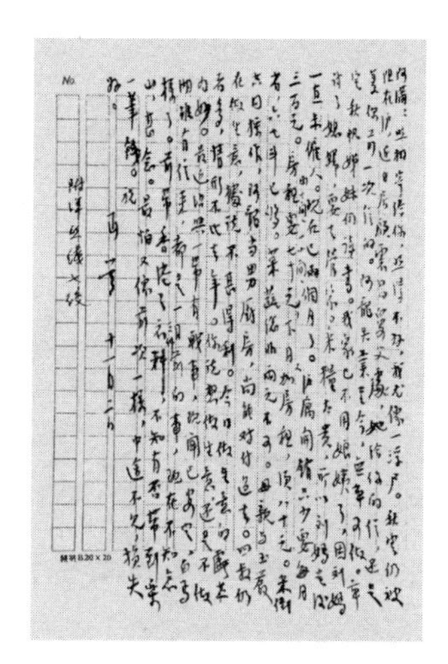

夏丏尊书信手稿

势力排挤被迫离校，应湖南第一师范之聘在长沙任教，1921年回乡，在春晖中学任教。此后，又在宁波浙江省立四中、上海立达学园、上海暨南大学任教，兼编《一般》杂志。1926年8月，与章锡琛等共同创办开明书店，任总编辑兼编辑所长。是年秋，兼任复旦大学国文教授，主讲中国哲学史。1930年起创办《中学生》杂志，任社长。九一八事变后，撰写《闻警》一文，呼吁"永远不要忘记这一日子！"1933年，与章锡琛创办上海私立开明函授学校；同年，与叶圣陶合著《文心》，以故事形式讲述国文知识与技能，颇受好评。1936年出任《新少年》社长，同年参加中国文艺家协会，被选为中国文艺家协会理事、主席。抗战爆发后，上海文化界救亡协会机关报《救亡日报》创刊，为三十人编委之一。太平洋战争爆发后，日军占领上海租界，曾企图利用他的声望为日本办事，遭峻拒。1943年12月15日，被日本宪兵司令部逮捕，经日本友人内山完造等奔走营救，于25日获释。1945年11月，被选为中华全国文艺家协会上海分会理事。1946年4月23日在上海病逝。著述甚多，主要有《平屋杂文》、《文章作法》（与刘薰宇合著）、《文心》（与叶圣陶合著）；翻译有意大利亚米契斯的《爱的教育》和《近代日本小说集》等。（入社号454）

注释

❶ 清芬：喻德行高洁。陆机《文赋》："咏世德之骏烈，诵先人之清芬。"梅花：夏氏书斋名曰"小梅花屋"。弘一法师有《题小梅花屋·调寄玉连环影》云："屋老一树梅花小，住个诗人添个新诗料。爱清闲，爱天然，城外西湖，湖上有青山。"又，

夏氏亦有《自题小梅花屋园·金缕曲》一首，可见幽人风致，词云："已倦吹箫矣，走江湖，饥来驱我。嗒伤吴市。租屋三间如艇小，安顿妻孥而已。笑落魄，萍踪如寄。竹屋纸窗清欲绝，有梅花，慰我荒凉意。自领略，枯寒味。此地占得三弓地。筑蜗居，梅花不种，也堪贫死。湖上青山青到眼，摇荡烟光眉际。只不是，家乡山水。百事输人白发改，快商量，别作收场计。仍郁郁，久居此。"按，夏氏性情峻洁，耻言爵禄，辛亥革命后，不愿再当选议会会员，遂将"勉旃"改为"丏尊"，因"丏"容易写错成"丐"，选票写错则变成废票，如此便可落选。

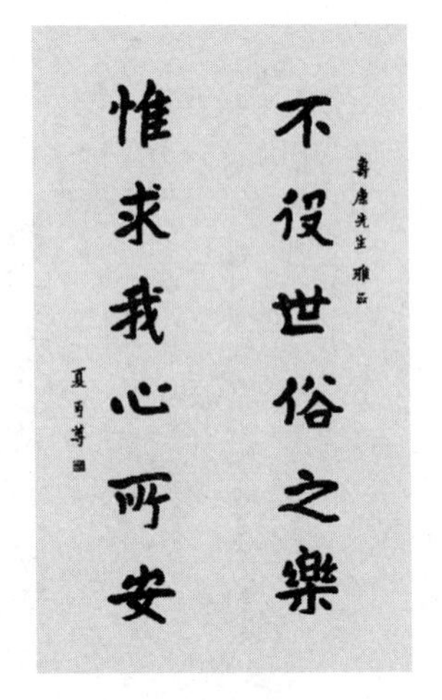

夏丏尊联语手迹

❷"澒洞"句：意谓夏氏的忧愁像天一样高，像茫茫海水一样广漠无边。澒洞：广漠无边貌。杜甫《自京赴奉先县咏怀五百字》："忧端齐终南，澒洞不可掇。"

❸"丝尽"句：语出李商隐《无题》诗："春蚕到死丝方尽，蜡炬成灰泪始干。"此处反其意而用之。按，楼适夷在《怀念夏丏尊先生》一文中云："尽管后来有些人说：夏先生爱发牢骚，爱叹气，常常摇摇脑袋说：'没有办法了，没有办法了！'表示悲观的情绪，但他一直都是勤勤恳恳，认认真真，不消沉、不停滞，坚定不移地做他那份他能做，应该做而对人有益的事，即使在任何残酷的、恶劣的处境下，宁可熬贫受苦，也总是与罪恶势力站在决不妥协的立场。一直到他的最后，他没有休息过一天。"

❹磻溪：在陕西宝鸡市东南，源出南山，北流入于渭。一名璜河。相传为姜太公望未遇文王时垂钓之处。《水经注·渭水》："渭水之右，磻溪水注之。水出南山兹谷，乘高激流，注于溪中。溪中有泉，谓之兹泉。泉水潭积，自成渊渚，即《吕氏春秋》所谓太公钓兹泉也。今人谓之丸谷。石壁深高，幽隍邃密，林障秀阻，人踪罕交，东南隅有一石室，盖太公所居也。水次平石钓处，即太公垂钓之所也。其投竿跽饵，两膝遗踪犹存，是有磻溪之称也。"

顾悼秋

漫云耽酒傲羲皇[1]，髀肉[2]摩挲惹恨长。

料得噲唯[3]大醉里，冲冠一怒碎圭塘[4]！

简传

顾悼秋（1886—1929），字崧臣，别号灵云、退斋、服媚、神州酒帝、飞燕旧主等，名无咎。江苏吴江人，世居黎里夏家桥。为南社酒人中之巨擘。性情狷狂怪僻，迥异常人。尝与梨村诸人组织酒社，某年秋，举行首次雅集，自撰小启，云："风景不殊，河山已异，腐鼠沐猴，滔滔皆是，洁身自好之士，辄欲遯迹糟窟，以雪奇恨，此酒社之所以作也。"并署名神州酒帝。又有诗谓："座中我是高阳帝，眼底谁为阮步兵？"自负可知。后又牵头成立消寒社与消夏社，春季又有梨社之设。他居乡喜御背心，虽酬应亦不穿马褂。擅填词，却刻一印："词人半是娼家妇"。晚年流寓沪上，与范烟桥、痴萍等结"云社"，奈病足，酒

梨村五子（右起：周云、沈剑霜、朱剑锋、顾悼秋、朱剑芒）

量不宏，无复当年之豪情胜概。平生擅诗书，尤精瘦金体；亦善于治印。著有《服媚室酒话》《灵云别馆散记》，惜未刊行于世。又曾广征里人遗诗，成《禊湖诗拾杂编》，并助陈去病编《吴江县志》，有功于文献。（入社号 161）

注释

❶“漫云”句：语本顾氏《开鉴草堂即事》诗云：“北窗横一枕，高趣傲羲皇。”按，南社社友中不乏善饮者，而大家皆推顾悼秋为个中巨擘，顾氏著有《服媚室酒话》，内云：“余尝仿乾嘉诗坛点将录体，编《酒国点将录》一卷，同人以余有酒帝号，咸目余为宋三郎。顷朱剑芒盟兄贻书相告，谓方从事《海上新酒国点将录》，则又目余为五虎将中董平云。按，董平有风流跌宕之概，余偃蹇穷途，得此嘉谥，能无感愧交并。”又云：“吴兴赵苕狂，性抗直，饮滔极豪，狂人之酒也。甫入座，即欲开战，且闻余有酒帝之号，乃树帜革命。余告以甲子逊位之诏，苕狂不信，已张拳作战状，而余亦雄心忽动，先浮六大白以应之，既而苕狂果降服矣。且曰：‘愿受册封。’乃予赵主之爵，一时豪兴，更可备他年拊掌。”他更自谓：“平生交

友，如柳亚子、胡朴安、王大觉、朱剑芒、周酒痴，狂人之酒也。叶楚伧、陆伯觞，酒人之酒也。沈剑霜、余十眉，诗人之酒也，余自谓在狂人酒人之间，大雅君子，其有言乎？”——“漫云”句，意谓顾悼秋在南社中虽负“酒帝”之号，但他绝不像古人所想象的伏羲以前的先民那样无忧无虑，闲适自得。

❷ 髀肉：《三国志·蜀书·先主传》晋裴松之注引《九州春秋》曰：“备（指刘备——注者）住荆州数年，尝于表坐起至厕，见髀里肉生，慨然流涕。还坐，表怪问备，备曰：‘吾常身不离鞍，髀肉皆消。今不复骑，髀里肉生。日月若驰，老将至矣，而功业不建，是以悲耳！’”后遂以“髀肉生”指投老无成，虚掷岁月。陆游《春晚》诗云：“蹇驴闲后诗情减，阵马抛来髀肉生。”

❸ 噲唯：唠叨，此谓酒后失态。《荀子·非相》：“然而口舌之均，噲唯则节。”王先谦《集解》：“噲唯则节者，或辩或唯，皆中其节也。”

❹ 圭塘：指《圭塘唱和集》，是一部由袁世凯与沈祖宪、闵葆龙、陈夔龙、吴保初诸遗老所作的唱和集。王式通作序，袁世凯之子寒云辑录。袁谋帝制，顾悼秋愤而掷之。又，顾悼秋有感此事，曾作诗一首，以昭心迹。原诗题甚长，兹照录如下：《醉后适有人持圭塘唱和集一卷投赠者遂掷之地并占五十六字呈南社诸子》。诗云：“长醒何如长醉后，我虽醉矣愈于醒。轮囷肝胆廖空泻，摇落河山月半荧。宝剑不曾诛贼桧，神州拼使泣新亭。愤来掷碎圭塘稿，便欲从军出井泾。”

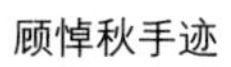

顾悼秋手迹

顾悼秋绘画作品

钱祖宪

树蕙滋兰[1]足可骄，耻于笼鹤采丰标[2]。

偶来挥麈谈天衍[3]，未许同心到野樵[4]。

简传

钱祖宪（1884—1926），字叔度，小名桐桂。江苏吴江同里人。其父名焕，字词愕，光绪丙子（1876）举于乡，学行并茂，为乡间式。在家授徒，从游者甚众。叔度幼聪慧，秉承家学。不幸14岁时弃养，悲痛之极，发愤尽读家藏遗书，未及弱冠，已卓然不群，曾考中秀才。早年在黎里树人小学、四高任教，与柳亚子订交。及亚子与佩忍以诗文鼓吹革命于乡里，创立南社，钱氏亦经柳、陈介绍入社，为最早会员之一。1911年秋应金松岑之邀请，出任同里第二高等小学校长。初则萧规曹随，一依旧制，其后随着学生的大量增多，班级因之增加，举凡校舍增建、操场扩展、增添设备、礼聘教师乃至授课方式，莫不悉心筹划，竭尽所能。1925年夏同邑王恪臣在北平任议员，函请钱氏前往商讨及笔墨之需，遂有北平之行。公余之暇，得览北国风光，故都胜概，极朋樽之乐。后国事日非，王不得行其志，且不安于位，钱氏亦回归乡里。此前，曾受金松岑之委，代为潘馨航编纂《河套新编》。潘氏关心黄河水利，搜罗河套的资料颇为赡富，钱氏悉心将相关资料分门别类，排比、整理、修改，然后嘱学生列案分抄，竭数月之力而成书。钱氏为人仁厚纯谨，常以孝弟笃敬、清白传家勉励子女。平素尝以著文自遣，诗则偶作。才思敏捷，下笔疾书，数万千言，一气呵成，惜乎钱氏对诗文稿不甚爱惜，亡佚甚多。1926年初不幸染上霍乱，病危，而乡里又无良医，遂致不起，逝于同年6月20日。著有《畏垒山房文集》。（入社号19）

注释

❶ 树蕙滋兰：语出屈原《离骚》："余既滋兰之九畹兮，又树蕙之百亩。"此借喻设帐育人。按，钱氏早年在黎里树人小学、四高任教。治校以诚勤朴爱为校训，以智德体兼重为宗旨，而以德育为先。教学极为认真，上国文课时，有备课笔记10数册，凡字音字义，分节分段，全文大意，写作特点以及佳句、仿造等，记载详尽，使学生易于接受。当时吴江中学所开设之国文课，并无现成课本可依，全由教师亲自编选而定，然后印成讲义，作为教材，传授于学生。钱氏万卷蟠胸，识力自高，是以所选的课文，别具只眼，举凡经史子集中有名的篇章，浅显而易为学生接受的，往往入选。钱氏同时主张学以致用，除了讲解清晰，还十分重视朗诵，在课堂则高声朗诵，在自修则密吟恬咏。钱氏又主张课外阅读，一方面增加知识，另一方面培养自学的能力，常以博观约取、厚积薄发相勉励。

❷"耻于"句：笼鹤：被囚禁在笼樊里的鹤。庾信《拟连珠》："笼樊之鹤，宁有六翮之期？"丰标：丰，指风采；标，指标格。此指钱氏善于因材施教，务求人尽

其才，尝启导学生道："文章能事，首明格调。格调易明，只要多读名家文章，熟读深思，心知其意，则熟能生巧，而重要的是书要博，识见要高。读书多而养之，渐积充实于其中，则言之有物，自辟蹊径。识见要从立品、涵泳、阅历中来，识见高则不落凡俗，光华四射。作诗亦然。"——"耻于"句缘此。

❸"偶来"句：挥麈：麈，麈尾，即拂尘，用麈（一种似鹿而大的动物）的尾毛制成，魏晋人清谈时所执之物。金人赵秉文诗："欲尽休公挥麈乐，鬓丝羞对落花风。"清人钱泳："挥麈谈文，终日不倦。"天衍：邹衍，精通阴阳五行，爱发议论，时人认为不合常理，称他"谈天衍"。

❹"未许"句：叔度毕生从事于教育事业，贫病不易其节，险夷不改其志，良可风也。——"未许"句指此。

徐血儿

蒿目神州易冕旒[1]，羞将古泪洒松楸[2]。

国殇[3]猛志英雄气，喝令南冥[4]水倒流！

简传

徐血儿（1893—1916），原名天复。江苏东坛人。少承庭训，志行卓异。肄业后既以革命为职志。早年曾参加中国同盟会。1909年任《民呼报》《民吁报》外勤记者；1911年在上海主《民立报》笔政，辛亥革命后，继续为《民立报》撰写文章，深为于右任所激赏。1912年5月被选为中国同盟会本部驻沪机关部文事长。1912年底，经叶楚伧、胡朴安等介绍，加入南社。汉阳失守后，江左震恐，血儿以文字安定人心，旋得咯血症，因著《泣血篇》。“宋教仁案”发后，缉获证据，经血儿审定后刊行。“二次革命”失败后，曾与叶楚伧创办《世界杂志》。因揭露袁世凯的帝制阴谋，被北京政府三次通缉，终因积劳成疾，于1916

年在上海病逝，年仅24岁。著有《沪上春秋》、《宋渔父》（与邵力子、杨千里、叶楚伧等合著）等。（入社号362）

注释

徐血儿等编《宋教仁血案》书影

❶ 首句：蒿目：极目远望。《庄子·骈指》："今世之仁人，蒿目而忧世之患。"冕旒：古代帝王，诸侯及卿大夫之礼冠。外黑内红。盖在顶上曰延，以五彩缫绳穿玉，垂在延前曰旒。天于之冕十二旒，诸侯九，上大夫七，下大夫五。详见《周礼·夏官·弁师》之记载。又，冕旒之制，历代大约相同，宋以后则臣下都不用冕。"冕旒"一词遂被用于皇帝之代称。此处以"易冕旒"喻袁世凯密谋帝制。

❷ 松楸：松树与楸树。因多植于墓地，常用为墓地之代称。《文选·齐敬皇后哀策文》："陈象设于园寝兮，映舆鏉于松楸。"

❸ 国殇：《楚辞》中有《国殇》篇。该篇感情激越，场面壮烈，极赞楚国卫国将士们的英雄气概。按，袁世凯密谋称帝时，徐氏傲视袁氏之淫威，在《民立报》发表《讨袁之真意义》，充分显现出不避锋镝的抗争雄气。

❹ 南冥：即南方的大海。《庄子·逍遥游》："是鸟也，海运则将徙于南冥。南冥者，天池也。"成玄英疏："大海洪川，原夫造化，非人所作，故曰天池也。"

徐自华

炼石娲皇浩气涵[1]，肯拈梅子怨江南[2]。

千秋一柄留徐剑[3]，愧煞桓桓[4]七尺男。

简传

徐自华（1872—1935），字寄尘，号忏慧词人。浙江桐乡人。少承家学，笃好典籍，尤擅倚声。5岁跟从舅父学诗，10岁即能作五言八韵诗。1907年正月，湖州南浔镇乡绅创办浔溪女学，聘寄尘为堂长。同年，嘉兴褚辅成荐秋瑾来校任教，两人一见如故，日夕唏嘘，纵论家国，遂订金兰契。是年夏，毅然加入同盟会与光复会，嗣后，辞去校职赴沪协助秋瑾创办《中国女报》。又倾囊中饰物，得金30两，悉数持赠秋瑾以供起义之用。1907年秋，秋瑾轩亭殉难，为践“埋骨西湖”之约，四处奔走，终将烈士忠骨安葬在西泠桥畔。1908年初，邀集光复、同盟两会会员陈去病、徐小淑等在西湖凤林寺秘密开会悼念秋瑾，同时

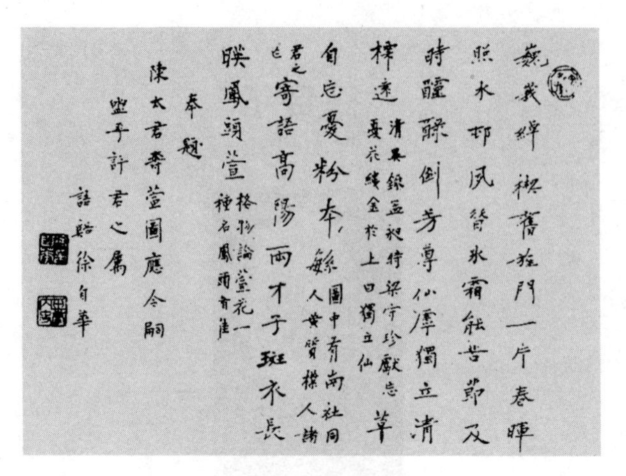

徐自华手迹

组织秋社，被推为社长。1913 年后任上海竞雄女校校长，继续从事革命活动。1916 年滇黔起义，与陈去病策划占苏州，以助金陵。1927 年夏，邀秋瑾之女王灿芝接办竞雄女学，并以秋侠所赠之翠钏返还灿芝，因有《还钏记》之作。此后，由沪移居杭州西湖秋社，朝夕与秋墓为伴，为保卫秋墓与清政府、北洋军阀及国民党旧官僚作长期不懈之斗争。1935 年 7 月 12 日逝世于西湖秋社。享年 63 岁。著有《忏慧词》《听竹楼诗集》《秋心楼诗词》《鉴湖女侠秋君墓表》等。（入社号 11）

注释

❶“炼石”句；本徐自华《满江红·感怀》词：“愿吾侪炼石效娲皇，补天阙。”

❷“肯拈”句：肯：哪肯。拈：以指取物。梅子：北宋词人贺铸《青玉案》词中有“一川烟草，满城风絮，梅子黄时雨”之句，时人因呼之“贺梅子”。此句意谓徐自华倾心革命，为词亦大都豪放雄健，与贺铸“梅子黄时雨”之类绮怨闲愁的词风迥异。

1912 年孙中山在杭州参加秋瑾追悼大会时留影（前排右三为徐自华）

❸ 留徐剑：杜甫《哭李尚书》诗："漳滨与蒿里，逝水竟同年。欲挂留徐剑，犹回忆戴船。"典出《史记·吴太伯世家》："季札之初使，北过徐君。徐君好季札剑，口弗敢言。季札心知之，为使上国，未献。还至徐，徐君已死，于是乃解其宝剑，系之徐君冢树而去。从者曰：'徐君已死，尚谁予乎？'季子曰：'不然，始吾心已许之，岂以死倍（背）吾心哉！'"后遂用"留徐剑"指悼念亡友的祭品，此处则将"留徐剑"作为一种永恒、深邃、崇高感情的象征。按，秋瑾于 1907 年殉难后，其族人不敢收埋，遂后善堂草草成殓，葬于绍兴卧龙山下。翌年 1 月，自华携义女濮亚华，风雪渡江，迁柩之杭，购得孤山西泠桥堍穴地，与吴芝瑛共同鉴工营葬，并亲撰秋瑾墓表，请金石家胡菊龄刻石立于秋墓前。此举有触清政府之忌，是年冬，清御史常徽奏请削平秋墓，并参奏徐自华、吴芝瑛为同党，徐自华因避居上海。1908 年初，徐自华与陈去病、褚辅成等组织秋社，徐被推为社长。后积极进行浙江起义事宜。浙江光复后，秋社社址建在西湖刘典祠。1912 年元旦，孙中山就任临时大总统，自华即请归葬秋侠于西泠，并被浙江都督委为营葬事务所主任。秋墓规划图案，经浙江都督朱介人亲自批准，开工营建时，因袁世凯派员干涉，谓秋瑾"虽于革命有功，但不应与岳王坟并峙"，朱氏即擅改原图，拆低五尺，废除墓上石像。自华据理力争，后经孙中山先生力劝，暂且作罢，赴沪接办秋瑾纪念学校——竞雄女学。1927 年夏，自华历尽风霜，怔忡时发，遂邀秋侠之女王灿芝接办竞雄女学，并以秋侠所赠之翠钏返还灿芝，乃有《还钏记》之作。1935 年，自华逝世。1943 年，小淑将其姊安葬孤山原冢，俾与秋侠魂魄相依，偿其始愿。

❹ 桓桓：勇武貌。

徐枕亚

芳尘为梦酒为魂[1]，劫里何须问果因[2]。
百阕[3]从教吞彩凤，缠身愁恨可湮沦？

简传

徐枕亚（1889—1937），名觉，别署东海三郎、泣珠生等。江苏常熟人。早年毕业于虞南师范学校，与吴双热同学，善韵语，积诗甚夥。因家贫，毕业后曾先后在善育小学堂、虞城谊育小学、鸿西小学堂任教。1912年，由徐天啸介绍应聘为《民权报》新闻编辑，又加入南社。其代表作《玉梨魂》于《民权报》刊载后，声名大震。后《民权报》因反对袁世凯推行帝制而被迫停版，无奈，入中华书局为编辑。其时，刘铁冷等人集股合办《小说月报》，敦请徐枕亚为主编，此后主要从事小说创作，尤为擅长以典雅华赡的文言描写男女青年爱情悲剧，为鸳鸯蝴蝶派的代表作家。1918年，独资创办清华书局，并发行《小说季

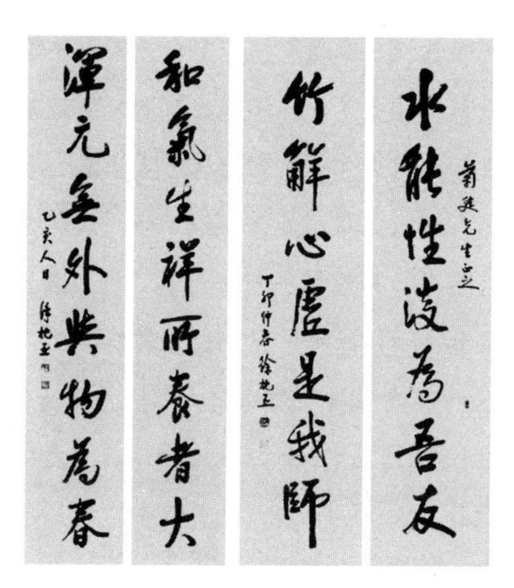

徐枕亚联语手迹

报》。1922年，与许廑父主编《小说日报》。五卅惨案发生后，任“常熟市民声援沪案委员会”执行委员。1934年，将清华书局盘给大众书局，悄然回常熟开设乐真庐，鬻字、篆刻兼营古董生意。晚年家境坎坷（妻、子相继去世），生活困窘，心绪恶劣，纵酒无度，遂不复从事小说家言，且颇为过去“喜事涂抹”而自悔。1937年9月27日病殁。著有《玉梨娇》《雪鸿泪史》。此外还有《浪墨》四卷、《刻骨相思记》《余之妻》《兰闺恨》等。又辑有《锦囊》《谐文大观》《广谐铎》《无名女子诗》等。（入社号951）

注释

❶ 酒为魂：枕亚嗜酒如命；祖与父皆死于酒，依旧沉湎不拔，醉后倾跌，亦不以为意。朋为劝止，尝作《酒话》一卷，以示与酒绝；未几，则又狂饮如故。盖枕亚一腔郁结，必欲借酒宣泄也。

❷“劫里”句：按，徐枕亚系鸳鸯蝴蝶派的代表作家。他善于以缠绵悱恻之笔，状

写人世苦恋之情，其代表作《玉梨魂》描写家庭教师何梦霞与青年寡妇白梨影的恋爱故事。他们两心默契，相爱甚深，不断通过他人来传递书信与诗词，但又始终坚守“发乎情止乎礼”的封建古训，不敢存任何非分之想；为此，他们痛苦得难以禁忍。无奈，梨影只好打算将小姑介绍给梦霞，以解决既爱之又无法得之却希望时时近之的矛盾。对此，梦霞驰书指责她是“庸人自扰”；小姑则为婚姻不能自主而深感苦恼。最后，小姑怨艾以死；梨影哀伤病亡；梦霞则投笔从戎，马革裹尸。这种“有情人不能成眷属”的悲剧，无疑是黑暗现实的一种折光反应。作者在这部哀情小说中一字一泪地写道：“无端邂逅，有意缠绵。既无前因，复无后果。如蚕缚丝，如蛾扑火。网沉苦海，竟不回头；已到悬崖，浑难撒手。此非所谓孽冤缠人，有不可以自由解脱者耶？夜窗风雨，凄寂无聊，梦霞已由醉乡而入睡乡。梨娘则心如悬旌，系念梦霞不置。忍寒久坐，对影不双。”真乃肝肠寸断，满纸“无可如何”。——“劫里何须问果因”指此。

❸ 百阕：指徐枕亚《悼亡词》100首。按，徐枕亚的母亲性情暴戾，虐待媳妇。枕亚之嫂不堪凌辱，自经而死。又强逼枕亚与其妻蔡蕊珠离婚；无奈，他们办理了假离婚手续，私下秘密同居；蕊珠生下孩子，产后失调而逝。枕亚哀痛之余，做《悼亡词》100首，印成小册，以赠朋友。又，北京刘春霖状元之女沅颖，读了《玉梨魂》与《悼亡词》后，对徐氏备致钦慕；奈春霖以为门第不当，力阻不允。后虽历经艰难成就婚姻，沅颖却终因贫富悬殊，生活不惯，不久便抑郁致病而逝。遭此变故，枕亚日益颓唐。吞彩凤：《晋书·罗含传》：“少有志尚。尝昼卧，梦一鸟文彩异常，飞入口中，因惊起说之。（叔母）朱氏曰：‘鸟有文彩，汝后必有文章’，自此后藻思日新”。

徐道政

牢落[1]平生酒一觥，无灵文字羽毛轻[2]。

晚耽韵磬同焦尾[3]，惆怅人间万古情。

简传

徐道政（1866—1950），初名尚书，字平夫、病无。浙江诸暨人。平夫，取“匹夫平天下”之意。幼读五经，习制艺、辞章之学。1903年，中为举人。1904年，发起将翊忠书院改为新式学堂，称公立翊忠高等小学堂，为学校校董会之一。1908年，撰成《说文部首歌括》（上海会文书社出版），此书被教育部门定为初级小学教科书。1909年，任教浙江两级师范学校。辛亥革命后，就读京师大学堂。1913年7月，浙江两级师范学校改名为浙江省立第一师范学校（简称一师）后，与经亨颐、李叔同、夏丏尊、陈望道等同时任教于杭州浙江第一师范，讲授《说文解字》，又编撰《中国文字学》（武林印书馆），有声于时。1914

年春，由陈虑尊介绍，在浙江省立第一师范与同仁夏丏尊、徐作宾、郦忱、姜丹书、陈子韶等同时加入南社，旋赴杭州，与柳亚子聚晤，极文酒之欢。同时，与马一浮亦多有来往，其艺另辟蹊径。他好诗，尤长古风，积稿甚富。1917 年，任省立第六师范学校校长，在任期间，感于学生（六师与六中）爱国热情空前高涨，曾联合台州各界人士成立台州救国协会，编印《救国旬刊》，还组织宣讲团，揭露北洋政府卖国罪行，宣讲禁售日货。同时，为改造校舍、提高办学质量殚精竭虑。晚年，退隐黄畈阳，自号射勾山民，纵情诗书，1950 年辞世。著有《说文部首歌括》《中国文字学》《诸暨诗英》《射勾山房集》等。选录宋至民国八百多年间 149 位乡人的代表诗作 1300 余首，辑成《诸暨诗英》。（入社号 457）

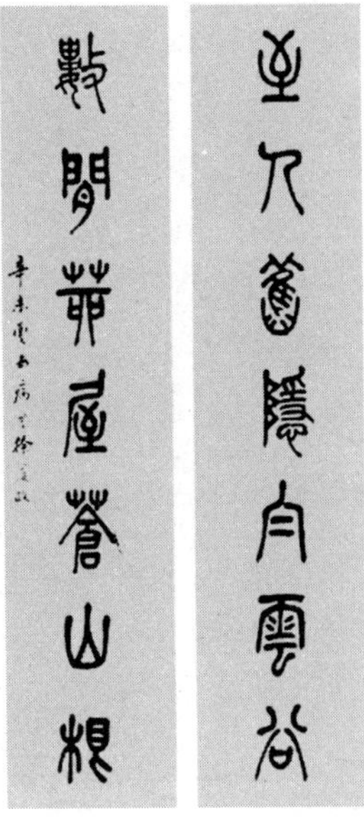

徐道政联语篆书手迹

注释

❶ 牢落：孤寂；无聊。晋人陆机《文赋》：“心牢落而无偶，意徘徊而不能揥。”唐人张九龄《自彭蠡湖初入江》诗：“牢落谁相顾，逶迤日自愁。更将心问影，于役復何求？”清人陈学洙《与缪天白夜话》诗：“牢落萧斋病后身，灯前款款话相亲。”

❷“无灵”句：徐氏尝与柳亚子酒叙，指斥当世，尽兴而别。某日，徐氏致书亚子云：“足下期期艾艾，令人绝倒。仆以为处无道世，何事多谈，然足下虽口吃，而善著书，仆则谓不如并书不著也。窃本此意，为一绝云：‘茂陵我亦慕相如，口不能言善著书。不若并书亦无有，韩王湖上只骑驴。’足下以为如何？”乱世牢骚，未可作等闲书札语观。其实，徐氏常托此“无能之辞”，以谋教化之功。仅从《南

社丛刻》来看，所刊徐氏之诗文甚夥，如《浙江第一师范校友会志序》《得古琴记》《与柳亚子书》《再与柳亚子书》《游颐和园》《南湖记游》《端节》《送长沙》《短歌行》《与张霞轩话别》《清明》《喜长沙》《闻同学》《忆梅》《留别北京大学校》《题亚子分湖旧隐图》《柬亚子》等。又1919年，徐氏为象山斯民小学校歌作词，云："五指峥嵘太白东，上林文化孕育中。我悲同到光明地，快乐真无比！启我本能迪我心，自勉自尊万事成。愿我少年振振振，努力向前进！"并撰写《斯民校舍记》。1944年，为诸暨同文中学校歌作词云："允常旧都，南极勾无，竹简良材举世无。十年教训沼强吴，薪胆超霸图。拯民救国学瘉愚，纵鼙鼓声声，还读我书。越山高，孤狮陡，浦阳深，流不污。教泽高深，与之俱。"足证其撰述之勤，淑世之心綦切。

❸ 焦尾：《后汉书·蔡邕传》："吴人有烧桐以爨者，邕闻火烈之声，知其良木，因请而裁为琴，果有美音，而其尾犹焦，故时人名曰'焦尾琴'焉。"《南史·王敬则传》："仲雄善弹琴，江左有蔡邕焦尾琴在主衣库，上敕五日一给仲雄。"亦省称"焦尾"。唐人李颀《题僧房》诗："谁能事音律，焦尾蔡邕家。"李咸用《山居》诗："焦尾何人听，凉宵对月弹。"清人顾绍敏《秋日感怀》诗："中郎应自怜焦尾，巧匠何堪笑斵轮。"后泛指好琴。元人石子章《竹坞听琴》第一折："夜深了也，取下我这焦尾琴来，抚一曲遣我的心闷咱。"按，徐氏为南社诸贤中为数不多之擅琴者。他尝跟张味真学习古琴，一日，偕味真同往观古琴，但见那琴色虽暗淡，所嵌玛瑙碧玉，沿灿然有光。复视其腹，龙池之上，篆有琴名"韵磬"，上有铭文28字云："养君中和之正性，戒尔忿欲之邪心，乾坤无言物有则，吾欲与子钩其深。"款曰"晦庵"，印曰"云谷道人"。味真以笔管扎弦，键于凤沼，以试其音，殊异凡响。徐氏遂斥十二金购下。以示马一浮，马氏摩挲再四，谓"察其断纹，是五百年前古物无疑。"徐氏复请人整修，惊其精光四射，灵响移情，遂撰成《得古琴记》一篇以志喜。

徐啸亚

拼将诗笔抵渔樵[1]，宁负封侯[2]骨相骄。
同抱相思异生死[3]，诸天了悟幻如泡[4]。

简传

徐啸亚（1886—1941），原名风，又名天萧，字天啸，别署秋槐室主、天涯沦落人等，晚号印禅。江苏常熟人。鸳鸯蝴蝶派重要作家。少补诸生，就读于虞南师范，后在善育小学堂等执教。早年加入南社，颇有才名，与其弟徐枕亚并称“海虞二徐”。精研印学，尤工书法，工为诗文小说。1912 年初偕徐枕亚赴上海，至上海入法律学校学习，加入国民党。主《民权报》笔政，立论激烈，以致次年该报被袁世凯政府强行停刊。1914 年起任上海《黄花旬报》主编，同时助徐枕亚编辑《小说丛报》。此后走广西、转广东，曾在军界任职，一度主广州《大同日报》笔政。徐氏以政论见长，文章散见于《民权报》《大同日报》等

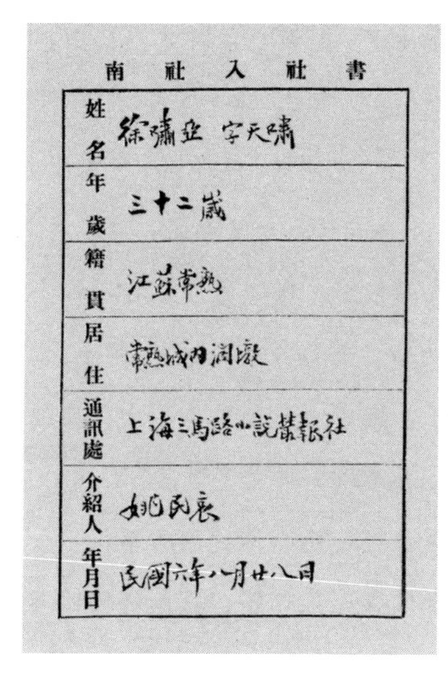

南社入社書

姓名	徐嘯亞 字天嘯
年歲	三十二歲
籍貫	江蘇常熟
居住	常熟城内潤[illegible]
通訊處	上海三馬路小說叢報社
介紹人	姚民哀
年月日	民國六年八月廿八日

徐啸亚入社书

报刊。数年后，复回上海，任上海青年会中学国文教员、同济大学国文系主任。1930 年应戴季陶聘，任考试院秘书。抗战军兴，逃亡重庆，一路颠沛流离，身体不堪承受，吐血不止，1941 年病逝于重庆。著有《神州女子新史》《太平建国史》《天啸残墨》《珠江画舫话沧桑》《天涯沦落人印话》《神州女子新史》《湖上百日记》《鸳鸯梦》《自由梦》《天啸浪墨》《近代小说家小史》等。（入社号 950）

注释

❶ 渔樵：渔人和樵夫。唐人王维《桃源行》："平明闾巷扫花开，薄暮渔樵乘水入。"宋人范成大《携家石湖赏拒霜》诗："渔樵引入新花坞，儿女扶登小锦城。"清人顾光旭《弓插》诗："隔水断渔樵，横斜坏木桥。"后指隐居。南朝梁人刘孝威《奉和六月壬午应令》："神心重丘壑，散步怀渔樵。"唐人杜甫《村夜》诗："胡羯何多难，渔樵寄此生。"宋人苏轼《前赤壁赋》："况吾与子渔樵于江渚之上，侣鱼虾而友麋鹿。"明人屠隆《彩毫记·乘醉骑驴》："乾坤傲，永不踏红尘向市朝，真唤做圣世渔樵。"此处即取此义。

❷ 封侯：泛指显赫功名。唐人王昌龄《闺怨》诗："忽见陌头杨柳色，悔教夫婿觅封侯。"宋人陈师道《九月九日魏衍见过》诗："一经从白首，万里有封侯。"

❸"同抱"句：徐氏与其胞弟枕亚手足情深，对其备极关爱。早年曾介绍其弟进入《民权报》。1937 年，徐枕亚死于常熟老家。4 年后，徐天啸病逝重庆，故曰"异生死"。枕亚死后，天啸挥泪哀悼，其在悼词中写道："嗟余哭断肝肠，尚难逃百千万劫障"。

又，徐氏尝作有“满江红”四阕，题为“三十自挽词”，颇能自道行藏，兹录之如下:“自笑平生,居然有男儿志气。也几度中宵起舞,新亭洒泪。长啸悲歌声逼侧,工愁善病容憔悴。更年年漂泊在天涯，亲心碎。留不住，光阴逝，拒不得，忧患至。纵雄心未老，壮怀无济。风雨关山愁客思，文章事业全虚话。劝从今闭口莫谈兵，甘心未。”“劫后余生，犹未改狂奴故态。看镜里头颅依旧，微嫌暮气。壮不如人今老大，世皆欲杀休惊怪。算人间废物纵多多，侬为最。囊如洗，黄金尽，箧不笼，黑貂敝。叹瓶中罄矣，买春无计。愁里光阴过去了，胸中块垒销完未。小生辰欲尽一壶觞，谈何易。”“回首前年，记此日曾经一醉。猛忆得，画堂笑语，香闺恩爱。襟上酒痕犹似昨，眼前乐事终难再。只新添点点又斑斑，悲秋泪。痛心事，从头诉，伤怀日，兴感易。问婆娑春梦，而今醒未。身世凄凉难作客，家园破碎归非计。彼苍苍生我竟胡为，太无谓。”“如此江山，端的是荆天棘地。听一片幕巢燕语，称皇道帝。苍狗白云纷变幻，争蛮斗触同游戏。岂明年又要换头衔，奴还隶？收拾起，愁兼恨，抛开去，名和利。纵青春孤负，狂呼无济。人世百年原一瞬，我生卅载岂非快。倘从今老去也何妨，何须再。”——“骨相骄”指此。

❹“诸天”句：语出《金刚般若波罗蜜多经》：“一切有为法，如梦幻泡影。如露亦如电，应作如是观。”

徐 珂

平生未解醉花阴[1]，微茫史海苦搜寻。

万条读罢真成快[2]，如入华严[3]智海深。

简传

徐珂（1869—1928），原名昌，字仲可。浙江杭县（今杭州市）人。1889年中举人。清末时，极力提倡妇女天足，曾以“天苏阁”名其书斋。早年曾担任袁世凯在天津小站练兵时的幕僚，不久离去。1901年在上海担任《外交报》编辑，后随《外交报》一起成为商务印书馆编译所编辑，为《辞源》编辑人之一。旋又出任《东方杂志》编辑。此刊乃系一种选报性质的刊物，剪集每月报章杂志上的记事、论文，分类刊登，供留心时事者查考。《宫门抄》和《奏折》占首要地位，其次才是时论，只偶尔发表撰译文字。1911年，接管《东方杂志》的杂纂部。与潘仕成、王揖塘、冒鹤亭等友好。是年，杜亚泉接任《东方杂志》主编，力主改革，杂志面貌发生较大改观。当此之际，徐氏已开始全力编纂《清稗类钞》，并牵头编辑出版《上海指南》《日用须知》《醒世文柬指南》《通俗新尺牍》等。平生为人风趣、和善而豪爽，曾引用宋人陈郁《藏一话腴》里品评姜夔时所用的名言“家无立锥，而一饭未尝无食客”以自况。凡来徐府做客者，多为一时巨儒名彦，如康有为、胡适、梁启超、张元济、蔡元培、况周颐、

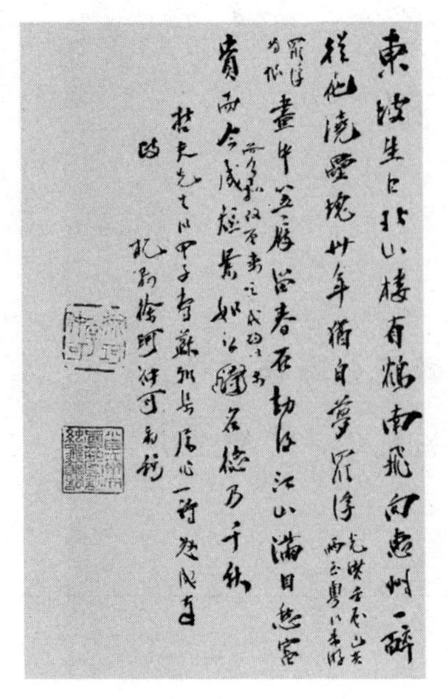
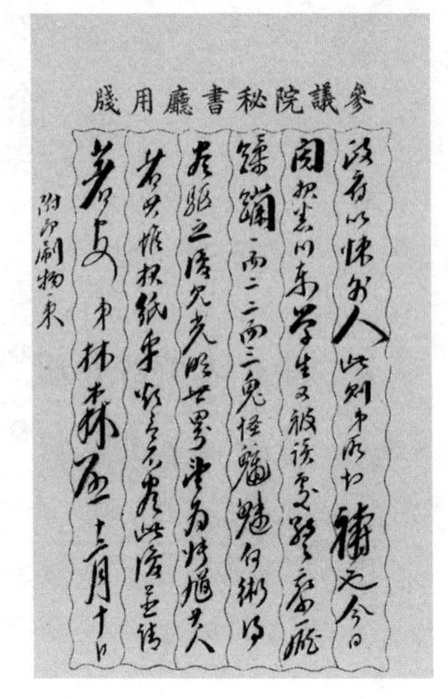

徐珂手迹

潘仕成、王晋卿、王揖唐、冒鹤亭等等。1928年病逝。著有《真如室诗》《大受堂札记》等。另编有《清朝野史大观》《天苏阁丛刊》《康居笔记汇函》《历代白话诗选》《古今词选集评》《越缦堂诗话》《清词选集评》《国难稗钞》《晚清祸乱稗史》《王风笺题》《岁时景物日咏大全》《佛说阿弥陀经注释会要》等。（入社号67）

注释

❶“平生”句：徐珂身材矮小，极度近视，看书写字必须戴着眼镜，无限靠近书本方能贯行。即使如此，仍坚持写作，孜孜矻矻，晨写暝抄，几乎从未中辍。一日，徐氏偶患眼疾，彷徨苦闷，竟终日茫茫然不知所措。又据老商务印书馆的同事回忆，徐氏勤勉过人，每天临睡时，必备一支铅笔，一个小本子，置于床头，偶有

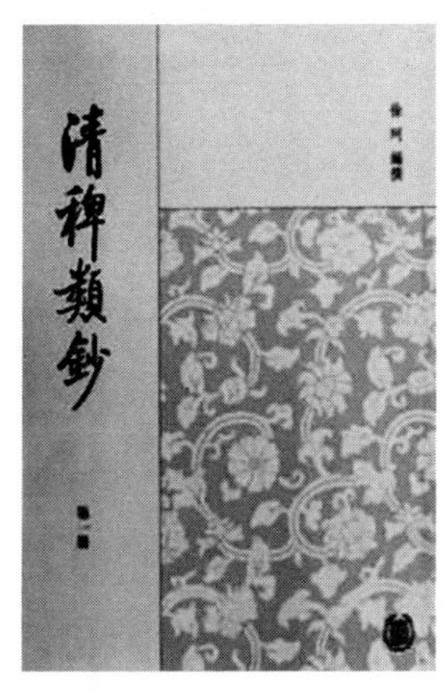

徐珂编《清稗类钞》书影

所思，必迅疾爬起，随即记下；虽严重损眠亦在所不计。夏剑丞（徐氏的老朋友）尝谓徐氏有闻必录，乃一极为勤奋之人，惜乎未在前清时的军机处供职，不然，将会给世人留下极为珍贵的关乎军国大事的史料。——“未解醉花阴”指此。按，徐氏之所以能够长年沉潜史海，埋首撰述，实源于他本人对人生的妙悟，他尝谓：“天虚而地实，天无也，地有也，自无而有，即自有而无，余深知有不如无之妙，故常冥心合目，作一身且非我之想，辄觉天君泰然。然此为理想，既有天地，即不能不有人，既有人，即不能不有我，天地之间既有我，即不能不存一与天地同休之想，而力求所以自立于天地之间者，无时无刻，莫不脚踏实地而为之，是则又为无不如有之境矣。”徐氏去世后，蔡元培曾撰联挽道：“嫉恶如仇，独对我过事宽容，平生风义兼师友；多文为富，无片刻暂离铅椠，等身著作付儿孙。”可谓知人之论。

❷“万条”句：徐氏平生心力所聚，大多在《清稗类钞》，此为其留与后人的一部前人笔记集。全书共48册。分时令、地理、外交、风俗、工艺、文学等92类，约一万三千五百余条。录自数百种清人笔记，并参考报章记载而成。搜罗宏富，检查便利，但选录颇为芜杂。80年代，此书曾再版，颇受称誉，足见其自有“化身千亿”的价值所在。

❸ 华严即《华严经》，全名《大方广佛华严经》。大方广为所证之法，佛为能证之人，证得大方广理之佛也，“华严”二字为喻此佛者。因位之万行如华，以此华庄严果地，故曰华严。又佛果地之万德如华，以此华庄严法身，故曰华严。《华严经》是大乘佛教修学最重要的经典之一。

徐蔚南 *

《黎明》《前进》与《正论》，国步常随日日新[1]。
溟渤[2]培风九万里，多公浩气迈千春。

简传

徐蔚南（1900—1952），原名毓麟，笔名半梅、泽人、泽生。吴江县盛泽镇人。幼时受业于塾师孙星华。在诗词上则有家法可依。自盛泽盛湖公学毕业后，旋进上海震旦书院（震旦大学前身）深造，由法国神父执教，教法甚严，由此打下法文基础。17 岁考取官费留学赴日本，毕业于庆应大学。回国后，受俄国十月革命与五四新文化运动的影响，于 1922 年创办《前进》半月刊，加入上海青年进步学会，并开始在《小说月报》上发表作品。1923 年 7 月，与其兄蘧轩在家乡创办《新盛泽》，旋入柳亚子等发起的新南社。1932 年上海通志馆成立，亚子为馆长，徐氏任编纂主任。其间，尝收集、出版大量的上海历史资料，并

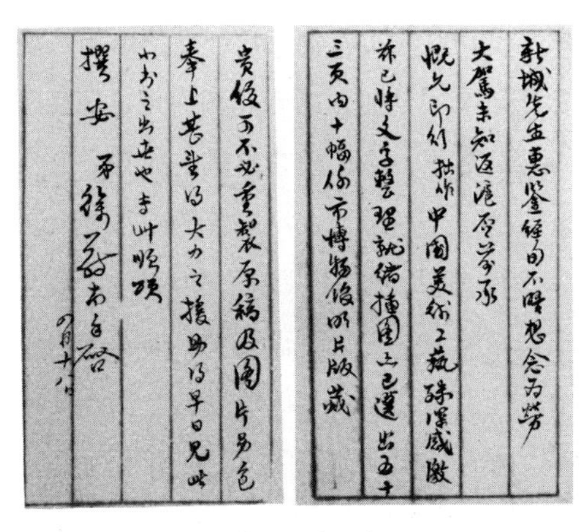

新城先生惠鉴：经旬不晤，想念为劳。
大驾未知返沪否[illegible]
慨允印行拙作中国美术工艺，殊深感激
兹已将文字整理就绪，插图亦已选出五十
三页，内十幅系市博物馆照片版藏
贵馆可不必重制原稿及图片另包
奉上甚望得大力之援助得早日见此
书之出世也专此顺颂
撰安 弟徐蔚南手启
四月十八

徐蔚南书信手迹

组织“通社”，在《大晚报》开辟“上海通”专栏，对上海的历史沿革、政治、外交、租界、金融、教育、社会事业、学术团体、出版刊物等情况进行广泛考察与深入研究。后客居绍兴，饱览越中山水，创作文笔轻灵优美、意境恬淡清远的散文小品甚夥，后收入与王世颖合著的散文集《龙山梦痕》中，腾誉文坛，对当时的散文创作影响甚巨。其中《山阴道上》被收入中学国文教材。1925年，由沈雁冰介绍加入文学研究会。同年，与伍范、胡寄南、陈望道、倩娜、刘大白等人发起成立“黎明社”。同年10月8日，出版社刊《黎明》。翌年，在复旦实验中学任教，后历任浙江大学、上海大夏大学、复旦大学教授。1932年任《民国日报·觉悟》《大晚报·上海通》主编。以主编旨在普及一般学术思想的《ABC丛书》，腾誉士林，一时风靡全国。因约请杨贤江写稿，有“通共”之嫌，被上海警备司令部逮捕。后经蔡元培、刘大白保释，始得幸免于难。1935年南社纪念会成立，任编辑部主任，编辑出版《蔡（元培）柳（亚子）二先生寿辰纪念集》。是年秋，应叶恭绰之邀，出任上海市博物馆董事。翌年任历史部主任。1937年应邵力子之邀，任南京中央宣传部主任秘书。抗战军兴后，与胡朴安共同创办《正论》社，制造抗日舆论，教授学者多为撰稿。其间徐氏常与共产党驻沪人员接洽，商谈抗日反汪事宜。1941年冬，太平洋战争爆发，日军进入租界，徐氏闭户不出，以典卖衣物书籍度日。由于居处受敌方监视，处境危险。1942年底，徐氏于夜间从屋顶露台越墙而走，历经辗转，终抵重庆。张道藩邀任中宣部专门委员之职，徐氏婉言推辞，孤身一人在重庆借卖文苦度光阴，生活窘迫，身患疾病，无暇顾及在沦陷区的妻子儿女。是年秋，邵力子任国民参政会秘书长，徐氏谋得秘书一职。抗战胜利后，返沪参加《民国日报》的复刊工作；上海通志馆恢复后，出任副馆长，兼任大东书局编纂主任。后通志馆改为文献委员会，任副主任。新中国成立后，仍在文献委员会任职，致力于翻译《苏联短篇小说选》《胡志明传》等。胡志明到中国时，徐氏与其多有交往。晚年积劳成疾，于1952年1月在上海寓所病逝，终年52岁。平生著述宏富，主要有短篇小说集《奔波》《都市的男女》；散文集《春之花》《水面落花》。又，徐氏精通英、法、日、俄等语，对法国文学尤有精深研究，一生致力于翻译介绍法国文学，主要译著有《人生为他人的》、莫泊桑的《她的一生》、法朗士的《女优泰绮思》、梅特林克的《茂娜凡娜》、马洛的《孤零少年》、大仲马的《基督山恩仇记》（节本）、都德的《沙第》及《印度童话集》《屠格涅夫散文诗集》等多种。在翻译文学的园地内堪称卓然一大家。

注释

❶"国步"句：按，徐氏于1922年创办《前进》半月刊，并加入上海"青年进步学会"。1923年开始在《小说月报》上发表作品，登上文坛。是年7月，与其兄蘧轩在家乡创办《新盛泽》报，旨在声援柳亚子创办的以宣传新文化、新思潮为目的的《新黎里》报，他强调道："为着民众求幸福，为改革旧社会，我们不得不严肃的批评一切地方事业，不得不热诚的提倡种种新事业，不得不热烈的反抗那妖魔鬼怪。"当《新盛泽》遭致盛泽市议员们的诋毁后，徐氏立即撰文反驳道："我们不会做谀慕之文，我们不会摇尾乞怜，我们的呼声，是从青年的红灼灼的良心里飞将出

来的。”(《“新盛泽”的幸事》)列宁逝世后，徐氏盛赞列宁为“现代世界上第一个怪杰”，“列宁对于世界上的平民，真是一颗最明亮的救星”。在1925年10月8日出版的《黎明》创刊号上，徐氏又旗帜鲜明地提出：“对于黑暗的现社会，表示不满足，而希望黎明时期的到来。”这是一个洋溢着反帝反封建精神的文学社团。作为文学研究会成员，徐氏极力提倡“为人生”的文学，呼唤革命的文学和革命的文学家。他慨乎言道：“我们真正的致命伤实在是缺少两种人。一种是文学家，一种是社会改造家。……但是，我们要求的文学家和社会改造家，不是鹦鹉式的、留声机式的文学家，不是唱高调的出风头的社会改造家。我们要求的是一种能够忍苦的、热心的、肯教育平民的、有同情于劳工的文学家。”因而，他主张“我们写出来的文学，要是人看得懂的，是活泼的，自己的”。为此，徐氏极力反对“风云月露之辞，香草美人之章”，而主张诗歌应激发民众的爱国心，“大家都愿为国奋斗，效死疆场”(1923年《爱国的诗歌》)。抗战胜利后，徐氏又为日新出版社主编《青年文选》丛书，旨在培养扶掖文学青年，让他们“在思想上必不至落伍腐化，在知识上可以增加新鲜而正确的观念”。——“日日新”指此。

❷ 溟渤：溟海与渤海，后多泛指大海。南朝宋鲍照《代君子有所思》诗：“筑山拟蓬壶，穿池类溟渤。”清人唐孙华《寄题三贤祠》诗：“江夏今儒宗，词源倾溟渤。”此指徐氏奋力纵身于社会变革的激流中，始终与时代的脉搏丝丝入扣。

徐蔚南旧著书影

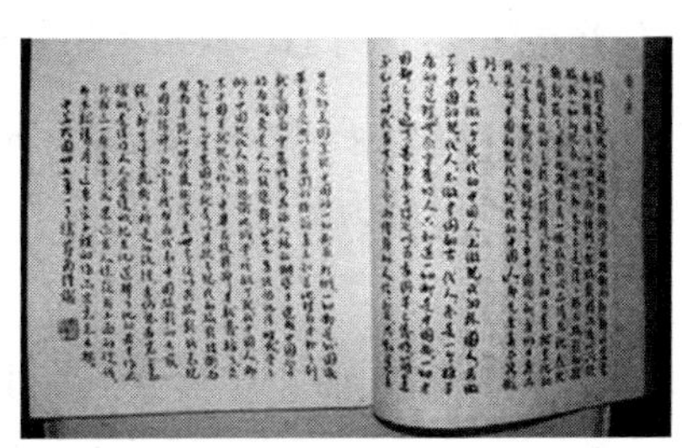

徐蔚南手迹

奚燕子

枕来云榻梦为空，风致陶巾翠筱中[1]。

知否玳梁[2]燕去后，年年吟落小梅红！

简传

奚燕子（1876—1940），名囊，号生白。上海县杜行乡人。早年家道素封，称“浦左首富”。纵情诗酒，放浪不羁。曾与戚饭牛结金兰契，1914年与其合辑《销魂语》月刊，为《国魂报》主要撰稿人，“国魂九才子”之一。又隶丽则吟社。1921年受聘为新世界游乐场《新世界报》总编辑，并为《社会日报》撰稿；为人风流倜傥，诗亦雅韵欲流，有《咏燕》诗二律，《咏燕》词，调寄《一斛珠》，传诵一时，人以“奚燕子”呼之，以比贺方回之“贺梅子”也。平生不善居积，不事生产，中年后家道渐落；又染鸦片恶癖，终致家业尽倾。晚境殊为艰困，常苦于无钱以解烟瘾。抗战爆发后，居上海租界，大节不逾，常驰心乡国。尝作《孤岛忆梅图》广征题咏以寄意。因贫病交加，于1940年4月16日殁于陋巷。著有《香雪词》《燕子吟》《玳梁余墨》《逢云小阁诗话》等。(入社号593)

注释

❶“风致”句：陶巾：南朝梁萧统《陶渊明传》，渊明嗜酒，“郡将尝候之，值其酿熟，取头上葛巾漉酒，漉毕，还复著之”。后遂以“陶巾”形究旷逸超脱的风度。白朴《朝中措》词云：“任是和羹傅鼎，争如漉酒陶巾。”翠筱：筱，小竹。《书·禹贡》：“筱簜既敷。”孔传：“筱，竹箭；簜：大竹。”孔颖达疏：“筱为小竹，簜为大竹。”

❷玳梁：玳瑁梁之省称，即画梁。沈佺期《古意》云：“海燕双栖玳瑁梁。”宋之问《宴安乐公主宅》：“玳梁翻贺燕，金埒倚晴红。”按，奚燕子早年生活优裕，“六月消暑，于沪西味莼园，赁藕花榭，招饭牛辈设榻其间，分韵剖瓜、敲诗话雨以为乐，又复放浪不羁。”(郑逸梅语)奚氏又善咏燕，妙句迭出，如“三月新巢营绣户，十年旧梦记红楼。玳梁夜宿香泥暖，珠箔春垂絮语稠。”清新隽永，为一时传诵。又如《咏燕》词，调寄《一斛珠》：“玳梁来去，旧时王谢今何处，乌衣巷口斜阳驻。春社年年，怜煞差池羽，绿水人家须记取，双玉玉剪抛红雨，芹泥觅得商量补，隔断珠帘，花底喁喁语。”幽人风怀，罕有其匹，惜乎燕子奚氏晚境困顿，不复再有咏燕吟风之乐。

奚燕子青年相

高吹万

百韵风怀系彼苍[1]，秋江影冷感栖惶[2]。

茫茫大劫[3]忧来日，寂对楞严写夕阳[4]。

简传

高吹万（1878—1958），名爕，别署志攘、黄天等。江苏金山人。幼入家塾，从俞贞甫就读，1899年补县学生员。1904年创办《觉民》月刊，以文字鼓吹革命。1906年参加国学保存会。1909年秋，在金山组织以提倡气节、商讨旧学为主旨的寒隐社。辛亥革命后，对形势发展颇感失望，对军阀割据、袁世凯窃国、南社社员大多担任官职大为愤懑。新文化运动兴起后，思想日趋保守。1917年自营别墅，名闲闲山庄，并将国学商兑会（1912年高吹万与高天梅等人发起）移入山庄。翌年，金山县政府创修县志，被推为主任。1922年偕兄高煌赴南京，请愿蠲免加亩捐以苏民困，翌年斥资浚张泾河。1930年被金山县政府

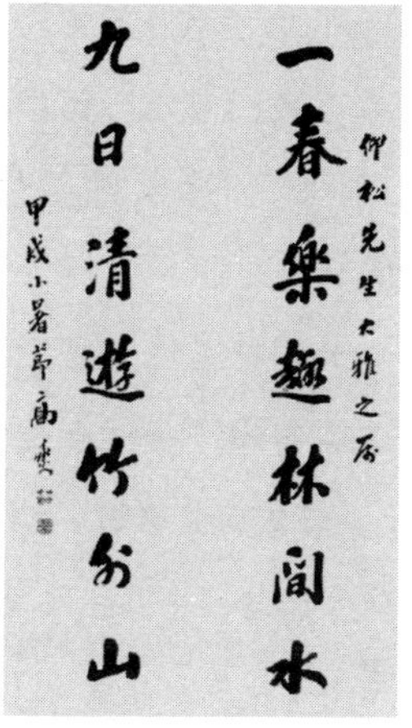

高吹万联语手迹

高吹万旧著书影

聘为文献委员会主任。1932 年捐募战区善后救济款项。1948 年被聘为上海市文献委员会顾问。平生治学甚为严谨，以诗、文、书法著称于世。又善藏书，曾在故乡建藏书楼，藏书数十万卷。尤对《诗经》收罗详备，举凡善版孤本、宋元铅椠、注疏、论辩、纂述，无不齐全，共计千余种。淞沪会战中日寇于金山卫登陆后，山庄被毁，藏书付之一炬，仅数十箱《诗经》抢运至沪地。全国解放后，将此历尽艰辛保存下来的“残书”悉数捐赠给人民政府。晚年信佛，日以朱笔录《金刚般若经》以贻亲友。生平著述甚丰，主要有《吹万楼诗文集》《吹万楼日记》《拜鹃室词》《读诗札记》《庄子通释》等。（入社号 240）

注释

❶ 彼苍：苍天。语出《诗经·秦风·黄鸟》：“彼苍者天，歼我良人。”高氏早年诗作充溢着强烈的攘满兴汉思想，曾力主太平天国的洪秀全在《清史》中宜列入本纪；撰文则别署志攘，亦号黄天，显寓“苍天已死，黄天当立”之意。

❷“秋江”句：此取高吹万《十月初十日叠菊为山命酒有作》诗意，其诗云：“持螯对影怜孤抱，举盏销愁仗浊醪。胸狭奇情难自吐，微吟已觉首频搔。”其《拟结寒隐社作诗述意》诗云:“经秋文字丝丝泪，入世心肝寸寸灰。”“林密山深心独往，天回地转愿终违。鸣条解与梧桐语，为报今年秋更非。”又有诗云：“大夫安肯付悲观，万事无如放眼看。百尺竿头天浩荡，大圆镜里海空宽。一贫好作鸠形客，五浊谁争虱样官。鱼鸟江湖有真乐,本来吾道在高寒。”皆有超然世外的隐遁之意。

❸ 大劫：《释迦氏谱》：“劫是何名？此云时也。若依西梵名曰‘劫波’，此土译之名大时也，此一大时其手无数。”“劫”一般分为大劫、中劫、小劫。谓世人的寿命有增有减，每一增（人寿自十岁开始，每百年增一岁，增至八万四千岁）及一减（人寿自八万四千岁开始，每百年减一岁，减至十岁），各为一小劫，合一增一减为一中劫。一大劫包括“成”“住”“坏”“空”四个时期，通称为“四劫”，各包括二十中劫，即一大劫包括八十中劫。——这里借指巨大的天灾人祸。

❹“寂对”句：按，高氏晚年学佛，颇以写经自遣。他在《人有问近状者诗以答之》中写道：“朝朝书梵筴，顿顿食蕃茄。”梵筴即佛经。

高天梅

大吕[1]黄钟撼兆民，忍教胡虏犯黄巾[2]。

如何射虎[3]擒蛟者，翻作神州袖手[4]人？

简传

高天梅（1877—1925），名旭，号剑公，又号慧云，别署钝剑等。江苏金山人。1902年与高吹万、顾灵石等结诗歌小团体。次年在松江与叔父高燮与弟弟高增创办觉民社，倾心革命。1904年留学日本东京政法大学，结识孙中山。次年加入中国同盟会；9月在东京创办《醒狮》杂志；年底因日本政府颁布取缔中国留学生规则，遂归国，任同盟会江苏分会会长。1906年在上海先后创办健行公学和钦明女学，提倡女权和女子教育，并以《黄帝魂》《法国革命史》为教材，培植革命青年，为清吏端方所忌，健行公学因之解散。又设中国同盟会在上海的机关总部于上海八仙桥，榜其门为“夏寓”，借以掩护，此间还协助柳亚子编辑《复报》，又假托太平天国翼王石达开诗 20 首，鼓吹排满革命。1907 年与柳亚子、陈去病酝酿发起南社，以诗文集结志士，鼓吹革命。曾任该社编辑员，庶务。武昌起义后，任金山军政分府司法长，并参加创办苏州《大汉报》。1912 年与人展开“孔墨异同之辨”，认为墨子是民主主义者，孔子是君主主义者，尊孔必将危害共和政体。是年，被举为众议院议员，反对与袁世凯妥协。同年 11 月，袁世凯下令取消国民党籍会议员，遂浮海南归。1917 年 7 月，孙中山在广州倡议召集国会，组织护法军政府，曾两次南下参加非常国会。1922 年赴北京参加第二次恢复国会。1923 年，曹锟贿选大总统，议员投一票即可得五千元贿金，高氏因受此贿，受到舆论谴责，陈去病、柳亚子等南社诗人于 10 月 13 日即驰电相责：“骇闻被卖，请从此割席。廿年旧交，哭君无泪，可奈何！”其他南社社友亦纷纷发表声明，宣布“不再承认其社友资格”。（《民国日报》，1923 年 10 月 29 日）。对于贿选一事，高氏未作任何辩解，只是归于故里，纵酒自遣，于 1925 年 8 月 25 日抑郁而终。平生为人颇自负，善饮酒，长于雄辩，诗才敏捷，洋洋数十百言立就。著有《未济庐诗集》《浮海词》《愿无尽庐诗话》《南类劫灰录》等，有《变雅楼诗文集》《天梅遗集》行世。（入社号 2）

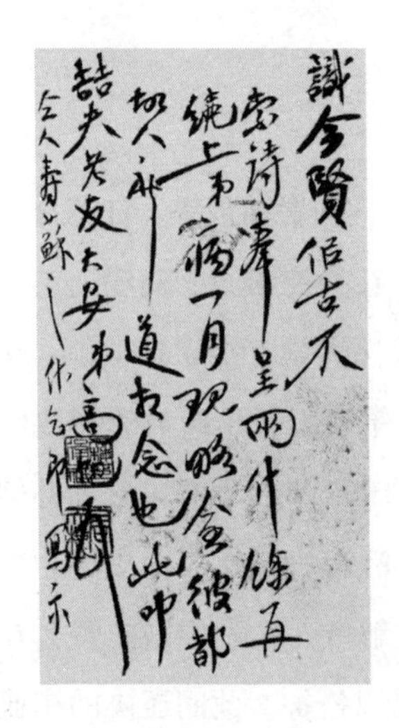
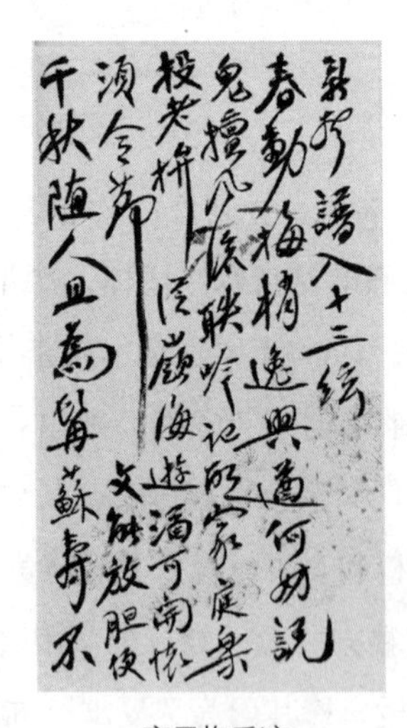
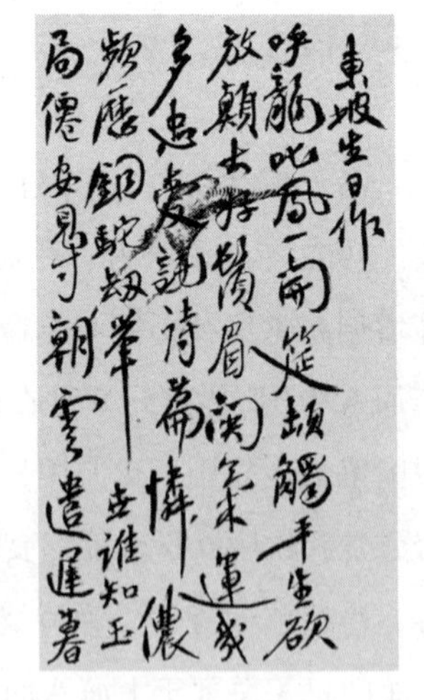

高天梅手迹

注释

❶ 大吕：古代乐律名。古乐分十二律，阴阳各六。六阴皆称吕，第四为大吕。《周礼·春官·大司乐》："乃奏黄钟，歌大吕，舞云门，以祀天神。"按，在南社诗人中，高氏较为重视民众力量，其诗作具有极大的革命鼓动力量，如《海上大风潮起作歌》："要使民权大发达，独立独立呼声嚣。全国人民公许可，从兹高涨红锦潮。嗟哉丑虏剧凶恶，百计凌虐心何劳。割我公产赠与人，台青旅大亲手交。东三省地今又送，联虎狼秦如漆胶。……俎上之肉终啖尽，日掀骇浪飞惊涛。两重奴隶苦复苦，恨不灭此而食朝。"又如《路亡国亡歌》："诸公知否欧风美雨横渡太平洋，帝国侵略主义其势日扩张。二十世纪大恐怖，疾雷掩耳不及防。倘使我民一心一身一脑一胆团结与之竞，彼虽狡焉思启难逞强权强。"粗犷豪迈，振聋发聩，故以"大吕黄钟"喻之。

❷"忍教"句：意谓岂能让清朝统治以汉族为宗主的中国。按，高氏早年醉心革命，出于反满的需要，以一夜之力伪造石达开遗诗，刊刻印行，影响甚大，确有鼓荡士气之功。"伪诗"慷慨激昂，喷血而出，确实不乏佳作，如《再答涤生一首》："支撑天柱费辛艰，垓下雌雄决一韩。试看鑱枪天上扫，夜深惨淡斗牛寒。"又如："我志未酬人亦苦，东南到处有啼痕。""只觉苍天方愦愦，莫凭赤手拯元元。""荒凉唐日月，黯淡汉旌旗。"皆为一时传诵。

❸ 射虎：用李广事。据《史记·李将军列传》载：李广屏野居蓝田南山射猎，"见草中石，以为虎而射之，中石没镞，视之石也。因复更射之，终不能复入石矣。广所居郡闻有虎，尝自射之，及居右北平射虎，虎腾伤广，广亦竟射杀之"。后多用此典形容勇猛超群。如赵翼《教场坝怀故将白秋斋》诗："老犹射虎千钧力，生未图麟两鬓丝。"辛弃疾《水调歌头·提幹李君索余赋秀野、绿绕二诗》词："插架牙签万轴，射虎南山一骑，容我揽须不？"此处借喻高氏智勇过人，奇气横溢。

❹ 袖手：犹言旁观。高氏早年为激进的民主主义者，但自北方军阀集团解散国会后，他似已无复当年豪气；这种迹象在诗中亦有反映，如"不如去作糟丘长""未

妨袖手对神州”等。至于1923年身陷“贿选门”后，更是遭人诟病。高氏只能黯然返乡，以不辩为解脱。但从最新显示的史料看，参加投票的590名议员中，毕竟有110人未投曹锟的票，选票上写的是孙中山、唐继尧等27人的名字，还有12张为废票。基于这一事实，将这些未投票与曹锟的人一概视为“贿选议员”，并不符合历史事实。至于高氏是否在这110人之中，则又是一个待解之谜。不过，最近发现的高氏写给金山教育公会的一封亲笔信，似乎又提供了重新评价此桩公案的另一视角。高氏原信云：“政变陡兴，是非淆乱。曹锟欲用金钱贿买总统，罪大恶极，令人发指。所幸投票之权实操诸我，旭之铁腕尚在也。所以迟迟未即南行者，特以次之倡国会南迁论者，乃竟合全国所唾弃之安福、政学两系为一气，深恐故态复作，故郑重考量耳！非绝对不南旋也。至人格之保存与丧失，以留京赴沪定之，要非探本之论矣。”可惜的是，此信在《申报》发表时，已是1924年3月24日，而在此前，柳亚子已发表声明，不再承认高天梅的社友资格。高氏百口莫辩矣。

高旭伪造的《石达开遗诗》

诸宗元

结契孤云意态超[1]，心追默定[2]睹风标。

宵来吟梦归何处？剑底烟尘陌上箫。

简传

诸宗元（1875—1932），字贞壮，号大至。浙江绍兴人。幼年随父在江西安福县幕中。20岁即历佐江西各县文牍。1903年举浙江乡试副贡。次年与黄节、邓实等人在上海创设国学保存会。翌年初，创刊《国粹学报》，旋应张謇邀往南通掌理翰墨林书局，不久经上海道台瑞澂延聘入幕。1907年后，受招于江苏巡抚瑞澄幕府，后随瑞澄赴湖广总督任上，经其荐保至直隶州知州，曾署湖北黄州知府。1909年加入中国同盟会及南社。武昌起义后，返归浙江故居，1913年张謇任全国水利局总裁时，聘为秘书。不久调任山东海关监督。后历任浙江督军府秘书，兼浙江电报局局长。1929年，南社老友马夷初任中华民国教育部次长，聘请诸氏为秘书。及夷初离去，刘大白继任其职，大白不能容只擅词章不谙公文程式之诸氏，诸氏遂于1930年3月辞职。此后生活日益艰困，加之寓宅遭火，所藏书籍万五千卷并诸多古今名人书画，悉化灰烬。忧伤之余，不幸染恙，于1932年4月病逝于沪寓。平生工诗词，擅书法，重收藏。著有《大至阁诗》《中国书学浅说》《病起楼诗》《吾暇堂类稿》《箧书别录》《王庵藏书记》《心太平室笔记》等。（入社号265）

注释

❶“结契”句：谓诸宗元之诗冲和澹远，不落尘凡，洵为近代一作手。钱基博先生云：“宗元审曲面势，善使逆笔，而造语用意，胥求透过一层者。惜其太少。而宗元以为得此已足；若必求益，则卖菜佣所为已。”（《现代中国文学史》）其近体多于古体，清神一往，不落恒蹊，名作如：“酒余奇气不能收，林薄驱车作野游。片月早升光在树，万家无睡梦成秋。楼台近海宜忘暑，士女围灯不解愁。难遣近来怀抱恶，凄然越谩与吴讴。”（《夜游约同去病》）“灭烛窗虚见海光，懵腾但以睡为乡。风中巨浸如山立，秋后清宵比昼长。三客复成今日聚，百端难讳少年狂。轻寒疏雨帘垂地，同有南人念北方。”（《夜坐示拔可度公》）“一卷冬春上冢诗，近嗟节日废归期。忧天泪尽翁垂老，避地人多事可知。宵梦长教恋松桧，余生未分狎蛟螭。朱桔桥近梅家巷，麦饭无由补我悲。”（《散原以庚辛年间诗卷见示感上一律》）“北望寒云晚不收，南归今始过徐州。日光将出云奔马，风力初温渚泛鸥。

诸宗元联语手迹

地画中原风尚僿，民居山碛气难柔。半生乘障思为法，世论悠悠孰可谋？”（《徐州》）“车马来稀我到频，日斜廓静见窗尘。眼中过去庄严劫，座上无多磊落人。抵几惟闻谈战事，煮茶随分著闲民。百钱尚可黄垆醉，乱世为儒未足贫。”（《同伯严丈味莼园茗坐》）佳句如：“一别秋随人在远，此行天使海无风。”“客闲自喻寥天鹤，楼迥惟看度海云。”“能与一山为主客，曾携百感此徘徊。”“各持湖海平时语，自敛风雷定后心。”“林气远青天不暝，湖光微白月初来。”等等，皆醰醰有味，足耐讽咏。叶楚伧称诸氏“少好为诗，骨格腾健，中岁益转为苍浑，骎骎与散原、吷庵诸公并驰。”殆非虚誉。

❷ 默定指魏默深、龚自珍。诸宗元平生私淑魏、龚，故自题所居为默定书堂。钱仲联在《南社吟坛点将录》中，将诸氏拟为天捷星没羽箭张清，并以诗咏曰：“精猛诸贞壮，越吟格何峻。默定颜书堂，早学知其进。脱手恒千韵，快速骋神骏。志事百不就，穷愁复交刃。苦以无涯嗟，自写吴霜鬓。怀哉大至阁，解脱月相印。”

南社第一次雅集，1909 年 11 月 13 日于苏州虎丘张国维祠召开成立会（第一排坐者右二为柳亚子，第二排右二为诸宗元）

袁梦白

抚遍奇琛[1]鉴识宽，飞翰万象各檀栾[2]。

养贫以幕[3]成何计，已辨寒江一钓竿[4]。

简传

袁梦白，名天庚，因耳聋自号无耳尊者，晚号白衲，为南社中著名画家之一。浙江会稽（今绍兴）人。辛亥革命前，程雪楼视军黑龙江，聘为军署顾问，为外省有顾问之始。民国后，徐世昌督奉，曾保为县令，程雪楼、倪嗣冲等又推荐，皆婉辞不受。人问其故，对曰："宦海浮沉，非我所乐，愿以幕养贫，不愿以官致富。"后长期在上海卖画为生。又，袁氏素与叶玉森友善，游皖时，叶氏任安徽和县厘金局局长，二人联床夜话，相与唱和，1916年，叶氏将其与袁氏唱和集题咏汇集成《白鰈红鹣集》，刊行于世。此外，还著有《馑肤》四卷，《痴寮梦呓》二卷，《八百里荷花渔唱词》四卷、《诗》二卷。生卒年不详。（入社号937）

注释

❶ 奇琛：奇异的宝物。按，袁氏素与裴相谦、景朴孙友善，相与切磋古代书画的鉴定，略无间日。凡盛京大内所藏及宁波天一阁、上虞王氏天香楼、裴氏壮陶阁、景氏小如庵秘笈文物，大小不下万余件，袁氏逐一摩挲、品鉴，眼力过人，故曰“鉴识宽”。

❷ 檀栾：鲜明、美好貌。汉代枚乘《梁王菟图赋》：“修竹檀栾，夹池水，旋菟园，并驰道。”唐人王叡《竹》诗：“成韵含风已萧瑟，媚连凝绿更檀栾。”按，袁氏工花卉，所绘花鸟画，笔墨精到，气格高雅，素有南社中“花鸟圣手”之称。其画赋色鲜丽而又别饶清雅之趣，又因其擅长书法，其花鸟画线条皆以书法笔意行之，灵动有致，洵为大家。又因其将书画作为文怡情之道，极少应酬之作，故作品传世不多，尤为藏家所珍爱。

❸ 养贫以幕：语本袁氏“宦海浮沉，非我所乐，愿以幕养贫，不愿以官致富”之语。

❹ 末句语本柳宗元《江雪》：“千山鸟飞绝，万径人踪灭。孤舟蓑笠翁，独钓寒江雪。”意谓袁氏无意仕途，早拟归隐于乡，渔樵终老。按，袁氏亦擅诗，所作多为近体，什九皆有伤今抚昔、翛然出尘之概。如七律：“典午而还世几迁，右军一序独巍然。偶来小集传觞咏，别有清谈胜管弦。白袷最宜三月节，青山犹认六朝天。中原戎马何时已，怅对斜阳感昔贤。”（《己巳上巳兰亭觞咏》）五律如：“蒲团足幽憩，寂坐神益清。短景萧萧逝，初寒薄薄生。一灯诗入定，四壁画无声。禅味此时适，心香不可名。”（《秋夜掩经寞坐，忽闻梅檀气》）

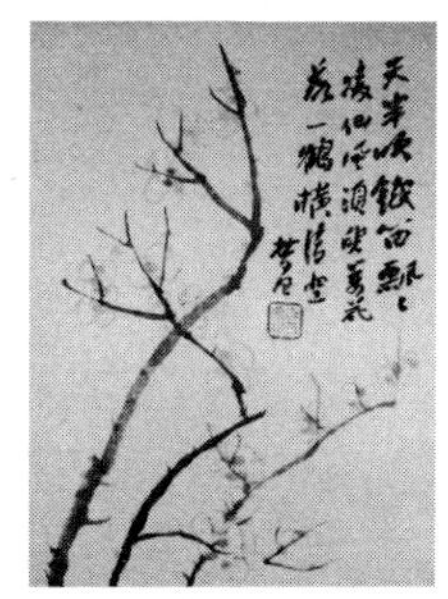

袁梦白书画作品

谈月色

早岁为尼探智海[1]，瘦金入篆异王黄[2]。
何堪鬻艺刊遗稿[3]，一纸能回九曲肠[4]。

简传

谈月色（1891—1976），原名溶，字古溶、溶溶，排行第十，人称谈十娘，晚年号珠江老人，室名梨花院落、旧时月色楼、汉玉鸳鸯池馆等。广东顺德人。出身贫寒，幼年被送入广州檀度禅林出家为尼，法号悟定。性聪慧，读经识字接受能力极强，书写经文，娴熟而有灵气。豆蔻年华，即以善诵经、娴书画为人称道。所书经文传出，娟秀清丽，颇享时誉。曾先后担任黄花考古学院研究员、广州博物馆发掘专员，过目古器文物甚多。除得到蔡哲夫、黄宾虹、王福厂传授外，又与冯康侯、寿石工、徐星周、金息侯、周肇神、邓尔雅、陈达夫、唐醉石、简经纶、杨千里、李尹桑、沙孟海等时相往来，获益良多。抗战胜利

谈月色梅花画作

后，在总统府印铸局任职，与唐醉石、徐文镜等名家共事，相与论艺，颇受启沃。由于家中金石书画收藏丰富，加之用心摩挲古印、拓片，观赏名家印谱，见识既广，眼界自高，自然迥异凡俗。时称“现代第一女印人”，殊非虚誉。亦擅画梅，格调高古，与篆刻、瘦金书并称“三绝”而著称南社。新中国成立后，谈氏三次于江苏美术陈列馆举办谈月色书画篆刻展览，深受社会各界欢迎。先后被聘为江苏省文史馆馆员，第三、第四届全国妇女代表，江苏省政协委员。50年代，谈氏将其与夫婿搜集的广东文物，捐献给广州市文管会，70年代，又将保存完好的一箱名人字画，包括她本人的精品及记载他们夫妇艺术生涯的著述手稿，悉数捐与南京市文管会。1976年病逝。主要著作有《梨花院落吟》《茶四妙亭稿》《月色诗集》《中国梅花发展史》《月色印谱》等。(入社号1085)

注释

❶ 智海：佛教语，比喻智慧广大，佛法无边。语出《无量寿经》卷下：“如来智慧海，深广无涯底。”

❷ “瘦金”句：瘦金体是宋徽宗（赵佶，1082—1135）创造的书法字体，亦称“瘦金书”或“瘦筋体”，也有“鹤体”的雅称，是楷书的一种，以挺瘦秀润为主要风格特征。按，谈氏与蔡哲夫结婚后，便在丈夫的指导下研习篆刻，兼研画梅和瘦金书，同时得到程大璋、李铁夫、陈达夫、黄宾虹、王福厂（ān）等人的悉心指授，颇有进境。由于南社社友广为推荐，致使求印及请画者络绎而至，声誉日隆。1928年，黄宾

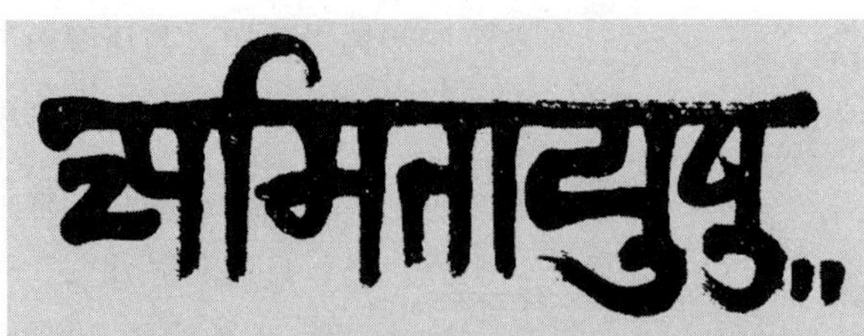

谈月色篆刻作品

虹途经广州，亲为谈氏传授用笔、用墨、用刀之法。其后，蔡哲夫在中央博物院任书画鉴定研究员、国史馆编修，与黄宾虹共事，这时谈氏请教更殷，受益更大。谈氏尝请冯康侯为治“宾虹衣钵”一印，以谢师恩。她本人则以简笔大篆镌刻“黄宾虹”一印，边款“宾虹老师诲正，门生月色”，以示对黄师的敬仰。其后，谈氏又参学易孺、李尹桑、邓尔雅等岭表黟山派之长，融会而贯通。其仿汉印之作，功力最深，朱文劲挺遒润，白文停匀整饬。1930 年，蔡哲夫应蔡元培邀请，携月色同赴南京筹建中央博物院，当时王福厂正在金陵，月色得以亲炙王师。所刻古玺、汉印、佛像印、圆朱文，常以隶书《天发神谶碑》入印，规模粲然，技艺大进。所制之印，朱文（如“啸湖”二字）线条干练，结构严谨；白文（如“仪汉斋”）用切玉法，工整爽利，两者都能深入汉家堂奥。“蔡守印信”四字属于拟汉封泥之作；“甲戌九月廿七日酷夫月色访得百桦冢孟阳题字”，则大有其师王福厂新浙派风格；“南京图书馆藏”，细朱文圆转多姿，大有吴让之、赵之谦法度。谈氏还曾向寿石工讨教，以隶书作“蝶芜斋”一印，飘逸而雅有风致。在谈氏所精擅的诸艺中，最足称道者，当推她的瘦金书，瘦直挺拔，横画收笔带钩，竖画收笔带点，撇如匕首，捺如切刀，竖钩细长，联笔则细如游丝，运笔飘逸难踪，笔道瘦劲而不失其肉，转折处隐约可见运转与提顿。当然，其最开风气之先的“绝活”，还是以瘦金书入印。南社社友沈禹钟《印人杂咏》赞叹说：“韵事红闺似仲姬，侨踪老向白门羁。瘦金字认谈家印，比玉分书未足奇。”她为南社社友姚光所刻的“重华嫡裔”边款云:“石子社督世居金山卫,丁丑之役首当其冲,兵燹失去斯印,今另改造瘦金书钜印二方。时年甲申春仲，蔡谈月色。”此印铁画银钩，深得徽宗御书之三昧。“书禅”一印，有笔有墨，风神洒落。其晚年镌刻的“力争上游”，收敛锋镝，归于温驯。由于谈氏绝诣超人，声誉日隆，请求治印者络绎不绝，南社社友，更有辛亥革命元勋、国民党元老、高级将领、文艺界名流，纷纷接踵而来。政界名人主要有孙科、李宗仁、李烈钧、冯玉祥、居正、邵力子、程潜、陈铭枢、李济深、陈布雷等，书法、学界名人张继、蔡元培、叶楚伧、马相伯、柳亚子、柳诒徵、陈陶遗、高燮等，还有文学名家姚光、吴梅、刘三、汪东、陈方恪等人所用之印，大多出自谈氏之手。民国印坛，女子治印，有如斯造诣者，莫过月色。不过亦有疑者认为此乃蔡守幕后捉刀。其实，蔡守早在1928年就因目力不济而封刀,他本人闻言后感慨万分,尝赋一诗寄慨:“哀翁六十眼昏昏,治印先愁臂不仁。老去千秋有钿阁，床头反诬捉刀人。”1936年秋，蔡、谈二人一起在南京举办夫妇书画篆刻展览,观者如潮,盛况空前,几乎众口一词。蔡氏曾著有《印林闲话》,识见固高，但若说奏刀刻石，恐怕亦难望月色项背。王黄指王福厂、黄宾虹。按，谈月色艺事上虽师法王、黄,但在风格、韵致上却能转益多师,自成一格,故云“异王黄”。

❸“何堪”句：鬻艺：指谈月色卖画、印为其夫蔡哲夫刊行遗稿事。谈氏与蔡哲夫两情甚笃，在南社同人中传为美谈。蔡哲夫原名蔡守，已有家室，其夫人张洛同为南社社员。蔡守为自己取字成城，源自《诗经》“哲夫成城”之句，《诗经》还有“哲妇倾城”一语，蔡守为夫人取字“倾城”，以同自己所取之字相谐。婚后，夫妇俩不仅诗词唱和，且时作合画，琴瑟和谐如此，设若此时蔡哲夫再娶谈氏，且只能做妾，未免委屈了这位才女。以故，当时南社中人反对哲夫娶谈氏为如夫人者不在少数，包括其好友黄宾虹。但或许是机缘凑泊，最终还是促成这一桩婚事。事情大抵是这样的：当时，广州市政府有意取缔几座尼姑庵，檀度寺也在其中。而寄中寺中的谈氏何去何从便成为一大难题。而蔡哲夫便拿捏住这一时机，

以无处寄身为由，将谈氏娶回家中。是年（1922），哲夫以玉鸳鸯盛诸珊瑚盒中作为文定，取晏殊“梨花院落溶溶月”诗句，为谈溶改名为谈月色，以与原字溶溶相配。谈氏与蔡哲夫结婚后，一直过着清贫和颠沛流离的生活，谈氏在为叶楚伧所治之印的边款上尝道：“年来外子罢官，牛衣清苦，画梅乞米，摩印为炊，备极艰辛也。月前叶公奉使南来，外子未数趋诣。日昨李仙根过牟轩谈诗，并谓叶公殷勤问讯，念旧可感。唯希鼎力绍介，升润豪利，市得以糊口，获赐多矣。月色又记。”又尝自题梅花诗自况道：“易米梅花不讳贫，玉台壶史自千春。闽花绝品成遥寄，我亦城南穷巷人。”艰困可想。刊遗稿：1941年蔡哲夫去世，谈氏时在南京印铸局供职，多方搜罗夫婿诗文，汇集成《寒琼遗稿》，为了付印，除鬻印之外，亦兼售画（尤以梅为最多），南社旧友及社会各界纷纷伸手购画，对此，谈氏专门作了《画梅乞米图》，以致谢忱。按，谈氏为哲夫遗稿问世，可谓历尽艰难，却还是留下了遗憾。早在30年代，蔡哲夫所撰写的《印林闲话》便连载于《香港华字日报》，抗战爆发后，原稿散佚。南社后期主任姚光访得《印林闲话》的一个抄本，拟付梓以广流传。姚氏先寄予谈氏，请其校勘。谈氏续补数条后，撰跋云：“先外子寒翁著《印林闲话》，刊入香港《华字日报》，屈计已十年矣。其后天涯浪迹，变乱频更，行箧飘零，稿多散佚，即作亦不知遗失何所。甲申春日，姚石子社督投书于余，附寄此册，云以重价购诸书肆，盖为同嗜者专录报端，裒然成册，复流落于书贾。石公笃念交谊，特以此册印单行本，恐所录讹误，属为校正。而不知原稿因渺不可得，只以昔所闻于寒翁粗可记忆者稍加勘订，并附翁续论数篇，还诸石公。昔人云一生一死交情乃见。余不仅得喜读寒翁佚作而深致感石公之尚义，泚笔志其梗概云。民国三十三岁次甲申暮春，蔡谈

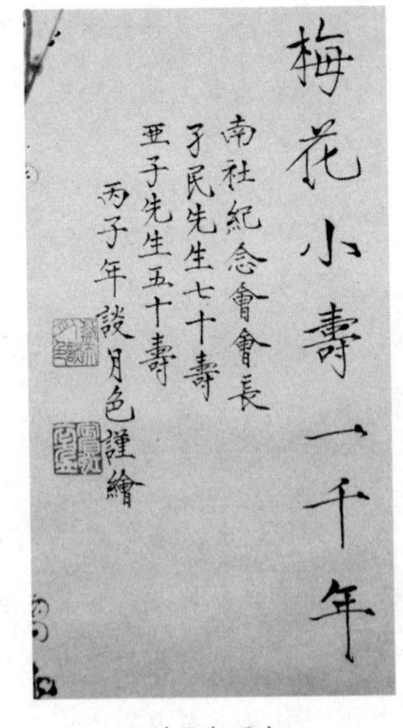

谈月色手迹

月色识于白下茶丘西屋。”惜乎姚石子于次年病逝，此书未克问世，谈氏深以为憾。1976年谈氏离世。4年后，《岭南书艺》据另一副本刊出《印林闲话》部分内容，远非全豹。

❹ 九回肠：极言痛苦之极。语出汉代司马迁《报任少卿书》：“是以肠一日而九回，居则忽忽若有所亡。”此句意涉双关，一指丧夫之痛；二指文物遭劫之恸。据相关文献载，谈氏所珍藏的书画信札和金石印玺在其有生之年曾两次遭难：第一次发生在哲夫去世后不久，一日家中被窃，书画所失甚巨，其中最为珍贵的有苏曼殊画作22帧，名人题咏16件，英国诗人题诗册页等；第二次发生在“文化大革命”前期，红卫兵大破“四旧”，大量的传统文化典籍、文物，皆被视为“封资修黑货”，惨遭劫夺。为避祸乱，谈氏忍痛将蔡哲夫遗留下来的信札，作为爨炊之具，竟达一月有余！

唐群英

雾鬓风鬟慨九州[1]，幺弦激促绝闺愁[2]。

何当身化干将剑，斩尽沉霾恨始休[3]。

简 传

唐群英（1871—1937），字希陶，号恭聪。湖南衡山人。唐氏出生官宦之家，幼聪慧，勤攻读，善诗文，性豪侠，有男子之气。10余岁便有“邻烟连雾起，山鸟唤晴来”之句，塾师惊为女中奇才。1904年春，在母亲的支持下，变卖家产，自费赴日寻求救国之道。初入东京青山实践女校，与秋瑾、张汉英等同学。两年后，考入成女高等学校师范科。在此期间，结识孙中山、黄兴等革命志士。1905年5月，加入华兴会。同年又加入中国同盟会，倾心反清革命。1906年，留日女学生会成立，唐氏初任书记，后继任会长，积极支持宁调元、傅熊湘等人创办的《洞庭波》杂志，并为之组稿、撰稿，又积极支助同盟会机关报《民报》创刊，与秋瑾节衣缩食，各捐银200元，解决《民报》的经费困难。同时，又参与中国同盟会在横滨设立制造炸弹的机关。武昌起义前夕，尝奔走于湖南、湖北，联络革命同志，致力于筹建女子军队。起义爆发后，亲率女子北伐队挥戈疆场，英勇作战。南京临时政府成立时，被誉为“巾帼英雄”，并荣获总统府“二等嘉禾勋章”。辛亥革命后，“慨然以女权运动领袖为己任”，致力于女子参政活动，曾多次上书孙中山和参议院，“求其将女子与男子的权利一律平等，明白规定于临时约法之中”，并重新提出女子参政提案，孙中山最终获准。1912年5月，临时政府北迁，唐氏不顾袁世凯的阻挠，与王昌国等北上联络北方女界，继续力争参议院给女子以参政的权利。10月22日，在北京成立女子参政同盟会本部，其他各地设分部，唐氏出任总理，由王昌国任协理。为“鼓吹女权”，提高女子知识和参政能力，又在北京创办《东亚丛报》和《女子白话旬报》，并设立中央女校和女子工艺厂等。1913年在长沙正式成立女子参政同盟会湖南支部，并亲任支部长，创办了湖南第一张妇女报纸《女权日报》；同时开办女子美术学校和自强职业学校，提高女界的学识和实业能力。1913年，袁世凯派人行刺宋教仁，唐氏亦被列入黑名单，悬赏缉拿，遂隐居故里。1924年，复去长沙，与王昌国、葛健豪等发起恢复湖南女界联合会，并创办复陶女子中学于高兴巷。同年6月9日，女界联合会在复陶女校举行恢复成立大会，被公推为主席。1925年创办衡山女校，向女子灌输新知识，宣传男女平等。翌年，又在家乡创办岳北女子职业学校。唐氏为女子教育事业奔波，家业告罄，负债累累。1935年春被聘为国民政府顾问和党史编纂委员会委员。1937年抗日战争爆发，因病返归乡里，同年6月3日逝世，享年66岁。（入社号193）

注释

❶ 首句：雾鬓风鬟：语本李清照《永遇乐·元宵》："如今憔悴，风鬟雾鬓，怕见夜间出去。"此处反其意而用之，故曰"慨九州"。

❷"幺弦"句：按，唐氏颇擅诗词，民国初年各报刊多所载之。唐氏平生最慕秋瑾为人，侠气干云，其诗作亦一扫闺怨之气，如她在《洞庭波》杂志创刊号上发表绝句八首，中有"霾云瘴雾苦经年，侠气豪情鼓大千。欲展平均新世界，安排先自把躯捐。"雄壮豪纵，绝不类巾帼口吻。

❸ 末二句：此二句系从唐氏《绝句八首》中化出，原诗云："愿身化作丰城剑，斩尽奴根死也瞑。"

陶小沚 *

掷罢乌纱兴未赊[1]，培壅[2]疏浚著声华。

平生顶踵[3]都无悔，不灌人间雨后花。

简传

陶小沚（1856—1930），名惟坻，字小沚。今江苏苏州昆山市周庄镇人。幼承家学，少怀大志，勤奋好学，涉猎群籍，专攻经史之学，文学根底深厚，未满弱冠即撰成《说文集释》一书，为时流所重。1887 年参加科举考试，中秀才一等第四名。次年中举，拣发河南任知县。目睹任所矿产丰盛，便拟章上奏，并召集当地商贾官绅，劝募招股，欲行开采。由于当局昏庸，世事多变，奏章被束之高阁，陶氏所志未遂，便脱然有辞官意。1898 年返归周庄，设读书修德之庐，潜心教育。1905 年创办元江两等小学堂（即今周庄小学），建校后，遍觅士林，选聘名人执教，他本人亦亲持教鞭。在教学中，注重名人著述、疆域、史地及军事韬略等知识讲授，旨在启导学生为民族崛兴而读书之志向，为祖国强盛而有所作为。1909 年，被举为江苏省谘议局议员兼乡议会议长，与乡董张秩侯协力合作。1912 年出任苏州务农总会副会长。1923 年加入新南社。1926 年，江苏省政府访求耆宿，聘任陶氏为省立第二图书馆馆长。就职后，慨然向图书馆捐赠了家中珍藏的一批图书，并根据新南社引纳新潮、提倡民众文学的精神，亲手制定“储集图书，供众阅览，表彰文化，鼓励人才”的办馆宗旨。同时，还通过编印《苏州图书馆一览》、成立特藏书库和图书出借部、改编图书分类法等一系列举措，加强图书管理。又，陶氏平生极为重视启蒙儿童少年教育，故特辟少儿阅览室，增添儿童书籍百余种，专供少儿阅览。在馆长任期内，广采博集，馆内增加藏书5万多册，为建馆初期的10倍，时人誉其“拥图书而如城域”，其业绩已列入当今《中国图书馆馆长名录》。又，陶氏博学多才，熟悉历史、人文沿革。1929年被江苏省政府聘为《江苏通志》编委员会委员，主纂《职官志》。在风烛之年，仍勤于公务，每值议事，风雨无阻前往参加，深为同辈敬爱。逝世后，苏州各界人士特在沧浪亭为其立雕塑石像，以供后人瞻仰。

注释

❶ 赊：尽。

❷ 培壅：培植养护，多用于国事。《宋史·仁宗纪赞》：“君臣上下，恻怛之心，忠厚之政，有以培壅宋三百余年之基。”按，陶氏辞官归里后，矢志服务桑梓，振兴家乡教育。他对学子讲授前辈先贤诗文，注重激发其强烈的爱国思想感情，并帮助他们打下深厚的文学功底。后来成为南社、新南社骨干叶楚伧即出其门下。按，1907年，叶楚伧肄业于苏州高等学堂。毕业考试时，学生惊闻监督私改考卷，移易名次，群生大哗，殴骂监督。当局诬指叶楚伧为首，将坐以乱党，欲兴大狱。陶氏闻之，多方奔走，联络宁、苏名士力解，又敦促叶楚伧赶赴广东投奔革命，可谓极尽师道之情。又，陶氏为里人办事清廉勤慎，如逢乡里争斗，悉力劝解，喻之以理，待人以诚。他曾言“为政不在言多，而在多行”。周庄井字形河道为交通要津和饮水源流，年久淤浅。20世纪20年代末期，陶氏亲至镇郊勘察地形，制订疏浚规划，动员全镇民众挖深河床，引淀山湖水入市河，变污浊为清澄，去阻

塞为通畅。

❸ 顶踵即“摩顶放踵”之省称。指从头顶到脚跟都磨伤。形容不辞辛苦，舍己为人。《孟子·尽心上》：“墨子兼爱，摩顶放踵利天下，为之。”赵岐注：“摩突其顶下至于踵。”南朝梁江淹《诣建平王上书》：“剖心摩踵，以报所天。”宋代秦观《浩气传》：“为已者至于不拔一毛，兼爱者至于摩顶放踵，往而不知反焉。”近人谭嗣同《〈仁学〉自叙》：“深念高望，私怀墨子摩顶放踵之志矣。”亦省作“摩踵”“摩顶”。按，陶氏早在1912年出任苏州务农总会副会长期间，便力主减轻农民负担，重视农田水利建设；为此，他多方擘划，不辞劳苦，尝撰《驳湖田释疑》一文，从历史事实阐述“泽国尽化为大陆地，洪水滔天之大灾”的道理，驳斥围湖造田论者，还以事实说明“真种田之农夫，获放垦之赐者全无利”，揭露豪强富户对农户的残酷剥削，最后陈述围湖造田“非所乐道”。此文至今犹堪借鉴。1921年，为周庄进步报刊《蚬江声》创刊号撰写《颂辞》，勉励少年热心诸君，欲为“民国之兴，世界大同，国体共和”而奋斗。

周莊陶氏族譜 李超瓊

周莊陶氏族譜序

乙未初夏余承先人志輯族譜既成以毘陵集字板印之屬元和陶小沚孝廉參訂得失并以序言小沚亦出所錄族譜見示乞余還為序之蓋其高祖進埜公所編次而其尊甫沚邨先生所增輯者也公暇展讀數過竊訝其先世行誼多與吾祖同而兩家輯譜之意亦往往不謀而合是可異已陶之先自虞卿公由輿化避地吳中卜居周莊為始遷祖與吾家以所

周庄陶氏族谱

陶绍煌

《运甓图》[1]成广得诗，仙舲[2]载影夜归时。

弃机鼓楫缘底事[3]？未许俗尘沾鬓丝。

简传

陶绍煌（1872—1938），字粟己，号亦园。出生于江苏吴江黎里镇东北约15华里的“梓树下”村，陶家乃当地大族，自明朝以来，边耕边读，带经而锄，人才代出。但洪秀全定都南京时，陶家其中一人曾回到乡里担任过乡官。太平天国失败后，吴江一带有人攻击陶氏一族曾参加过“长毛”的科举考试，当过“长毛”的乡官，故陶氏一族在当地被视为土豪劣绅，其子弟不得应考大清科举。陶氏自幼聪慧过人，且爱读书，但缘于以上诸因，为维持生计，自幼便绝意仕途，以经商为生。陶氏与同乡柳亚子等南社成员颇有交往，但一直未正式加入南社。1917年，柳亚子因与社员论诗启衅，受到蔡守、成平等人的攻击，陶氏决意正式填写入社书，支持柳亚子主持南社。平生淡泊宁静，笃行好学，恂恂然一派儒雅之风。擅诗，精通书法，雅爱王羲之的《十七帖》，亦兼习颜体，气象庄肃，笔力遒劲。（入社号931）

注释

❶《运甓图》：陶绍煌请人所绘。“运甓”运用《晋书·陶侃传》之典：“侃在州无事，辄朝运百甓于斋外，暮运于斋内。人问其故，答曰：‘吾方致力中原，过尔优逸，恐不堪事。’其励志勤力皆此类也。”甓，一种陶泥炼制的砖，较一般泥砖坚固，也重得多，故后人常用“运甓”比喻刻苦自励。宋人苏轼《送公为游淮南》诗：“负米万里缘其亲，运甓无度忧其身。”清人李渔《蜃中楼·献寿》：“镇日价操戈演阵，待学那陶侃运甓扰闲身。”阳兆鲲《辛亥生日感赋》：“运甓朝朝磨虎臂，枕戈夜夜数鸡声。”按，陶氏所运之甓，并非所谓陶泥所制之砖，而是陶懋隆酱园里的缸甏。陶氏尝于芦墟镇上开了一片陶懋隆酱园，铺面很大。酱园里尽是瓶瓶罐罐，缸缸甏甏。陶氏平时喜欢帮忙搬缸翻甏，长年累月练得一手过人的臂力，在读书人中，洵属罕觏。一次，陶氏请人绘制一幅《运甓图》，柳亚子观罢，即赋《为陶亦园丈题〈运甓图〉》一诗，中有“迢遥华胄珍先泽，重见陶家《运甓图》”，“画苑松陵沈侍中（雪庐），银针玉薤重王翁（琴斋）”，“题诗惭愧殷勤意，寒雨冲泥夜叩门”等诗句。（柳亚子《磨剑室诗词集》，上海人民出版社 1985 年版，第 519 页）芦墟镇南社社员沈长公、沈次公兄弟亦为之题图。此画图与题皆作于 1923 年重阳之后，其时，曹锟贿选成功，国内局势每况愈下，南社社员大多痛心疾首。当此之际，陶氏绘制《运甓图》，显然亦寓自励之志。

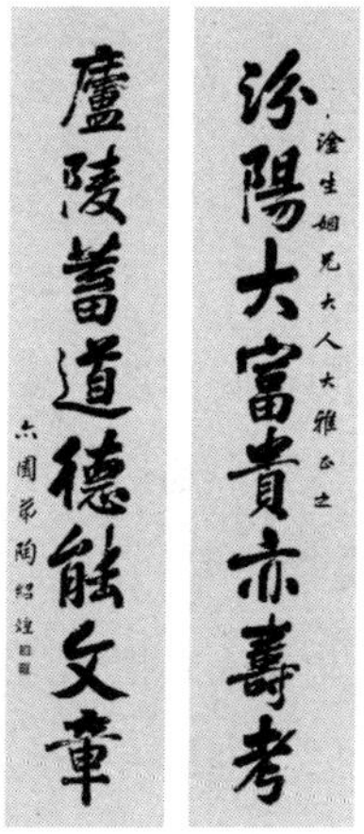

❷ 舲：有窗的小船。

❸“弃机”句：弃机：语出《庄子·天地》：“子贡南游于楚，反于晋，过汉阴，见一丈人方将为圃畦，凿隧而入井，抱瓮而出灌，搰搰（提手）然用力甚多而见功寡。子贡曰：‘有械于此，一日浸百畦，用力甚寡而见功多，夫子不欲乎？’为圃者忿然作色而笑曰：‘有机械者必有机事，有机事者必有机心，……吾非不知，羞而不为也。’”鼓楫：鼓，拍打；楫，船旁拨水的工具。事见《楚辞·渔父》。

陶绍煌联语手迹

黄　兴

戮力[1]神州不世功，红羊苍狗幻无穷[2]。

忧时一斛包胥泪[3]，化作千军万马雄[4]！

简传

黄兴（1874—1916），原名轸，字廑午，号杞园，又号克强。湖南善化（今长沙）东乡人。9岁入私塾，15岁考入湖南长沙岳麓书院。1893年考入长沙城南书院，1896年中秀才，1898年因成绩优异而被选送至武昌两湖书院深造，接触西方资产阶级政治学说。1902年春由张之洞选派赴日本考察学务，到达日本后，入东京弘文书院速成师范科学习。与杨笃生等创办《湖南游学译编》杂志，组织湖南编译社，介绍西方科学文化。1903年，与日本留学生发起成立拒俄义勇队（后改称军国民教育会）。是年底归国，邀集陈天华、宋教仁、刘揆一等人举行秘密会议，决定在长沙成立华兴会，并提出“直捣幽燕，驱除鞑虏”的主

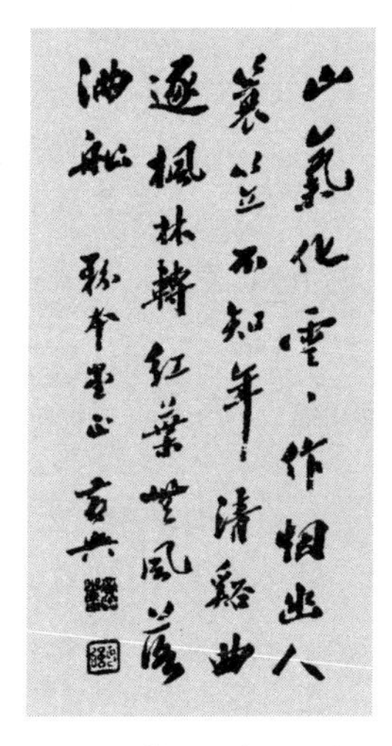

黄兴手迹

张。1904年2月15日，华兴会正式成立，被推为会长。同年策划于慈禧70岁生日时于长沙起义；为此，黄氏出售了祖业田产300亩作为起义经费。但由于事机未密而告失败，遂于是年10月下旬亡命日本。1905年8月20日，黄氏在日本与孙中山筹划的中国同盟会正式成立，被选为执行庶务，居协理地位。1907年起，先后参加或指挥钦州、防城起义、镇南关（今友谊关）起义以及钦州、廉州、上思起义和广州新军起义。1911年4月与赵声领导广州起义（黄花岗之役），亲率敢死队进攻总督署，右手被流弹击骈两指，仍忍痛指挥作战，战至最后，仅剩他一人。此役虽败，但在全国影响綦巨。在香港养伤期间，积极支持宋教仁、谭人凤等在上海成立同盟会中部总会。武昌起义后，被推为革命军总司令，在汉口、汉阳与清军作战。沪、苏、杭等地相继光复后来到上海，被各省都督府代表会议先后推为大元帅与副元帅代行之元帅职权，均未赴任。1912年南京临时政府成立，任陆军总长兼参谋总长；临时政府北迁，任南京留守。是年秋，在宋教仁、陈去病的鼓动下，加入南社，并参加在北京举行的雅集。“宋教仁案”发生后，主张先采取法律解决之策，以积蓄力量，由于袁世凯已准备发动对南方的战争，只好被迫应战，黄氏亲任江苏讨袁军总司令，率兵讨袁，终因敌我力量悬殊，“二次革命”迅速失败，与孙中山再次亡命日本。在此期间，孙中山将国民党改组为中华革命党，规定入党时要立具严格誓约，效忠孙文一人，并须在誓约上按印指模，遭黄氏拒绝，但仍积极策划讨袁，并为云南护国军筹饷，与孙中山呼应。1914年夏，遵孙中山之意，赴美国考察。袁世凯死后，返归上海，再度与孙中山共擘立国大业，但不幸身患绝症，于1916年10月31日在上海病逝。著有《黄留守书牍》《黄兴集》。（入社号323）

注释

❶ 戮力：尽力。《书·汤浩》："聿求元圣，与之戮力，以与尔有众请命。"孔颖达疏："戮力，犹勉力也。"《左传》："昔逮我献公，及穆公相好；戮力同心，申之以盟誓，重之以昏姻。"《汉书·高帝纪上》："臣与将军戮力攻秦。"

❷"红羊"句：红羊：古人以丙午、丁未两年为国家发生灾祸的年份，而丙、丁均属火，色赤，未属羊，故称。或谓午属马，因称丙午为赤马，丁未为红羊。宋代柴望作《丙丁龟鉴》，历举战国至五代之间的变化，在丙午、丁未年的有21次。唐代诗人殷尧藩《李节度平虏》诗："太平从此销兵甲，记取红羊换劫年。"苍狗：语出《杜工部草堂诗笺》33卷《可叹》："天上浮云如白衣,斯须改变如苍狗。"姚鼐《惜抱轩诗集》卷10《慧居寺》："白云苍狗尘寰感，也到空林释子家。"后多以"白云苍狗"喻世事变幻无常。按，身处潮起潮落、瞬息万变的近代中国，时代的悲凉之雾蒙络心头，黄氏不免"苍茫万感"，他尝赋诗慨道："三九年知四十非，大风歌罢不如归。惊人事业随流水，爱我园林想落晖。入夜鱼龙都寂寂，故山猿鹤正依依。苍茫独立无端感，时有清风振我衣。"

黄兴手绘松桃图

❸ 包胥泪：典出《左传·定公四年》："初，伍员与申包胥友。其亡也，谓申包胥曰：'我必复楚国'，申包胥曰：'勉之，子能复之，我必能兴之。'及昭王在随，申包胥如秦乞师，曰：'吴为封豕、长蛇，以荐食上国，虐始于楚。寡君失守社稷，越在草莽，使下臣告急……'，秦伯使辞焉，曰：'寡人闻命矣。子姑就馆，将图而告。'对曰：'寡君越在草莽，未获所伏，下臣何敢即安？'立，依于庭墙而哭，日夜不绝声，勺饮不入口七日。秦哀

孙中山与同盟会骨干在上海议事旧照
（左四为黄兴）

黄兴墓

公为之赋《无衣》，九顿首而坐。秦师乃出。”又，《说苑·至今》亦载此事。——此处借用此典极言黄氏救国之情綦切。

❹“化作”句：按，黄氏逝世后，杨度曾撰挽联悼之，内云：“公谊不妨私，平日政见分驰，肝胆至今推挚友；一身能敌万，可惜霸才无命，死生自古困英雄。”此处反其下联之意而用之。又，在黄氏逝后的第二天，孙中山便致函海外各支部，通告此一噩耗，函末云：“呜呼哀哉！以克强盛年，禀赋素厚，虽此次讨贼未得比肩致力，而提携奋斗尚冀诸异日。遽此凋谢，为国为友，悼伤百端！谨告诸同志鉴察之。”孙中山还亲撰挽联痛挽道：“常恨随陆无武，绛灌无文，纵九等论交到古人，此才不易；试问夷惠谁贤，彭殇谁寿，只十载同盟有今日，后死何堪！”章太炎先生则以重如金鼎的“无公则无民国，有史必有斯人”十二字，高度评价黄兴的丰功伟绩。时在日本治病的蔡锷，扶病哀挽道：“以勇健开国，而宁静持身，贯彻实行，是能创作一生者；曾送我海上，忽哭君天涯，惊起挥泪，难为卧病九州人。”于右任挽曰：“谤满天下，泪满天下；创造共和，再造共和。”

黄 节

国事蜩螗[1]泪欲潸，孤踪无奈托琅嬛[2]。

诗家亦是开宗[3]手，一唱蒹葭[4]迈后山。

简 传

黄节（1873—1935），字晦闻，号纯熙，笔名黄史氏、蒹葭楼主等。广东顺德人。1901 年，与友人在龙溪创办群学书社，以期劝学励行，启迪民智。1902 年，乡试落第，赴上海与邓秋枚创办《政艺通报》，介绍西方文明，宣传强国思想。1905 年，倾尽家产，与章太炎、刘师培、陈去病等创办国学保存会，又办以“保种、爱国、存学”为宗旨的《国粹学报》，阐发学术传统，宣传反清革命。1909 年于香港加入中国同盟会，旋又加入南社。武昌起义后，任广东高等学堂监督，并代胡汉民草拟《改元剪辫文告》《誓师北伐文》，并撰写《民主宣言》，为促进革命大造舆论。1912 年在广州与谢英伯等组织天民社，创刊《天民

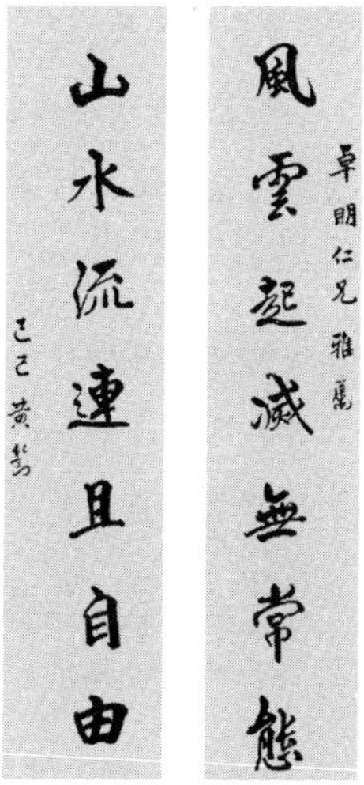

日报》，主张发扬民义，伸张民权。1915年，袁世凯密谋称帝，杨度、刘师培等六人承袁意旨，组织筹安会，公然鼓吹帝制，黄节闻讯后立即致函刘师培，痛切评论君主立宪之悖谬；因遭袁党仇视，遂避居天津法租界。晚年在北京大学、清华大学等校任教，思想比较保守，但在政治大节上表现出铮铮风骨，曾先后拒绝出任山西督军阎锡山所聘之“山西教育厅长”与王宠惠所邀之“国务院秘书长”。1932年，汪精卫以“行政院长”的身份电请黄节出席会议，亦复电峻拒，以示抗议。1933年，陈济棠邀请他到广东任“教育厅厅长”，亦断然拒绝。1935年1月24日病逝于北京寓宅。工诗文，擅书法，为“岭南近代四家”中之佼佼者。著述等身，主要有《黄史》《中国通史》《中国文学史》《蒹葭楼诗》《诗旨变雅》《阮步兵咏怀诗注》等。（入社号375）

黄节联语手迹

注释

❶ 国事蜩螗：语出《诗经·大雅·荡》：“如蜩如螗，如沸如羹。”郑玄笺：“饮酒号呼之声，如蜩螗之鸣，其笑语沓沓，又如汤之沸，羹之方孰（熟）。”马瑞辰通释：“按诗意盖谓时人悲叹之声如蜩螗之鸣，忧乱之心如沸羹之熟。”黄节《沪江重晤秋枚》诗云：“国事如斯岂所期，当年与子辨华夷。”

❷ 琅嬛：原为传说中神仙的洞府。据伊世珍《琅嬛记》载：“因共至一处，大石中忽然有门，引华入数步，则别是天地，宫室嵯峨。引入一室中，陈书满架……华心乐之，欲赁住数十日，其人笑曰：‘君痴矣。此岂可赁地耶？’即命小童送出，华问地名，曰：‘琅嬛福地也。’”此谓书屋。

❸ 开宗：开一代宗风，创一流派。

❹ 蒹葭：谓黄节的诗集《蒹葭楼诗》。后山即陈无己，北宋诗人，江西诗派中的重要作家。按，过去有一种相当流行的说法："黄节诗学后山。"事实上，这种观点并不尽然。黄节尝谓："每从闲处深思出，讵向人前强学来！""今日江西说宗派，嗟卑愁老恐非材！"（《寒夜读白石道人集题后》）足见黄节是反对泥古而主张深思自得的。从风格学的角度来看，黄节的诗既有陈后山的峭拔瘦硬，李义山的凄怨缠绵，又有杜少陵的苍凉沉郁，屈翁山的兀傲悲愤，最终形成了他个人独具的那种郁勃悱恻、清壮幽远、刚柔并美的风格。兹录数首，以资参印："闭门聊就熨炉温，朝报看余一一燔。不雪冬旸知有厉，未灯楼望及初昏。意摧百感将横决，天压重寒似乱原。愁把老妻函卒读，破家谁为破贫冤。"（《闭门》）"我尚栖迟在此邦，萧然来与话丁窗。寒秋昨夜初过雨，归梦从君共溯江。瞠目绝尘知不返，举头当世未终降。冥鸿自远非无意，不为分携泪满腔。"（《送贞壮南归》）"中原十载拜祠堂，不及西湖山更苍。大汉天声垂断绝，万方兵气此潜藏。双坟晚蟀鸣乌石，一市秋茶说鄂王。独有匹夫凭吊去，从来忠愤使人伤。"（《岳坟》）张尔田称赞黄节其诗："内蕴耿介，外造隽澹"，"味兼酸辣"。（《〈蒹葭楼诗〉序》）陈三立推崇其诗"格澹而奇，趣新而妙，造意铸语，冥辟群界，自成孤诣"，"效古而莫寻辙迹。必欲比类，于后山为近，然有过之，无不及也"。（《〈蒹葭楼诗〉序》）汪辟疆论曰："（黄节诗）咽处见蓄，瘦处见腴，其回肠荡气处见孤往之抱；其融情入景处有缥缈之思，而其使人低回往复感人心脾者，皆在全篇，难以句摘。"（《说近代诗》）钱仲联亦认为黄节"其诗有通北宋之神理而遗其貌者"。（《近百年诗坛点将录》）

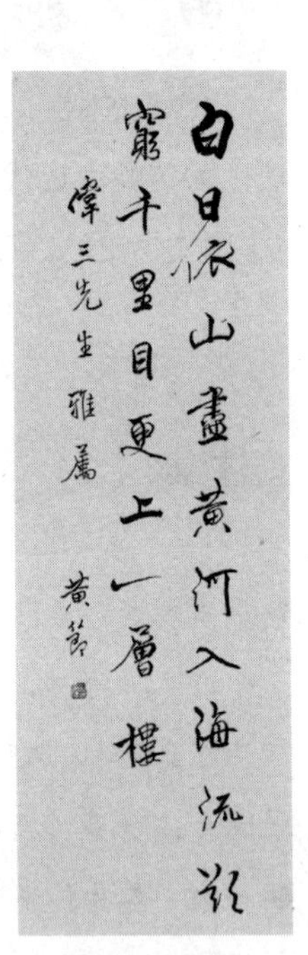

黄节书《登鹳雀楼》

黄　侃

大江击楫气冲牛[1]，博学鸿词擅胜流[2]。

儒侠经师谁继述[3]？独留玉帙[4]占千秋。

简传

黄侃（1886—1935），字季刚，季子等，号运甓，别署病蝉、刚翁，笔名不佞、奇谈等。湖北蕲春人。鄂中宿儒黄云鹄之幼子。自幼失怙，读书艰困。1900年中秀才。1903年考入湖北文普通学堂，因昌言革命被开除学籍。16岁留学日本早稻田大学，时章太炎逃难日本，与侃遇；侃数称道《毛诗传》《说文解字》，自言受父为《儿时书笘》诵文，以更《千字文》，遂受学章太炎称弟子，创古韵28部。又加入中国同盟会。时章太炎正在主持《民报》，黄氏为《民报》撰写下许多鼓吹排满革命的文章。1905年，上海《国粹学报》创刊，为编撰之一。1908年因母病归国，险遭清政府逮捕。1911年在汉口参与创办《大江报》，

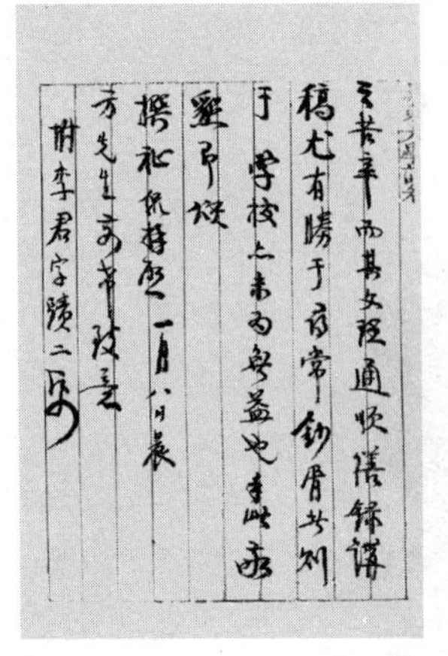

黄侃手迹

并参加湖北的辛亥革命。1913 年为赵秉钧所迫，出任直隶都督府秘书长；赵氏死后，不复仕进。1914 年任北京大学文科教授。1915 年拒绝参加为袁世凯称帝进行鼓吹的筹安会。1919 年创办《国故》月刊。后辞去北大教授，在清华研究院、东北大学、金陵大学、中央大学任教。又参加国学保存会、孝义会、思辨社。1935 年 10 月在南京病逝。性狷洁，恒与人忤。而词笔高简，韵味隽永深醇；小赋文辞淡雅，可追魏晋；五言诗有晋、宋之遗。对经学、音韵、训诂等均有精湛造诣。因辞世过早，著述多未写定。经后人整理辑有《黄季刚遗著篇目举要初稿》《三礼通论》《文心雕龙札记》《音略》《量守居士词集、诗集》等。（入社号 221）

注释

❶ 首句：大江指《大江报》，为黄侃于 1911 年在汉口参与创办的进步报纸。击楫：《晋书 · 祖逖传》：祖逖统兵北伐苻秦，“渡江，中流击楫而誓曰：‘祖逖不能清中原而复济者，有如大江！’辞色壮烈，众皆慨叹。”冲牛：牛，牛斗之省称。为

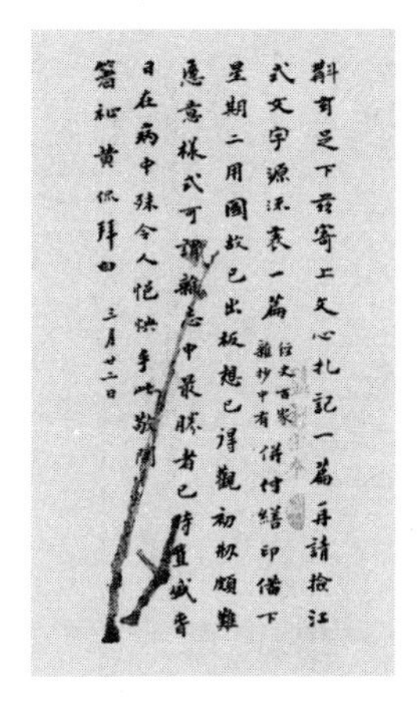

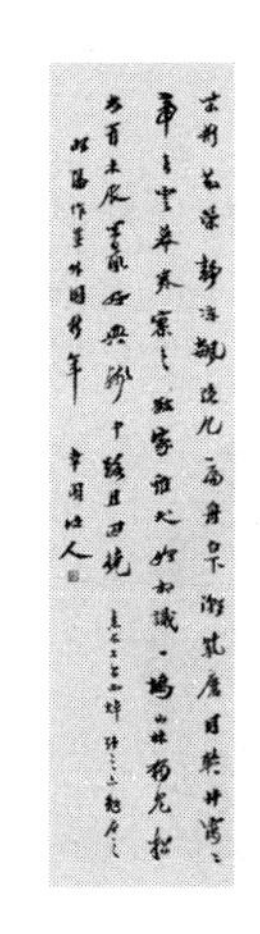

黄侃诗稿手迹

苏曼殊为黄侃所绘“梦谒母坟图”

二十八宿中的斗宿和牛宿。《晋书·张华传》：“焕（雷焕）曰：‘仆察之久矣，惟斗牛之间，颇有异气。’”

❷“博学”句：博学鸿词：原为科举名称，此处指黄氏学赡才高。胜流：犹言名流。《南史·曹景宗传》：“唯以韦叡年长，且州里胜流，特相敬重。”按，黄侃先生国学造诣甚高，世有定评，章太炎先生尝称誉道：“季刚清通练要之学，幼眇安雅之辞，并世吾未见有比也！”

❸“儒侠”句：按，黄氏不唯学问渊博，建树辉煌，而且崇尚侠气。他在《释侠》一文中尝谓：“侠者。以夹辅群生为志者也。”“世宙晦塞，民生多艰，平均之象，侜兆而弗见，则怨讟之声，闻于九天。其谁拯之？时维侠乎。……虽危起居，竟信其志，犹将不忘百姓之病。非大侠其孰能与于斯？古之圣哲，悲世之沉沦，哀烝民之失职，穷阨不变其救天下之心，此侠之操也。”又云：“相人偶为仁，而夹人为侠。仁侠异名而有一德。义者，宜也。济元元之困苦，宜孰大焉。儒者言仁义，仁义之大，舍侠者莫任矣。”“侠者，有所挟持以行其意者也。”这种对豪侠之士的崇尚，充分体现出黄氏作为一名激进民族主义者的革命立场和“吾曹所急，唯在摧破之事”的愤激情绪。

❹ 玉帙指书籍。

黄郛

国仇世变两难禁[1]，誉谤群言可铄金[2]。

衡虑困心谁省得[3]？本来忧愤异亭林[4]。

简传

黄郛（1880—1936），原名绍麟，字膺白，号昭甫，别字天生，笔名以太。浙江绍兴上虞百官镇人。1904年春入浙江武备学堂，一年后，被选派日本东京振武学校学习，加入中国同盟会。与李烈钧等25人，取孟子“富贵不能淫，贫贱不能移，威武不能屈”之义，发起组织丈夫团，砥砺意志，排满抗清。1910年毕业后回国，在清廷军谘府二厅、军事官报局任职。武昌起义后，自北京赴沪，参加攻占制造局、光复上海的战役，任参谋长兼沪军第二师师长（后改为陆军第二十三师），参与策应光复杭州与攻克金陵之役，为国民政府临时奠都南京立下汗马功劳。民国成立后，响应政府裁减地方军队，率先解散其所辖陆军第二十三师。“宋教仁案”发生后，起事反对袁世凯，事败后，与黄兴、陈其美等人同被袁政府下令通缉（通缉令上有“不论生死，一体给赏”之语），遂亡命日本，后经南洋赴美国游历数年。1915年底，护国战争起，由美返国，在上海参与谋划浙江反袁军事。后定居天津，与北洋政客过往从密。1918年10月，徐世昌出任北洋政府总统，受徐委托代编《欧战后之中国》一书。1921年出任北洋政府参加华盛顿会议的代表团顾问。1923年2月入张绍曾内阁，署理外交总长，随后又历任高凌尉、颜惠庆内阁教育总长。1924年策划和参加冯玉祥领导的北京政变；驱逐逊帝溥仪出宫，参与将紫禁城建为故宫博物院的活动；照会日本政府取消1915年中日签署的“二十一条”等，并代理内阁总理，摄行总统职权。至段祺瑞复出，被迫辞职。1927年南京国民政府成立后，被任命为上海特别市市长。后北上说服冯玉祥、阎锡山附蒋。1927年武汉七一五反革命政变后，蒋介石下野，随同辞职。1928年1月蒋氏重新上台，被任命为外交部部长。同年3月，负责处理第一次南京事件的善后事宜，同美国缔结双边协定（其他诸国由其后任王正廷缔结协定）。同年5月，日军炮轰济南，制造五三惨案，时任外长的黄氏事后被蒋介石免职顶罪。1933年5月，受蒋氏之邀，任行政院北

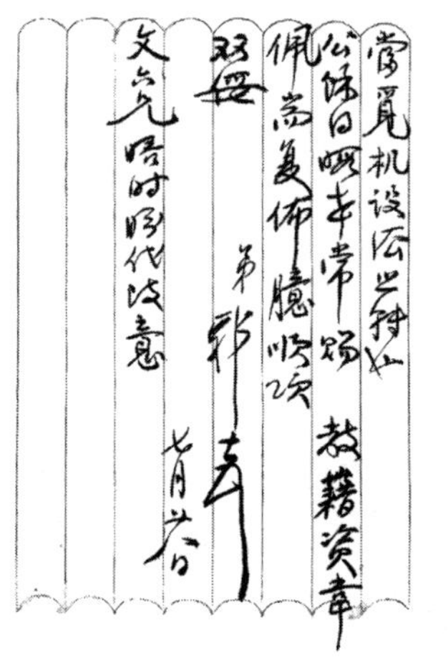

黄郛书信手迹

平政务整理委员会委员长，北上负责对日交涉，出面收拾华北残局，于万难时局下，对日签订《塘沽协定》，民愤大起。1935年春，遂辞职并引退，与夫人在莫干山埋头读书，经营莫干山小学和当地的公益设施。1936年底，因患肝癌病逝。著有《欧战之教训与中国之将来》，《战后之世界》等。(入社号672)

留学日本的黄郛(左)与蒋介石的合影

注释

❶“国仇”句：从民国成立到北伐前的十数年间，北洋政府的政坛人事更迭如走马，黄氏所担任的职务亦频繁变更，任期甚短，政治抱负殊难施展，故云“两难禁”。

❷“誉谤”句：1928年初，蒋介石重新上台后，黄氏被推荐为南京政府外交部部长，曾发表维护中国领土完整和废除以往与各国签订的不平条约等对外交往的“六大原则”。在国力积弱的条件下发表此一宣言，显示出黄氏抵御外侮的抗争勇气。但随之而来的由日本人发动的济南惨案，致使黄氏从此深深陷入对日外交的湍急漩涡。济南惨案是日本少壮军人发动的旨在保护日本在华北的利益而针对北伐军的挑衅。日军以保护侨民为借口，出兵济南，进攻中国军队，杀害国民政府驻山东特派交涉员蔡公时等17名官员。重炮轰城，中国军民死伤达万计。而蒋介石出于北伐的需要，一味对日本人妥协，却又不愿担当“亲日和议”的骂名，故一切谈判，皆由黄氏出面。黄氏曾多次急电日本外务大臣，提出严重抗议，并致电国联寻求帮助，但投鼠忌器，一再退让。以故，国人将外交政策的失败全归结到黄氏身上。因受尽代蒋受过的窝囊气，黄氏尝对张群悲慨道：“济案所受刺激，公私两项皆为生平未有之伤心事”，并多次发出“事理人情，余勇两无可贾”之叹，最后

不得不电呈国民政府引咎辞职。济南惨案后来由继任的外交总长王正廷以十分屈辱的条件，与日方达成“和解”协议。但自九一八事变后，日本人对华北步步紧逼，1933年春，日本侵略者的铁骑已经越过长城，直逼通州，平津吃紧，华北危如累卵。此时国民党的军事力量无力与日军抗衡，而蒋介石此时却忙于“剿共”。为此，蒋介石只有谋求外交谈判，达到中日停战之目的。但此时日本的政局实由少壮派军人控制，这些为了建功而“蹈险”的少壮派，根本无心与中方进行所谓的中日谈判交涉。在此一触即发的危急情势下，黄氏屡次受蒋介石和国民党政府的催召，只好勉力出任行政院驻北平政务整理委员会委员长，北上负责对日交涉，出面收拾华北残局。而此时最令“受命于危难之际”的黄氏棘手的，是南京政府鉴于中国民众的反日情绪沸腾已极，迫于舆论的压力，表面上义正词严地要求黄氏对日本人绝不姑息，而私下里却要求黄氏“权宜行事”，蒋、汪曾授权给黄氏，“除签字与承认伪（满洲）国，割让四省（即东三省）之条约外，其它条约皆可签应”。黄氏实在无法禁忍蒋汪对外冠冕堂皇的讲话所带来的窝囊气，遂致电蒋介石，愤然道：“弟（蒋介石）如要兄（黄郛）依旧留平协赞时局者，希望今后彼此真实地遵守‘共尝艰苦’之旧约，勿专为表面激励之词，使后世单阅电文者，疑爱国者为弟，误国者为兄也。”1933年5月，屈辱的城下之盟《塘沽协定》终于签订，日本军队暂时撤出长城之外。紧接着，未公开而不为世人知晓的北平谈判协议、通邮通航协议，也先后签订。这些协议，都是在敌强我弱、强兵压境的危急情势下签订的。黄氏虽为此殚精竭虑，极尽斡旋之能事，但由于其早年经历与他和日本的深厚关系，本来就极易被人视为“亲日派”；而由黄氏在华北任上经手的几起谈判和签约，更难免被冠以“媚日”的恶名。《塘沽协定》无疑给黄氏一生的政治和外交生涯带来巨大屈辱；就黄氏的初衷而言，他之所以知其不可为而为之，一再去接那些烫手的山芋，除凛然于匹夫之责的传统精神外，此亦可视为中国古代士人“重然诺”的一种江湖义气。武昌起义后，黄氏与蒋介石共同参与陈其美所主持的光复上海活动，三人遂为结义兄弟，陈居长，黄居次，蒋居末，以“安危他日终须仗，甘苦来时要共尝”相约。且说在《塘沽协定》签约的艰难过程中，尽管代表行政院参与其中的高宗武等人曾与黄氏发生过激烈的冲突，并对黄氏屈服于日本人的高压非常不满，但南京政府最终还是勉强同意了黄氏的建议，从而使得东三省和内地的通邮通车得以进行，在名义上避免了承认伪满洲国的尴尬局面，同时也避免了铁路缴款的损失与关外内地邮路的中断。——黄氏这种“打落门牙带血咽”的苦衷与屈辱，是局外人绝难以体会的。1933年8月，黄氏在接受天津《大公报》记者王芸生采访时，坦言道：“这一年来的经过，一般人以为我黄某天生贱骨头，甘心做卖国贼，尽做矮人；我并非不知道伸腰，但国家既需要我唱这出戏，只得牺牲个人以为之。”《亦云回忆》中对此亦记述了蒋介石为《黄膺白先生家传》所作的序言，云“黄氏志足以慑强寇之气，而势不能弭铄金之口，其忍辱负重，诚有非常人所能堪者”。由此可见，蒋介石对盟兄黄氏为其忍辱负重背黑锅的良苦用心是了然于胸的。——“誉谤”句指此。

❸“衡虑”句：衡虑困心：语本蒋介石《黄膺白先生家传》序言中“临汤火而不避者易，受疑谤而不辞者难，当其困心衡虑，不计毁誉”之语。省：作解会解。按，民国云谲波诡的政坛上，黄氏在政治和外交上一直都被视为举足轻重的人物，可谓“誉满天下，谤满天下”。他曾参与民国肇兴，军阀纷争，到七七事变前中日交涉的诸多重大事件，故一直为研究中国近代史、中华民国史、中日关系史的学者所关注。而在民间，黄氏则一直被视为“亲日派”的代表，在当时那种特定的政治语境下，几同于准汉奸了；尤其是，在他主持下于1933年签订的《塘沽协定》，更被国人直斥为“卖国”。在正统教科书里，对黄氏的负面评价大都集矢于他的所谓“媚日外交”，指斥其秉承蒋介石旨意，在华北推行对日本帝国主义屈辱妥协的外交方针等。是耶非耶，实未易一言以断。——“谁省得”指此。

❹亭林指反清遗民顾亭林。他40年从未忘却恢复故国，曾频繁奔波数千里，十余次往谒南京明孝陵与北京明十三陵，并以诗记录了世人眼中自己的狂怪形象：“旧识中官及老僧，相看多怪往来曾。问君何事三千里，春谒长陵秋孝陵？”在《感事》一诗中，他更是“昌言无忌”，秉笔直抒胸臆道：“传闻阿骨打，今已入燕山。毳幕诸陵下，狼烟六郡间。边军严不发，驿使去空还。一上江楼望，黄河是玉关。”

按,“阿骨打”是金太祖的名字,此处显然泛指入关的清朝统治者。“毳幕”“狼烟”是历来指斥入侵异族的贬词,他信笔拈来,毫无顾忌,一派地道的遗民声口。直至晚年,清政府的文字狱大兴,他才不得不有所改敛,居然创制出类似现代的密码的一种“韵目代字”的办法来掩蔽清吏的耳目。此处拈举出顾亭林,意在说明其只是一心以“反清复明”为念,而黄氏为国事“力任艰难”,却要独自承受“打落门牙带血咽”的巨大屈辱和压力。黄郛逝世后,国民党政府曾经先后在1936年和1945年两次给予特别表彰,历数民国政坛人物,可谓绝无仅有。褒词云:“智虑忠纯,文武兼资,致身革命,卓著勋劳。不避险阻,力任艰难。隐忍求全,用纾祸变。心孤事苦,尤人所难。”最后六句,可称的评。

黄宗仰

袈裟岂碍靖妖氛[1]，一脉释儒原不分[2]。

绝代奇僧谁继起？心香爇就拜兰薰[3]！

简传

黄宗仰（1865—1921），别名中央，乌目山僧，楞伽小隐、印楞禅师。俗姓黄，原名浩舜，又名用仁。江苏常熟人。自幼聪敏好学，早年于虞山清凉寺剃度，继赴金山江衣寺受戒，精究内典，攻诗画，旁涉中外政治学说。又研习英文、日文、梵文。后应英籍犹太商哈同及其妻罗迦陵之邀赴上海主讲佛经，凡爱俪园之营建、宏佛法、设学校、论国故，宗仰均所擘划。足迹曾遍游南北名山大川，接交各地爱国志士，蓄有反清之志。八国联军攻占北京后，时势阽危，海内骚然，宗仰慨然有糜躯报国之志。《辛丑条约》签订后，愤于国耻，绘作《庚子纪念图》，媵以诗。其诗、画慷慨悲壮，一时名人附咏殆遍，朝野为之震

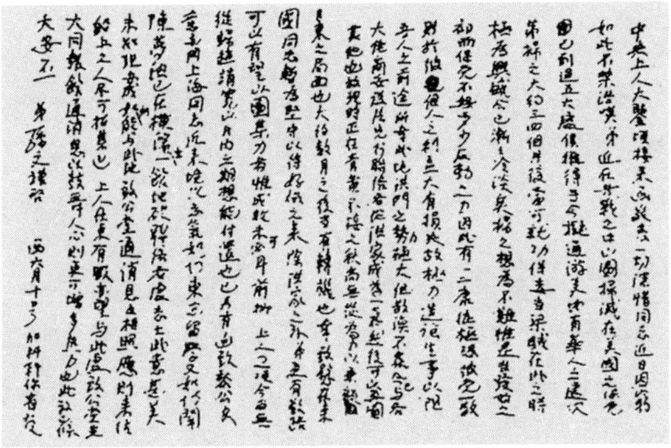

孙中山《致黄宗仰函》手迹

惊。1902 年，又通过罗迦陵的佛缘关系，利用哈同资金，与蔡元培、章太炎等在上海创立中国教育会，被推为会长，从事爱国教育与反清活动，此后又成立我国最早的女子学校——爱国女校，培养革命青年，先后与秋瑾、徐锡麟、陶成章、苏曼殊、李叔同、黄兴、邹容、陈天华等往来，国内志士仁人遂以此为联络中枢，倡导革命。“苏报案”发生后，营救章太炎、邹容，不果，遭清廷追捕，遂避往东京，访孙中山先生于横滨，中山“一见如故，雅相推重”。后孙中山赴檀香山等地与保皇派斗争，宗仰不仅从经济上资助，还于国内遥相呼应。1904 年返国后，曾参加光复会、同盟会、南社等革命团体。武昌起义后，孙中山从海外回国，宗仰亲至吴淞登轮迎接，并与孙中山、伍廷芳、蔡元培等共商建国大计。民国成立后归山。1914 年任江天寺首座。1919 年，集资修复毁于咸丰兵燹中的栖霞寺，1920 年任栖霞寺住持。1921 年 7 月圆寂于栖霞山僧舍。著有《饯中山》《寄太炎》《革命军击节》等诗，《论尊崇佛教为今日增进国民道德之切要》《佛教进行商榷书》《校经室秋夜槃谈》等文，绘有《丙辰纪念图》《望云图》《江山送别图》等。宗仰生前还利用哈同资金，校刊并主持出版我国第一部缩印大藏经《频伽精舍大藏经》，章太炎在该书之序中赞曰：“绍隆一乘，救慈末世，为晚明旭大师后三百年来发扬胜义之第一人。”

注释

❶ 首句：靖：平定。《左传·僖公九年》："君务靖乱，无勤于行。"妖氛：祸乱、凶灾。李白《塞下曲》："横城负勇气，一战净妖氛。"此句谓黄宗仰系近代史上一位著名的托迹空门的爱国志士。

❷"一脉"句：按，柳亚子称广东曼殊法师苏玄瑛为"逃禅而归儒"，称浙江弘一法师李息霜为"逃儒而归释"。而常熟乌目山僧黄宗仰则是儒释同致，故被誉为天下奇僧。

❸ 末句：心香：佛教语，喻心意虔诚，如供佛之焚香。《艺文类聚·相宫寺碑铭》："窗舒意蕊，室度心香。"唐代韩偓《玉山樵人集·仙山》："一炷心香洞府开，偃松皱涩半莓苔。"后多以"心香"表示尊敬、崇拜之意，而其原意（即学佛者心诚则能感于佛，与焚香供佛无异）则较少为人所用。爇：燃着。兰薰：喻品性高洁。南朝（宋）颜延年《祭屈原文》："兰薰而摧，玉缜则折。"唐代诗人骆宾王《上齐州张司马启》："常山王之玉润金声，博望侯之兰薰桂馥。"按，黄氏圆寂后，各界人士均对其作出高度评价，梁启超盛赞道："宗仰上人，可谓我国佛教界中第一流人物也；常慕东僧月照之风，欲为祖国有所尽力，海内志士，皆以获闻说法为欣幸。吾友汤觉顿礼之，归呈三律以表景仰，读之可以想见上人之道行矣。"（《饮冰室诗话》，人民出版社 1959 年版，第 45—46 页）

黄宗仰手绘孔子像

黄忏华

梦亲鹿苑[1]道弥尊，遍撒法华[2]开钝根。
三藏冥搜参妙谛[3]，更成唯识[4]一家言。

简传

黄忏华（1890—1977），字璨华，号凤兮。广东顺德人。我国近代著名佛学理论家。自幼客居南京，曾从江西桂伯华研习佛学。1914年，欧阳竟无在南京金陵刻经处设立研究部，招收学员，讲授佛学。黄氏曾列门墙，初学唯识，颇有心得。五四时期，由宗白华介绍，加入由李大钊等发起的少年中国学会。旋留学日本，毕业于日本帝国大学。返国后，曾任上海《新时报》与《学术周刊》编辑。后由柳亚子介绍在立法院就职，并加入南社。1926年结识太虚大师，自此"誓志追随"，为中国佛教事业之改革而不懈努力。1928年，太虚大师组织"中国佛学会"，当选为会长，黄氏当选为执行委员。1929年4月，与谢健等以中国佛学会名义，会同江浙佛教诸山长老，召集十七省代表，于上海举行全国佛教代表会议，决定成立中国佛教会，拟定章程，呈请国民党中央党部及内政部备案。1931年，“中国佛教会”改组，当选为常务理事。1939年“中国佛教会”终获内政部批准，黄氏致力尤多。抗战期间，任教于厦门大学。课余从事佛学研究，撰写佛学理论方面的著作甚夥。新中国成立后，曾参加锡兰（今斯里兰卡）英文《佛教百科全书》部分条目之编写。1961年被周建人聘为浙江省文史馆馆员，参与过《中国佛教百科全书》及《辞海》有关佛教部分的编辑工作。1977年8月28日因心肌梗塞在杭州去世，安葬在杭州钱江陵园。著有《学术丛书》《中国佛教史》《佛教各宗大意》《佛学概论》《唯识学轮廓》《华严根本教义》《金刚顶菩提心论浅释》等。介绍哲学的著述有《近代美术思潮》《西方哲学史》《美学略史》《近代文学思潮》《哲学纲要》《美术概论》《西洋哲学史纲》《弱水》《政治学萃要》《近代美学思潮》《现代哲学概观》《印度哲学史纲》等。（入社号338）

黄忏华《近代美术思潮》书影

注释

❶ 鹿苑即野鹿苑，四大佛教圣地之一，当年释迦牟尼初次布道即在此地。其时环侍在释迦牟尼身旁听法的五位比丘和尚，皆为世界上最早的佛教僧侣。此处代指佛教。

❷ 法华原为《妙法莲华经》之简称，此处指佛教之智慧。黄氏尝致书柳亚子，明示其皈依莲座之心，内云：“忏自东渡后，四顾苍茫，百感交集，自分此不材之身，终且与蒲团香火为伍耳！世间事自有世间人了之，游方之外者，何所求哉！于是乎束装归国。明遗民某氏之诗曰：‘到此已无人我别，更从何处说冤亲。陡将家

国无穷恨，化作慈悲度众心。’此物此志也，质诸亚子，以为如何？忏华和南。”（《南社》第十五集）

❸“三藏”句：三藏：又作三法藏。据《大乘庄严经论》卷四《述求品》载：“藏，‘摄’之义，即总摄一切所应知之意。若依觉音之说，则藏为‘谙记’之义，即以谙诵之法而师徒口传。”另据《文殊支利普超三昧经》卷中载，藏为‘器’之义，即容受所应知之一切教法之意。大众部与其他部派在三藏之外另加杂藏（本生因缘等），犊子部另加咒藏（真言）而成立四藏。法藏部另加咒藏与菩萨藏，大众部之一说部另加杂集藏与禁咒藏，成实论加上杂藏与菩萨藏，六波罗蜜经加上般若波罗蜜多藏与陀罗尼藏，五者合称五藏。此外，经藏与律藏二者，或声闻藏与菩萨藏两者，并称为二藏。按佛经分类，大致可分为经藏、律藏、论藏。经藏，音译素怛缆藏、修多罗藏，意译契经藏。佛所说之经典，上契诸佛之理，下契众生之机；有关佛陀教说之要义，皆属于经部类。律藏，音译毗奈耶藏、毗尼藏，意译调伏藏。佛所制定之律仪，能治众生之恶，调伏众生之心性；有关佛所制定教团之生活规则，皆属于律部类。论藏，音译阿毗达摩藏、阿毗昙藏，意译作对法藏。对佛典经义加以论议，化精简为详明，以决择诸法性相；为佛陀教说之进一步发展，而后人以殊胜之智慧加以组织化、体系化的论议解释。论藏又称论部，与摩

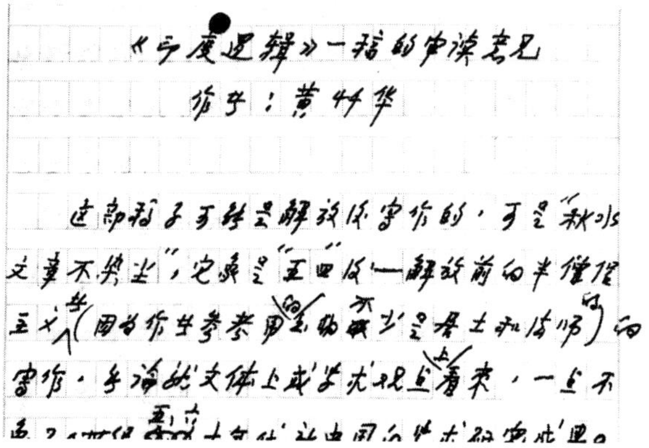

黄忏华审读意见手迹

黄忏华《佛教各宗大意》书影

咀理迦、优波提舍具有密切之关系。据《大毗婆沙论》卷一载，三藏之所显与等流等各异，经藏乃次第之所显，律藏为缘起之所显，论藏为性相之所显；经藏为力之等流，律藏为大悲之等流，论藏为无畏之等流；经藏系种种杂说，律藏系讲说诸学处，论藏则分别诸法之自相与共相。妙谛：精妙之真谛。清代袁枚《随园诗话补遗》卷六："'八千里外常扶杖，五十年来不上朝。'将杖朝二字拆开一用，便成妙谛。"田北湖《论文章源流》："所谓信手拈来，皆成妙谛者。"狄平子《论文学上小说之位置》："至以文学之眼观察之，则其妙谛，犹不止此。"

❹ 唯识即唯识论，佛经名。《华严经》就集起之义而云唯心；《唯识论》就了别之义而云唯识。按，黄氏早年精研梵文与藏语，曾师从近代中国唯识学泰山北斗，故对"唯识学"及印度哲学、藏传佛教体悟甚深，亦兼通西方哲学。1932年，太虚大师在厦门大学讲"法相唯识学概论"，由虞德元笔记，事后出版，黄氏为之撰序，显示出其对"唯识学"的卓识高见。又，黄氏所著《中国佛教史》，一直被誉为"现代中国人撰写的第一部系统的中国（汉传）佛教通史"，而黄氏则被视为我国学术界以西洋学术著作方式撰写佛书的先驱，其著作曾被众多佛教院校作为教材使用。

黄宾虹

溉今汲古砚磨穿[1]，笔底琳瑜[2]各竞妍。

衮衮[3]天机自何处？云烟湿梦梦云烟。

简传

黄宾虹（1865—1955），名质，字朴存，一作朴人，后以字行，别署予向、虹庐、虹叟，中年更号宾虹。原籍安徽歙县，生于浙江金华。光绪廪贡生。10岁开始学画，从李国柽、陈春帆。兼学篆刻，并致力于诗文。1895年得悉“公车上书”之消息，即驰函康、梁，极赞其变法主张。后因维新派同谋者的罪名被告发，逃回老家歙县。1906年与乡友共同发起革命团体黄社。1907年因给中国同盟会筹款，遭清政府通缉，逃往上海，参与编辑《政艺通报》《国粹丛书》等。1909年赴沪任《国粹学报》编辑，并加入南社。1912年起先后任《神州日报》《国是报》《时报》编辑，商务印书馆美术主任。1926年发起金石书画艺观

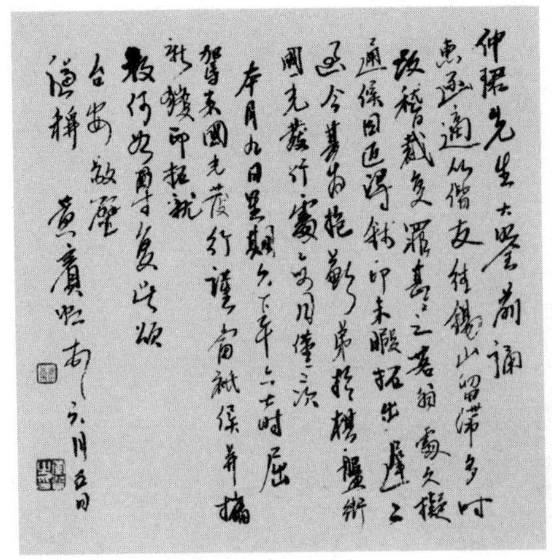

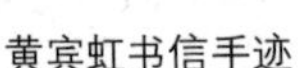

黄宾虹书信手迹

黄宾虹篆刻

学会，主编《艺观》杂志。1928 年参与组织中国学会，兼教国立暨南大学艺术系，上海美术专门学校图画系。1929 年创办上海文艺学院，任院长。1936 年任上海博物馆临时董事会董事，负责收集鉴定书画古物。1936 年 6 月应邀去北京审定故宫南迁书画，兼任国画研究室导师。抗战爆发后，拒与日伪往来，注重民族气节。1946 年起先后任北平艺专教授、杭州国立艺术专门学校国画教授。中华人民共和国成立后，任中央美术学院教授、中国美术家协会副主席、中国画研究院院长、北京民族美术研究所所长、中国美术学院华东分院教授、全国政协委员。党和政府特颁发荣誉奖状，称黄氏为“中国人民优秀的画家”。1955 年 3 月 25 日病逝于杭州。平生擅长山水画，画风受李流芳、程正揆等影响，兼法宋元，屡经变革，自成面目。又注重写生，足迹遍游山川，积稿盈万。中年画风苍浑清润，晚年尤精墨法，纵逸奇峭、浑厚华润，臻于化境。亦间作花鸟草虫，奇崛有致。擅诗文、书法，兼治金石文字、篆刻之学，精鉴赏，对画论画史亦颇有研究。著有《黄山画家源流考》《宾虹草堂藏印》《虹庐画谈》《中国画学史大纲》等。又与邓实合编《美术丛书》，另有辑本《黄宾虹画语录》。遗画编为《黄宾虹山水画集》。（入社号 96）

黄宾虹书画作品

注释

❶“溉今”句：黄宾虹毕生嗜于书画，笃勤匪怠。弥留之际仍低吟着宋代学者邵雍《励志》的名句：“何物羡人，二月杏花八月桂；有谁摧我，三更灯火五更鸡。”此乃黄氏书画人生的生动写照。

❷琳瑜：皆美玉。此指黄宾虹的诗、书、画。按，黄宾虹虽以画名世，然其诗亦雅近簺石，堪称此道作手，惜为画名所掩。兹从《宾虹诗草》中选录数首，以窥一斑。如《独秀山》曰：“清游日日卧烟峦，桂岭环城水绕山。迴渚扁舟摧日暮，中天高阁碍云还。眼红霜叶秋同醉，头白沙禽老共闲。入夜西风破急浪，愁心枕上送潺湲。”《七星岩》云：“手扪星斗蹑崔嵬，小窦通人数尺才。仄径岩腰縋绠入，倚天洞口列窗开。迥阑飞蝠风吹竹，绝涧垂虹石漱苔。萧纬杳冥冯秉燎，夜山行处曙光来。”《成都》云：“万井鸣萤催月坠，数行征雁带霜来。乡心愁绝关河迥，况听城头鼓角哀。”又《题画雁宕山巨幛》云：“群峰削玉摩青穹，赪霞缥缈神仙宫。

花树鸟山瓯海东，波涛蔽日迥长风。朅来舍舟蹑巃嵸，盘过百涧蛮嶂雄。城墉黝铁连云中，旌旗招展朝暾红。天柱壁立削鬼工，瀑流上溯银河通。洞明初月梁悬虹，冰晶飞动泉玲珑。梯縆不到睇眄穷，神游邃古开鸿濛。巨鳌戴负何尊崇，地轴斜陷横流洚。崩崖喷火雷半隆，炎熛电掣光熊熊。镕沙烁石施磨珑，清宵熠耀晨昏霿。娲皇束手如盲聋，小臣号攀黄帝弓。星楂路迥心忧忡，天荒地老卉木丛。上嗥猿鹤下虺虫，搀枪芒吐浮艟艨。斧戕肆虐千山童，巍峨高阁垂帘栊。中有栖隐丹颜翁，晷影笔砚晴窗烘。蔬盘酒盏春融融，坐对山谷涵远冲。真灵面目一笑逢，邀我写照窥纤洪。搜罗万态归牢笼，风雨杂沓森栟幪。追攀僧繇洎关同，笔耕浩汗均气充。泰华峻厚兼衡嵩，黄海秀异侔阆蓬。烟水滃郁山青葱，欲抉灵秘天无功。拂素信手挥惊漯，起蛰百丈惊湫龙，檐前夜雨声喧空。”陈兼与先生评曰:“郁勃磅礴，惨淡经营，非苟为漫与者。”

❸ 衮衮：连续不绝貌，亦作“滚滚”，杜甫《登高》诗：“无边落木萧萧下，不尽长江滚滚来。”

黄宾虹扇面书画作品

黄摩西

惊才天马簖云涛❶，岂负狂名半世豪❷。
一自齐门归大寂，凭谁抗手❸续风骚？

简传

黄摩西（1866—1913），原名振元，字慕庵，别号江左儒侠、野蛮、梦暗、慕云，中年因慕石斋、梨洲、陶庵、九烟之为人，更名黄人。江苏常熟人。幼年家贫未能入学，适对门一家乡绅延师教子，遂得以旁听受益。12 岁时已擅诗文，被乡人誉为神童。16 岁中秀才。后几次应试，皆因文句怪僻，有悖礼仪而落榜；此后遂绝意仕途，以卖诗文为生，并习道家言，终身养静。常熟知县惜其过人之才，特聘为县衙书吏。戊戌变法失败后，吴梅痛感六君子之狱，为谱《血飞花传奇》，摩西为之作序，倾心革命。1900 年与庞树柏等在苏州组织三千剑气文社，以文会友，评说时事；同年，与庞独笑在苏州创办《独立报》，任总

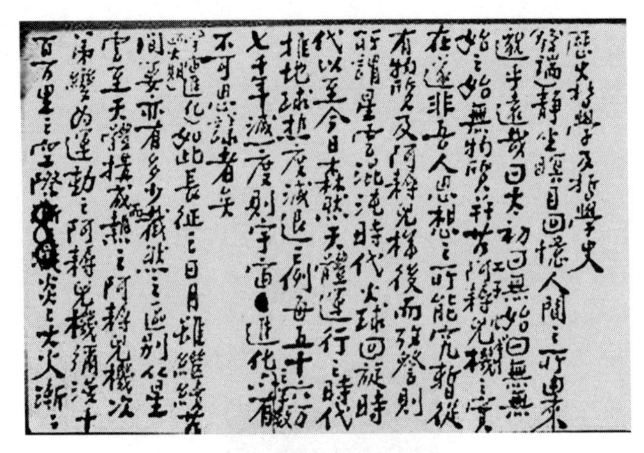

黄摩西手迹

编辑。1901 年入东吴大学，为首任国文教授，此间极力反对《辛丑条约》之签订，曾赋《怀古》诗以书愤。1904 年编《雁来红丛报》。翌年，参与创办曾朴经营的小说林书社。1907 年任《小说林》月刊编辑，撰发刊词。1911 年与王文濡在上海创办国学扶轮社，刊行为清帝所禁之诗文集，与章太炎、刘师培所创之《国粹学报》，作桴鼓之应。武昌起义爆发后，奋然欲有所建树，一日出门乘火车，至车站，两足忽蹇，大哭而归返严衙前寓所。袁世凯僭夺国柄后，愤于国事，笑骂无常，至发狂疾，首触铁丝网，血流满面。1913 年 9 月 16 日逝于苏州齐门外疯人院。平生博学多才，举凡“经史、诗文、方技、音律、遁甲之术，辄能晓其大概，故其为文，不屑于绳尺而光焰万丈”（吴梅《血飞花传奇序》跋语）。行为亦甚奇特，尝日啖朱砂，数日不睡，数日不食，不衫不履，任其所适，故有“奇人”之称。著述颇丰，惜大多未能刊行，主要著作有《中国文学史》《石陶梨烟室集》《摩西词》等；译著有《大狱记》等；又编纂《清文汇》二百卷，《普通百科新大辞典》14 册。（入社号 13）

注释

❶ 起句本黄摩西《蛮语摭残》，在该书中黄氏自述道："朝饮獐血，夜骋燕脂，无一日亲文史，而倚马横槊，动辄成帙，随手弃去。"籋，通"蹑"。《汉书·礼乐志·郊祀歌》云："志俶傥，精权奇，籋浮云，晻上驰。"《注》："苏林曰：籋音蹑，言天马上籋浮云也。"云涛：云层翻涌，语出唐代诗人孟浩然《宿天台桐柏观》："日夕望三山，云涛空浩浩。"按，黄摩西藻采惊人，这一点熟知黄氏的南社社友几乎有笔共书，如萧蜕庵《摩西遗稿序》云："君神姿瑰玮……文词博衍诞迈，如灵威秘藏，如淮南鸿宝，如珠林，如云笈，尤长于诗，有青莲之逸，昌黎之奇，长吉之怪，义山之丽，求之近世，王仲瞿龚定庵其俦也。"庞树柏《哭黄摩西先生即题其遗稿》诗云："惊才绝艳世间无，说剑吹箫旧酒徒。花月三生蝴蝶梦，文章五色凤皇雏。……"又据《黄慕庵家传》载："慕庵不矜细行，昼则驰马为狭邪游，夜方读书，或弥月不寐，或一夕作诗数十篇。"金松岑《苏州五奇人传》："慕庵才思博艳，好为荒忽幻眇之辞，传奇倚声，与吴梅伯仲。……慕庵于律度，不能沉细，若丰文逸态，往往驾吴梅而上。"

❷ "岂负"句：黄摩西尝自撰一联云："壮不如人，难请上方斩马剑；饥来驱我，又抛东海钓鳌竿。"其狂奴故态，溢于言表。又，秋瘦簃主曾赠黄摩西一联，云："手

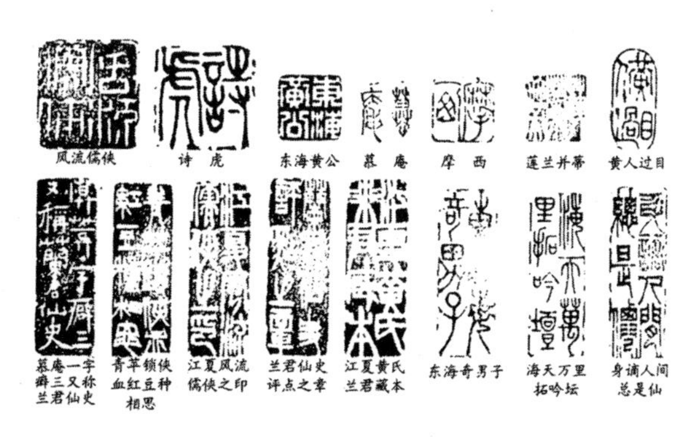

黄人所用印章

散千金，尚有头颅堪结客；才分一石，只留骨相可封侯。”黄氏以为知言，故常悬诸斋中。

❸ 抗手：犹言对手。曹植《七启》：“乃使北宫东郭之畴，生抽豹尾，分裂貉肩。形不抗手，骨不隐拳。”唐李善注：“抗，御也。”又李周翰注：“抗，当也。”按，陈旭轮《关于黄摩西》一文云：“摩西巨著中国文学史，……体大思精，议论宏通，前三册为绪论，黄氏对于国故学纯文学之见解与主张，均见于兹。中多非常异义可怪之论，如主张白话文学，改革文字，提高小说在文学史上之地位等等，在当时实为独创之见，亦全书之精华也。其后每一时期，有一通论，论列文学升降演变之迹，每一时期，又各附名家代表作品数十篇，是以篇幅浩穰，有二十九册之多，不啻一部历代诗文选。……愚曾介绍三学人、三名著于胡氏（指胡适——引者），其一即黄摩西氏与其所著文学史，因其提倡文学改革论，白话文学论，尚在胡氏之先。”钱仲联在《辛亥革命时期文学家黄人在苏州》一文中亦云：“他在《中国文学史》讲义中，阐述中国文学的发展，不但多有石破天惊的议论，发前人所未发也多今人所未言……”又云：“黄摩西，清末奇人也。于书无所不读，自诗词小说以及名学法律医学内典道笈，莫不穷究。撰《中国文学史》二十九巨册，不特空前，亦恐绝后。”（《近百年词坛点将录》）——“凭谁抗手续风骚”一句指此。

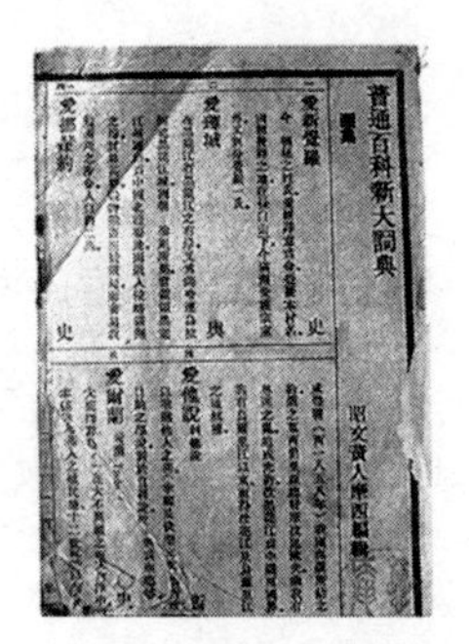
普通百科新大詞典

黄摩西编《普通百科新大辞典》书影

萧 蜕

笔穿鲁缟[1]孰跻攀，矜式朱衣僧俗间[2]。

知否鬻书沽酒后，吟边云影入窗寒[3]！

简传

萧蜕（1876—1958），早年名守忠、嶙、敬则，后改为蜕，字中孚、蜕公，号退庵、退闇、退安，别署黯叟、寒蝉、听松庵行等，因笃信佛教，法名慧脱、江南本无居士，晚号听松老人、罪松老人等名号。江苏常熟人。清末举家寓居上海，执教于城东女学，后来继蔡元培出任爱国女校校长。因倾心革命，曾加入中国同盟会。1913年加入南社。蒿目时艰，自感无力回天，遂退居不仕，谢绝交游，只与李叔同一人往来。出身于三代行医世家，尝从无锡名医张聿青学岐黄术，为人治病，辄有奇效，常常免费为贫病者医治。民国初年，赴苏州明德小学任国文教师；后赴上海爱国女学、城东女学掌教有年。1937年专程拜谒

萧蜕联语手迹

萧蜕篆书手迹

印光法师，纵论古今，阐发佛义，深为印光法师赏识，佛门诸多弟子，纷纷投其门下。抗战期间，崇尚民族气节，尝着僧衣、蓄须，杜门绝客。晚年以鬻书为生，韬晦自隐，不愿趋时媚势，故尔声名不彰，所订润格极低，收入甚微，生活十分窘困。新中国成立后，政府了解其艰困处境，聘其为江苏省文史馆馆员。萧氏生平不唯以篆籀名一时，尤精小学，通内典。为古文辞，简古高华。诗亦颇有家数。又工书法，尤擅篆籀，有“虞山第一书家”之称。主要著述有《小学百问》《文字学浅说》《音韵发伏》《劲草庐文钞》《蜕庵诗钞》《小晴云论书》《医屑》等。（入社号409）

注释

❶ 鲁缟：古代鲁国出产的一种白色生绢。《汉书·韩安国传》：“强弩之末，力不能入鲁缟。”颜师古注：“缟，素也。曲阜之地，俗善作之，尤为轻细。”按，萧蜕庵书法造诣甚高，有“虞山第一书家”之称。他于永字八法外，另辟新八法，即

理、法、意、骨、筋、肉、艺、韵；八法既全，谓之有笔有墨；不全，则谓之无笔无墨。他主张“学书先从楷书入手，以欧阳洵、虞世南为正宗。欧字得力于羲之，虞字得力于献之，羲之以神胜，献之以韵胜，二者截然不同，久审方知”。他又认为：“书法之妙，在于疏密，魏书内密而外疏，唐书外密而内疏，学者通其意，则南北一家，否则学魏为伪体，学唐为匠体，无有是处。”又主张以佛理来参书理，尝谓：“书法当学而思，思而学，若学而不思，思而不学，皆不可也。佛学由解而疑，由疑而参，参而悟。不解不会疑，不疑不会参，不参不会悟，不悟不会成。书法然，一切无不然。”

❷“矜式”句：矜式：敬重、取法。《孟子·公孙丑下》：“我欲中国而授孟子室，养弟子以万种，使诸大夫国人皆有所矜式。”朱衣即傅山（1602—1683），明末清初山西阳曲人。字青竹，改字青主，又号朱衣道人。明亡后，穿朱衣，住土穴，拒不为官。康熙年间举博学鸿词，强征至京，以死拒绝就任，放还。文章、书、画皆负盛名，家居以医为生。著有《霜红龛集》十二卷。按，萧氏一生最钦佩明末亡臣傅青主，每与学生谈及此人，崇敬之情油然而生。从萧氏的出处行藏来看，

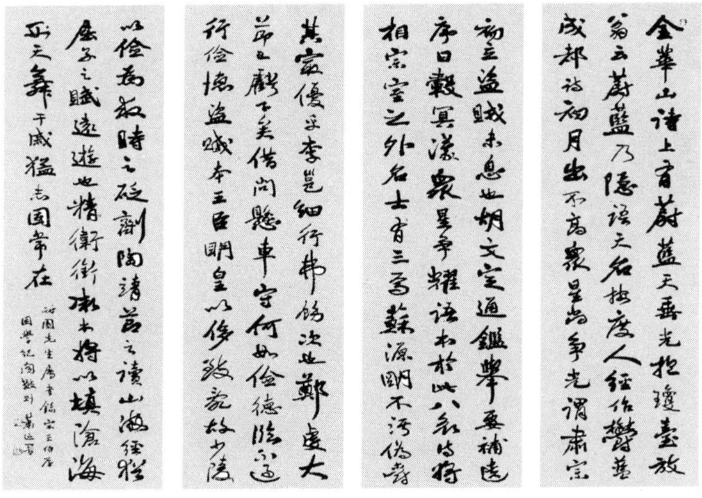

萧蜕手迹

朱衣道人对他的影响是相当深刻的，兹略举数例如次：一、退庵先生早年倾心革命，积极追随孙中山；及至袁世凯攘夺国柄后，痛恨之下，遂决意退居不仕，因更号退庵。二、退庵先生素重气节，对那些腆颜事敌的汉奸走狗一向深恶痛绝。1942年，汪精卫六十大寿，大张寿宴，伪省长李士群花重金求萧氏书法，萧氏坚拒不纳，尝谓："我是汪精卫南社旧友，他当知我野性未驯，不会答应写字。"三、蒋介石六十大寿时，曾罗集全国书画名家、名伶为其祝寿，南京卫戍司令汤恩伯特备厚礼，专程赴萧氏宅第请其在精致的百寿图纸上题写寿幛，遭退庵先生峻拒，致使汤恩伯无地自容。后汤氏转弯抹角托萧氏旧友熟人求情明"理"，萧氏万不得已，才勉强为蒋介石书写一幅，但拒不落款，此真可谓懔懔焉劲烈如秋霜，皜皜焉坚贞如白玉。僧俗间：按，萧氏平生信佛但不事佛，喜啖酒肉，人问其故，笑答曰："酒肉当药吃，身体有所需。"

❸"吟边"句：萧氏邃于诗学，神似山谷，如其《游小云栖》："十年不到此，丈室故萧然。绝壑铿悬溜，危藤络碎天。幽禽送孤呼，群绿斗新妍。坐久遗生灭，松风已入禅。"雅音落落，不近凡尘。钱仲联在《近百年诗坛点将录》中赞曰："其诗古音落落，与南社诸子殊趣。"按，萧氏固才情卓异，但一向韬晦自隐，从不攀龙附凤，故世人罕知其渊博的学识和精湛的书艺。晚年鬻书为生，所订润格极低（扇册一元，对子二元）；即使如此，仍鲜有求购者，晚景极为凄凉，故曰"云影入窗寒"。

戚饭牛

醍醐[1]妙味出吟毫，逸兴烟霞[2]寄一舠。

底事[3]又寻诗梦去，楝花风[4]里有清箫。

简传

戚饭牛（1877—1938），名牧，字饭牛，取宁戚饭牛之故实，又署牛翁，别署白头宫监。浙江余姚人。清末在上海主编《国魂报》，与奚燕子、吴眉孙等并称“国魂九才子”。又曾掌教圣约翰大学，讲课妙趣横生、娓娓动听。撰文亦什九为诙谐幽默、韵味隽永之作。他师事杨古酝，与杨了公、陈蝶仙等同隶丽则吟社。又师事魏钰卿学弹词。平生诙谐成性、玩世不恭，尝刻一印曰：“饭牛一生真烂漫。”擅书法，以擅于摹写《云麾碑》著称；又擅作诗钟，尝自撰一联云：“举世无非一场离合悲欢梦，平生不用半个昧良造孽钱。”著有《饭牛翁小丛书》《啼笑因缘弹词》《山东女侠盗》等。（入社号 386）

叔霜老友閣下 雅屬

[illegible]中漉酒藍田种

[illegible][illegible]禪[illegible]白鹿仙

甲寅之冬 飯牛[illegible]

卧[illegible]小樓人詠月

畫就古[illegible]文題雪

戊辰秋九 飯牛題

卧石觀飛瀑

彈琴解古松

辛未秋 飯牛書

綠楊煙[illegible]家池館吹橫笛

紅袖[illegible]何處樓臺不畫屏

[illegible]

[illegible]

壬申四月中旬 飯牛[illegible]書并記

戚饭牛手迹

戚饭牛绘画作品

注释

❶ 醍醐：《涅槃经·圣行品》云："譬如从牛出乳，从乳出酪，从酪出生酥，从生酥出熟酥，熟酥出醍醐，醍醐最上……"李时珍《本草纲目·兽一》："醍醐"引宋寇宗奭曰："作酪时，上一重凝者为酥，酥上加油者为醍醐，熬之即出，不可多得，极甘美。"佛教以此喻一乘教义，如天台宗喻《法华》为醍醐；又以醍醐灌人之顶，喻输入人以智慧，使人头脑清醒，此处借以形容戚氏为文韵味隽永、耐人咀嚼。

❷ 烟霞：山水胜景。谢朓《拟宋玉风赋》："烟霞润色，荃荑结芳，出涧幽而泉冽，入山户而松凉。"

❸ 底事：什么事。

❹ 楝花风出自《东皋杂录》："花信风，梅花风最先，楝花风最后。"一般将三月谷雨节最后的花信风，称为楝花风。

曹聚仁 *

不辞锋镝[1]以身先，许国投艰[2]仗尔贤。

私淑章门真不忝[3]，要收桑海入芸编[4]。

简传

曹聚仁（1900—1972），字挺岫，号听涛，笔名袁大郎、陈思、彭观清、丁舟等。浙江浦江蒋畈村（今兰溪市梅江镇蒋畈村）人。1911 年毕业于其父曹梦岐先生创办的育才学堂。1915 年考进浙江省第一师范学习，师从陈望道等人。五四运动期间任学生自治会主席，主编《浙江新潮》。1921 年赴上海创办沧笙公学，并在爱国女中任教，同时为《民国日报》副刊《觉悟》撰稿。又编著《国故学大纲》上册，批判胡适派的学术主张，颇为学界所瞩目。此后在上海各中学大学任教。1932 年创办《涛声》周刊，刊头以“乌鸦”为记，用以讽刺国民党当局，不久被查禁。1934 年在上海与陈望道等提倡“大众语运动”，并与之合编《太白》期刊，任《太白》月刊编委。1935年，主编《芒种》，鲁迅对其支持甚力。同年，他与邹韬奋、沈钧儒等成为抗日救国会11名委员之一，并为《申报·自由谈》《立报》等刊物撰写评论和杂文。抗战爆发后，持笔从戎，以新闻记者身份出入上海闸北战场，为《申报》《立报》《社会日报》和中央通讯社采访战地新闻。上海沦陷后，任中央通讯社战地特派员，来往于大江南北，报道抗战战况。曾首报台儿庄大捷，首次向海外报道皖南事变真相，成为抗战著名记者之一。1941年，在江西赣南的蒋经国邀其创办《正气日报》，任总编辑，使该报成为当时东南三大报之一。抗战胜利后，返沪任《前线日报》主笔，兼香港《星岛日报》驻京沪特约记者。1947年至1950年间，在上海法学院、复旦、大夏等校任教，拒赴台湾，留在大陆迎接解放。1950年，只身赴香港，曾出任《星岛日报》编辑，并主办《学生日报》《热风》，兼为新加坡《南洋商报》写特约文章，1959年后同林霭民合办《循环日报》《循环午报》《循环晚报》。在此期间，频频来往于北京和台湾之间，为两岸的和平统一尽心肆力。1972年7月23日，在澳门病逝，周恩来总理称赞他为“爱国人士”，并为其亲拟墓碑碑文：“爱国人士曹聚仁先生之墓。”按周恩来总理“叶落归根”的指示，其骨灰送至南京，安葬于雨花台侧望江矶。后移葬于上海福寿园陵园。平生著作赡富，达80余种。主要有论著《文史讨论集》《国学概论》《国学大纲》；散文集《我与我的世界》《今日北京》《万里行记》《文坛五十年》《北行小语》；报告文学集《采访外记》《采访新记》《鲁迅评传》，辑有《现代中国戏曲影艺集成》等，约4000余万字。

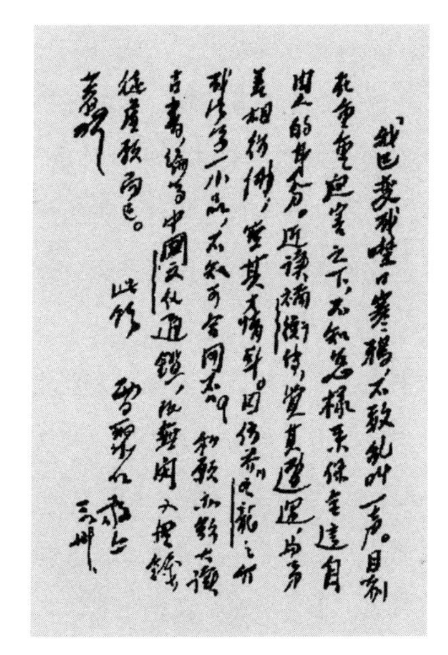

曹聚仁手迹

注释

❶ 锋镝：锋，刀口；镝，箭头，锋镝泛指兵器。汉代贾谊《过秦论》："销锋镝，铸以为金人十二，以弱天下之民。"按，曹聚仁曾因首报台儿庄大捷和首次向海外报道皖南事变真相，成为抗战时期的著名记者之一。

❷ 投艰：赋予重任。语出《书·大诰》："予造天役，遗大投艰于朕身。"孔颖达疏："投掷此艰难之事于我身。"周秉钧《易解》："投艰，谓任以难事。"按，新中国成立后，海峡两岸都在努力寻找能够实现沟通的中间人，而曹氏堪称不二人选。为密商两岸和平统一大事，曹氏频频来往于北京和台湾之间，成为毛泽东、周恩来、蒋介石、蒋经国的座上宾；而且每次抵京，毛泽东、周恩来皆与其秘密谈话，表达出和平解决台湾问题的意愿，并开出和平解决台湾问题后所给蒋介石的优厚条件和待遇。而曹氏赴台湾后，则当面向蒋氏父子转告中共方面的意见。经过多次沟通，双方在一些重要问题上达成共识：比如，国共两党都坚持一个中国，维护祖国统一；国共两党皆具和平解决台湾问题之意愿。毛泽东给蒋介石制定"一纲四目"，只要台湾回归祖国，其他一切问题悉尊重蒋介石与陈诚意见妥善处理。蒋氏父子以"蒋介石偕同旧部回大陆后，可定居浙江以外的任何省区，仍任国民党总裁"等六点意见相回应。曹氏还曾向蒋介石建议，在两岸和平统一后，可将庐山作为其终老颐养之地。惜乎随后"文化大革命"爆发，致使蒋介石对中国共产党的政策产生疑虑，遂中断了与共产党的联系。

❸"私淑"句：私淑：语出《孟子·离娄上》："予未得为孔子徒也，予私淑诸人也。"意谓孟子未能亲受业于孔子之门，但就学于子思之徒，因而得闻孔子之道，并以之善沿其身。（正如孟子自己所说："乃所愿，则学孔子也。"）《孟子·尽心上》又云："君子之所以教者五：有如时雨化之者，有成德者，有达财者，有答问者，有私淑艾者。"朱熹《孟子集注》对此解释道："私，窃也。淑，善也。艾，治也。人或不能及门受业，但闻君子之道于人，而窃以善治其身，是亦君子教诲之所及……"可见私淑的含义是"未得身受其教而宗仰其人为私淑"，或自称为私淑弟子。忝，

愧。按，曹氏平生私淑章太炎先生。1922年，他笔录了章太炎的国学演讲，后整理成《国学概论》出版。后又撰文批评章太炎扼杀白话文的论调。按，曹氏一生著作等身，却经历坎坷。据曹先生本人回忆，所作文字约四千余万言，结集出版的著作达80余种，仅研究鲁迅的文章就颇为可观：1937年，曹氏与夫人邓珂云编印出版了《鲁迅手册》（1937年上海群众图书公司出版，1946年上海博览书店重版）；1956年，曹氏在香港撰写《鲁迅评传》；1967年又编著《鲁迅年谱》，再加上他相关回忆、研究鲁迅的20余篇单篇文章，字数当在百万字以上。不仅如此，曹氏还始终与周作人保持着数十年的亲密关系。周作人解放后在海外发表文章、出版著作，多由曹氏催生，然后推介在《新晚报》、《南洋商报》（新加坡）连载，最后结集出版。至于书稿的校对，曹氏也承乏独自担当。多年来，曹氏与周作人的往来书信多达300余封（1973年香港南天书业公司出版《周曹通信集》（第一、二辑）。北京大学教授钱理群撰写的《曹聚仁与周作人》一文云："或许'曹聚仁与周氏兄弟的关系'将给人们提供一个理解曹聚仁思想、学术以及性格的复杂性与丰富性的极好视角。"可发一慨的是，像曹先生这样一位著作等身的著名作家、记者、文史大家，却未能引起人们应有的重视。逮至1983年起，人民文学出版社首次出版了第一本曹著《我与我的世界》之后，已有19家出版社出版了20余种曹著，五种曹研专著，近20年中，台湾、香港也出版了曹著近10种。1999年

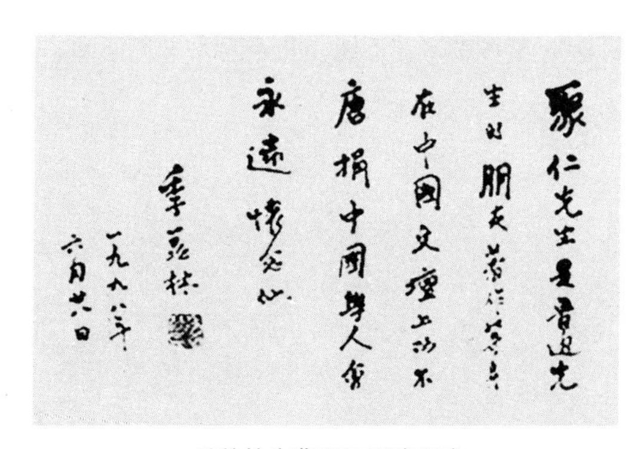
聚仁先生是鲁迅先生的朋友，著作等身，在中国文坛上功不唐捐，中国学人会永远怀念他
季羡林
一九九八年六月廿日

季羡林为曹聚仁题辞手迹

20 世纪 50 年代，曹聚仁（右）与邵力子合影

6 月 26 日，有关人士在北京发起成立了中国曹聚仁研究资料中心，经有关部门批准，中国现代文化学会曹聚仁研究会于 2000 年 3 月在北京成立，中国现代文学馆、上海鲁迅纪念馆也先后成立了“曹聚仁文库”，曹氏家乡浙江兰溪更是创办了曹聚仁学校、曹聚仁陈列室等，还将修复曹聚仁故居，建立曹聚仁纪念馆等。曹氏的学术成果和他为两岸和平统一事业而奔波的爱国主义精神，正日益为海内外学术界所重。——故曰“真不忝”。

❹ 芸编：书之别称。古人藏书多用芸香驱虫，故称书籍为芸编。

蒋洗凡

劫里沧桑天有泪，丹诚孰谓国无魂[1]？

于今白发齐鲁[2]叟，犹指邑庠称孟贲[3]！

简传

蒋洗凡（1881—1915），名衍升，字锡藩，以洗凡字行。山东博山报恩寺村人。出身于世宦之家，自幼性颖慧，10余岁即中秀才。1905年，清廷谕令“立停科举，以广学校”，遂与同人在考院旧址创办公立高等小学堂，开博山新学之先河。同年考入山东省师范学堂，于秋季肄业后，东渡日本留学，先就读于弘文学院，后转入明治大学法政专科学习。时值孙中山在日本创立中国同盟会，蒋氏与徐镜心、丁惟汾等10余名山东留学生立即加入；其他留日学生在蒋氏的带动下，亦纷纷加盟，山东分会遂宣告成立。1906年秋，山东分会创办《晨钟》周刊，任总编辑，昌言反清革命。1911年1月，中国同盟拟召开军民会议，被

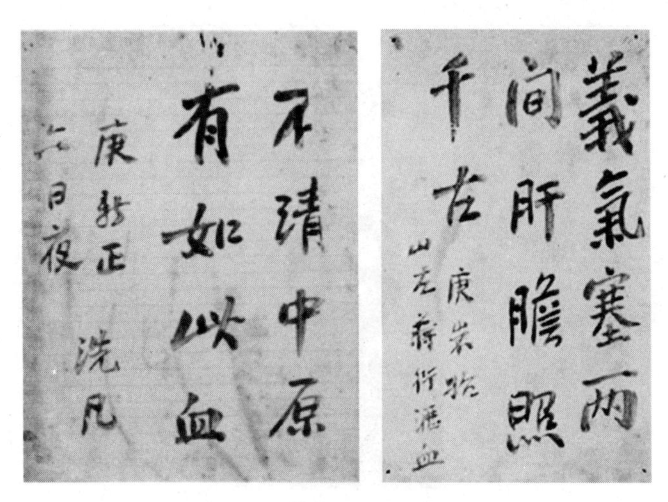

蒋洗凡血书

推选为全国总代表之一，回国组织模范体操团，为推翻清王朝训练骨干；又先后主持中国国民会上海总部、中国同盟会山东支部的工作。武昌起义后，立即赶赴济南策动山东巡抚孙宝琦于13日宣布山东独立，未遂；旋即以山东分会代表身份赶赴上海与沪督陈英士计划军事并约为应援，以促使山东独立。南京临时政府成立后，任山东省都督府秘书长，并创《东亚日报》，自任总编辑，宣扬民主共和。1912年8月，中国同盟会山东支部改为国民党山东党部，被选为理事，并任山东稽勋局局长。嗣后，被推举为山东党部部长，负责全省党务。同时，任省议会议员，并被党内公推为省议会议长候选人。1913年初，袁世凯攘夺国柄，实行独裁统治，捕杀国民党人，山东省党部亦被包围，蒋氏处变如常，从容斡旋，终使党部人员免遭屠戮。翌年10月，日本侵略军占领胶济铁路，纷集博山，其势汹汹。蒋氏受乡人之托，与日军以理相辩，依法抗争，迫使日方作出让步，维护了桑梓主权，使博山人民免遭兵燹之苦。1915年初，为避袁世凯的搜捕，于乡里从事博山县志的纂修工作，不幸忽患腥红热症，于同年3月25日逝世。遗著有《日出处小吟》一卷。未刊行。（入社号22）

注释

❶“丹诚”句：丹诚：刘长卿《送马秀才移家京洛》诗：“剑共丹诚在，书随白发归。”按，蒋洗凡夙有揽辔澄清之志，在日本求学期间，因痛感外夷凭陵，清廷昏瞶，尝刺指血书道：“不清中原，有如此血！”并慷慨赋诗：“枕戈待旦鸡鸣起，不净中原誓不休”（《和韩茂斋》），“归来重整旧河山”（《时局》），明示报国之志。国无魂：语本梁启超：“诗界千载靡靡风，兵魂销尽国魂空。”（《读陆放翁集》）

❷齐鲁：原为春秋时两个国名，在今山东省境内。《史记·货殖列传》：“故泰山之阳则鲁，其阴则齐。”后遂以“齐鲁”作为这一地区的代称。

❸末句：邑庠：明清时称县学为邑庠。庠，古代学校之名。此处指博山私立洗凡中学。按，博山私立洗凡中学的前身是博山私立颜山中学，成立于1924年，坐落在博山柳杭村孝妇河东岸，夏家山南麓，第一任校长由苏继周担任。1936年5月，为纪念博山旧民主主义革命先驱蒋洗凡，由高秉坊、李毓万等人建议，改名为博山私立洗凡中学，由翟纪平接任校长；此举得到蒋介石、孙科、宋子文、孔祥熙、陈立夫、张群、蔡元培等人的支持。孟贲：勇士名。《史记·袁盎传》：“虽贲育之勇不及陛下。”《索隐》引《尸子》：“孟贲水行不避蛟龙，陆行不避兕虎。”

蒋洗凡像

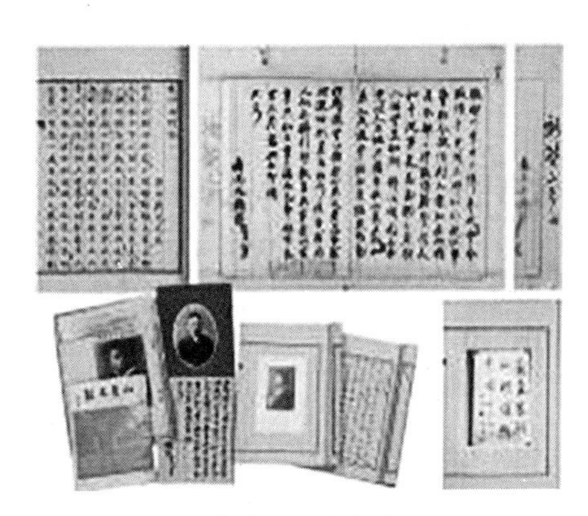

蒋洗凡旧著书影

景耀月

继武从龙贯有初[1]，更娴风义傲倭奴[2]。

天心自是无私覆，直笔何人续董狐[3]？

简传

景耀月（1883—1944），字太昭，笔名秋陆、大招、帝召等。山西芮城人。18岁中秀才，20岁中举人，以其颖敏之资、刻历之学，被选入太原令德堂学习。1904年赴日本早稻田大学习政法，获法学学士学位，又参加中国同盟会，戮力革命。历次集议，多被推为主席。1907年8月，在东京创办《晋乘》杂志。次年2月，与赵世钰在东京创办《夏声》杂志，昌言革命。1909年返国后，与于右任办《民吁报》，鼓吹排满，揭露日本侵华阴谋，为清政府所忌，严令通缉，乃复东渡，时值日本政府应清政府之请，通缉亦严，乃化装间道赴东北，策勋义军，联络志士，思出兵直捣幽燕。旋又至南洋各地，奔走革命。武

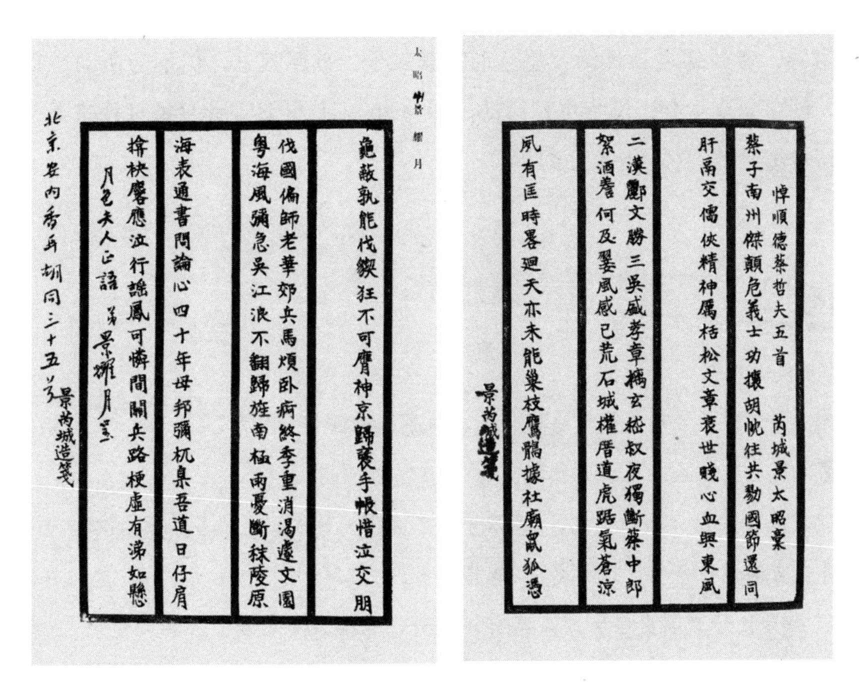
悼順德蔡哲夫五首　芮城景太昭稾
蔡子南州傑顛危義士功攘胡帆往共勠國節還同
肝鬲交儒俠精神屬栝松文章衰世賤心血與東風
二漢酇文勝三吳威孝章耦玄嵇叔夜獨斷蔡中郎
絜酒誊何及墨風感已荒石城權厝道虎踞氣蒼涼
夙有匡時畧迴天亦未能巢枝鷹鶻據社廟鼠狐憑
景芮城造箋
太昭 景耀月
龜蔽孰能伐鍥狂不可膺神京歸袞手悵惜泣交朋
伐國偏師老華郊兵馬煩臥病終季重消渴遂文園
粵海風彌急吳江浪不翻歸旌南極雨憂斷秣陵原
海表通書問論心四十年母邦彌杌臬吾道日仔肩
擠秩磬應泣行謠鳳可憐間關兵路梗虛有涕如懸
月色夫人正誼　弟景耀月呈
北京安內秀兵胡同三十五號
景芮城造箋

景耀月悼念蔡哲夫诗稿手迹

昌起义后返国，以山西代表资格，被举为议长，筹组南京临时政府。孙中山就任大总统后，手拟临时大总统就职宣言，并参拟《中华民国临时约法》。1912 年被孙中山任命为教育次长，代理总长，兼南京法政大学校长。南北议和后，任北京政府总统府高等顾问、众议院议员。国会解散后，参与开办东边垦地公司。袁世凯谋图帝制时，筹安会发起护帝签名运动，他予以峻拒，袁氏私以巨金，不受。1916 年组织政友会反对袁氏称帝。1917 年国会恢复时，仍任众议院议员，同年为反对张勋复辟，在山西、河南组织靖国军，任总司令。1923 年，曹锟贿选大总统，议员投一票即可得五千元贿金，景氏因受此贿，被柳亚子、陈去病等人开除出南社。嗣以军阀混战，目睹萧墙，绝意脱离政界，专心著述。九一八事变后，郑孝胥出任伪满总理，曾移书痛斥之。1937 年秋，抗战军兴，欲内迁报国未果；其后，山西日伪企图强其出长伪华北政权，遭峻拒；又复进巨金为寿，皆严却之。日伪大怒，刑笞其二子，欲憾其志，仍不为所动，且暗中与人创立大夏学会，进行抗日活动。1944年4月28日在北平被日伪暗杀。著有《新雅颂》等。（入社号259）

注释

❶ 首句：谓景耀月早年曾积极追随孙中山从事革命活动。从龙：《易·乾·文言》："云从龙，风从虎，圣人作而万物睹。"

❷ 倭奴：原为古代日本的别称。《新唐书·东夷传·日本》："日本，古倭奴也。……使者自言国近日所出，以为名。"此指日伪。

❸ 董狐：春秋时晋国史官。周人辛有之后裔，世袭太史之职，亦称"史狐"。晋灵公无道，赵盾屡谏，灵公乃欲诛之，晋灵公十四年（前607）晋卿赵盾因避灵公杀害而出奔，未出境，其族人赵穿将灵公杀害。董狐认为责在赵盾，因在书策上书曰："赵盾弑其君。"孔子称为古之良史，谓其书法不隐。后因以董狐为直书不讳的良史之代称。按，纵观景氏一生，大节荦荦可取，故柳亚子盛赞其"太原公子气如虹"；鲁迅称赏其为"当代古典文学的最佳作者"；在当时，他与章太炎、黄侃等齐名，有"南章北景"之誉。考量景氏一生，白璧微瑕者，惟在"受贿投票"一节。但从最新显示的史料看，在当时参加投票的590名议员中，未投曹锟选票者，计有110人，他们在选票上写的分别是孙中山、唐继尧等27人的名字，还有12张为废票。考虑到这一事实，倘若将这些未投票与曹锟的人一概视为"贿选议员"，显然有悖历史事实。至于景耀月是否在这110人之中，因史料阙如，暂难俱考。如果结合景氏在"贿选事件"后尤其是在抗战期间的政治表现看，他以身殉国的大忠大义，足证其人绝非贪于私利之徒。——此即"直笔何人续董狐"之属意所在。

谢　晋

劳生换劫赖斯勋[1]，京国回翔迥不群[2]。

胜采飞腾动星斗[3]，瀹胸涤髓挹清芬[4]。

简传

谢晋（1882—1956），字霍晋，号齐州外室主人。湖南衡南县人。家境清贫，7 岁入塾，19 岁入衡州国民高等小学堂，1901 年毕业于长沙优级师范。1907 年在上海加入中国同盟会，1908 年奉命返回长沙，继续入长沙优级师范学校学习，利用寒暑假期间奔走于湘、汉、沪之间，开展革命活动。辛亥革命爆发后，湖南率先响应，谢氏被举为都督府参议及南路筹饷总局局长。1912 年奉孙中山、陈其美之命赴北京出任世界新闻社经理，并以此为据点发展革命党人势力。“宋教仁案”发生后，“二次革命”爆发，谢氏被孙中山委为幽蓟殄凶团团长，密谋策划京畿拱卫军暴动，以阻止冯国璋、段祺瑞两军南下。由于叛徒告密，未果。1914 年，在上海利用陈炯明所制伪钞，购置枪械，准备在海州、太仓州发动起义。后被租界工部局发觉，未遂，旋返上海继续联络党人，开展反袁斗争。1915 年，袁世凯称帝之心日渐暴露，谢氏被派往广州组织反袁，后因事泄未能尽遂其志。1916 年护国军进攻湘西，汤芗铭奉袁世凯之命往堵，长沙空虚，谢氏集结革命党人 100 余人，于 2 月 20 日晚袭击湖南督军府，汤芗铭慌忙回防长沙，护国军乘机突入湘西，这次起义虽然失败，却对改变湖南乃至全国局势起了积极作用。1917 年 9 月，与刘建藩等在衡阳成立湖南护法军，宣布湖南独立，受到孙中山电令嘉奖。湖南护法军总司令部设立后，被推为秘书长。此后随湖南护法军与傅良佐、张敬尧、吴佩孚血战三年。1922 年抵沪后，结识陈独秀、林伯渠、谭平山等人，初步接触马克思主义。随后积极拥护国共合作，并在广州加入中国共产党，成为一名不公开身份的共产党员。国民党一大召开，以孙中山指派的湖南代表的身份出席。大会期间遵从中共的决定，放弃自己的候选人资格，积极推荐毛泽东、林伯渠两人，使他们得以顺利当选为中央委员。1926 年，中山舰事件发生，将所获情报向中共作过详细汇报，陈独秀未予采纳。1927 年 3 月 7 日与谭延闿、何香凝等到达武汉后，立即召开国民党二届三中全会，会上免去了蒋介石国民党中央常务主席之职。1927 年 8 月 1 日南昌起义后，与宋庆龄、邓演达、毛泽东等 22 人共同在反对蒋介石屠杀共产党人的《中央委员宣言》上签名，又与宋庆龄等 60 多人在汉口发表讨蒋通电，宣布和蒋介石彻底决裂。

抗日战争时期，积极主张抗战，衷心拥护党的抗日民族统一政策。此后，抱病隐居衡南乡里，历时十年，在此贫病交加之际，汪精卫、孙科屡以高官厚禄诱他“出山”，均遭峻拒。抗日战争胜利，毛泽东去重庆与蒋介石谈判，曾冒险致电毛泽东，热烈拥护中共的主张。1948 年秋，在衡阳成立秘密组织，与中共华南局取得联系后定名为湘赣南区人民动员委员会，在桂东、汝城、临武、蓝山、桂阳、嘉禾、新田及衡南、祁东边区策动武装起义，组织游击战争，对解放军南下作战，颇有策应之功。

新中国成立后，欣然接受毛泽东的建议，加入中国国民党革命委员会，在团结教育、改造原国民党上、中层人士方面，尤所致力。曾任第一届全国政治协商会议特邀代表、第一届全国人民代表大会代表、民革中央委员、湖南省政协副主席、民革湖南省委第一任主委。1956 年 8 月 4 日，因患高血压病医治无效逝世，终年 74 岁。著有诗稿《屡劫后集》两卷、《蓬莱词》一卷。其所著《齐州外室札记》文集，多作于与中共组织失去联系之后，有人物传记、散文、读书笔记多种。既宣达其个人的立场观点，又严守机密，颇费苦心。（入社号 685）

注释

❶“劳生”句：按，“宁汉合流”之后，共产党员全部退出国民党，谢氏为国民党中央唯一没有暴露身份的共产党员；以故，中共中央命其坚持到最后时刻，谢氏遂不避锋镝，在汪精卫“宁可错杀一千，不可放走一个”的高压下奋力工作。7 月下旬，刘伯承率部南下，准备参加南昌起义，急需经费，谢氏按照中共中央的指示，履险犯难，终于从国民党国库中提取巨额银元送到刘部，然后奉命退出武汉国民政府。——“赖斯勋”指此。又，南昌起义爆发后，汪精卫、谭延闿对谢氏之政治身份仍然不明，亦不愿意相信这一事实，乃派人持亲笔信至沪，恳求谢氏速回武汉，共商大计。对此，谢氏一概拒之，并将汪、谭的信递交中共中央，自此斩断一切旧的政治关系。南昌起义后，谢氏奉中共中央派遣，乘船经海参崴至莫斯科。在莫斯科，谢氏写下《大同一首抵莫斯科》《列宁墓》诸诗，中有“光芒引自垂杓斗，定知人世不沉沦”之句，披示出对马列主义的崇高信仰和革命必胜的坚强信念。在去苏共中央第一休养所疗养时，由王明陪同。王明力图将他拉进宗派组织，遭峻拒，王明深恨之。次年春，谢氏回国，在上海编入中央直属支部。王明上台后，遭受排斥。1933 年，党中央从上海紧急迁往苏区，谢氏因重病在身无法随行，在

蒋介石的通缉下被迫第三次流亡日本，从此失去与中共党组织的联系。

❷“京国”句：1950年6月，陈氏以特邀代表的身份出席全国政协一届二次会议。在会上，刘伯承紧握着他的手说：“谢老，当年若不是您老那笔钱，南昌起义就搞不成哩！”会后，毛泽东特设家宴以示欢迎，与谢氏促膝倾谈，并留宿过夜。毛泽东还盛赞谢氏为“湖南的一面旗帜”。——“京国回翔迥不群”指此。

❸“胜采”句：按，早在求学时代，谢氏就以“文成顷刻笔濡染，一百人中露头角”而驰名。及长，目睹国势凭陵，外患日亟，常与同志纵论国事，慷慨激昂，用他自己的话说，大有“立马台前一曲歌，悲声壮气欲吞岳”之概；显然，谢氏在青少年时代即已抱定报国之志，矢心做一个开辟新时代的“五丁力士”。又，谢氏身为南社社员，湖南著名诗人，与傅熊湘、李洞庭、姚大慈、姚大愿合称为“湘中五子”。他博学多才，除诗词之外，对文学、历史亦颇有研究。其诗大部分为叙事诗，记叙其所亲历之史实，对辛亥革命前后湖南的政治、文化、军事形势皆有详细叙述。对有关讨袁、护法、人物、风情、僧道、教士、名伶等内容亦分类予以生动描述，嬉笑怒骂，态度鲜明，气势磅礴，声韵和谐，意境深邃。

❹ 末句：瀹胸：瀹，疏导。《孟子·滕文公上》：“禹疏九河，瀹济漯而注诸海。”清芬：喻德行高洁。晋人陆机《文赋》：“咏世德之骏烈，诵先人之清芬。”唐人李白《赠孟浩然》：“高山安可仰，徒此挹清芬。”

谢晋印章

谢无量

月朗风清[1]傲岁寒，无心术取[2]任缘悭。

兴来璞管[3]挥洒处，水亦溅溅云亦闲[4]。

简传

谢无量（1884—1963），原名蒙，又名沉，字仲清，号希范，别号啬庵。四川乐至人。早年在芜湖拜汤寿潜为师，治经世之学。1900年，北游京都，目睹辇下群黎之苦与清政府的窳败，深感“不了解中国，不学习西方，寸步难行”，遂绝意仕途，于1901年入上海南洋公学特班学习，课余与友人创办翻译会社，编辑出版《翻译世界》，介绍西洋文学，又为《苏报》撰稿。1903年6月因“苏报案”逃亡日本。不久回国，先后参与《苏报》《民国日日报》的编辑与撰稿，昌言革命。1904年，受安徽公学之聘出任文科教授。旋与马一浮同往“文澜阁”博览历代名家著述，学问由此大进。1906年任《京报》主笔，曾揭露段芝贵行贿案。1909 年任四川存古学堂监督（校长）兼国文教授，致力于古典文学研究；同年 10 月，四川成立谘议局，与张澜一起参加立宪活动，曾受托撰写《国会请愿书》。1911 年 6 月与张澜等参加保路运动。1912 年夏，赴沪为中华书局编书，陆续出版《中国哲学史》等。1914 年加入南社。1917 年在吴玉章的引荐下，拜会孙中山。1923 年 2 月，受聘在广东大学执教，旋受孙中山委任大本营参议。1924 年 5 月任大元帅府特务秘书。1926 年转任东南大学历史系主任，同年 9 月转入上海中国公学任教。1931 年 2 月，任国民政府监察院委员、国大代表等职。1936 年 1 月，参与沈钧儒等在上海组成上海各界救国联合会活动。抗战爆发后，赴香港以卖字为生，旋回四川。1940 年任四川大学中文系主任。1947 年当选为行宪国民大会代表。1949 年 2 月回重庆，应熊克武之邀担任中国公学文学院院长。新中国成立后，历任四川省博物馆馆长、四川文史馆研究员、中国人民大学教授、中央文史馆副馆长，与叶恭绰、章行严辈研讨学术，正欲有所著述，奈一病缠绵，无法执笔。1963 年 12 月 10 日在北京病逝。平生工诗词、擅书法，作书往往纵其笔势，故作稚拙，却气充神旺，独具风格。为文瑰诡渊古，别饶

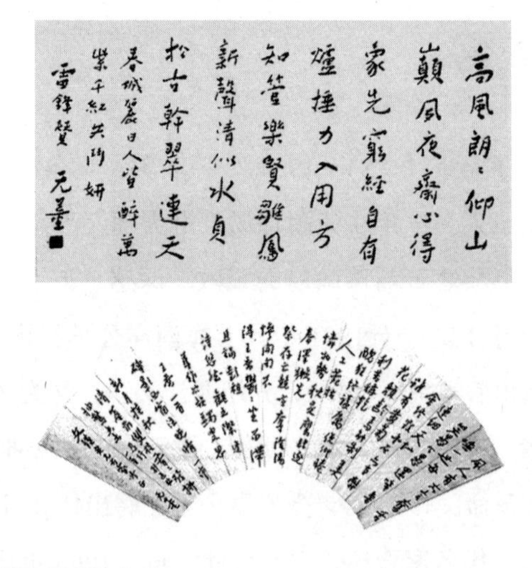

谢无量书法作品

1956 年毛泽东宴请卫立煌、谢无量(右)

奇气。著有《诗经研究》《中国大文学史》《中国古田制考》《楚词新论》《佛学大纲》《诗学指南》《词学指南》《无量诗草》《古代政治思想研究》等。(入社号462)

注释

❶ 月朗风清：喻谢氏之诗品、人品。语出王实甫《西厢记》第一本第二折："俺先人甚的是浑俗和光，真一味风清月朗。"按，谢氏性情淡泊，人品高华，故其诗往往得力于庄禅，清空妍妙，翛然绝尘，读之令人泠然有御风之想。如七律"禅关纵酒寻常事，大道无名不肯成。醉眼直疑天动转，病容扶起夜游行。径风窥竹流萤散，岭月穿松宿鸟惊。坐久上方钟磬响，可知无事愧平生。"(《山寺夜坐命酌示祥上人》)"尽日携筇入乱松，独寻幽径到层峰。流泉直漱崚嶒石，虚谷频交远近风。梦绕诸天千佛上，手探明月众星中。上方一夜耽禅悦，已觉尘劳转眼空。"(《宿玉皇顶》)五律如："人烟东郭外，花草小园中。岁岁开还落，纷纷白间红。不迁征物性，有待惜天工。何必羲皇上，清歌万古同。""不测是阴阳，都无却暑方。

微风诸树响，独夜众星光。循发知生累，栖神学坐忘。自私堪自笑，偏乞此身凉。”(《丙寅夏日芜湖郊居杂诗》) 佳句如“俊游高岭风欺帽，妙悟清钟月满川”，“偶逢佳士辄心许，尽放青山入座来”。马一浮评谢氏之诗，“近体亦逼少陵。今风雅荡然，出之可以振起颓俗。”又赞其诗云：“一片天机，空灵动荡，的是天才。”

❷ 术取：谓以不正当的手段牟取私利。

❸ 璞管：钟嵘《诗品·齐光禄江淹》云：“初，淹罢宣城郡，遂宿冶亭，梦一美丈夫，自称郭璞，谓淹曰：‘我有笔在卿处多年矣，可以见还。’淹探怀中，得五色笔以授之，尔后为诗，不复成语，故世传江淹才尽。”

❹ 溅溅：读艰，平声，水疾流貌。沈约《早发定山》诗：“归海流漫漫，出浦水溅溅。”此喻谢氏书法之妙。按，谢氏为南社书家中特出而负盛名者。其书法博采众长，转益多师，故“无意于佳而佳”。所作看似稚拙，却气充神旺，清逸沉雄，殆亦苏轼所谓“端庄杂流丽，刚健含婀娜”。熔铸草隶篆于一炉而自出机杼，独开生面。于右任盛赞其书云：“无量笔挟元气，风骨苍润，韵余于笔，是承先启后，别树一帜的‘书坛俊杰’”。

谢无量所用印章

程善之

漫云韫椟负才深[1]，衽席苍生有本心[2]。

却叹金轮[3]转劫后，三生花草湿悲吟[4]。

简传

程善之（1880—1942），名庆余，号小斋，别署一粟。祖籍安徽歙县，侨寓扬州。幼时专学经史，颇露圭角。又曾习武。后应试寄宿业师家，得私窥《红楼梦》《花月痕》诸书，颇涉遐想，遂效为稗官家言。1896年补博士弟子员后，弃帖括之艺而留心当世之务。又邀同人结社讲学，研究历代政治，接受民主革命思想之洗礼，加入中国同盟会。辛亥革命时，执笔于《中华民报》，在缔造共和、反对袁世凯的斗争中发挥了积极的作用。1912年加入南社。1913年讨袁之役，参与孙中山戎幕任簿书之劳，多所献替。1913年7月，孙中山发动"二次革命"，任孙中山大元帅府评议，于7月30日在《中华民报》上发表《讨袁贼

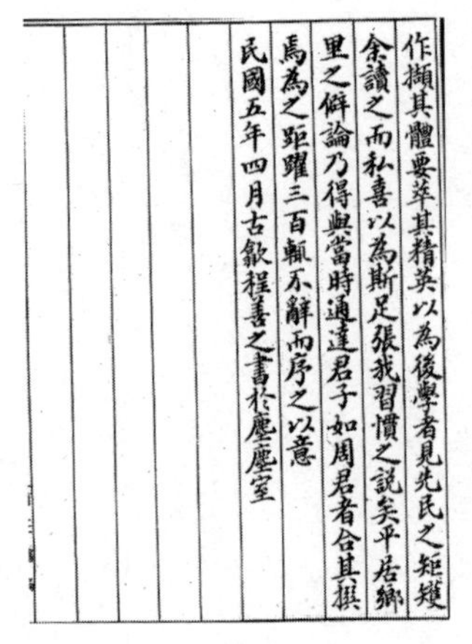

序一
自馬氏文通以来名動靜狀之詞發現於我文學界
二十年内傳者遂多顧私心非之以為一國之文學
各因其習慣蟬轉推演以至無窮至其洽於心情而
快於口耳者有舌無以述有書不能摹而謂可以成
法拘之乎歐人之文必遵一定之文典此亦其數千
年之習慣固非一時一事之感觸而翻然為之者也
以歐人之學中文其習慣既不能通性情復不相入
不得已乃以彼之法用我之文規規於近似而已譬
如優孟衣冠非孫叔敖而未始不可為孫叔敖而未
始可以為真孫叔敖惟其不能真也乃衣冠之是耶
若既真矣則褻服可也窮服可也夏葛而冬裘無不
可也尚何規仿之足云故嘗謂今之治歐學者乃并
歐之治夏學者而學之華人之為宣教師者其語音
似歐之華言聞者笑之今執名動靜狀為常法扞格
不通而不敢議其何以異此且夫中文未嘗無法也
神味為之華而理氣為之質二者各因自然之習慣
相扶以立而聲調辭氣之諧適呈焉自非然者而可
謂為美術之文蓋寡周君公俠近輯文學津梁一書
友人張君樾亭以示余周君斯編蓋撮古人論文之
作擷其體要萃其精英以為後學者見先民之矩矱
余讀之而私喜以為斯足張我習慣之說矣平居鄉
里之僻論乃得與當時通達君子如周君者合其揆
焉為之距躍三百輒不辭而序之以意
民國五年四月古歙程善之書於廛廛室

程善之手迹

檄》，痛斥袁世凯为共和之敌，国民之贼。“二次革命”失败后归隐扬州，在美汉中学等校任教，专攻教育事业，同时向学生积极传播民主革命思想，因“醉心改革之论，为清吏所侦”。1923年，新南社成立不久，即应邀加入新南社。1925年五卅惨案发生后，积极投身于反帝爱国的洪流之中。1928年，包明叔于镇江创办《新江苏报》，应邀任总主笔。每日为该报撰写“时评”一篇，有“笔底风雷”之誉。1932年被聘为国难会议会员。1935年任教于扬州国学专科学校。1937年，镇江沦陷，随《新江苏报》报社迁泰州，后渡江避沪。在《新江苏报》服务十余年，致力抗战宣传生死不渝。1938年在武进遭日伪“清乡”搜检，深受刺激。1942年4月12日，由沪迁宜兴张渚，于常州途次因脑溢血病故。平生深于国学，为文绝古茂，尝云：“文言文有根基而作白话文者，白话文如虾子豆腐汤，未尝研究文言文径作白话文者，其白话文如青菜豆腐汤。”又仿撰《说枪》《说炮》《锡兰茶园》三篇，刊布于《南社丛刻》，观者无不叹服。中年后皈依禅悦，慎守绮语戒，较少创作。一生著述甚多，主要有《骈枝余话》《倦云忆语》《小说丛刊》《四十年闻见录》《印度宗教史论略》《沤和室诗文存》等。（入社号348）

注释

❶ 首句：韫椟：《论语·子罕》："有美玉于斯，韫椟而藏诸？求善贾而沽诸？"后以"韫椟"喻怀才未用。按，程善之早年狂放不羁，有不可一世之概，尝谓："十岁学书史，耻以文章鸣。十四学击剑，十六能谈兵。二十负奇气，目空一世人。"但中年以后，屡受挫折，豪气锐减，遂自嗟道："尔来十余年，踯躅终无成。材力日苦弱，意气徒纵横。优游幸卒岁，已有妻孥情。生不五鼎食，死不五鼎烹。吁嗟明镜中，搔首令人惊。""二次革命"失败后，袁世凯攘夺国柄，政暗民怨，程氏蒿目时艰，苦闷难遣，遂回到扬州，于教书之余，闭门诵经，不复与闻世事。他尝驰函柳亚子道："碌碌一世，自问了无可言，而眼前巢幕之安危，又时时搅人怀抱。惟一睹佛书，则眸开心爽，故遂为之辟荤茹素，遂及一载，颇觉有自得之意。不敢遽云成佛作祖，或亦以不材葆其天真乎？尊恙想已痊愈，迷阳却曲，举世方滋，卧疾闭门，正是布衣之贵。矧联吟并影，福轶秦徐，能不令人诧为神州仙宅耶？佛氏之书，《楞严》最尚，而《金刚》三昧，通宗尤为了彻，私谓病榻维摩，能以余暇及此，亦养心之良术也。"大有劝柳亚子归佛之意。——"负才深"指此。

❷"衽席"句：衽席：朝堂宴享时所设的席位。《礼记·坊记》："衽席之上，让而坐下，民犹犯贵。"此谓人民摆脱奴役地位。本心：语出《孟子·告子上》："此之谓失其本心。"即心的本然，旧时所谓天良。朱熹《集解》云："本心，谓羞恶之心。"按，程善之早年倾心革命，尝赋诗言志道："籝书囊剑踏山河，白面书生绝塞过。黑海伐冰通铁勒，黄云横地望沙陀。东西辽水征尘急，左右贤王侯骑多。为问北平豪太守，近来射虎意如何？"足见其一腔忠愤与豪迈之气。1916年底，程氏将其所著《骈枝余话》《倦云忆语》《小说丛刊》三书版权及售余之五百余部书悉捐赠给南社，《民国日报》特发表南社广告予以赞扬："本社社友程歙县程善之先生以文学大家为小说巨子，琴南而下，殆罕与抗手者。近更结束风华，皈依禅悦，自谓当慎守绮语戒，不复再作。品格之高，可以想见。"陈伯海、袁进在其所主编的《上海近代文学史》中指出："程善之的小说尖锐地抨击了当时军政腐败现象，

其慷慨激昂的愤激态度，绝不亚于晚清的吴趼人之类作家，而其描写之客观细腻凝练，要超过晚清小说，近拟‘五四’后的新文学。”堪称的评。

❸ 金轮即地轮。《俱舍论》十一：“世界最下层为风轮，其上为水轮，最上为金轮。”

❹ 末句极言程氏忧愤深重，以至泪下。三生：佛教用语，指前生、今生、来生。此处侧重指前生。意谓似乎前生已经注定程氏要韬迹衡门，为灾难重重的祖国痛洒一掬忧伤之泪。又，龚定庵《己亥杂诗》第255首云：“凤泊鸾飘别有愁，三生花草梦苏州；几家门巷斜阳改，输与船娘住虎丘。”此处的“三生”亦侧重指前生，意谓灵箫（龚定庵48岁时在袁浦结识的妓女）的沦落为娼，似乎为前生注定。典出唐人小说《甘泽谣》：李源与惠林寺和尚圆泽交善，二人结伴游三峡，途中见一汲水女子，圆泽对李源说：“这是我托身的地方，十二年后，中秋月夜，在杭州天竺寺外，与您相见。”当晚圆泽圆寂，后来，李源如期到杭州访问，果然遇一牧童，口唱《竹枝词》：“三生石上旧精魂，赏月吟风不要论；惭愧情人远相访，此身虽异性常存。”相传这个牧童便是圆泽的化身。又据《传灯录》载：“有一省郎，梦至碧岩下一老僧前，烟穗极微，云此是檀越结愿，香烟存而檀越已三生矣。”按，程善之逝世后，包明叔、冷御秋、柳诒徵等25人吁请省府公葬程善之的提案，云：“程善之先生文笔道德为不可多得之人，而淡视功名，致力民族抗战宣传，至死不渝，尤为可佩。服务《新江苏报》十余年如一日，治文辞宗桐城，而笔势纵横，又深得船山风格。遗著除见诸报端外，早载《南社丛刻》及各出版界，一腔热血，言之有物，浩然正气留在人间。”可视为对程氏一生最为公允的评价。

程家柽

奋举枪棓[1]赴国仇，引刀不负少年头[2]。
多情自有燕山[3]月，犹照雄心万古酬！

简传

程家柽（1874—1914），字韵荪，一字下斋。安徽休宁人。幼年曾从胡卓峰学经学，后考取武昌两湖书院。1899 年由两湖书院选送日本留学，不久进入东京帝国大学习农科。1903 年，与叶澜等留日学生发起组织军国民教育会。是年秋返国，先后到南京、安徽、湖北联络同志进行革命活动，遭清政府通缉，被两湖书院除名。1905 年 6 月，与宋教仁等在日本东京创办《二十世纪之支那》杂志，任编辑长。是年 7 月，与孙中山、黄兴、宋教仁、陈天华共同商讨组织革命团体问题，并被推选为同盟会章程起草人之一。同年 8 月，被选为同盟会执行部中的外交部部长。后应京师大学堂聘请回国，任该校农科教授。1908 年春，得悉东京同盟会总部经费殊为困难，遂以《天讨》所载铁良之事，从铁良手中索取“万金”送交同盟会。1909年，应陆军部之聘，任陆军学校教科书编辑。1911年3月，与田桐、景定成等创办《国风日报》。武昌起义后，与吴禄贞等密谋在北方发动新军攻取北京，因吴被刺未果。1912年又参加谋炸袁世凯的军事行动，未果，遂避往南京。1912年8月同盟会改组为国民党，程氏回返家乡休宁，任安徽军政府高等顾问。正拟潜心著述，因“宋教仁案”发生，“二次革命”寻亦被袁世凯用武力镇压，蒿目时艰，乃愤撰《袁世凯皇帝梦》一文，揭露袁氏的阴谋活动。1914年，秘密潜入北京，与熊世贞等人共同策划刺杀袁世凯，不幸事泄，同年9月23日在北京被袁世凯杀害。（入社号24）

程家柽给儿子信件封面

注释

❶ 枪棓：棓，亦作棒，即大杖；此处代指笔。按，程氏以言论获罪于袁世凯。当时执法者状其罪于袁氏，袁氏大怒道：斯人乎，有罪无罪杀无赦。又，程氏之知友尝记曰：“盖君得罪于袁氏久矣，而最召恨者为袁世凯之《黄粱梦》一文，直道破祸心，无少假借。君曾谓余曰：‘我与袁不并世，已自拟《小传》，乞君润饰之，死无憾！’余以君好狂言，漫应之，孰知数语为两人永诀辞哉！君《自传》藏友人家，拟暇时略述其生平，为辨诬枉。”（《南社丛刻》第二十三集、第二十四集未刊稿第238页）

❷ 少年头：语本岳飞《满江红》：“莫等闲白了少年头，空悲切。”

❸ 燕山指北京。

程习朋*

震耳群嚣不受侵，孤光[1]自照且长吟。

栖迟亦有箕山志[2]，谁识平生植树心[3]？

简传

程习朋（1895—1976），名习，又号小可、山河、云孤、红楼老人、闲亭居士等。江苏泰州人。出身书香门第，幼蒙庭训，少习诸子百家之学，对诗文、书法、木刻亦有研究。早年一度供职于泰县文化部门，和陆次恭共同搜罗乡邦金石碑版，为保护地方文物，贡献颇多。1923年与乡友、南社老会员仲一侯一同加入新南社。后长期从事教育工作，先后在海安、南京等地任教，亦做多年新闻记者。回乡后历任泰县中学、淮南中学、时敏中学等学校国文教师。日军占领泰州期间，尝自刻“无真面目见群魔”一印，以示凛然不屈的决心。身为为数不多的泰州籍南社社员，程氏博学多才，著述等身。编写有《泰州金石书

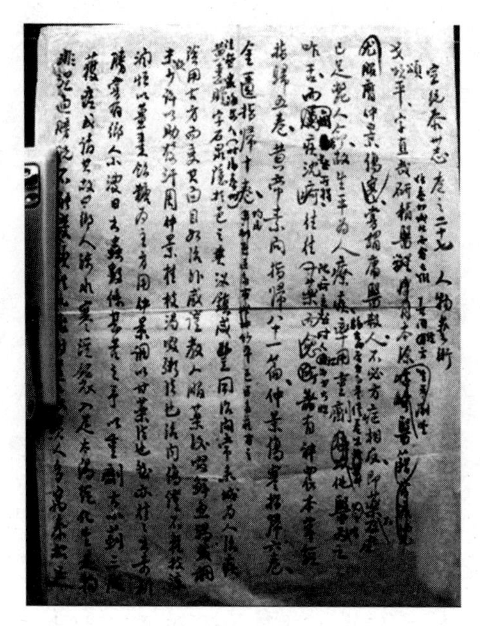

程习朋手迹

画闻见录》《飞鸟遗音笔记》《花笑楼近稿》《古葩正精学文抄》《讲台精读文抄》《家塾幼稚课本》等多部著作。涵盖诗词、地方文史、教学等内容。著有《笑花楼近稿》《山河易象》《选注尚书》《政治学原理》《飞鸟遗音笔记》，诗集有《无邪集》《小可集》《婴儿集》三种。另编著《古葩正精学文抄》《讲台精读文抄》《家塾幼稚课本》等。其编写与著述的文字大多尚未刊行，皆以手稿或油印本存世。泰州图书馆收存其部分手稿。

注释

❶ 孤光：语出张孝祥《念奴娇·过洞庭》：“应念岭表经年，孤光自照，肝胆皆冰雪。”此有孤介、孤迥之意。

❷“栖迟”句：栖迟：淹留、隐遁之意。语见《后汉书·冯衍传》：“久栖迟于小官，不得舒其所怀。”《晋书·简文帝纪》：“栖迟丘壑，徇匹夫之洁而忘兼济之大邪？”箕山：“箕山在州治东五十里，相传许由所居。”《史记》《汉书》中也均有许由隐于箕山的记述。相传尧访贤禅让天下，在箕山附近访得许由，尧让其治天下，许由以为是一种羞辱而不肯接受,遁耕于箕山之下。尧又召许由任九州长,许由听罢，深感双耳受到玷污，遂洗耳于颍水之滨，许由死后即葬在箕山之上。据载，箕山未淹没前，山南有一洞，世称许由洞，明代所修《濮州志》中的有关鄄城八大景诗句，其中有“修真独卧箕山侧”之句，即指此处。同时，《濮州志》对许由洗耳的颍水也有明确记载：“颍水在箕山寺环绕而北。”该志还提到：“黄店旧有许由庙，今已废。”其时代可上溯到原始社会父系氏族公社晚期，与传说中许由生活的时代相符。相传上古许由避世，隐于箕山，后遂以“箕山”代指退隐。

❸植树心：此处以树喻人，指培育人才。

傅熊湘

洞庭波[1]涌似征鼙，梦梦[2]苍天日渐西。

豹雾南山[3]魂定否？一桁[4]山色压眉低。

简 传

傅熊湘（1883—1930），原名尃，字文渠，一字君剑，号钝艮、屯艮、钝根等。湖南醴陵人。幼聪颖，14岁读毕六经，好诗赋韵文。1903年负笈就读渌江书院，成绩优异。次年转入长沙岳麓书院，旋入湖南省高等普通师范学习，毕业后回醴陵办小学。早年加入中国同盟会，与宁调元、姚勇忱等从事反清革命。1905年在上海创办《洞庭波》杂志，因反清色彩甚为浓重，被清政府查禁，遂潜回乡里。又主编《竞业旬报》（1906年）。萍浏醴起义失败后，宁调元于岳州被捕，傅氏获悉后火速返湘组织营救，并为宁调元提供图书笔墨以研讨革命，相互鼓励。1911年7月赴上海参加《南社丛刻》的编辑工作。武昌起义后，与张默君编辑《大汉报》，并不避风险，亲自赴前线采写稿件。1911 年赴湘，任《长沙日报》总编辑，兼职于省师范及长沙各中学。“二次革命”失败后，因极力反袁而遭通缉，幸赖妓女黄玉娇之助得以全身。袁氏死后，主《长沙日报》。次年，张勋挥辫入京，大演复辟之丑剧，傅氏愤然予以鞭挞。1920 年 7 月，又赴沪创办《湖南月刊》《天问周刊》，历数张敬尧祸湘罪状。1921 年创办《醴陵旬报》。1925 年出任长沙《国民日报》总编辑。曾先后出任湖南省长署秘书、省议会议员、第三十五军参议、湖南沅江县县长、安徽棉税局局长等职。1924 年，与陈去病、刘约真等创《南社湘集》于长沙，被选为社长。他以“继承南社精神、提倡气节，发扬国学，演进文化”为宗旨，主编《南社湘集》。1928 年调任湖南省中山图书馆馆长。1930 年，长沙报馆被焚，次日乔装出走汉口，途中因肺病大作，殁于安庆。后归葬于湖南醴陵西山红拂墓次。平生治学严谨，学识渊博深湛，在“湘中五子”中名列榜首。主要著述有《屯安诗文集》《屯安词》《冬夏朏录》《废雅楼说诗》《广雅》《文通削繁》等。（入社号 35）

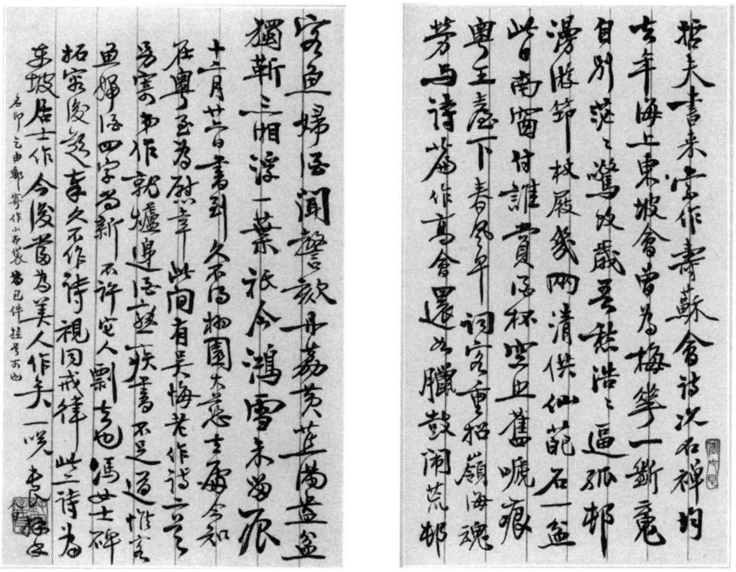

傅熊湘手迹

注释

❶ 洞庭波：指傅熊湘于1905年在上海创办的《洞庭波》杂志。该刊“专鼓吹种族主义，论议精辟，文词清健，海内外同志争相购阅”。（景梅九《罪案》，见《辛亥革命资料类编》第59页）

❷ 梦梦：昏愦貌。《诗经·小雅·正月》：“视天梦梦。”又，《诗经·大雅·抑》：“视尔梦梦，我心惨惨。”

❸ 豹雾南山：汉刘向《列女传·陶答之妻》云：“答子治陶三年，名誉不与，家富三倍，其妻数谏不用。”因答子贪富务大，妻劝云：“妾闻南山有玄豹，雾雨七日而不下食者何也？欲以泽其毛而成文章（文彩）也，故藏而远害。”然答子未听妻言，终遭祸害。《易·革》上六云：“君子豹变，小人革面。”象曰：“君子豹变其文蔚也，小人革面顺以从君也。”即此可见豹变文蔚之说流传甚早。又《庄子·山木》《管子·形势》等亦有豹喜栖息山林、隐而养威之记载。后多以“豹雾”比喻避害全身，或喻修养身心，静观待变。如骆宾王《夏日游德州赠高四序》：“进不能矫翰龙云，退不能栖神豹雾。”杜甫《戏寄崔评事表侄》：“隐豹深愁雨，潜龙故起云。”“南山雾”则多用以比喻险恶的社会环境。如谢朓《之宣城郡出新林浦向板桥》：“虽无玄豹姿，终隐南山雾。”

❹ 桁：指屋梁上或门窗框上的横木。今称檩子、桁条，何晏《景福殿赋》：“桁梧复叠，势合形离。”

雷铁厓

廉锷毋加襟抱宏❶，无端歌哭若为情❷？
铁厓心事我能说，梵呗声声奈甲兵❸！

简传

雷铁厓（1873—1919），原名昭性，字泽皆，入同盟会后署名铁厓。四川富顺人。幼年家境贫寒，常啖野蔬，靠刈草度日。逾冠后就读炳文书院，以每月考课优秀得奖维持伙食。1900 年参加府试考中秀才。1904 年冬，不顾父兄反对，于夜半潜行，与熊克武等同赴日本求学，就读于大成学校与弘文学院。是年 8 月，由孙中山介绍加入中国同盟会，成为四川留学生首批加入者。同年 9 月，与董修武等创办《鹃声》杂志，以“发明公理，拥护人权”为主旨，言论激烈，朝廷震怒。1908 年 1 月，积极参与吴玉章主持的以“输入文明，开通明智”为宗旨的《四川》杂志的编撰工作，其间所撰《警告全蜀》一文因

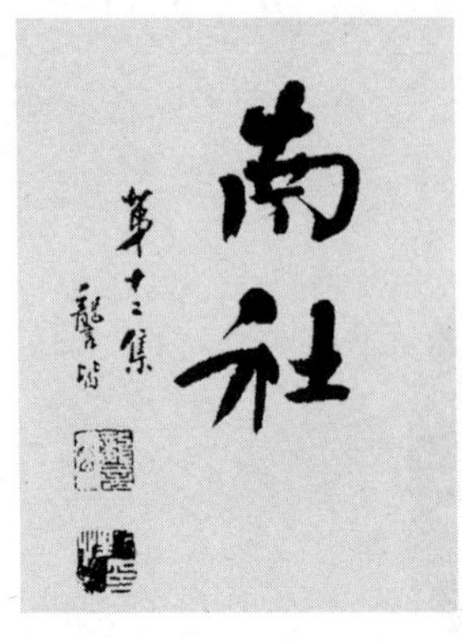

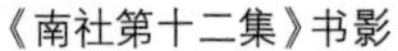
《南社第十二集》书影

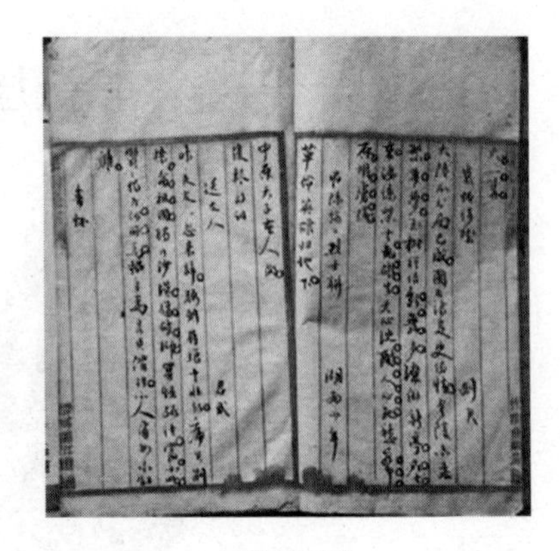
雷铁厓手迹

言论激烈，遭日本政府封禁。同年2月，又积极为陕甘留学生主持的《夏声》撰稿。1909年7月归国，应上海中国新公学之聘，以民族思想教化学生，旋又兼任龙门师范及理科专修两校教席。未几，仇家以革命相陷，雷氏遭清吏缉拿，乃避走杭州西湖白云庵为僧。1910年秋，同盟会胡汉民在槟榔屿筹组《光华日报》，相邀雷氏前往主持笔政，遂日日奋力撰文宣传革命，驳斥保皇党人的立宪邪说，同时还利用报纸在南洋华侨中广为募捐，对广州起义和武昌起义支持甚力。1912年元旦，孙中山就任临时大总统，应召赴大总统府秘书处就职，并介绍柳亚子担任临时大总统府骈文秘书。但因憎恶党人之争权夺利，半月之后便长揖而别，去杭州孤山寻梅访鹤，诗酒啸傲。之后，返蜀与黄复生等筹组垦植协会蜀支部，担任总支部总务科长与评议员，积极支持开发国家资源，发展农业。是年底，应邀赴京出任《民主报》总编辑。“南北议和”后，任稽勋局核审员，并兼任《民报》主笔。1913年参加“二次革命”。“宋教仁案”发生后，愤撰《宋教仁被暗杀之研究》一文，抨击袁世凯政府为“暗杀政府”。善后大借款后，又著文斥“政府之罪恶”。是年秋，袁政府缇骑四出，欲诛之而后快，遂再度亡命南洋，与同志筹设《国民日报》新加坡版，继续鼓吹反袁。袁世凯死后，一度归国，目睹军阀混战、民不聊生的局面，悲愤至极，遂再度漂赴南洋。此后，他或感慨时事，忧心如焚；或痛饮狂歌，笑骂无常，神经病日益严重。1919年5月8日，终因狂病大作而逝，归葬石头沟老宅附近山阳。(入社号59)

注释

❶ 首句：廉锷：刀剑棱刃锋芒，比喻锐利的词锋。语出刘勰《文心雕龙·封禅》："义吐光芒，辞成廉锷。"加：超过。

❷ 若为情：何以为情。按，雷氏加入南社后，很快成为南社的中坚力量，他频频在《南社丛刊》上发表诗作，并常以杜鹃自命，以寄其歌哭无端的悲怀，如"鹃因口瘁衔枝赤，烛为心多坠泪红"，"漫道春鹃啼不了，蜀王魂依旧山河"，"鹃声血化经潮涨，雁翼书飞赤子啼"，等等。

❸"梵呗"句：1909年7月，雷氏迫于形势，曾一度在杭州西湖白云庵为僧，但擎枪杀逆的政治激情，使得雷氏不可能心如止水地皈依佛门。尽管"空撞玉斗天难挽，欲返金戈日已沉"，但他并不自甘沉沦："万枝毛瑟三更梦，十载心期一剑横。未灭鲸鲵安肯死，是真豪杰岂求名。"(《赠别北星》)"地惨红羊劫，云迷白帝城，天公方乐祸，正恐未休兵。"报国之志，忧民之情，溢于言表。

楼辛壶

老缶当年叹异才[1]，笔端未必少风雷[2]。

功超六法[3]谁堪敌？浑穆更兼闲远来[4]。

简传

楼辛壶（1880—1950），名邨，小名保源，学名卓立，字肖嵩，号新吾，别署有辛壶、玄根、玄根居士、玄朴居士、玄璞居士、玄道人等，晚号缙云老叟，楼邨也作楼村，曾改楼虚，书斋名玄根顾、清风馆。浙江缙云人。幼承庭训，苦习书画。自10岁始，每逢春节，辄挥毫为邻里乡亲书写春联。年甫十八，因反抗封建包办婚姻，从家乡逃至杭州，先后入浙江武备学堂与蚕桑学堂求学。毕业后，先后执教于杭州仁和学堂、安定中学。执教之余，致力于书画金石。中华民国成立后，出任浙江省府秘书，未足两年，自度不能与世俗相谐，眷然有归去之意，遂辞职，借教书与作金石书画以为计。民国初年，加入

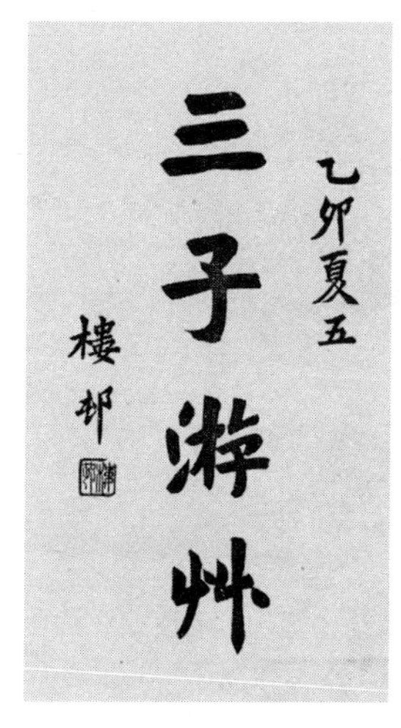

楼辛壶书法作品

西泠印社，其间由吴昌硕社长授意，主持西泠印社有年，辑录自刻印章编成《楼邨印稿》一册。1916年，迁居上海，历任上海美术专科学校教授、中国艺术专科学校教授、校长。书法、绘画、金石、诗词皆本色当行，故颇享时誉。1915年加入南社，与南社黄宾虹、俞语霜、姜丹书、孙雪泥等切磋画艺，与经亨颐等人琢磨书法篆刻，与柳亚子等人诗词唱和，诸艺转精，颇见进境。为南社著名书画篆刻家、诗人。除此之外，又与吴昌硕、张大千、张善孖、丁辅之、高野侯、唐云、童大年、武曾保、赵叔孺、郑午昌、刘海粟、贺天健等相往还。1950年病逝。其哲嗣楼浩之曾汇其遗作成《楼辛壶印存》。书端有刘海粟、诸乐三题字，并陶冷月、沙孟海、陆维钊、韩登安、沈本千、严群、徐映璞等序跋，称一时之盛。其他著作主要有《清风馆集》等。（入社号537）

注释

❶ 首句：老缶指吴昌硕。按，楼辛壶之篆刻，上承先秦古玺，下至汉印、元朱、明清诸流派，靡不究心。1911年，楼氏曾辑自刻印成《楼邨印稿》，其早年之印作，每见其旁注有吴昌硕亲笔批语，颇具参考价值。如吴昌硕对楼氏所治“楼邨之印”所下的批语为：“加厚、神在个中”；对“辛壶”之印批曰“再加苍莽”，意谓强化印章线条的质感，使之更形厚重苍劲。楼氏遵从之，将朱文“楼邨之印”轻轻磨去一层，略作修饰，白文“辛壶”则巧加破施残，韵味益加完足。对于白文印，吴昌硕加双圈评为绝妙，对朱文印则评说“此宜再得空气，壶字略收小便佳”。楼邨遵照处理，重新操刀，印面留白更多，字体凸显秀劲，再加打通边栏以透气，

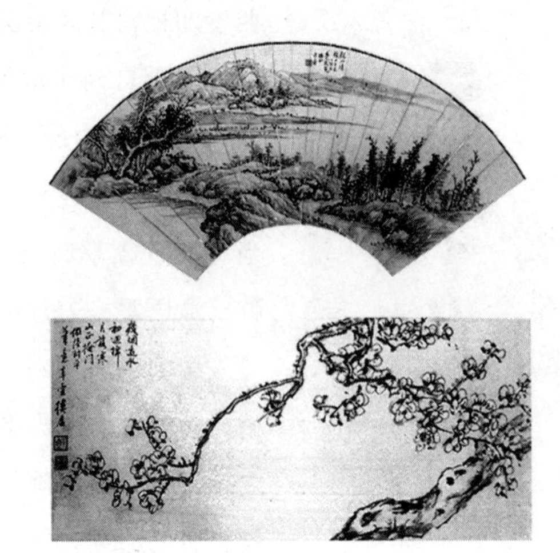

楼辛壶书画作品

顿觉生气全出。陆维钊曾为《楼辛壶印存》撰序云："往岁，余客松江，获交于费丈龙丁。丈为言缙云楼辛壶先生之于艺，若书画、若金石，皆足称入古人之室，而得其用心之所在，非时流之所可几及，余心仪之。其后，余又交王丈芝龄，丈为言先生之为人不独精于艺，抑且笃于亲故。与人交，清而和易，介而不亢，恂恂有古君子之风，余于是益重先生。而又知费、王两丈平素固不轻于许人者，亦决不以私谊阿其所好者也。当是时，海上之以书画金石售于时者，类皆鹜征逐，通声气，以广交游而弋盛名。若先生者，固可谓游于艺而进于道者也。岁月不居，前尘若梦。及余来杭州，晤哲嗣浩之，知先生已归道山，所遗手迹，存者寥寥，唯印稿略备。浩之复益以西泠印社诸友之所藏，嘱余选定。余唯于篆刻之学无所钻研，第觉先生之作，自秦汉古玺以迄近代诸家，莫不撷其精而遗其粗，呼吸古今，不以一隅自囿。方之先生并世诸君，确无有出其右者。余以知曩者费、王二丈之言信不虚也。选录既竟，爰为之记其原委如此。"

❷"笔端"句：楼氏与近代文士颇不相类，他从不贪恋杯中之物，每有所感，尝寄诸笔墨；观其画作，大半皆有他本人的题画诗，其中不乏"天下兴亡，匹夫有责"

的豪情。如抗日战争前夕，他为友人作画，画毕，又以《二月既望，倭寇逼沪，犹在调停中，为香圃画，即题小诗排闷》为题，成七律一首，云："半世溪山画里妍，笔耕凶岁砚生烟。高风流水无知己，饿毙于今愧昔贤。喜有男儿寒敌胆，倭奴十万几生还。汉家死义风犹在，谁敢横行辽海边。"诗作满溢豪情，读来令人感发兴起，当时楼氏已年逾半百，但报国之志仍丝毫未衰。又如《题大千藏无款元人山水卷》："松横泉涌石嶙峋，席地幕天此避秦。萝径草枯人迹远，林峦秋寂鸟相亲。流离烽火家千里，萧瑟山河日一轮。万事从来东逝水，浮云梦鹤幻中真。"寄慨遥深，允称作手。此类诗，出自一位鬻艺自给不求闻达的文士之手，尤为难能。

❸ 六法：指谢赫《画品录》所论之"六法"，依次为："气韵生动、骨法用笔、应物象形、随形赋彩、经营位置、传移摹写。"按，楼氏不唯精于书画，亦擅诗，故曰"功超六法"。楼氏平生不求闻达，耽情艺事。徐珂先生曾为楼氏诗集题序，内云："楼君辛壶以画名于时。尝来海上，予得读其画。见题句，乃知其又能诗，谓有异夫今之画师也。君寻还杭州，入省署为宾僚，不相见久矣。岁乙丑，朱子剑芝至自杭，语予曰：辛壶今且攻倚声，每退食辄揽笔作画，题词于其端。方明月在池，花影荡漾，其心亦滉焉而若与为沈浮者。微吟低徊，恒不能自已。予心识其言，意将涉猎书记，入六艺之囿而毕游之。越翌岁，君以《清风馆集》示余，则所为诗词

楼辛壶山水画

具在焉。夷愉真率，远乎鄙俗，有萧闲自得之趣。方今斯文将丧，诐辞诡辨，风靡一世。黠者且饰之以弋富贵，而君独不然。顾君又尝治兵家言、习蚕桑，皆有用之学问也。乃唯以鬻艺自给，不求显于世，其微尚清远，不尤难能可贵耶。”

❹“浑穆”句：按，楼氏幼承庭训，其父楼狮山，清贡生出身，从政而酷爱翰墨。辛壶熏沐既久，渐成习惯。每日醒来，必盘膝坐于床上，练习气功导引之术，借以清心入定，起床之后，打太极拳，洒扫庭除，再潜心临池数纸后进早餐，数十年如一日。故其画风自与时人有异。从画艺上看，楼氏最擅山水，非但写意，兼能写实，烟霞满纸，韵致高妙。1929年，他所作题为《元气淋漓障犹湿》的一幅山水，水晕墨章，元气淋漓，大有天地万物浑然一体、酣畅滋润之感。楼氏的书法，源自颜真卿与柳公权二家。1915年，楼氏专门为柳亚子绘制一幅《分湖旧隐图》，画毕又题赠绝句两首；同月，他又为柳亚子、姚石子和寒隐子（高吹万之号）三人游杭时合作的诗集题名《三子游草》，此为楼氏入社后，与南社社友积极交往的见证。就书法而言，真书“三子游草”四字笔力弥满，结体庄肃，气象浑穆而有闲远之致，体现出楼氏书法的一贯风格，在近代书坛颇具影响。楼氏逝世后，其哲嗣浩之曾汇其遗作成《楼辛壶印存》，书端有刘海粟、诸乐三题字及陶冷月、沙孟海、陆维钊等人之序跋。陆序见注释❶。

蒯贞干

绛帐[1]春风胜饮醇，觥觥[2]终觉此儒纯。
衷吟数卷非关月[3]，且托糟丘[4]葆厥真。

简传

蒯贞干（1879—1917），字虎岑，号啸楼。江苏吴江黎里镇人。1909年加入南社，积极辅佐柳亚子校订编印《南社丛刻》。1915年9月袁世凯加紧复辟帝制，残杀革命党人，蒯氏与柳亚子、顾悼秋等人目睹国事日非，纷纷于金镜湖畔结酒社，借酒浇愁，以诗言志，借遣愤懑。1916年，袁世凯复辟帝制失败之后，军阀混战，政黯民怨。蒯氏与柳亚子、顾悼秋、朱剑芒、周云、黄娄生等人结消夏社，于黎里周寿恩堂开鉴草堂，忧国伤时，赋诗寄慨，盖厕身乱世，手无寸铁，只有徒呼负负，诗酒兴悲而已。平生热心教育，因目睹乡里诸多平民女子失学，故大力倡导女学，为黎里平民女子小学主要创办人之一。该校专为平民而设，不但免收学费，且赠送书籍、文具等。教师均为义务教学，报酬分文不取，颇享时誉。1917年秋，不幸染上时疫，病逝于乡里。著有《消夏录》。（入社号700）

注释

❶ 绛帐：语出《后汉书·马融传》："融才高博洽，为世通儒，教养诸生，常有千数……居宇器服，多存侈饰。常坐高堂，施绛纱帐，前授生徒，后列女乐，弟子以次相传，鲜有入其室者。"后因以"绛帐"为师门、讲席之敬称。唐人李商隐《过故崔兖海宅与崔明秀才话旧》诗："绛帐恩如昨，乌衣事莫寻。"清人龚自珍《己亥杂诗》之五六："孔壁微茫坠绪穷，笙歌绛帐启宗风。"按，蒯氏性情仁和，即之如沐春风，平生热心教育事业，以树风育人为己任。为筹措办学经费，蒯氏虽经济拮据，犹慷慨解囊，曾捐助大洋100元，荣获当时省政府之嘉奖。

❷ 觥觥：亦作"觵觵"，刚直貌。语出《后汉书·方术传·郭宪》："帝曰：'常闻关东觥觥郭子横，竟不虚也。'"李贤注："觥觥，刚直之貌。"唐张说《赠郭君碑》："觥觥将军，雄略冠群。"清蒲松龄《聊斋志异·泥鬼》："盖以玉堂之贵，而且至性觥觥，观其上书北阙，拂袖南山，神且惮之，而况鬼乎。"章炳麟《山阴徐君歌》："觵觵我君，手持弹丸。"此儒纯：蒯贞幹病逝后，柳亚子深感哀痛，尝撰五律以示哀悼："小别经旬还，如何命遽穷！一弯秋禊月，犹照酒颜红。俗敝能敦雅，时危倘善终。不须闻笛感，应尚辍邻舂。"——"此儒纯"指此。

❸"衷吟"句：按，蒯氏为南社诸贤中擅诗者，凡有所作，皆悲慨带情韵以行，如七律《酒社第一集次亚子韵》云："独对新亭挥涕泪，且于混世作闲氓。栖身辟壤甘耕耨，遁迹糟丘避甲兵。愿共贤豪相唱和，胜随俗流与纵横。青莲老去刘伶逝，谁继当年酒圣名？"又如《丙辰中秋夜画舫即事》二首："簪裾小集亦前缘，画舫清游不羡仙。除却醇醪惟翰墨，旁人疑是米家船。""四厢花影怒于潮，说剑吹箫读楚骚。

水底蛟龙潜出听，船头笑指月轮高。”皆蕴藉有致，寄慨遥深，洵非寻常纪景诗也。——“非关月”指此。

❹ 糟丘出自《吕氏春秋》：“积糟成丘，荒于酒之征也。”按，蒯氏为消夏社社员，袁氏当政时期，尝借酒泄愤，作诗甚夥，后结为《消夏录》。柳亚子曾为之撰序云：“今夫问天呵壁，原志士之苦心；斫地悲歌，亦文人之结习。问埋愁于何处，除非酒阵诗场更长日兮，如年尽付吟筹觞政。淋漓墨沈，居然倚马之才；跌宕风华，剩惜屠龙之技。此《消夏录》所由作也。”又云：“仆也戎马余生，江湖息影。追鲁连于东海，秦帝依然；问皋羽之西台，鲁公已矣。哀丝豪竹，中年事竟。如斯东抹西涂，老子兴犹未浅。荷衣逐队，自笑头颅；白眼向天，人疑魑魅。本无彩笔，何劳郭璞追还；休矣玉台，岂有徐陵作序？”

1917 年中秋酒社金镜湖合影（右二为周芷畦、右五为柳亚子、左二为蒯虎岑）

蔡　寅

雪耻有心凭四铁[1]，诗成雅韵欲横流[2]。

平生历历足堪式，惟恨澄清志未酬[3]。

简传

蔡寅（1873—1934），字清任，号冶民，别号怀庐、壮怀，法号宗寅。江苏吴江黎里镇人。柳亚子的姑夫。自幼聪慧敏学，读书一目十行，有“神童”之誉。未及弱冠，便考取秀才。1903年，与陶佐虞（蔡寅之表弟）、柳亚子入爱国学社学习，并与柳亚子等三人共同资助印发邹容所著《革命军》与章太炎的《驳康有为政见书》，对中国民主革命思想的传播，作用綦巨。又与章太炎、邹容、柳亚子四人合撰《驳“革命驳议”》一文，在《苏报》发表。同年6月，“苏报案”发，章太炎、邹容陷狱，蔡氏多方营救，未果，旋东渡日本，入早稻田大学学习法政。在此期间，先后结识陈其美、孙中山与黄兴，加入中国同盟

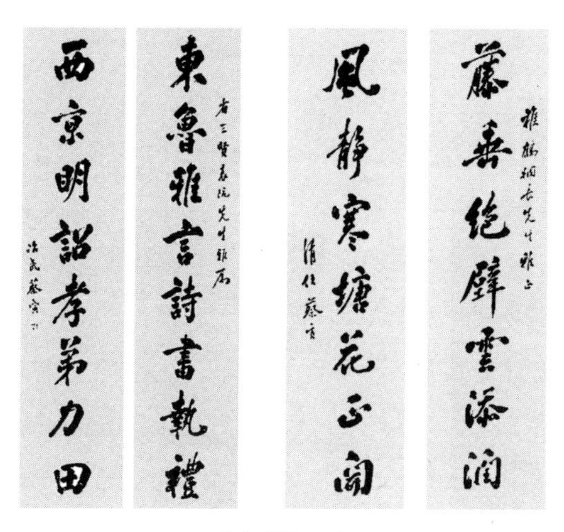

蔡寅联语手迹

会。武昌起义后，被委任为沪上都督府军法司长，疾恶如仇，一秉至公。其时南社社友周实丹、阮梦桃在淮上起义，被山阳令姚荣泽杀害，蔡氏力促陈其美致电南京政府逮捕姚荣泽，处之以法，为烈士昭雪平反，终于将姚荣泽捉拿定罪。1912 年元旦，孙中山在南京任临时大总统，蔡氏出任总统府秘书。1913 年 3 月 20 日，“宋教仁案”发生，蔡氏为侦破此案竭尽全力，力促时任上海地方检察厅厅长的陈英发传票，并传袁世凯和赵秉钧到上海候审，同时悬赏缉拿洪述祖和应夔承，大为袁世凯所忌恨，被迫辞职。后奉孙中山、黄兴之命毅然赴宁，主持苏政，政绩昭著。在讨袁之役中，曾亲率将士死守天堡城（在南京城外钟山，为南京屏障），血战二十多天，天堡城五得五失，终因势单力薄，随黄兴撤走上海。“二次革命”失败后，情怀抑郁，遂隐居上海。1924 年 10 月，黄郛代理内阁总理，引荐蔡氏担任法律馆副总裁。此时，直奉战争爆发，遂决意回沪投奔孙中山参加北伐。孙中山病逝后，身心复遭重创，挥泪离京南返，尝对江发誓：终身不复北辙。1927 年，北伐军攻占沪、宁，建国民政府。蔡氏出任浙江高等法院温州分院院长。因长期积劳，心力交瘁，以致疾病缠身。1934 年扶病离温州赴沪，经医治无效而辞世，享年 61 岁。（入社号 204）

注释

❶“雪耻”句:蔡氏少负异禀,志行超卓,尝赋诗明志,如“石性坚而贞,石灵神且异”,“攻错得石友,磨砺资国器”,足见蔡氏早在求学期间即以贞石自期,成为国家的有用之才。1898年,与金松岑、陈去病等在同里组织了雪耻学会,呼吁救国图存。为自勖其志,故将书斋颜为四铁斋,即铁肩、铁面、铁骨和铁笔。

❷“诗成”句:蔡氏才华出众,于学无所不窥,尤擅诗词,柳亚子主南社文坛时,将其推为巨擘。早在日本留学时期,蔡氏便赋诗以寄忧愤:“红树青山放眼迟,苍霞白露寄瑶思。忽惊海国经秋早,一抹霜林酣醉时。”“雄艳河山霸气粗,喷瞳旭日暇东隅。举头万树座秋色,如见群龙血战图。”又,蔡氏尝于陈天华烈士蹈海警世之处,面对滔滔大海,触景生情,赋诗以志悲悼:“肮脏拂细衣,风尘牢落归。灯昏寒雨罩,帆重湿云飞。家国遗魂坳,江湖满目非。蓬莱山色好,小别亦依依。”悲慨郁勃,允推作手。惜乎平生诗作大多已散佚,其子孝宽曾收集其遗稿辑成《怀庐诗钞》一册(手抄本),金松岑读后为之作序,称赞叹道:“今展读冶民诗,乃洒落有风度,盖无意于崇唐揖宋,而自选乎诗人之庭。与山民父子相抚手者也。”郑逸梅在其所编的《南社丛谈》中,尝对蔡氏评述道:“他工诗,对于诗学,有那么一套理论:诗也者,乃本诸无心之倾吐,亦有为而寄托,一人有一人之诗,一时有一时之诗,一境有一境之诗,有真性情之流露,斯有真实之证照。”蔡氏又擅联语,名句如:“经国有才皆百练,著书无字不千秋。”此乃蔡氏藉以自励的联语,足觇所尚。又,蔡氏还兼擅书法,12岁时即能对客挥毫,书写一尺见

蔡寅常用印

方的大字，令人瞠目。其书法初学苏、欧，晚似平原（颜真卿），为时人所叹服。画则具有青藤之风。

❸“惟恨”句：澄清：“揽辔澄清”之略语，意谓刷新政治、澄清天下的抱负。语出《后汉书·范滂传》：“滂登车揽辔，慨然有澄清天下之志。”按，蔡氏一生投艰报国，目睹劫难重重，其一腔忧愤，往往难以自掩。1916年5月，陈其美被袁世凯派人刺杀；1917年，其灵柩归葬湖州碧浪湖畔，蔡氏因在北京从事法律编查工作，不克亲往湖州参加葬礼。追思故人，蒿目时艰，悲愤填膺，遂赋二律以奠忠魂，其一云：“伤心芳草又天涯，往事重提泪眼赊。一代英雄终蚁蝼，万方多难郁龙蛇。沉冤终古埋苌叔，弥恨何年问女娲。歇浦涛声犹似昔，故人腹痛口回车。”时隔11年后，蔡氏在登屿拜谒文天祥祠时，吊古兴怀，又赋诗寄怀，云：“尚余正气镇东瓯，忍使江山付浊流。淘尽英雄存砥柱，要回天地入扁舟。盟心日月今犹炳，落照桑榆不可收。孤屿千秋遗大节，陆沉何以挽神州。”——“惟恨”句指此。

蔡哲夫

三坟五典[1]守生涯，自况茶村[2]醉墨华。
我读寒琼诸稿后[3]，终难合眼梦梅花。

简传

蔡哲夫（1879—1941），原名询，后作宋，号成城，字哲夫，取《诗经》“哲夫成城”之意，后以字行，笔名寒琼、寒碧、哀夫、思琅、离骚子，晚年自号寒翁、茶丘残客。广东顺德人。性聪慧，8岁能写擘窠大字。1908年参加同乡邓秋枚、黄晦闻等人创办的国学保存会，积极为会刊《政艺通报》《国粹学报》撰文绘图，为国学保存会编辑《风雨楼丛书》与《古学选刊》。1909年加入南社，为南社早期重要成员。在南社成立会上，公然褒吴（文英）贬辛（弃疾），与柳亚子展开激烈争论。辛亥革命后，返回广州，任广东高等师范附中教员，协助潘达微编辑《天荒画报》。1912年参与宁调元、谢英伯组建的广南社，后接任社长。旋又加入国学商兑会。1917 年 8 月，南社因论诗启衅，掀起轩然大波。柳亚子因朱鸳雏从论诗发展到进行人身攻击，一时激愤，将朱鸳雏与为其帮腔助阵的成舍我开除出社，引起部分南社社员的不满，蔡氏则背着广南社部分社友，以“南社广东分社同人”的名义发表启事，指责柳亚子，拟推举高吹万为南社主任。未几，又私立南社临时通讯处，擅自发出选票，企图分裂南社。是年 10 月，南社在这种背景下举行一年一度的选举，结果在 432 票中，柳亚子仍以 385 票继续当选为南社主任。1918 年，护法运动兴起，南社社友纷纷奔赴广州。蔡氏以驻粤滇军总司令谘议身份接待社友，引领同人游览风光，雅集觞咏。此后，蔡氏往来于穗、沪等地，过起流连诗酒的名士生活。1924 年，傅屯艮以“提倡气节，发扬国学，演进文化”为宗旨，于长沙成立湘集，蔡氏亲赴长沙加入。1936 年秋，蔡氏与如夫人谈月色同赴南京，通过于右任、叶楚伧介绍，在中央党史编辑委员会觅得一职，这一时期，常去考订故宫博物院金石、书画、陶瓷等古物。抗战爆发后，避难于安徽当涂白纻山，颠沛流离，备尝艰苦。1941 年因心脏病殁于南京。性嗜茶，擅丹青，精金石，书法古逸劲健，在南社诸子中自成一家。又重收藏，举凡吉金乐石，图书法帖，无所不收。著有《寒琼遗稿》《寒琼室笔记》《蠡楼词》《印林闲话》等。（入社号 25）

蔡哲夫诗稿手迹

注释

❶ 三坟五典：传说中我国最古的书籍。《左传・昭公十二年》：“是能读三坟、五典、八索、九丘。”杜预注：“皆古书名。”孔颖达疏：“孔安国《尚书序》云：‘伏羲、

神农、黄帝之书谓之三坟，言大道也；少昊、颛顼、高辛、唐、虞之书谓之五典，言常道也。'”此处代指中国传统文化。

❷ 茶村即杜濬（1611—1687），清初诗人，原名诏先，字于皇，号茶树。黄冈（今属湖北）人。崇祯时太学生。明亡后，寓居江宁，穷困潦倒，或为申请免征“房号银”，因耻居官绅之列，峻拒之。又驰函劝友勿出仕清政府做“两截人”。诗学老杜，风格凝重浑厚，五律尤工，其诗多隐寓家国之痛。有《变雅堂诗文集》。按，蔡哲夫性嗜茶，晨起必煮酽茗，饭时及临睡亦必进茶，因自比茶村。1938年4月，蔡氏重返南京，僦居于鼓楼二条巷，自取斋名为“茶丘”，又自署为“茶丘残客”。1940年2月23日（农历正月十六），该日为杜茶村生日，蔡氏乃广集友人，举办“茶寿会”，并亲撰祭文，并赋诗云：“明年高会时，当先酹琼液。”怎奈当年7月，蔡氏便因心脏病卧床，竟至不起。黄宾虹尝谓：“杜茶村挟济世才，丁时数奇，忧患流离，羁栖徒转，其所为诗，读者谓为如天宝之杜甫，义熙之陶潜；以蔡君之才之遇，方之茶村，古今一辙。”按，关于蔡氏晚年，能否与风骨嶙峋的杜茶村相比列，时人颇有微词，“佻挞微词原可恕，披猖晚节惜难全”。（《悲蔡有守》）柳亚子的这两句诗，便寓贬义于哀悼之中；但从现存的相关文献看，并无蔡氏投伪以致晚节不保的确切记载。看来彻底澄清这一公案，尚俟来日。

❸ “我读寒琼”句：蔡氏病殁后，其夫人谈月色为之编次诗词遗稿，醵资刊行《寒琼遗稿》一书；谈月色所发小启云：“先外子漂泊四方，坎坷一世。杜子美放歌巴蜀，伤乱为多；屈大夫泽畔哀吟，忧时实甚。付诸剞劂，聊以阐幽，祸及枣梨，未尝计虑。但子云受生前覆瓿之讥，而简斋有死后搜瘢之喜，固有非未亡人所敢雌黄也。”

蔡元培 *

一代人文建山斗[1]，当年光复[2]剥腥膻。
上庠[3]征得口碑在，稽古[4]滔滔竟孰贤！

简传

蔡元培（1868—1940），字鹤卿，又字仲申、民友、孑民，曾化名蔡振、周子余。浙江绍兴山阴县（今绍兴县）人。自幼刻苦好学，17 岁考取秀才，18 岁在家乡设馆教书。1889 年中举人。1892 年补殿试，为进士及第，授翰林院庶吉士。1894 年补翰林院编修，1898 年任绍兴中西学堂监督。1901 年赴上海南洋公学任特班总教习，继任爱国女校校长兼中国教育会会长。1903 年在上海组织光复会，任会长。同年冬参与创办《俄事警闻》。1905 年加入中国同盟会，任同盟会上海分部主盟员。1907 年随驻德公使孙宝琦赴德留学。1912 年 1 月出任中华民国南京临时政府教育总长，同年 7 月去职，居德国。1915 年赴法国与李石曾

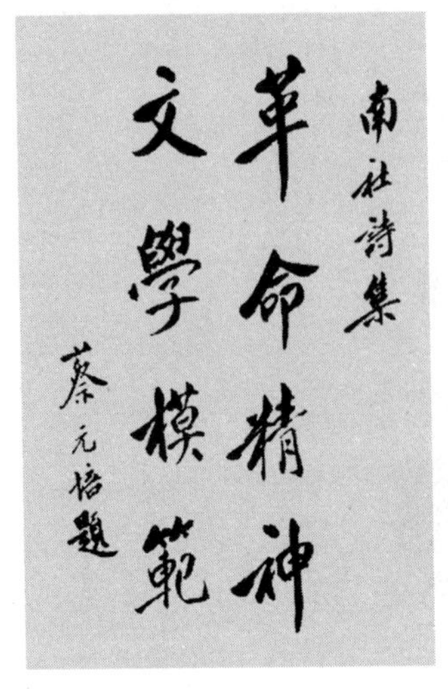

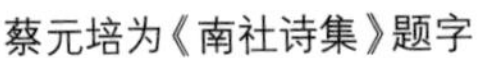
蔡元培为《南社诗集》题字

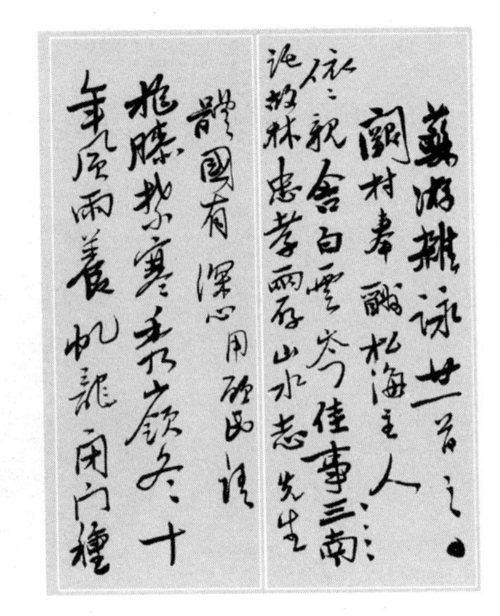
蔡元培手迹

等创办留法勤工俭学会。1916 年组织华法教育会。1917 年任北京大学校长，革新北大，开“学术”与“自由”之风，明确提出大学的性质在于研究高深学问。力倡学术自由，科学民主，将“学年制”改为“学分制”，实行“选科制”，积极改进教学方法，精简课程，力主自学，校内实行学生自治、教授治校，这些主张和措施在北京大学推行之后，在全国影响綦巨。五四运动中，支持学生爱国行动，多方营救被捕学生。1920 年赴欧洲考察教育。1924 年当选为国民党第一届中央候补监察委员。1926 年当选为国民第二届中央监察委员，5 月，在上海参加皖苏浙三省联合会，响应北伐，12 月任浙江省政府政治会议委员，并代理主席。1927 年在南京参加国民党中央政治会议，并任国民政府教育行政委员会常务委员，6 月任大学院院长，7 月任国民政府委员。1928 年 2 月任交通部第一交通大学校长，同月任国民政府建设委员会委员，3 月兼司法部部长，4 月任中央研究院院长。1929 年 1 月任首都建设委员会委员，3 月当选为国民党第三届中央监察委员，同月任中央政治会议常务委员，9 月被聘为北京大学校长。1930 年辞去北大校长。1931 年底当选为国民党第四届中央监察委员。1932 年 4

中国民权保障同盟欢迎英国作家萧伯纳。1933年2月17日摄于上海中山故居（前排左起：史沫特莱、蔡元培、鲁迅；后排左起：萧伯纳、宋庆龄、伊罗生、林语堂）

月被聘为中央大学校长，12月与宋庆龄等发起组织中国民权保障同盟，任副主席。1933年10月任全国经济委员会委员。1935年11月当选为国民党第五届中央监察委员。1936年2月，被推选为南社纪念会名誉会长。抗日战争爆发后，移居香港。1940年3月5日在香港病逝。著有《蔡元培先生全集》。

注释

❶ 山斗：山指泰山，斗指北斗，意谓敬仰其人，如同仰望泰山北斗，多用作表钦佩、仰慕之辞。清人蒲松龄《聊斋志异·青凤》：叟致敬曰：“久仰山斗！”乃揖生入。

❷ 光复：指光复会。按，光复会是清末著名的革命团体。1903年冬，由王嘉伟、陶成章、龚宝铨等人在东京酝酿协商。次年初又经陶成章、魏兰回上海与蔡元培商议，同年11月，以龚宝铨组织的军国民教育会暗杀团为基础，在上海正式成立了光复会。蔡元培任光复会会长。该会的政治纲领即入会誓词：“光复汉族，还我山河，以身许国，功成身退”，主张除文字宣传外，更以暗杀和暴动为主要革命手段。光复会积极联合会党、策动新军，主要活动范围在上海、浙江、江苏、安徽等地。按，

蔡氏早年颇具政治热情，且极自负，尝谓："元培而有权力如张之洞焉，则将兴晋阳之甲矣。"

❸ 上庠：古代的大学。《礼记·王制》："有虞氏养国老于上庠，养庶老于下庠。"郑玄注："上庠，右学，大学也。"唐代韩愈《请复国子监生徒状》："国家典章，崇重庠序；近日趋竞，未复本源。至使公卿子孙，耻游太学，工商凡冗，或处上庠。"此处指北京大学。按，蔡元培就任北京大学校长后，"仿世界各大学通例，循'思想自由'原则，取兼容并包主义"，提倡科学与民主。他指出："大学也者，研究学问之机关"，"大学生当以研究学术为天责，不当以大学为升官发财之阶梯"，强调思想自由与学术独立，反对将学术与政治混为一谈，只要在学术上卓有建树，自成一家，不论其政治倾向如何，皆可作为教授在北大授课。这种"兼容并包"的民主办学方针，吸附进一大批名流学者前往北大：其中既有共产党人陈独秀、李大钊，也有拖着长辫子的遗老辜鸿铭；既有新文化运动的健将胡适、钱玄同，也有反对新文化运动的刘师培、黄侃。他们对蔡元培的道德文章，皆心悦诚服，无一异辞。作为一个旧式文人，蔡元培虽已中了进士、点了翰林，却热衷于西学，年届不惑还数次赴欧洲留学深造。在他执掌北大期间，北大成为新文化运动的中心。美国著名学

胡适（右二）、蔡元培（左二）、蒋梦麟（左一）、李大钊（右一）合影

北大红楼

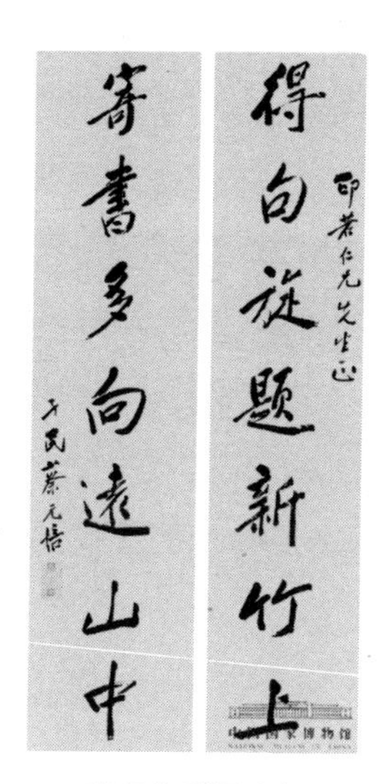

蔡元培联语手迹

者杜威曾如此评价蔡氏："拿世界各国的大学校长来比较，牛津、剑桥、巴黎、柏林、哈佛、哥伦比亚等，这些校长中，在某些学科上有卓越贡献的不乏其人。但是，以一个校长身份而能领导那所大学，对一个民族，对一个时代，起到转折作用的，除蔡元培外，恐怕找不出第二个。"

❹ 稽古：考察古代的事迹，以明辨是非，总结经验，以资启用。亦有托古论今之意。《尚书·尧典》："曰若稽古帝尧，曰放勋钦思文思安安，允恭允让，光被四表，格于上下。"按，蔡元培逝世后，盖棺论定，对蔡先生的道德文章，社会上的贤达名流，几乎有笔共书，而诋毁之词却不曾一见，黄炎培在《吾师蔡孑民先生哀悼辞》中盛赞道："盖有所不为者，吾师之律己也；无所不容者，吾师之教人也。有所不为，其正也；无所不容，其大也。"吴敬恒则以"生平无缺德，举世失完人"誉之。蒋梦麟亦以"大德垂后世，中国一完人"挽之。如果强举蔡先生的"美中不足"，似乎只有"好好先生"一端，但即此一端，历来亦不乏为之回护辩解者，如曹建写道："群众仍呼啸着要寻找沈氏（沈士远，时负责讲义事务），先生亦大声呼道：'我是从手枪炸弹中历炼出来的，你们如有手枪炸弹尽不妨拿出来对付我，我在维持校规的大前提下，绝对不会畏缩退步。'"（《蔡孑民先生的风骨》）如此侠肝义胆，生死弗计，岂是"好好先生"所能为？林语堂尝谓："别人尽管可以有长短处，但是对于蔡先生大家一致，再没有什么可说的。"（《想念蔡元培先生》）——"竟孰贤"即属意于此。

蔡韶声

高蹈[1]西塘岁月深，护持风雅笑蓬心[2]。

谁言老去浑无用，志辑枌榆献异琛[3]。

简传

蔡韶声（1897—1988），名文镛。浙江嘉善人。早年与余十眉、沈禹钟、李癯梅等组织胥社。与柳亚子友善。平生倾力于乡土历史之研究，收集乡邦文献，不遗余力，尝辑有《平川诗存》四十卷。在此基础上，深谙故乡诸多典故，恐其湮没，遂撰成《乡邦文献感旧录》诗50首，另作有《西塘胜迹志略》，录存大量鲜为人知的乡贤轶事，大有裨助于修史之阙，厥功甚著。1988年病逝。工诗，擅书法，主要著作有《灵爽集》《春春簃诗词》《桑海楼诗稿》《吴趋记》等。（入社号1020）

蔡韶声手迹

注释

❶ 高蹈：指高士的隐居生活。晋代张协《七命》：“嘉遯龙盘，玩世高蹈。”三国魏钟会《檄蜀文》：“诚能深鉴成败，邈然高蹈，投迹微子之踪，措身陈平之轨，则福同古人，庆流来裔，百姓士民，安堵乐业。”《梁书·止足传序》：“虽祸败危亡，陈乎耳目，而轻举高蹈，寡乎前史。”西塘：嘉善之首镇，乃千年古镇，河港交错，文教发达，礼教炳尉，钟灵毓秀。按，蔡氏一生大部分时间皆在西塘度过，深为家乡自然与人文景观交融辉映的文化品位与深厚的历史意蕴而自豪，有着挥拭不去的“西塘情结”。

❷ 蓬心：语出庄子《逍遥游》：“而忧其瓠落无所容，则夫子犹有蓬之心也夫。”蓬，草本植物，俗名蓬蒿，短曲而不畅直。“有蓬之心”是庄子借以比喻惠子的见解迂曲、狭隘。

❸ 末句：枌榆：本指汉高祖故乡的里社名。汉高祖故乡为江苏省徐州市丰县。《汉

书·郊祀志上》载:“高祖祷丰枌榆社。”据《史记》载:汉高祖刘邦初得天下大定,诏令“丰治枌榆社”,并按时祭祀。章帝章和元年(87)农历八月,遣使祠枌榆社。此“社”在明朝隆庆三年(1569)废。枌榆社在江苏丰县城东北。按明《丰县志》载,枌榆社在县治东北十五里。按《史记》,以为汉高祖里社。《汉书》颜师古注曰:以此树为社,因立名。刘邦拔剑斩蛇起义之初,向故乡丰县的枌榆社,牲宰致祭,乞求土地之神,赐他更多的土地。后泛指故乡。《南齐书·沈文季传》:“惟桑与梓,必恭敬止,岂如明府亡国失土,不识枌榆。”《太平广记》卷三四七引唐人裴铏《传奇·赵合》:“知君颇有义心,倘能为归骨于奉天城南小李村,即某家枌榆耳。”元人辛文房《唐才子传·喻坦之》:“同时严维、徐凝、章八元,枌榆相望,前后唱和,亦多诗集。”清人郑江《西溪草堂图》诗:“仙源在枌榆,余胡久淹留?”清人魏源《默觚·治篇五》:“枌榆养老之珍,今荒馑始食其皮。”异琛,奇异的宝物,此指乡邦文献。

谭戒甫

独于诸子形名辨[1]，屣脱[2]荣华探窈冥。

鼎革亲传列圣义[3]，声华上已达天听[4]。

简传

谭戒甫（1887—1974），原名作民，改名铭，字介夫，又用介甫二字，曾用名穷奇。湖南省湘乡县（今涟源市）人。少时入私塾，遍读经书，其所居扶南山馆、青石山馆中藏有周秦诸子书和墨子之类的经书，六舅颜畏庵师为之主讲，大受启沃。不久，其五舅颜息庵师从日本寄回《新民丛报》，眼界大开，遂耽迷于自然科学。1905年考入湖南游学预备科，专读外文、数理化和伦理学等六门课程。1909年考入上海高等实业学堂，学习电机工程，立志以“实业救国”。1912年，乘湖南稽勋局选拔留学生之机，申请去德国克努伯厂学习，未果，遂放弃原学电机工程。1914年以后在湖南省立第一中学教英文课，又在第一师范

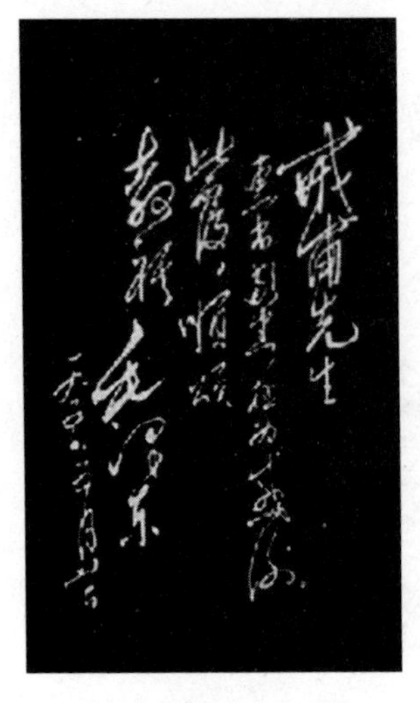

戒甫先生

此覆，順頌

教祺

毛澤東

毛泽东致谭戒甫函手迹

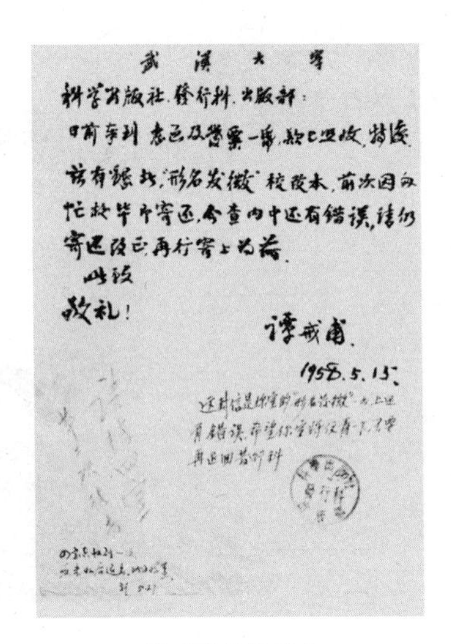

武漢大學

科学出版社.發行科.出版部：

日前奉到 惠函及發票一張，款已照收，特陈

諒有銀收，"形名发微"校後本，前次因匆

忙校毕即寄还，今查内中还有错误，请仍

寄还改正再行寄上为荷。

此致

敬礼！

谭戒甫

1958.5.15

谭戒甫书信手迹

和妙高峰中学兼课。除坚持读经外，志存兼济，曾先后担任或兼任过光复军司令部交际主任，湘西镇守使署参谋、湘粤桂联军授鄂第三路军总司令秘书、湘岸榷运脊岭粤税分局兼煤田分局局长、湖南议会编制主任、湘岸榷运总局秘书长、湖南省长公署秘书长、岳关和株洲折验处处长、粤汉铁路湘鄂路局秘书主任、国民革命军第三路游击司令（归第四路军指挥）、湖北省县长考试委员会襄校委员、省立通俗日报总编。又任上海《民权报》及《湖南公报》、《国民日报》翻译员兼文艺编辑，《民国日报》主笔。1928 年被杨树达先生聘为武汉大学讲师，后改聘为教授。彼时闻一多先生在武汉大学主持文学院工作，受邀讲授《吕氏春秋》。1938 年 9 月至 1945 年，离开武汉大学，先后在西北大学、西北师范学院、贵州大学、贵州师范学院、之江大学等校任教授、系主任。日本投降后，出任湖南大学教授、文学院院长兼中文系主任。1947 年 10 月至 1948 年夏，两次应聘去广州中山大学作短期讲学。1952 年院系调整，调回武汉大学任历史系教授。1974 年病逝。主要著述有《墨辩发微》《公孙龙子形名发微》《墨经分类译注》《庄子天下篇校释》《屈赋新编》等。（入社号 195）

注释

❶ 形名辨：按，谭氏治学以研究先秦诸子为主攻方向，次为楚辞、西周金文。在先秦诸子的研究方面，其最突出的贡献是发现形名学与墨经小取论式（近似西方的逻辑学），并在所著《墨辩》《形名》二“发微”中对这两个发现进行了深入细致的研究和阐述。他说：“形名二字的含义，若利用现代语文作解释，是容易清楚的。因为凡物必有形，再由形给它一个名，就叫‘形名’。由是得知：形名家只认有物的‘形’，不认有物的‘实’，他以为‘形’即是物的标志，‘名’即是‘形’的表达。物有此‘形’，即有此‘名’，由此说来，天下万物，‘形’‘名’二字可以括尽。故公孙龙总揭其义，叫作‘形名’，以成其学。”因此，1920年7月，谭戒甫专门研究公孙龙子，将原来辑有的公孙龙子各种材料，结合墨经进行研究。《墨辩发微》是一部研究《墨子》书中《经》上下、《经说》上下、《大取》《小取》六篇辩学的专门论著。《公孙龙子形名发微》一书则是《墨辩发微》的姊妹篇，是他集中多年研究墨家、名家的心得，二“发微”在国内外学术界享有较高的学术地位。

❷ 屣脱：语本萧统《陶渊明集序》：“唐尧四海之王，而有汾阳之心；子晋天下之储，而有洛滨之志。轻之若脱屣，视之若鸿毛。”意谓谭氏锐志向学，无意于荣华。

❸“鼎革”句：鼎革：语出《周易·杂卦》：“革，去故也；鼎，取新也。”此指谭氏所处之急剧动荡时代，潮起潮落，瞬息万变。按，谭氏早在20年代即撰成《庄子天下篇校释》《校吕遗谊》这两部专著，后为谭氏在武大任教时的教本。《庄子天下篇校释》尤为谭氏精心结撰之作，对了解当时各家学派的源流及其演变的分合，颇具启发。对西周金文的研究，亦为谭氏精力所萃之处。其所撰《董武钟传》是其最早的一篇研究金文的作品，其后，他不断地深化对西周金文的研究，对用地下出土的文字资料对勘现存的西周史料方面，用力尤勤。在此基础上，拟撰写《西周金文综合研究》，其中有些篇先后在《考古》《中华文史论丛》《人文杂志》《武汉大学学报》《湖南大学学报》等国内报刊杂志上发表。谭氏还邃于《管子》

的研究，1956 年，中国科学院成立哲学研究所，谭氏与苏联科学院立约译注《墨经》，1957 年即完成了《墨经分类译注》，并反复修订过颜昌尧的《管子校释》稿本，其中还有不少见解为郭沫若等的《管子集释》所采用，在国内外学术界享有较高的学术地位。——“列圣义”指此。

❹ 天听：原指上天的视听。《书·泰誓》：“天视自我民视，天听自我民听。”古人以帝王比天，故称帝王之视听为天览、天听。此处借指谭氏之学术声名已得到最高领袖毛泽东的称赏。按，谭氏一生勤奋好学，刻苦自励，覃思精研，钻坚求通，于先秦诸子、西周金文、楚辞等领域皆有非凡建树，其学术成果不仅被郭沫若等著名学者所采纳，还深受毛泽东的赞赏与鼓励。又，谭氏与毛泽东私交甚深，曾被选为武汉市第三届人民代表大会代表，并应邀参加过天安门“五一”观礼。1957 年，毛泽东邀其在自己家中做客，并多次通信以资鼓励。1953 年 11 月 25 日，毛泽东亲笔复信谭氏云：“戒甫先生：去年十二月三十日惠书收到，满堂教学勤恳，嘉惠后学，极为感谢，此复顺致敬意。”1958 年 5 月 20 日又复信云：“戒甫先生：惠书敬悉，极为感谢，此复顺颂敬祺。”从以上保存的二封书信中足见毛泽东对谭氏之尊重。1958 年，毛泽东抵达武汉，一见谭氏便说：“关于《哀郢》一文，已经看过，可以发表。”

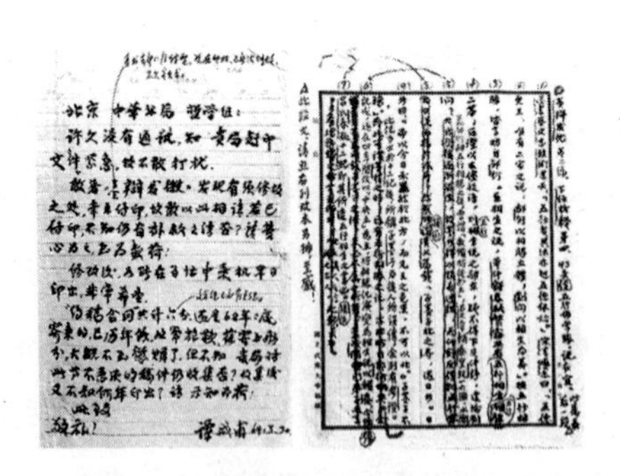
北京 中华书局 哲学组：

谭戒甫

谭戒甫手迹

廖仲恺 *

搏斗风云数十冬，硁硁百辟几真龙[1]？
惊心九阪[2]荆榛路，喋血联镳步步踪[3]！

简传

廖仲恺（1877—1925），原名恩煦，又名夷白，字仲恺，以字行。广东惠阳人，生于美国旧金山。幼时在美国读书。1893 年回国，入家乡私塾，从梁缉嘏研读经史。翌年，因受维新思想影响，决心放弃旧学。1896 年转赴香港，攻读英语。1902 年秋东渡日本留学，先后入早稻田大学经济预科、中央大学政治经济科学习。自 1905 年始，追随孙中山参加民主革命。1906 年 9 月加入中国同盟会，任执行部外务股干事。旋被选为中国留日学生会会长。1909 年毕业回广州，寻中政法科举人。武昌起义后，任广东政府总参议兼理财政。旋任南北议和南方代表。“宋教仁案”发生后，积极参加讨袁斗争，事败亡命日本。1914 年任中

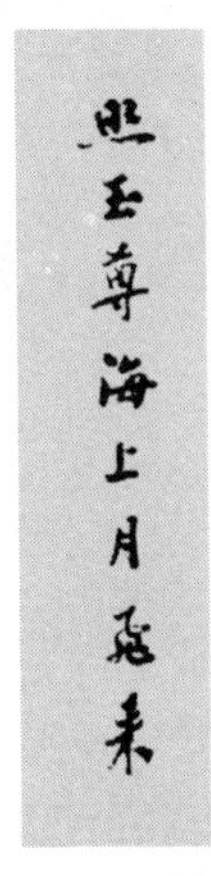

廖仲恺联语手迹

廖仲恺（右）与孙中山

华革命党财政部副部长，致力于筹措革命经费，从事反袁及护法斗争。1919年8月与朱执信等在上海创办《建设》杂志。1921年5月任财政部次长兼广东省财政厅长，协助孙中山北伐。1922年陈炯明叛变，被囚于广州西郊，8月获释，9月受孙中山委托，与苏俄代表赴日本东京，商讨联俄、联共等问题。1923年任孙中山大元帅大本营财政部长和广东省长，10月受孙中山委托与李大钊等五人筹划改组国民党，后又和许崇清等九人接受委派担任国民党临时中央执行委员，竭诚拥护孙中山“联俄、联共、扶助农工”的三大政策。是年底，与夫人何香凝在上海参加新南社，并于1924年元旦参加了由柳亚子、陈去病创办的文酒之会——岁寒社雅集。1924年国民党改组后，当选中央执行委员会常务委员、政治委员会委员，先后兼任工人部长、农民部长、黄埔军校党代表、军需总监、大元帅大本营秘书长等职。1925年初，孙中山逝世后，参加讨伐陈炯明、平定杨希闵、刘震寰诸役。广东国民政府成立后，任政府委员兼财政部长，军事委员会委员，同月任广东省省务会议委员兼财政厅厅长，国民革命军第一军党代表，同年8月20日与何香凝前往中央党部出席国民党中执委会议时，在中央党部门前被国民党右派指使暴徒暗杀。著作收入《廖仲恺文集》。

注释

❶“硁硁”句：硁硁：浅见固执貌。《论语·宪问》：“鄙哉硁硁乎！莫己知也，斯已而已矣。”邢昺注：“硁硁，鄙浅貌。”百辟：犹言百官。王庭珪《送胡邦衡之新州贬所》诗：“百辟动容观奏牍，几人回首愧朝班。”《宋书·孔琳之传》云：“羡之内居朝右，外司辇毂，位任隆重，百辟所瞻。”此处以“百辟”指邹鲁、张继、戴季陶之流，他们极力反对孙中山“联俄、联共、扶助农工”的三大政策，为国民党“西山会议派”的骨干分子。几真龙：用叶公事。《新序·杂事》载：“叶公子高好龙，钩以写龙，凿以写龙，屋宇雕文以写龙，于是天龙闻而下之，窥头于牖，施尾于堂。叶公见之，弃而还走，失其魂魄，五色无主。”

❷九阪：九折阪之简称。在今四川荥经县邛崃山。山路险阻回曲，须九折乃得上，故名。按，1922年6月，陈炯明叛变，廖氏时任粤财政厅厅长，亦在禁锢之中，危在旦夕。廖氏尝赋《民十一年六月禁锢闻变有感》四律以纪之，虑以文献可珍，具录如下：“珠江日夕起风雷，已倒狂澜孰挽回。徵羽不调弦亦怨，死生能一我何哀。鼠肝虫臂唯天命，马勃牛溲称异才。物论未应衡大小，栋梁终为蠹蝝摧。”“妖雾弥漫溷太清，将军一去树飘零。隐忧已肇初开府，内热如焚说饮冰。犀首从讐师不武，要离埋骨草空青。老成凋后余灰烬，愁说天南有陨星。”“咏到潜龙字字凄，那堪重赋井中泥。当年祈福将刍狗，今日伤心树蒺藜。空有楚囚尊上座，更无清梦度清闺。华亭鹤唳成追忆，隔岸云山望欲迷。”“朝朝面壁学维摩，参到禅机返泰和。腐臭神奇随幻觉，是非恩怨逐情多。心尘已净何须麈，世鉴无明枉自磨。莫向空中觅常相，浮云苍狗一时过。”廖氏投身革命，至以身殉，高风亮节，举世仰怀。但其擅诗，且功力如此深厚，世人似罕有知者也。

❸末句：喋血：犹言踏血，谓血流遍地。《史记·淮阴侯列传》：“虏魏王，禽夏说，新喋血阏与。”《汉书·文帝纪》：“今已诛诸吕，新喋血京师。”颜师古注：“本字当作蹀。蹀，谓履涉之耳。”联镳：并马而行。按，廖仲恺自幼即追随孙中山先生从事革命，至以身殉，高风峻节，足与日月争光。——末句“步步踪”指此。

潘飞声

随轺[1]域外令名传，文酒风流赛谪仙[2]。

拄笏[3]千峰岚霭里，一诗吟就一钟圆[4]！

简传

潘飞声（1858—1934），字剑士、兰史，人称潘兰史山人，号老兰，别署老剑、剑道人、心兰、十劫居士、水晶庵道士、说剑词人，“南社四剑”之一。广东番禺人。祖父、父亲皆以擅倚声名驰粤东。早年曾受业于叶南雪，少时即有“岭南才子”之名。1895年赴香港，进入《华字日报》《实报》，主持笔政。1887年奉轺海外，掌教德国柏林大学，专讲汉文学，著有《西海纪行卷》，“以写幽遐现诡之观”。返国后，设馆授徒，积极为岭南培育人才，同时在香港、上海等地担任报馆编撰；其时清政府举行经济特科，兰史无意仕途，拒不应试，人以“之微君”称之。1909年加入南社。晚年寄居上海横滨桥畔，与胡寄尘、柳

潘飞声联语手迹

亚子等交往甚密。除参加南社外，又参加希社、鸥社、沤社、鸥隐社、题襟金石书画社。1934 年，适逢潘氏 77 大寿，乃大宴宾客，其时碧桃早荣，春情晔丽，诸友赏会，且复联吟。忽有一俗士闯席，酒酣，竟手指碧桃而嗤笑道，如此凡枝庸萼，何处不有，而乃值得施宴平章，岂不令识者齿冷。潘氏闻罢，甚为愤懑，但身为主人，又不便当筵斥叱，唯有强自隐忍而已。讵料翌日即病，药石无灵。一代词人，遽而辞世。平生工诗词，尤擅行书，画果花小品，饶有逸致。性嗜酒，鬻书曰酒例，谓得润谋一醉可也。著作甚多，主要有《说剑堂词》《在山泉诗话》《饮琼浆馆骈文词抄》等。（入社号 298）

注释

❶ 随轺：轺，本义指迎宾车、先导车。后来指被国君召唤者所乘坐的宫廷专车。按，清光绪中叶，潘兰史应聘德国柏林大学讲汉学，蜚声域外。又，潘氏客居海外三年，游历西欧诸国，结交了不少国际友人。为记展痕，潘氏创作了大量的游记、诗词。其中最具影响者，有《西海纪行卷》《天外归槎录》《柏林竹枝词》《萨克逊山水记》等。笔致清新，逸趣横生，颇具影响。——故曰“令名传”。

❷“文酒”句：王莼农《云外朱楼集》云：“（潘兰史）诗情酒胆，豪兴无匹，海上诸名流遗老，每举诗社，必邀之与俱，有座无车公四座不乐之概。寓楼三楹，纤尘不染，姬人月子，为掌书画。丈故有洁癖，洗梧涤坐，差与云林相同。俗客戾止，辄屏不登楼。……阁中杂贮图史，四壁悬名人书画，可作卧游，年六十时，湘人刘君赠以联云：‘樊榭有佳人，初三月上双修福；放翁真健者，六十年间万首诗。’

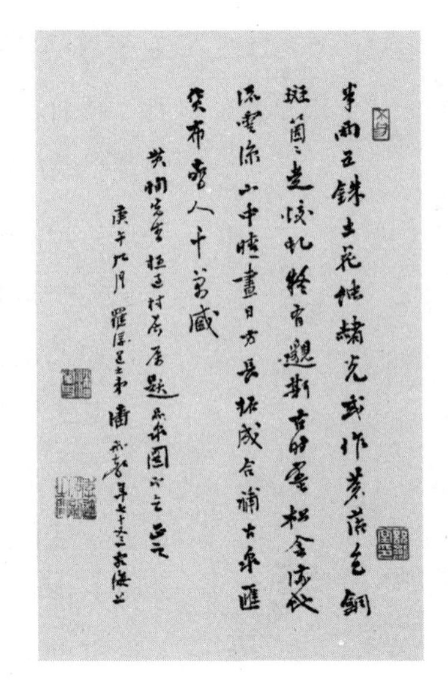

潘飞声手迹

论者谓足概括文之生平云。”谪仙：指唐代诗人李白。《唐书·李白传》：“白至长安，往见贺知章。知章见其文，叹曰：‘子，谪仙人也。’”又，钱仲联先生在《近百年诗坛点将录》中云：“潘兰史早游欧西，晚岁侨寓申江。粤中名士，往还者多。其诗俊秀，时有可诵。所著《在山泉诗话》，可见太邱道广。”“(兰史)《双双燕·追和人境庐罗浮》一词，仙袂飘举，足与公度抗手。然《说剑堂词》，才华艳发，与公度亦不尽同也。”

❸ 拄笏：《世说新语·简傲》：“王子猷作桓车骑参军，桓谓王曰：‘卿在府久，比当相料理。’初不答，直高视，以手版（即笏）拄颊曰：‘西山朝来，致有爽气。’”后多用“拄笏看山”形容虽在官位而悠然自得。如苏轼《次韵胡完夫》：“老去上书还北阙，朝来拄笏望西山。”吴伟业《嘉湖访同年霍鲁斋观察》：“看云堪拄笏，幕客莫思家。”黄遵宪《岁暮怀人》：“输与清闲阳朔令，朝朝拄笏饱看山。”此处借用“拄笏”一典形容潘兰史为人倜傥不羁，饶有闲情逸致。

❹“一诗”句：潘氏固风流无匹，虽曲水流杯，龙山落帽，似犹未足方其雅胜，但家国情怀，无时或释，如其途经珠江口虎门，当场口占《过虎门》一律云：“挂

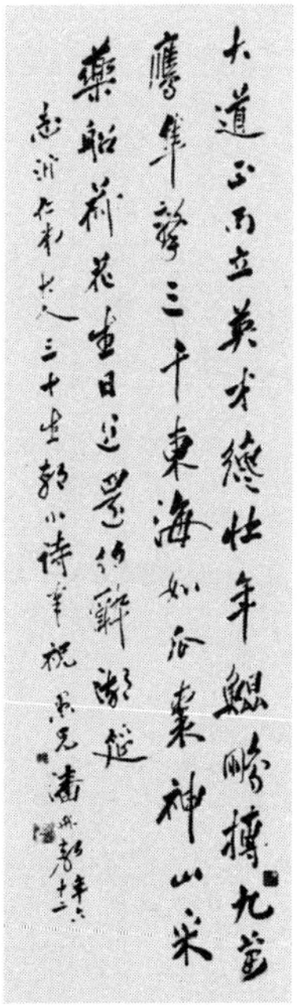

帆狂啸渡沧溟，虎气腾腾剑底生。万里水浮天地影，一门山裂海涛声。未来风雨旌旗动，欲上鱼龙鼓角鸣。扼守最难形胜险，问谁鞭石作长城。”硬语盘空，气势豪雄，御侮图强之情，俱见乎辞。又，潘氏晚年内心深处充满无人解会的巨大苦闷；惟其如此，他无时不渴望从佛教中求取某种慰藉。关于这一点，在他晚年的诗中多有反映，如《自玉泉泛舟攀华岩洞观石佛象憩峡雪琴音堂登高亭望西山成四首》之四：“双塔穿云去，孤亭俯四围。三山晴翠落，千里太行飞。险处难通屐，无人咏采薇。戒坛如可上，吾欲学皈依。”《甘露寺》：“天阔钟撞应响遥，江心一柱出松寮。荒苔佛座参三乘，老树僧房坐六朝。虎踞石头终失险，龙归钵底漫言骄。帝图霸业苍凉尽，只有经声慰寂寥。”《水晶庵》：“尽日编诗古佛旁，芭蕉分绿上禅床。杜陵身在水晶域，便觉心闲闻妙香。”

潘飞声诗稿手迹

戴季陶

霜刃[1]天仇快一挥，西山鸦噪乱霞晖[2]。

云雷[3]青史同龟鉴，大道焉容两是非！

简传

戴季陶（1891—1949），原名良弼，字选堂，又名传贤，字季陶，号天仇，以字行。原籍浙江吴兴，生于四川广汉。1902年入成都东游预备学校就读，1905年东渡日本就读振武学校，1907年秋升入东京日本大学法科，任该校中国留日学生同学会会长。1909年返国，1910年春入《中外日报》，后又任《天铎报》主编，鼓吹反清，言论激烈，遭清政府通缉，遂逃亡日本，后转赴南洋槟榔屿，任《光华报》编辑，加入同盟会，旋又加入南社。武昌起义后，返国参与创办《民权报》，并在该报著文抨击袁世凯的专制野心。1912年9月，任孙中山秘书。“二次革命”后流亡日本，参与编辑《民国杂志》，并加入中华革命党。

1916年4月随孙中山返回上海，先后任法制委员会委员长、大元帅府秘书长。1918年，孙中山愤然辞去大元帅之职离开广州前去上海，戴氏同行，不久在孙中山的支持下，在上海创办《星期评论》周刊，对中国工人运动的发展起到了积极作用。1920年5月，参加陈独秀在上海发起成立的“马克思主义研究会”。同月，负责党纲的起草工作。对于中国共产党的筹建，作用甚力。1924年任国民党中央执行委员会委员、常务委员兼宣传部长。随后又兼任黄埔军校政治部主任和大本营法制委员会委员长。1925年孙中山逝世后，积极参加“西山会议派”活动，并发表《孙文主义的哲学基础》《国民革命与中国国民党》两本小册子，反对孙中山“联俄、联共、扶助农工”的三大政策。1926年，被任命为中山大学校长。1927年南京国民党政府成立后不久，提升为国民党宣传部长。10月，出任国府委员与考试院长，长期做蒋介石的谋士。抗战爆发后，戴氏坚持批判国民党的“亡国论”，明示对“中国之前途决不悲观”；1948年陈布雷自杀，戴氏明确表示非常看不起这种懦夫行为。然而仅仅三个月后，戴氏竟于1949年2月12日在广州服药自杀。著有《天仇文集》《天仇丛话》《青年之路》《日本论》《戴季陶集》等。（入社号115）

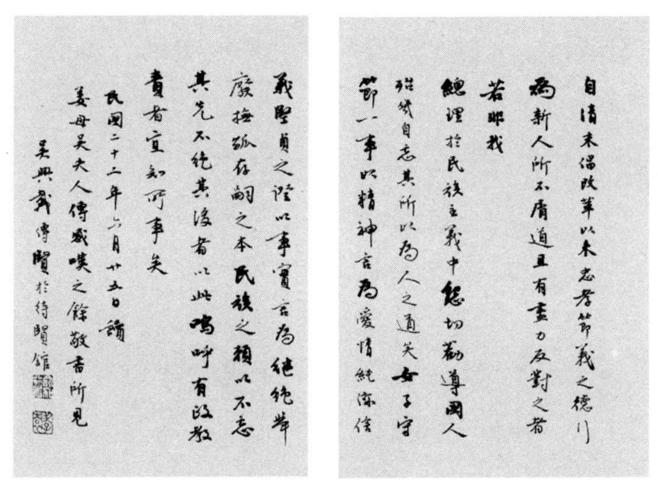
自清末倡改革以來忠孝節義之德目
為新人所不屑道且有盡力反對之者
若此我
總理於民族主義中懇切勸導國人
雖然自忠其所以為人之道矣女子守
節一事以精神言為愛情純潔信
義堅貞之證以事實言為繼絕舉
廢扶孤存嗣之本民族之賴以不忘
其先不絕其後者以此嗚呼有政教
責者宜知所事矣
民國二十二年六月廿五日讀
姜母吳夫人傳感嘆之餘敬書所見
吳興戴傳賢於待賢館

戴季陶手迹

注释

❶ 霜刃：语出贾岛《剑客》诗："十年磨一剑，霜刃未曾试，今日把示君，谁为不平事？"按，剑锋白光凛凛，若有寒意，故曰"霜刃"。

❷"西山"句：1925年11月23日，国民党右派中央委员和监察委员林森、邹鲁、谢持、张继、居正等十余人，在北京西郊香山碧云寺召开所谓国民党一届四中全会，策划反革命阴谋，公然反对孙中山"联俄、联共，扶助农工"的三大政策。他们冒称中央全会，而实际到会人数不足中央委员和监察委员总数的四分之一。会议通过了一系列反动决议案，如"取消共产党在本党党籍案""鲍罗廷顾问解雇案""开除中央执行委员之共产派谭平山李大钊等案"，等等。12月，"西山会议派"组成伪国民党中央。1926年2月，在北京成立执行部。3月，在上海召开伪国民党第二次全国代表大会，成立伪第二届中央执行、监察委员会。按，戴氏虽未参加西山会议，但他积极参加"西山会议派"的活动；尤其是他在"西山会议"前（1925年夏）抛出的《孙文主义的哲学基础》《国民革命与中国国民党》两本小册子，提出一套反动理论，攻击中国共产党和马克思主义，攻击革命统一战线和中国革命运动，成为国民党新右派"反共"篡权的理论基础。

❸ 云雷语出《周易·屯》："象曰：云雷，屯，君子以经纶。"朱注："屯难之世，君子有为之时也。"

后　记

20世纪90年代初，拙著《南社人物吟评》面世后，颇受好评；其时我不过三十出头，但不少未曾谋面的行内人士却都以为此书必出自须眉皆古的老者之手；这种“误差”倒是令我“喜自心头起”——因当时深感自鼎革以还，雅言中绝，诗道沦胥，遂发愿为南社群贤撰一专书，俾使幽德潜光，赖以昌发，亦让同人知兹世尚有为诗遵律令如古人者。讵料随后却发生了一件令我啼笑皆非的事情：1996年，我在申报高级职称时，曾将此书作为科研成果上报，不少评委竟以为此书是一部南社人物的诗选（其实封面上赫然印着“邵迎武著”的字样）；我后来职称的受挫与此大有干系，这又不免让我齿冷心寒，刚刚得意了一阵又大感“可怜无补”的失意——我的“命运”竟会匪夷所思地操纵在那些连“著”与“选”都辨识不清的评委手上。不过，“得意”也好，“失意”也罢，皆不足挂怀；作为一名人文学者，倘如一味地戚戚劳于忧畏，汲汲役于人间，又如何能够深入进南社人物高华峻洁的精神境域之中？何况，这早已是20多年前的如烟往事了。

由于《吟评》动手较早，故在90年代初，它多少带有点“拓荒性”的意义；也正因如此，此书也存在着诸多不足，一直想进行全面的修订和扩充，却又苦于没有足够的时间，只好见缝插针，增补删改，时作时辍，先后竟长达20年，方具此规模。记得前几年，某家出版社愿意接受这部经过扩充修订的书稿，我当时曾写过一个简短的“后记”，不妨迻录在下面：

> 曩时著《南社人物吟评》，弹指间已越二十余载矣。虽不敢自谓学有寸进，然治学之方，收罗之广，删汰之严，识力之定，已大异于昔。欲举而弃之，则有所不忍，故更为续集，刊布于世，以觇今吾故我之异焉。
>
> 拙著付梓前，幸蒙文怀沙师赐以鸿题，弥增光宠，能不泥首以谢。书中部分图片资料，承蒙苏州李海珉、李学忠先生大力惠助，玉成厥美；予尘冗鞅掌，不克踵庭叩谢，此心何安，惟有镂之五内矣。

如今看来，这篇“后记”写得太过简略；尤其是修订增补版与旧著究竟有哪些不同，语焉不详，对读者未免不够负责，现就此略作一些必要的说明。

一、对“前言”部分作了较大修改。随着材料的积累，研究的深入，自觉对南社的认识有所深化；老实说，在我从事南社研究的20世纪80年代，学界基本上处在一种模糊、纠葛不清的无序状态，在对相关概念、术语、范畴以及史实等一些基础问题的界定和梳理方面，基本上还是一片空白；由于缺乏学术基础的建构，人们大都处在一种散兵游勇式的研究状态之中，或强调某种智性式的感悟，或注重某种先入为主的观念在研究过程与理论推导中的绝对地位，缺少归纳与演绎、分析与综合、历史与逻辑的统一。近年来，这种情况已然有了巨大的改变，不仅研究队伍日益扩大，而且对南社的研究也呈现出全景阐释的态势；这无疑会进一步加深对局部的理解，将南社研究推向纵深。我更欣喜地看到，已经有愈来愈多的青年学者能够从时间与空间、历史与未来、文化与社会等角度来立体地透视和把握南社研究的态势，并将南社研究导入与人文学科对话交流的语境之中，呈显出迷人的学术魅力。当然，任何一门学科必须接受理论检验是无疑的，理论检验的直接结果便是使该学科更趋于学术的规范性与逻辑的自洽性。有感于此，再返观自己在20多年所写下的那篇带有所谓研究性的“前言”，殊难惬意，故大力削改，以期近是。应当说，呈现在读者面前的这篇通论性的“前言”，代表着我对南社现有的认识水平。

二、增补进93位南社人物（其中新南社人物15位），增加了近两倍的篇幅；故此书亦可视为《吟评》的续集；之所以仍与旧著合为一集，是基于我的如下学术主张：

> 就目前的南社研究来说，与其停留在“南社是……”这种俯视式的宏观扫瞄上，还不如多进行一些微观的、专题的、实证的研究，增多一点所谓“客观真理性”。且不论柳亚子、苏曼殊、李叔同……，就是将一些并不为人熟知的南社人物置放于传统文化由封闭体系向世界多元文化体系开放的历史横坐标与20世纪古老中国向现代中国过渡的历史纵坐标上予以考察，亦足以写成不止一部而是上百部上千部厚厚的专著，只有在这项浩大的基础工程完成以后，南社研究才能够进入从总体上进行把握的层次。

这段话，虽写于20多年前，但迄今为止，我的这一观点并未改变。需要加以申明的是，在以往的南社研究中，论者似乎都过分强调了秩序与意义，如同福柯所言，总是试图在时间轴上将散乱无序的现象与事实重新选择，排列组合使其显示“秩序”，以期在逻辑上建立“意义”；而在体系的建立中，总是难免或一厢情愿或削足适履，把事实的历史变成思维中的历史。于是，学者们不约而同地把自己的精力投放到找寻一个能够阐释所有复杂的历史现象的所谓“结论”上。正是由于这种研究方法与思维模式的局限性，导致了在南社研究中常常会出现“各执一隅之解，欲拟万端之变”的不良倾向。基于此，本人深切期望“南学”能在现代文化形态中向更深更广的领域拓展；为此，本人愿做一些基础性的研究工作。我一向认为：不论采用何种学术手段都有可能企及相应的巅峰，学人们大可不必在这个问题上相互臧否。对我来说，“南社”这一课题本身便具有足够的学术吸附力——这当然包括“南社”背后极其庞大的文化背景与极其繁复的学术话题。这一事实本身足以表明，对南社的研究同样需要一个博大的知识背景，这种“背景”愈是厚重、广博，落实到每一个具体问题上的思想压强愈大，思想的穿透力愈强，所获得的“真理性”也就愈多。记得贡布里希曾说“正是混乱与秩序之间的对照唤醒了我们的知觉”，依笔者之见，来自研究客体与研究主体之间的这种巨大差距，正可激发起我们更大的创造热情。

三、对原有的图片作了较大的调整与修复，并增加了南社社员的手迹、重要遗址及书影等相关图像资料。窃念当年为搜求那些散佚已久的图像资料，可谓艰困备尝。20 年后再作冯妇，又碰到了类似的困难：如今虽说资讯发达，不少资料皆可从网上下载，省却不少寻检之力；但有关南社人物的照片（尤其是此次要增补进南社人物的手迹），大多无法从网上觅得，故只能采取以往通过各种途径东寻西找的老办法。最令笔者遗憾的，是书中不少南社社员，在当时便蛰居一方，不求闻达，故声名不彰，如今再去搜求他们的图片资料，谈何容易？

再一点就是对手迹真伪的鉴别。即以原本收入此书中的王钟麒的手迹为例，一开始我并未在意，但在最终定稿时却发现了问题：这幅手迹是写在国立中央大学的公用信笺上的，国立中央大学是中华民国时期的最高学府，于 1928 年成立，由国立江苏大学改称。而此时南社的王钟麒（字益厓）去世已 14 年了。我由此断定，此幅手迹必伪无疑。那么，问题究竟出在哪里呢？经考证，确有王钟麒其人，名益厓，此人也确实著过在信中所提到的《亚洲地理》，似属重名重号（这一点非常巧合）。但可以推定的是，此王钟麒非彼王钟麒，必须撤下，否则便有欺世之嫌。此类辨识工作，耗时费神，个中甘苦，当然不能在此一一悉举。但我之所以甘愿“自讨苦吃”，做这种费时费力又不见功效的工作，是基于如下一种理念，即人人手迹，无一酷肖，所谓“尺牍书疏，千里面目”；手迹的重要性，就在于它往往能够准确地反映书写者的真实性格、文化底蕴、精神气质与综合修养，掩藏在书写者性格中的那些隐秘的特点，无一不在其书写过程中坦露无遗，从这个意义上说，所谓“一图胜千言”，殆非虚言。写至此，笔者不禁感从中来，南社中的不少人物并非专业的书法家，其中不少人感于新潮，醉心西学，并不迷恋于旧辞章，但他们幼年大都经历过晚清的私塾教育，打下了深厚的国学根柢，个个皆为万卷蟠胸、能文擅书的饱学之士，这一点仅从他们的手迹上即可窥见一斑——更令人称奇的是，南社中不少令出如山、驰骋沙场的桓桓武将，如黄兴、陈英士、柏文蔚、范鸿仙、李根源、林之夏、姚雨平等，其书法竟也熔冶碑帖于一炉，听任心腕之交应，无论是功力还是在意蕴风神上，都远远超过了当今的所谓专业书法家；对于他们来说，书法纯属余兴，但那种充盈着激情与活力的生动气韵，那种流溢于笔墨畦径之表的“书卷气”“文人味”，那种“无意于佳而佳”的浑雅韵致，却分明达至一种难以幸致的高标。至于柳亚子的率真洒脱，高天梅的风华宕逸，陈去病的苍莽浑厚，于右任的高古沉雄，陈布雷的严谨端庄，谢无量的稚拙散澹，萧蜕庵的浑穆厚重，杨了公的风骨清举，无不是文人的真性情、真精神在书写过程中的自然流露。世人之所以推崇其书法，实缘于其书法本身的“含金量”，而非所谓“因人而贵”也。反观时下，源于对传统文化的漠视与网络盛行等多重缘因，竟不乏精通数门外语却不谙中文的教授、博导；又由于电脑风行、以键换笔诸因，其中不少人不要说毛笔，甚至连钢笔都拿不起来；写起字来，俨如“鬼画符”，乱舞花蛟脚，猥琐、荒率、卑猥，文人书法的情调韵致丧失殆尽；鉴于这种现象已司空见惯，故多读读南社人物的手迹，挹取一下文人的雅怀高致，身心必将获益无涯，而文笔则增华有望。南社人物的书法毕竟是他们文化精气的凝聚与人格境界的升华；正是有赖于其书法的生命力，我们才能在百年之后，与南社前贤通气接壤。总之，南社人物手迹的增入，实为此书再版的一大看点；不过，若从我起初所悬拟的“一人一图一手迹”的标准来看，此书还是留下不少遗憾

(尽管我已竭尽全力)，只能留待以后再逐渐完善了。

四、对相关的南社文献作了必要的整理与纠误。这主要反映在人物小传上。旧著由于成书仓促，加之当时所能接触到的相关文献非常有限，对一些相互抵牾的史实，无法逐一细辨，故难免存在着不少史实上的讹误，笔者利用此次重版的机会，尽可能逐一予以修正，在篇幅上也作了一些必要的扩充（由原来的“小传”易为“简传”）。对于南社人物，我一向景仰，其中除个别“荃蕙化茅”者外，大多为“死而不亡”的英杰，日月炳煌，山川流峙，历千万劫而无穷已，故竭尽所能地从“史”的角度，完整、准确地勾勒出所咏人物的生平，亦“后死之责”也；对此，我们理应有一种“安敢让也”的使命感。

以上诸端，自觉是需要向读者作出明确交代的。在此文将要收梢时，一种物是人非的怅痛却又蓦然袭入心灵，“弥年时其讵几，夫何往而不残”，屈指算来，我当年在书端具名致意鸣谢的前辈，除了文怀沙先生尚健在（已 105 岁高龄），其他诸翁皆先后作古，“怼琼蕊之无征，恨朝霞之难挹”，借此机会，谨向这些曾对我寄予厚望、施予盛爱的前辈们表达深深的缅怀与悼念之情，他们是：赵朴初先生、柳无忌先生、柳无非先生、郑逸梅先生、钱仲联先生、陈子展先生、冯至先生、施蛰存先生、周子美先生、余湘先生、虞愚先生、王瑶先生、任访秋先生、苏渊雷先生、缪钺先生、刘佛年先生、林北丽先生、尹瘦石先生、殷安如先生，愿他们“死而不亡”的英灵，长享明禋。从此一意义上说，本书的杀青，也算是完成了我个人的一种感恩书写。窃念当年初涉学坛，扪龠叩槃，莫窥奥窔，这些前辈们“托末契于后生”，竟对我寄予厚望；不才如予者，膺此重任，虽有举鼎绝膑之叹，却仍愿庶竭驽钝，以答盛爱。但不知我罄力而成的这一所谓“研究成果”，能否略报前贤们所惠施之雅爱于万一？每念及此，中怀愧怍惶悚殊甚，疵谬之处，至祈读者有以教我，匡所不逮。窃思毫厘易失，“吟评”难公，事属寻常，岂敢固必。愿共探讨，以期尽是。

最后，请允许我在此向恩师范曾先生致以深切的谢意，先生不仅于百忙之中拨冗亲自统审全稿，并慨然赐我一篇辞意双胜的大序；拜诵之下，益增钦敬。

先生不仅对南社的兴衰起落了如指掌，且妙绪纷披，新意迭出，时有掣胜之笔，由是深感大家落笔，手眼自高，史笔见矣，文澜生矣。更令人惊佩的是，此序从下笔到成篇，先生用时竟不足40分钟！这种“撰文类同抄书”的大能耐，在如今已难得一见了。至于“序”中的诸多溢誉之词，依我看，此乃前辈的一种风范，甚至是一种“积习”，意在策励诱掖，故不必过于“当真”；不妨视为“郭仆射待兵宽”，权作先生赐予弟子的广大惠泽的一部分领受下来吧。若恃宠而骄，或以此自炫，那恐怕就大悖先生奖掖晚辈的本意了。

乙未元月邵盈午于彭城搴兰簃